Hentschel
Preußens
streitbare Geschichte

Volker Hentschel

Preußens streitbare Geschichte

1594–1945

Droste Verlag Düsseldorf

Fotonachweis: Privat (25), Zeitgeschichtliches Archiv Dr. Lotsch (8), Landesbildstelle Berlin (1)

CIP-Kurztitelaufnahme der Deutschen Bibliothek

Hentschel, Volker:
Preußens streitbare Geschichte: 1594–1945 /
Volker Hentschel. – Düsseldorf: Droste, 1980. –
ISBN 3-7700-0560-0

© 1980 Droste Verlag GmbH, Düsseldorf
Schutzumschlagentwurf: Helmut Schwanen
(Bildmotiv: Die Errichtung der preußischen Landwehr in Breslau
am 17. März 1813. Nach einem Gemälde von C. Sellmer)
Gesamtherstellung: Clausen & Bosse, Leck
ISBN 3-7700-0560-0

Inhalt

8. Kapitel: Demokratisches Preußen

Ohne Vermögen, ohne Familienanhang, ohne Schulung und Wissen, ohne robuste Gesundheit bin ich ins Leben getreten, mit nichts ausgerüstet als einem poetischen Talent und einer schlecht sitzenden Hose. (Auf den Knien immer Beutel). Und nun malen Sie sich aus, wie mir's dabei mit einer gewissen Nathurnotwendigkeit ergangen sein muß. Ich könnte hinzusetzen, mit einer gewissen *preußischen* Notwendigkeit, die viel schlimmer ist als die Nathurnotwendigkeit.

Theodor Fontane
an Georg Friedländer
3. Oktober 1893

1. Kapitel
Ein Staat entsteht,
und ein Königreich dazu

... du, kleines Brandenburg, heirate.

Im Jahre 1594 heiratete der älteste Enkel des brandenburgischen Kurfürsten Johann Georg die älteste Tochter des Herzogs Albert Friedrich von Preußen. Das war für den 22 Jahre alten gutmütig-cholerischen Johann Sigismund von Hohenzollern kein großes Glück. Es mochte noch hingehen, daß die 17jährige Anna nicht schön war, sondern der Welt ein etwas verkniffen-spitziges Gesicht zeigte. Aber sie war auch von zunehmend hinterhältig-widerborstigem Temperament und unbezwingbarer Herrschsucht. Das hat dem großen, dicken, ein wenig trunksüchtigen Mann das Leben vergällt. Mit 45 Jahren traf ihn der Schlag.

Für den Geltungsdrang des Hauses Hohenzollern war die wenig erquickliche, lärmige Ehe unterdessen zu größerem Nutzen ausgeschlagen. Und das, nicht das häusliche Glück Johann Sigismunds, ist schließlich ihr Zweck gewesen. Annas Vater nämlich litt an geistigem Marasmus und hatte ausschließlich Töchter gezeugt. Das stand nicht in ursächlichem Zusammenhang, eröffnete für Brandenburg aber die schönsten Aussichten. Damit nicht genug, war Annas Mutter zudem die Schwester des regierenden Herzogs Jan Wilhelm von Cleve, Jülich und Berg, der vollends irrsinnig war. Kinder hatte er nicht in die Welt gesetzt. Das sicherte dem jugendlichen Ehemann zwar die Erbfolge noch nicht, aber es verhalf zu politischen Ansprüchen. Die maßte sich freilich auch der Kurfürst Philipp Ludwig von Pfalz-Neuburg an, der ebenso absichtsvoll wie Johann Sigismund eine Cousine Annas zur Frau genommen hatte.

Jenseits aller windigen Erbansprüche lag das Recht, einen neuen Herzog einzusetzen, nach der Reichsverfassung freilich beim Kaiser. An die Reichsverfassung hielt sich nur gewöhnlich niemand. Es sei denn, es nützte zufällig den dynastischen Interessen. Deshalb schickten, als Annas Onkel 1609 endlich starb, vorsichtshalber alle drei – Brandenburg, Pfalz-Neuburg und der Kaiser – Truppen in die reichen Herzogtümer am Rhein, um ihren Ansprüchen und Rechten Nachdruck zu verleihen. Viel hatten die armen Brandenburger nicht aufzubieten. Und es nützte ihnen nur wenig, daß sie sich frühzeitig nach schlagkräftigeren, interessierten Verbündeten umgesehen und sie erst in den Niederlanden, dann in Frankreich, schließlich in der protestantischen Union auch gefunden haben. Die Niederländer ließen sich seit 1605 zwar jährlich 100000 Gulden bezahlen, dachten, als es soweit war, aber gar nicht daran, die ausbedungene Gegenleistung zu erbringen und Jülich für Brandenburg zu besetzen. Der weitherzige Heinrich IV. von Navarra, dem Frankreich eine Messe wert gewesen war, war schon drauf und dran, statt ihrer für die Hohenzollern in die Bresche zu springen; da wurde er zur Unzeit erdolcht. Und die Union speiste den inzwischen zu kurfürstlichen Würden gelangten Johann Sigismund am Ende mit einem kümmerlichen Teil der Erbschaft ab, obwohl er zu Weihnachten 1613 eigens vom Luthertum zum Calvinismus übergetreten war. Jülich und Berg fielen 1614 an die Pfalz, Brandenburg bekam nur Cleve und die Grafschaften Mark und Ravensberg, alles in allem gut 5000 Quadratkilometer. Der Kaiser sah zu.

Um Preußen gab es nicht solch Gedränge. Preußen – das spätere Ostpreußen, und nicht einmal das ganze – lag außerhalb des Reiches. Der Kaiser hatte keine Rechte dort; Frankreich, Spanien und die Niederlande keine Interessen. Rechte und Interessen hatten die Polen und die Schweden. Das Herzogtum steckte dem polnischen Königreich an empfindlicher Stelle wie ein Pfahl im Fleisch. Außerdem war der polnische König preußischer Lehnsherr. Er hätte sich nicht ungern an dem Ländchen zwischen Weichsel und Memel vergriffen. Da waren freilich die Schweden vor. Die legten seit geraumer Zeit einen unerfreulich-ausgreifenden Tatendrang an den Tag. Wollten Ostsee-Großmacht werden, mengten sich gerufen und ungerufen in die kontinentalen Glaubenshändel und mochten nicht leiden, daß sich die Polen ihnen gegenüber an der Ostseeküste breitmachten. Als der schwachköpfige Preußenherzog 1618 schließlich verschied, fand sich Brandenburg deshalb in der bekömmlichen Rolle des Weltkinds in der Mitten. Und die brandenburgisch verheiratete Preußentochter Anna war bedenkenlos darauf bedacht, daß auch was dabei heraussprang.

Ihr kurfürstlicher Gatte war nämlich bald nach seinem Schwiegervater ebenfalls gestorben und hatte ein kränklich-wehleidiges Bürschchen als Thronfolger hinterlassen: Georg Wilhelm, der zeit seines kurzen Lebens im Banne seiner zornmütigen Mutter stand und als einzig unverhofft historische Tat im Mai 1619 einen Sohn zeugte, den er Friedrich Wilhelm, die Nachwelt »Großer Kurfürst« nannte. Danach hat er nichts Erwähnenswertes mehr zustande gebracht.

Gleich nach der Geburt ist er nach Königsberg geeilt, um sich vom polnischen König mit dem Herzogtum Preußen belehnen und vom preußischen Adel huldigen zu lassen. Politik machte derweil Mutter Anna in Berlin. Heiratspolitik, wie die Erfahrung sie's gelehrt hatte. Wer jetzt preußischer Herzog *werden* wollte, mochte sie wohl denken, mußte mit dem König von Polen einig werden. Um preußischer Herzog zu *bleiben*, war es vermutlich wichtiger, sich mit dem jungen unruhigen Schwedenkönig gut zu stellen, womöglich familiär gar zu verbinden.

Dem jungen unruhigen Schwedenkönig Gustav Adolf kam solch mütterliches Sinnen sehr gelegen. Der hatte bereits ganz ähnlich gesonnen und sich – Brandenburg-Preußen als prächtigen Stützpunkt für weitreichende kontinentale Umtriebe vor Augen – in Kurfürstin Annas Tochter Marie Eleonore vernarrt. Die wurde nicht weiters gefragt, ist mit ihrem Schwedenkönig – solange es dauerte – dann aber sehr glücklich gewesen.

Noch bevor die Sache in Königsberg perfekt war, erfuhr Kurfürst Georg Wilhelm, daß Polens bester Feind neuerdings sein Schwager sei. Er war desavouiert und König Sigmund von Polen – gelinde gesagt – pikiert. Ohne skrupellose Dreistigkeit war die Sache ja auch nicht.

Sigmund hat Georg Wilhelm trotzdem belehnt. Es blieb ihm nicht viel anderes übrig, nachdem der ungeliebte Wasa-Vetter jenseits der Ostsee den neuen Schwager ganz unverhohlen dazu ermuntert hatte, auf das etwas demütigende Sich-Belehnen-Lassen zu verzichten und Preußen an der Seite Schwedens im Krieg gegen Polen einfach zu erobern.

Ein Volk verloren und eine Provinz gewonnen

Dergleichen martialisches Denken war fern von Georg Wilhelm. Und das entsprach wohl auch seinen kriegerischen Möglichkeiten. Zum Kriegsspiel gehörte zunächst und vor allem Geld. Soldaten waren in damaligen Zeiten dann schon zu haben. »Wenn der Teufel Sold ausschreibt,« so ging die Rede, »dann fleucht es zu, wie die Fliegen im Sommer, daß es doch jemand wundern möchte, wo dieser Schwarm im Winter sich erhalten hat«. Geld aber gab Brandenburg, jene kärglichen 40 000 Quadratkilometer im Nordosten Deutschlands, die man respektlos und treffend des Heiligen Römischen Reiches Streusandbüchse nannte, wenig her. Und was es hergab, gelangte nicht ohne weiteres an den Kurfürsten. Regelmäßige Steuern waren noch unbekannt. Gewöhnlich lebte der Landesherr auf Pump. Wenn es gar zu arg wurde oder er außergewöhnliche Unternehmungen plante, rief er die reichen adligen Grundbesitzer und die Bürgermeister der paar unscheinbaren Städte zusammen. Die nannten sich alle miteinander »Stände« und ihr Zusammentreffen einen Landtag. Den ständischen Landtag mußte der Kurfürst bitten, wieder einmal etwas Geld beitreiben zu dürfen, um seine Schulden begleichen oder irgendwelche belanglosen, aber kostspieligen politischen Streitereien finanzieren zu können. Die Stände ließen sich gewöhnlich lange bitten. Vor allem die Adligen. Sie beherrschten die Landtage. Die Vertreter der Städte waren eigentlich nur Statisten.

Nicht, daß die Bewilligung von Steuern den Junkern irgend wehtun konnte. Sie selbst genossen völlige Steuerfreiheit von alters her, und keiner wagte, daran zu rühren. Nein, nicht den Griff in die eigenen, den Griff in die Taschen der Bauern, Handwerker und Händler machten sie ihrem Lehns- und Landesherrn schwer. Solch edles Tun hatte sich mit der Zeit ausgezahlt – in Macht und Einfluß. Für jede Million ein fürstliches Versprechen. Georg Wilhelms Vorgänger hatten ihre Machtstellung und Souveränität nach und nach verscherbelt. Der Kurfürst brauchte das Placet der Stände längst nicht mehr nur, wenn er Geld wollte. Er konnte schlechterdings nichts mehr ohne ihre Zustimmung tun, schon gar nicht Bündnisse schließen und Krieg führen. Und seit Johann Sigismund für sich und seine Nachfolger 1613 auch noch ihrem lutherischen Glauben abgeschworen hatte, machten sie denen das Leben doppelt schwer. Das letzte, was sie 1620 wollten, waren kriegerische Verwicklungen wegen ein paar tausend Quadratkilometer Land, das sie nichts anging, ihnen nichts nützte und eigentlich nur Futter für die politische Großmannssucht der Hohenzollern war. In den überflüssigen Erbangelegenheiten ließen sie sie mißmutig-widerspenstig gewähren, solange nichts passierte, das den Getreidehandel störte. Jülich-Cleve war weit vom Schuß. Das Waffengeklirr am Niederrhein hatte kaum bis Brandenburg geschallt. Polen aber lag vor der Tür. Nie und nimmer hätten sie ihrem fadenscheinigen, unsinnig verschuldeten Landesherrn erlaubt, sich an Gustav Adolfs Seite als Eroberer zu blähen.

Kaum je ist ein Land innerhalb von sieben Jahren um mehr als das Doppelte gewachsen und damit zum Wurzelgrund eines modernen Staats mit Großmachtambitionen geworden, dessen *eigentliche* Repräsentanten so wenig erpicht darauf waren, und das – wenn es hart auf hart gegangen wäre – so wenig dafür in die Waagschale hätte werfen können.

Anfangs ist es ihm auch gar nicht gut bekommen. Es hatte noch gute Weile, ehe aus Brandenburgs kleiner Gegenwart Preußens große Zukunft wurde. Gewiß, der Kurfürst von Brandenburg war neuerdings auch Herzog von Preußen und Cleve. Damit war er was Rechtes. Eins wie das andere eine Monatsreise von Berlin entfernt. Hier wie dort die Adligen mindestens ebenso privilegiert und anmaßend wie in der Mark. Preußen zwischen Memel und Weichsel entlang der Ostsee wie ein Puffer zwischen den verfeindeten, in ihrer Begehrlichkeit aber einigen Schweden und Polen; Cleve und Mark längs des Niederrheins und an der Ruhr wie ein langer und auch ungeniert benutzter Auslauf der Niederlande ins Deutsche Reich gelegen. Die neue Würde erwies sich als zu großer Hut mit schmucken Federn, der seinem Träger dauernd über Ohren und Augen rutschte. Da es schon nicht recht reiten und marschieren konnte, vergiß g Brandenburg in den nächsten 25 Jahren auch noch Hören und Sehen.

Deutschland versank im furiosen Chaos des 30jährigen Krieges. Und das friedlich-furchtsame Brandenburg, das es so gern mit niemanden verdorben hätte, versank vielleicht am kläglichsten und jämmerlichsten darin. Wie man es auch machte im Hause Hohenzollern, es war verkehrt. Neutralitätsversicherungen nach rechts und links, schüchterne Bündnisversuche – mal mit dem Kaiser, mal mit den Schweden – Unterwerfungen und Hilfsversprechen – alles trieb seine wehrlosen Lande nur tiefer in den Schlamassel. Der Kurfürst setzte sich alsbald ins weniger heimgesuchte Preußen ab und litt an Körper und Gemüt. Seine Untertanen litten schwerer und am Leben.

Aus allen Himmelsrichtungen schwappten die Kriegswellen herein, brachen sich aneinander und hinterließen Hunger, Pest und Grauen. Wer konnte unterscheiden, ob kaiserliche Truppen kamen und schwedische gingen, oder schwedische einfielen und kaiserliche flohen; ob die einen oder anderen über Land und Leute herfielen, um sie zu besetzen oder um sie zu befreien; ob die vagierende Soldateska für den rechten Glauben stritt, für den Landhunger irgendeines Fürsten, die Rachsucht eines skrupellosen, wildgewordenen Condottiere oder aus blanker Rauf- und Mordlust. Es *war* nicht zu unterscheiden und lief allemal auf dasselbe hinaus: es wurde geraubt und gebrandschatzt, erschossen, vergewaltigt und erschlagen, verwüstet und geplündert – für diesen und jenen Gott, für Kaiser, König und Wallenstein, beim Kommen, Gehen und Wiederkommen, beim Besetzen und Befreien, zum Schutz und zur Strafe, von Schweden, Sachsen, Dänen, Kosaken, Polen, Böhmen und wer sonst gerade des Weges kam. Dieser Krieg hatte kein Ziel und keinen Sinn. Er tobte von einer Erschöpfung zur anderen und fand allemal genug Kraft zu neuem Schrecken. Der Krieg päppelte sich am Krieg und fraß Land und Leute. Jahr um Jahr ging die alte, immergleiche Leier:

Das Frühjahr kommt! Wach auf, du Christ!

Der Schnee schmilzt weg! Die Toten ruhn!

Und was noch nicht gestorben ist

Das macht sich auf die Socken nun.

Da bald niemand mehr recht zu sagen wußte, worum es bei dem mörderischen Treiben eigentlich ging, fand auch niemand Gründe und Kraft, es zu beenden. Der 30jährige Krieg verschied, als er Deutschland kahlgefressen hatte und keine neue Nahrung fand, nach langer Agonie und zähem Todeskampf von selbst. Die langwierigen Friedensverhandlungen in Osnabrück und Münster waren nur noch das Satyrspiel nach der Tragödie.

Zwei Haufen rapschiger Dynastien rauften sich um Beute. Brandenburg-Hohenzollern war dabei. Lebhaft und erfolgreich wie nie während des langen Gemetzels. Die Mark hatte zwischen 50 und 70 % ihrer Bevölkerung verloren. Die Städte lagen in Trümmern. Das Land war wüst und leer. Der Landesherr gewann eine – zugegeben: etwas trostlose – Provinz und ein paar hübsche Außenschläge. Und fühlte sich auch noch schlecht behandelt.

Da gab es nämlich einen 120 Jahre alten Anspruch auf die Erbfolge der Hohenzollern in Pommern, wenn das Haus der Greifen dort einmal ausstürbe. 1637 war der letzte Greifenherzog Bogislaw XIV. tatsächlich dahingeschieden. Und ehe die Brandenburger sich's versahen, waren die Schweden in Pommern einmarschiert. Macht war zweifellos vor Recht gegangen. Aber im Krieg ging nun mal Macht vor Recht, und Tatsachen waren Tatsachen. Schwedens Kanzler Johann Oxenstierna sah deshalb beim allgemeinen Friedenschließen und Landverteilen eigentlich keinen Grund, das Gebiet mit der nützlichen Odermündung wieder herauszurücken; und schon gar nicht an das schüttere Brandenburg, dem man im Krieg bei jedem Aufmucken beiläufig aufs Haupt geschlagen hatte, um ungestört wichtigeren Angelegenheiten nachgehen zu können; an Brandenburg, das 1637 tief und empört Luft geholt und bramarbasiert hatte, daß es sein Erbe schnurstracks mit 25 000 Mann entsetzen wolle, dann aber nur 6000 auf die Beine und nicht einen tatsächlich auf den Weg gebracht hatte; an Brandenburg, dessen neuem, jungem, etwas zaghaftem Kurfürsten Friedrich Wilhelm die paar tatenlosen Truppen ins kaiserliche Lager davongelaufen waren, als die Schweden ihm 1641 einen erbetenen Waffenstillstand gewährt hatten. Die Schweden hätten im Traum nicht daran gedacht, auch nur ein Stück von Pommern herzugeben, wenn die Franzosen sie nicht dazu gedrängt hätten. So bekam Brandenburg immerhin Hinterpommern ostwärts von Stettin und der Odermündung, und als Trost für das entgangene Recht die säkularisierten Bistümer Minden, Halberstadt und Magdeburg. Und das *war* schließlich was, nachdem der Geheimrat von Winterfeldt Brandenburgs Lage um 1640 noch so charakterisiert hatte: Pommern dahin, Preußen wie einen Aal beim Schwanz und auf dem besten Weg, die Mark zu vermarketendern. Acht Jahre später hatten die Hohenzollern alles wieder einigermaßen sicher beisammen und fast 30 000 Quadratkilometer dazu. Alles in allem waren es nun 100 000 Quadratkilometer, mit gut einer Million Einwohner. Und das war mehr als jeder andere deutsche Landesherr außer den Habsburgern vorzeigen konnte. Nur eins war's nicht: ein einheitlich regierter Staat, in dem der Landesherr auch was zu sagen hatte. Kurfürst Friedrich Wilhelm erfuhr das nur gar zu schnell.

Der hatte an der Seite seines bewunderten Waffen- und Radaubruders Konrad von Burgsdorff allmählich all seine Verzagt- und Unentschlossenheit abgeschüttelt und barst vor Tatendrang aus heiligem Zorn. Wollte sich in Cleve für die protestantischen Flüchtlinge aus Jülich ins kriegerische Zeug und gar mit den Schweden um Stettin anlegen. Die brandenburgischen Stände sollten es zahlen lassen. Den Teufel taten die.

Was die Mark Pommern und Cleve anginge? Man habe sich bisher nicht in die Streitereien fremder Provinzen gemengt und wolle es auch künftig so halten. Schluß und keinen Pfennig!

Nicht viel mehr als Pfennige gab es auf dem allgemeinen märkischen Landtag im Jahr 1653. 530000 Taler, nach und nach in sechs Jahren. Und dafür mußte der Kurfürst alle hergebrachten Privilegien der Junker bestätigen und ein paar neue noch dazu. Damals sind die politisch-polizeilichen und die wirtschaftlich-sozialen Vorrechte des Adels, sind die für Brandenburg-Preußen typischen Einrichtungen der Gutsherrschaft und Erbuntertänigkeit neu fundiert und für 150 Jahre unerschütterlich befestigt worden.

Ein glorioser Sieg der Stände! Und zugleich ihr Schwanengesang. Sie sind nie wieder zu einem allgemeinen Landtag zusammengerufen worden, in der Mark nicht und in den Außenlanden schon gleich gar nicht. Und dennoch hat Friedrich Wilhelm seinen Provinzen in den folgenden 35 Jahren ganz unglaubliche 44 Millionen Taler abgepreßt und ihren angemaßten Repräsentanten nachgerade eingebleut, daß Brandenburg-Preußen mit allem Drum und Dran *ein* Land mit gemeinsamen Interessen und Verpflichtungen sei und er sein Herr, nicht seine Gallionsfigur.

»Ich ruiniere die Junkers ihre Autorität, ich komme zu meinem Zwecke und stabiliere die Souveränität wie einen rocher von Bronce«, hat der soviel bieder-erdverbundenere Enkel, der mit Stolz den gleichen Namen trug, ein Menschenalter später gepoltert. Da war's so schwer nicht mehr. Das Gröbste hatte der Großvater längst erledigt. Er hatte freilich Land und Leute gleich mitruiniert.

Soldaten, Kommissare und der Kurfürst absolut

Später, im 18. Jahrhundert, hat ein witziger Kopf einmal gemeint, Preußen sei eigentlich kein Staat mit einer Armee, Preußen sei eine Armee, die einen Staat besitze. Das war eine satirische Überzeichnung, aber, weiß Gott, nicht falsch. Gewiß war Preußen noch manches andere. Ein Staat, zum Beispiel, der in der ersten Hälfte des 18. Jahrhunderts in Halle die berühmteste und fortschrittlichste Universität in Deutschland besaß. Aber doch nur nebenbei. Vor allem war das alte Preußen natürlich ein Militärstaat in Reinkultur. Er ist unter dem Kurfürsten Friedrich Wilhelm mit Hilfe der Armee, für die Bedürfnisse der Armee und um die Armee herum ins Leben getreten. So etwas verliert sich nicht so bald wieder.

Ja, aber Friedrich Wilhelm besaß doch gar keine Armee! Ganze 1800 Mann hat er nach der eher symbolischen Geldbewilligung von 1653 unter Waffen halten können. Das war vielleicht eine Palastwache, aber kein Heer.

So war es. Und nichts sprach dafür, daß jemals ein Heer draus werden würde. Da ist dem Kurfürsten der Krieg zur Hilfe gekommen.

Das malträtierte Europa hätte nach dem 30jährigen Gemetzel wahrlich ein bißchen Zeit zum Verschnaufen verdient. Aber wann hätten ruhmsüchtige Potentaten sich um das Ruhebedürfnis ihrer Völker je geschert?

1654 war die jungfräuliche und von katholischem Glaubenseifer ergriffene Christine von Schweden vom Regieren müde und überließ die Krone ihrem kleinen, dicken, auffällig häßlichen Vetter Karl Gustav von Pfalz-Zweibrücken, der sich fortan Karl X nannte. Johann II Kasimir auf dem Polenthron hatte den Eindruck, daß er vor dem Zweibrükker dran sei, weil er ein ganzer, Karl Gustav aber nur ein halber Wasa war, und protestierte. Dergleichen gehörte zum politischen Ritual, auch wenn es noch so unsinnig war. Ein Pole und Katholik auf dem Thron Gustav Adolfs!? Dem stürmischen Karl kam der Protest gerade recht. Er war nicht der Mann, unsinnige Proteste gelassen lächelnd abzuweisen. Er marschierte gleich. Von Pommerland nach Polenland. Und das ging nur über brandenburgisch-pommersches Gebiet.

Friedrich Wilhelm ist darüber nicht ausgesprochen glücklich gewesen. Aber ein bißchen frohlockt hat er im Stillen schon. Das traf sich trefflich, wie man's auch ansah. Nach Waffenlärm und Kriegsgeschrei stand ihm seit längerem der Sinn. Und nun das Land bedroht: Brandenburg, Pommern und Preußen. Er war dabei. Egal, auf welcher Seite. Er wollte schon zusehen, daß es am Ende die richtige war. Die volle Hoheitsgewalt über Preußen und das Bistum Ermland sollten in jedem Fall dabei herausspringen, nach Möglichkeit aber auch Stettin und Vorpommern, in das er nun einmal vernarrt war.

In wenigen Wochen hatte er sich 8000 Mann zusammengeworben. Mit dieser Schar eilte er nach Preußen. Dort warb er weiter. Mochten die Stände hier wie in der Mark noch so laut Verrat, Treu- und Vertragsbruch schreien. Not kennt kein Gebot. Und wenn *sie* keinen Sinn für Ruhm, Ehre und Größe hatten, dann hatte er ihn für sie mit. Nach dem Krieg sähe man weiter, wer den Schaden bezahlte. Im Sommer 1656 hatte er 26000 Mann beisammen, mehr als ein Brandenburger je zuvor. Die ließ er fechten, wie's grad kam. Erst mit glänzenden Erfolgen an Schwedens Seite gegen Polen. Dannn – als man ihm die volle Souveränität in Preußen und einen Streifen Land hinter Hinterpommern dafür versprach – mit Habsburg und den Polen gegen Schweden. Da sah es so aus, als sollten die Schweden die Verlierer sein. Als es schon wenig später nicht mehr so aussah, wäre er gern zu Karl zurückgekehrt. Der freilich war des Schönwetter-Verbündeten leid und ließ ihn demütigend abfahren. Er hat dem vielgewandten Friedrich Wilhelm dadurch zwei Bündniswechsel erspart. Denn als auch noch die Holländer und die Dänen auf die Schweden einschlugen, ging es denen schließlich doch schlecht. Der Brandenburger war auf der Seite der Sieger geblieben, stand bald in Vorpommern, sah seine schönsten Blütenträume reifen – und wieder welken. Im Kloster zu Oliva, wenige Kilometer westlich von Danzig, machte er am 3. Mai 1660 zum zweiten Mal die Erfahrung, daß Schlachtenglück und Friedensplanen zwei Dinge sind. Diesmal zu seinem Nachteil. 1647 hatte Frankreich darauf bestanden, daß das unbesiegte Schweden Hinterpommern abgab, jetzt bestand es darauf, daß das geschlagene Schweden Vorpommern behielt. Brandenburg bekam zum Trost 830 Quadratkilometer pommerellisches Wald- und Weideland mit einem Stück Ostseeküste: Lauenburg und Bütow.

230 Jahre nach dem ersten, wurde auch der letzte preußische Staatengründer mit einem Lauenburg abgespeist. Als Wilhelm II. Bismark im Jahr 1890 aus dem Amt gedrängt hatte, gab er ihm die zweifelhafte Würde eines Herzogs von Lauenburg hinterdrein. »Was soll mir der Charaktermajor?« hat Bismarck gebrummt. Kurfürst Friedrich Wilhelms Gemütsverfassung dürfte 1660 ähnlich gewesen sein.

Er kehrte mit seiner dürftigen Beute in ein verwüstetes und ausgelaugtes Land zurück. Und er hat in den nächsten 28 Jahren seines Lebens nichts getan, der große Kurfürst, ihm wieder zu Flor und Wohlstand zu verhelfen. Im Gegenteil. Er hat es immer weiter runtergebracht. »Ich führe meine Herrschaft nicht um meiner privaten Angelegenheiten, sondern um der Sache des Volkes willen«. Das hat wenig davon gemerkt. Eher schon traf der andere Kernspruch zu, den er so liebte. »Notwendigkeit bricht jedes Gesetz«. Und was notwendig war, bestimmte er.

Die Kriegsfurie hatte nicht ganz so wild gehaust wie vor 20, 30 Jahren und trotzdem wild genug. Aber was brauchten Bauern und Bürger in Brandenburg, Pommern und Preußen plündernde Soldateska, da sie neuerdings die Kriegs- und Steuerkommissare ihres Landesherrn hatten? Die blieben ihnen außerdem erhalten.

Da die Stände ihm das Geld zum Unterhalt des Heeres nicht hatten geben wollen, hatte Friedrich Wilhelm sich's geholt, unterschiedslos in allen Provinzen. Als er 1655 nach Preußen aufgebrochen war, hatte er einen Generalkriegskommissar für Brandenburg und Oberkriegskommissare für Cleve und Preußen ernannt. Die waren ihm für den Nachschub an Soldaten, für Ausrüstung, Verpflegung, Fourage und Geld verantwortlich und nahmen ihre Sache ernst. Ortskommissare schwärmten aus, requirierten im Namen des Kurfürsten und Herzogs für das Heer und den Ruhm des Kurfürsten und Herzogs, was nicht niet- und nagelfest war und nannten es Kontribution. In der Stadt und auf dem platten Land. Ob und wie man es später brauchen konnte, war egal. Erstmal her damit. Nur die Junker blieben ungeschoren an Hab und Gut. Aber ihr Recht, ihr gutes, eben erst bestätigtes Recht! Die Kriegs- und Steuerkommissare zuckten die Schultern. Sie wüßten nichts von gutem altem Recht, sie wüßten nur, daß ihr Herr Geld brauche wie's tägliche Brot. Also her damit.

Wenn es nach ihnen gegangen wäre, hätten sie das der Junker auch gleich eingesackt. Aber der Kurfürst litt es nicht. Umso mehr mußten die armen Bauern und Stadtbürger bluten. Bildlich und buchstäblich.

Wo nichts ist, hat auch der Kurfürst sein Recht verloren. Wo für das Recht nichts mehr sein sollte, hat sich für die Gewalt noch immer was gefunden.

Am Anfang des königlich-preußischen Beamtentums standen ungehemmte Brutalität und nackter Terror. Und mit der Unbestechlichkeit war's soweit auch nicht her.

Ein kleines Geschenk?

Aber gern. Und den Rest für den Herrn.

Bis wirklich nichts mehr da war. Häufig die geschundenen Zensiten selbst nicht mehr. In hellen Scharen flüchteten Bauern und Bürger ins Ausland. In der Neumark war 1660 mehr als die Hälfte aller Häuser verödet. Spandau hatte 400 Vollbürger gehabt, als Kriegs- und Steuerschrecken über die Stadt hereinbrachen. Sieben Jahre später waren es noch 70 oder 80. Pritzwalk hatte unterdessen 5/6 seiner

Bewohner eingebüßt, Küritz 3/5, Küstrin 2/3, Prenzlau 4/5. In Frankfurt waren keine 150 von über 1000 Häusern mehr bewohnt. 1648 waren es immerhin noch 270 gewesen, usw., usw., usw. Überall Flucht, Zerfall, Verödung.

Das hätte nach Oliva sein Ende haben sollen. Der Krieg war aus, die Notwendigkeit einer Kriegshorde, die sich am Mark des Landes nährte, war dahin. Die Stände erwarteten, daß der Kurfürst seine Truppen zerstreute, die losgelassenen Kriegs- und Steuerkommissare zur Raison brachte, für die widerrechtlich abgepreßten Millionen demütig um Vergebung bat, einsah, daß Brandenburg zum Eroberer nicht geschaffen war und das kleinstaatliche Stilleben wieder herstellte. *Dieser* Kurfürst nicht! Der fühlte sich »abermals betrogen« und sah überhaupt nichts ein. Der hatte als Junge in den Niederlanden einen Eindruck von Seemacht und Handelsblüte bekommen und seitdem eine fixe Idee. Der wollte aus dem brandenburgischen Sandkasten eine Macht zu Lande und zu Wasser machen. Mit überseeischen Besitzungen. Der wartete nur auf die nächste Gelegenheit, um dazu doch noch an die Odermündung und Stettin zu kommen. Und er wartete im Harnisch. Unerhörtes geschah. Das Heer blieb unter Waffen. 12000 Mann. Und mit ihm blieben die Kommissare, blieb das Unrecht, die Pein und das Elend. Das wurde nun, da es im Felde vorderhand nichts zu tun gab, mit Kraft und Energie organisiert.

Das Dutzend Jahre bis zum nächsten großen Krieg war damit ausgefüllt. Dann war es geschafft. Der preußische Militär- und Beamtenstaat nahm Formen an. Die Junker schrieen Gewalt, das Bürgervolk stand auf. Aber der Sturm brach nicht los. Gegen Steuerrebellen halfen Soldaten. Und die Stände, die mußten's eben leiden. Nicht ohne alle Gegenwehr, am Ende aber ohnmächtig, resignierend und in ihrer Eigensucht nur noch darauf bedacht, daß ihr eigen Hab und Gut geschont werde. Mochten die landesherrlichen Steuereintreiber die Bauern immerhin rupfen, daß sie am Leben verzagten und das Weite suchten. Es hatte auch sein Gutes. Man konnte das verlassene Land zum Gutsland schlagen und dem Verlassen hier und dort auch kräftig nachhelfen. Recht gab man hin für Feld und Flur. Der Kurfürst hatte nichts dagegen. Zu seinen Regierungszeiten ist der Besitz der Rittergüter zu Lasten des Bauernlandes um ein Drittel gewachsen. Die Steuerfreiheit ließ er den Junkern für die nächsten 200 Jahre auch. Einige schlugen sich vollends auf die Seite des unversehens Mächtigen. Er nahm sie mit offenen Armen auf. Er wollte sie ja nicht zum Feinde. Lieber hatte er sie als Offiziere in seiner Armee, die seit 1672 wieder zu tun bekam, und als Beamte in seiner ausufernden Finanzverwaltung, die weiterhin Generalkriegskommissariat hieß.

Armee und Steuerverwaltung waren die beiden kräftigen Klammern, die die auseinanderstrebenden Provinzen neuerdings zusammenzwangen, und sie blieben die Machtinstrumente des Landesherrn gegen die Interessen und Vorstellungen der hergebrachten regionalen und lokalen, städtischen und ständischen Verwaltungen. Wo es ihm angebracht schien – und es schien ihm zusehends mehr und öfter angebracht – wurden den alten, zugegebenermaßen etwas betulich und unergiebig vor sich hinwurstelnden Behörden die Befugnisse kurzweg aus der Hand genommen und auf die fürstlichen Kommissare übertragen. Die brachten Zug in die Sache, trieben bald nicht mehr nur Steuern ein, sondern kontrollierten, visitierten und bestimmten das städtische und ländliche Leben rundum im Sinne ihres Herrn. Nicht unbestechlich, aber rücksichtslos. Als Kriegs- und Steuerkommissare in den Städten, als Kreiskommissare auf dem platten Land, als Oberkriegskommissare in Kriegskammern vereint an der Spitze der Provinzen. Die Fäden und das Geld liefen in Berlin beim Generalkriegskommissar und in seiner Generalkriegskasse zusammen und endeten nicht mehr in Pritzwalk in der Priegnitz, Pasewalk und Pillau oder bestenfalls in Wesel, Königsberg und Stargard. Und in Berlin saß auch der »Kurfürst absolut« auf seinen Truhen und Bajonetten und wollte sein Kusseln- und Kiefernland in der Welt »formidabel« machen. Ging Bündnisse ein und brach sie oft und nach Belieben, führte Krieg und schloß Frieden, ohne weiters um Rat und Erlaubnis zu fragen. Er war der Staat. Nicht, weil alles nach seiner Pfeife tanzen mußte. Das auch. Vor allem aber, weil seine Idee von Brandenburgs Macht und Größe und sonst nichts Springpunkt und Kraftquell des Ganzen war.

Preußen war eine Idee und eine Macht, bevor es Wirklichkeit wurde und wäre ohne diese Idee nicht Macht und schon gar nicht Wirklichkeit geworden. In anderen Ländern ist der Staatsgedanke von Parlamenten oder Ständeversammlungen ausgegangen. In England und Schweden, oder in den Niederlanden und in Frankreich. Dort hat eine Verfassung Land und Leute allmählich zum Staat geeint, in Preußen Heer und Verwaltung.

Als Offiziere der Armee haben später dann auch die Junker über den Tellerrand ihres Guts, der ihnen wichtig genug blieb, hinauszusehen gelernt und staatlichen Sinn entwickelt. Nach dem staatlichen Sinn der

Bauern und Bürger aber fragte niemand, solange er sich in Steuern materialisierte.

Kein »Vandalenkönig« an der Ostsee ...

und Vorpommern hat Kurfürst Friedrich Wilhelm trotzdem nicht bekommen. Er konnte tun, was er wollte, Bündnisse basteln und brechen, kriegen und siegen, Preußen und Cleve als Dreingabe bieten, es half nicht. Brandenburg war inzwischen Macht genug, eine Provinz im Kriege zu besetzen, nicht Macht genug, sie beim Friedenschließen auch zu halten. Da alle Welt den wetterwendischen Parvenu oben im Nordosten des Reichs eigentlich recht barbarisch-widerwärtig fand, war er am Ende immer der Dupierte. Der »große« Kurfürst vom Schlachtfeld bei Fehrbellin und von der Belagerung Stettins – in Nymwegen am Verhandlungstisch war er doch wieder nur der kleine Verbündete mit den großen Gelüsten, der es gefälligst zu nehmen hatte, wie es den wahren Herren Europas behagte. Machtpolitik auf eigene Faust hat auch Friedrich Wilhelm entfernt nicht treiben können. Das hat er bald erkannt und deshalb stets nach machtpolitischen Interessen Größerer gewittert, die zu unterstützen seinen eigenen dienlich sein konnte. Dann war er rasch dabei. Heute so und morgen anders, unbekümmert, ob das einen guten Eindruck machte oder nicht.

Daß er sich Ende 1667 und 1669 mit dem eroberungssüchtigen Ludwig XIV. verband, den jeder brave Deutsche und Protestant zu hassen hatte wie die Pest, hat keinen guten Eindruck gemacht. Ludwig stand der Sinn nach den Niederlanden und Friedrich Wilhelm versprach, für Geld und Geldern beim Raube mitzutun.

Als es 1672 wirklich losging, hatte er sich's freilich anders überlegt und unterdessen mit den Niederlanden abgeschlossen. Die Franzosen haben zur Strafe Cleve besetzt und kamen auch sonst gut voran. Das hat den brandenburgischen Kurfürsten sehr irritiert. Rasch und gewandt hat er Ludwig erklärt, daß die ganze Angelegenheit doch ein Mordsmißverständnis sei, die Niederlande sehen sollten, wo sie blieben – unpünktliche Zahler der vereinbarten Hilfsgelder seien sie übrigens auch – und vorgeschlagen, daß man wieder gute Freundschaft halten wolle. Der Franzosenkönig hatte Feinde genug. Deshalb war ihm das Angebot nicht unlieb. Er schloß einen neuen Vertrag mit Friedrich

Wilhelm, gab Cleve zurück, ein paar hunderttausend Taler für die preußische Armee und einige stattliche Douceurs für Kurfürst und Kurfürstin obendrauf und hoffte auf Brandenburgs Unterstützung für seine weiteren unerfreulichen Absichten.

Friedrich Wilhelm hatte zwar den Schaden nicht, dafür den Spott. Kur-Brandenburg leide am Wechselfieber, hieß es. Das war richtig und dabei blieb es. Frankreichs Geld war in den Wind geschrieben. Friedrich Wilhelm hörte das Gespött mit zorniger Erbitterung, schämte und grämte sich eine Weile über seine klägliche Haltung, und als er im Sommer 1674 zu neuem Tatendrang erwachte, war es nicht an Frankreichs Seite, sondern mit dem Kaiser, Dänemark und Spanien *gegen* Frankreich.

Fünf Monate später standen die Schweden in der Mark. Die hatten Anfang des Jahres für Ludwigs reichlich ausgestreutes Geld, ebenso wie Brandenburg, zugesagt, Frankreich gegen alle Feinde zur Hilfe zu kommen und pflegten, anders als Brandenburg, dergleichen Versprechungen zu halten. Der Kurfürst hat ingrimmig frohlockt. Jetzt wußte man doch, worum es ging. »Das soll die Schweden Pommern kosten!«.

Freilich nicht gleich. Die Kaiserlichen und die Brandenburger waren eben in einem ganz regelwidrigen Winterfeldzug von Frankreichs Marschall Turenne bei Kolmar in die Flucht geschlagen worden und pflegten sich im Winterquartier am fränkischen Main. Und ganz allein gegen die mächtigen Schweden?

Ob Kaiser, Dänen und Niederländer nicht helfen wollten?

Für Dänemark und die Niederlande gab es immer Gründe, die Schweden zu dreschen. Und der Kaiser sagte auch zu. Ende Mai war es soweit. Da wurde es freilich auch höchste Zeit.

Die Schweden waren ohne alle Eroberungsgelüste in Brandenburg eingerückt. Sie hatten den Kurfürsten mit Nachdruck zu etwas mehr Bündnistreue ermuntern wollen, mehr nicht. Bald schon gewannen sie den Eindruck, daß sie in der Mark weiter nichts verloren hatten und waren drauf und dran, sich wieder zu verziehen.

Nichts wäre Friedrich Wilhelm ungelegener gewesen. In langen kraftraubenden Märschen, bei strömenden Regen, über morastige Wege, hetzte er von Franken in Richtung Havelland nordwestlich von Berlin, wo die Schweden zum Abmarsch rüsteten. Mit 15 000 Mann brach er auf, mit 6000 kam er vier Wochen später an. Die ganze Infanterie war buchstäblich auf der Strecke geblieben. Aber er erwischte die Schweden noch, bei Fehrbellin am 28. Juni 1675. In weniger heiligem als blutrünstigem Zorn hat er sich auf sie gestürzt, mit 6000 Mann auf 12000, er mitten im Gewühle. Viele Tote gab es in zwei morgenfrischen Stunden. Dann hatte der schwedische General Waldemar von Wrangel ein Einsehen, brach das Gemetzel kurz entschlossen ab und führte seine Truppen erst hinter daß Flüßchen Rhyn und, weil zur Verfolgung die kurfürstlichen Reiter denn doch zu abgehetzt waren, drei Tage später in leidlicher Ordnung über Mecklenburg nach Pommern zurück. Dort gehörten sie hin, und Brandenburg war vom Feind befreit.

Das wäre es bald ohnedies gewesen, aber aus dem Kurfürsten Friedrich Wilhelm wäre dann vielleicht nie der »Große Kurfürst« geworden. Und Heinrich von Kleist hätte nicht sein romantisch verklärtes Hohenzollern-Melodram über den Prinz Friedrich von Homburg schreiben können, an dem historisch so gar nichts und im Kern so alles stimmt: Gesetz und Geist und Perfidie des neuen Regiments.

»Und will, daß dem Gesetz gehorsam sei«, nicht dem »spitzfind'gen Leerbegriff der Freiheit«!?

Wenn es das nur wäre. Es ist viel schlimmer. Wenn der Kurfürst den Homburg wirklich hingeschlachtet hätte, es wäre grausam gewesen, aber nach den Regeln der Zeit und des Berufs immerhin rechtens. Formales Recht reichte dem großen Manne aber nicht. Das war ihm im Prinzip egal. Er wollte, daß *sein* Gesetz und die Raison des Staats – und das war eins – das innere Gesetz des Prinzen sei. Und er erreichte es.

> (Der Kurfürst) handle, wie er *darf*;
> Mir ziemts hier zu verfahren, wie ich *soll*!

> Ich will das heilige Gesetz des Kriegs, . . .
> Durch einen freien Tod verherrlichen.

Unfreier hätt' ein Tod nicht sein können.

Homburg ist nicht gestorben. In Kleists – im übrigen wunderschönen – Schauspiel nicht und in Wirklichkeit schon gar nicht.

Nachdem ihm erst das Rückgrat gebrochen und dann auch noch die Seele genommen war, war der *legendäre* Prinz »es wert« zu leben.

Und der *historische*, der war kein junger, traumwandlerischer Prinz, sondern ein 42jähriger, hinkender, weil einbeiniger Landgraf, der für Amalien nicht erbte, sondern erst durch die Ehe mit der nochmal 30 Jahre älteren Witwe des schwedischen Kanzlers Johann Oxenstierna zu

Geld-Reichtum gelangt war und mit zwei weiteren Gemahlinnen noch zu fünfzehnfachem Kinderreichtum kommen sollte. Er hat denn auch seine Reiterei nicht zur Unzeit ins Gewühl geworfen, sondern zunächst die Vorhut geführt, die Schweden zum Stehen und den Kurfürst dadurch zum Schlagen gebracht und auch zum Schluß noch einmal kräftig und erfolgreich dreingehauen. Dann, schrieb er am nächsten Tag an seine Frau, »haben wir auff der Walstet da mehr als 1000 Todten um uns lagen, gessen und uns braff lustig gemacht.«

Mit der Lustigkeit war es freilich bald vorbei. Siege heischten kurfürstliche Huld und klingenden Lohn. Mit beidem hat Kurfürst Friedrich-Wilhelm stets geknausert. Dankbar sind die Hohenzollern nie gewesen. Eine Woche nach der Schlacht hat Homburg deshalb grollend die Armee verlassen und in Schwalbach Brunnen getrunken. Nichts mit: »Ins Feld, ins Feld! Zur Schlacht! Zum Sieg! In Staub mit allen Feinden Brandenburgs.«

Friedrich Wilhelm freilich schickte sich dazu an. Nicht lange hat er gesäumt, dann ist er seinerseits in Pommern eingefallen. Im Jahr darauf hatte er – von den Dänen und den Niederländern auf See tatkräftig unterstützt – das Ländchen überrannt und stand vor Stettin. Noch ein Jahr später stand er dort immer noch. Da fing er mit Kanonen an zu schießen und hörte vier Monate lang nicht wieder auf. Nachdem über 6000 Menschen dabei vom Leben zum Tode gekommen waren, zog er am 6. Januar 1678 in die Stadt ein. Es war – trotz heftiger Gicht- und Asthmaplage – vielleicht der schönste Tag in seinem Leben. Aber ach, ein kurzes Glück! Er ließ sich huldigen und zog dann weiter, um auch Stralsund zu schleifen, während den Verbündeten längst der Sinn nach Frieden stand. Friedrich Wilhelm schoß noch aus allen Rohren, als sich Franzosen, Spanier, Niederländer und der Kaiser in Nymwegen längst darauf geeinigt hatten, daß – wie's auch komme – Brandenburg Pommern nicht haben solle. Es sei ganz und gar nicht im Interesse des Kaisers, höhnte der österreichische Hofkanzler Hocher indigniert, daß an der Ostsee ein neuer Vandalenkönig erstehe. Am 10. August 1678 machten die Niederlande ihren Frieden mit Frankreich, am 17. September die Spanier, am 5. Februar 1679 der Kaiser. Der Brandenburger hat es nicht fassen wollen. Fast ein halbes Jahr noch hat er – voll der Vorwürfe und Klagen über soviel Treulosigkeit – allein mit Dänemark gegen das übermächtige Frankreich weitergemacht und sich am Niederrhein und in Westfalen ein paar kräftige Niederlagen geholt. Als Louvois schließlich drohte, daß die Franzosen erst Lippstadt, dann Halberstadt, dann Magdeburg nehmen und den Krieg nicht auf »schwedische Weise« führen würden, wenn er nicht endlich einhielte, hat er gar Cleve und Preußen gegen Schwedisch-Pommern zum Tausch geboten. Und als auch das nichts half, lief er in hoffnungsvollem Zorn zu Ludwig XIV über.

Der Geheime Rat Meinders schloß am 29. Juni Frieden in Saint Germain und blieb gleich dort, um ein Verhältnis »aufrichtiger Freundschaft« mit Frankreich zu begründen. Ludwigs Truppen erhielten freien Durchzug durch alle Hohenzollernschen Lande und Kurfürst Friedrich Wilhelm wollte bei der nächsten Kaiserwahl einen französischen Kandidaten fördern. Dafür bekam er 100 000 Livres jährlich.

Viermal – am 11. Januar 1681, am 22. Januar 1682, am 30. April 1683 und am 18. Januar 1684 – ist der Vertrag erneuert und erweitert worden. Geld ist immer mehr dabei herausgesprungen, zuletzt 500 000 Livres im Jahr. Und das war dringend nötig, weil die ausgepowerte brandenburgisch-preußische Bevölkerung die überdimensionierte Armee allein längst nicht mehr unterhalten konnte. Mit der Beute Pommern allerdings hat Ludwig nur gewinkt und gelockt. Ernsthaft zugedacht war sie den Brandenburgern nie. Im September 1684 hat er das dem Kurfürsten auch unmißverständlich gesagt. Die »aufrichtige Freundschaft« war wieder einmal hin. Offen gebrochen hat Friedrich Wilhelm mit den Franzosen nicht, insgeheim aber hat er sich der wiederbelebten protestantischen Koalition gegen den Franzosenkönig angeschlossen. Kurz darauf ist er an Wassersucht und Asthma, immer noch von der fixen Idee besessen, daß Brandenburg See- und Kolonialmacht werden müsse und im Herzen mit der Sehnsucht nach Vorpommern, Odermündung und Stettin gestorben.

32 Jahre später hat der nächste Friedrich Wilhelm dann immerhin Stettin mit der kleineren Hälfte Vorpommerns bis zur Peene bekommen. Da war die Odermündung längst versandet, der Flottentraum für's erste ausgeträumt und Pommern die Sehnsucht kaum mehr wert.

Friedrich Wilhelm, der große Kurfürst, ist für sein Land und dessen Leute kein Segen gewesen. Er war ein anstrengender Herr, der machtpolitisch weit über die wirtschaftlichen Verhältnisse seiner Untertanen lebte. Er hat die politischen Grundlagen eines Staats erzwungen, dabei aber dessen wirtschaftliche und soziale Grundlagen für mehr als ein Jahrhundert verdorben und überdies den Ruf des Landes ruiniert.

Mit dem schlechten Ruf ließ sich leben. Land und Leute haben die Hohenzollern immer nur soweit interessiert, wie es für die Pracht- und Machtentfaltung unerläßlich war. Der große Kurfürst Friedrich Wilhelm steht deshalb zu Recht mit übergroßen Lettern in ihrer Ahnentafel. Er hat sich um das »Haus« verdient gemacht.

Den Nachfolger dagegen hätten dessen Nachfolger zuweilen am liebsten draus gestrichen. Er nahm sich eher peinlich zwischen seinem Vater und seinem Sohne aus. Schon rein äußerlich. Nichts von der soldatischen Wucht der beiden Friedrich Wilhelm: ein kleiner, eitler Geck, der lieber den Hermelin um die Schultern als den Panzer vor der Brust trug, und um vieles in der Welt nicht Kurfürst Friedrich III. bleiben, sondern König Friedrich I. werden wollte. Das ist ihm gelungen. Der unkriegerische, prunk- und verschwendungssüchtige Mann, der sein Volk nicht billiger gekommen ist als der Vater, hat den Hohenzollern die königliche *Würde* verschafft, nachdem die Herren Europas eben wieder einmal hochfahrend klargemacht hatten, daß Brandenburg zur königlichen *Macht* noch alles fehlte.

Das war im niederländischen Rijswijk geschehen. Dort wurde 1697 ein Friede geschlossen. Kein sehr belangvoller Friede. Belangvoll waren die wenigsten Friedenschlüsse in jenem endlosen Kampf um die Vorherrschaft in Europa zwischen dem Westfälischen Frieden und der Französischen Revolution. Sie gehörten einfach zu seinen frivolen Regeln und Ritualen. Häufig begann man mit den Friedensverhandlungen, kaum daß man zu schießen angefangen hatte, kam damit aber lange nicht zu Rande, weil der Krieg sich verselbständigte und man warten mußte, bis er sich totgelaufen hatte. So hatte es sich auch mit dem Krieg verhalten, den der Rijswijker Friede 1697 weniger beschloß als unterbrach. Vordergründig losgebrochen war er 1688 zwischen den Bourbonen und den Oraniern um die Erbfolge in der Pfalz und ist deshalb von den Historikern später Pfälzischer Krieg genannt worden.

Aber die auslösende Ursache war eigentlich schon vergessen, als 1692, einstweilen unter der Hand, die ersten Friedensvermittlungen in die Wege geleitet wurden. Unterdes hatte nämlich, wer in Europa Rang und Namen und Macht genug hatte, beides zur Geltung zu bringen, seine Interessen in die Angelegenheit gemengt und zur gesamteuropäischen Angelegenheit gemacht. Deshalb dauerte es weitere fünf kriegerische Jahre, ehe man übereinkam, vorerst einmal einzuhalten. Keine vier Jahre hat die Übereinkunft gehalten.

Brandenburg hatte mitgemacht im Krieg, acht Jahre auf der gleichen Seite gegen Ludwig von Frankreich. Das war neu, aber noch kein Verdienst. Und andere Verdienste hat es sich nicht erworben. So ist es in Rijswijk denn auch behandelt worden: als Helfershelfer mit einem Platz am Katzentisch, der für seine Hilfe – wenn das Geld gerade dagewesen war – bezahlt worden war und keinerlei Recht auf weitere Ansprüche hatte.

Das hat Friedrich III. so verdrossen, daß er zunächst seinen Premierminister Eberhard von Danckelmann, der wirklich nichts dafür konnte, sondern ein verdienter, wiewohl etwas finster-herrischer Mann war, nicht nur entließ, sondern gleich seines Vermögens beraubte und ohne Verurteilung zehn Jahre auf Festung setzte. Dann beschloß er, nun endlich preußischer König zu werden.

Das war keine neue Idee. Seit 1690 schon hatte er, von Danckelmann eher gestört als ermuntert, mit dem Kaiser zuweilen unverbindlich darüber verhandelt. Zwar wollte er die Krone nicht etwa von seinem kaiserlichen Lehnsherrn für Brandenburg haben. Er wollte König aus eigener Machtvollkommenheit im souveränen Preußen sein. Aber so vollkommen war seine Macht denn doch nicht, daß ein Hohenzoller sich vor die Welt hinstellen konnte, mit der Krone auf dem Kopf, und sagen: Schaut her, ich bin's, König Friedrich von Preußen. Nur wenn der Kaiser als schon nur noch symbolischer Sachwalter des Heiligen Römischen Reiches zuvor zugestimmt hatte, konnte man es wagen und halbwegs getrost abwarten, daß sich auch die anderen Fürsten damit abfanden.

Kaiser Leopold tat sich mit dem Wunsche schwer. Mochte er in der geschniegelten Person Friedrichs auch etwas veredelt wirken, ein »Vandalenkönig an der Ostsee« blieb der Brandenburger doch. Bis zum Ende des Jahres 1700 brauchte er, um sich zu einer positiven Entscheidung durchzuringen. Da drohte der bevorstehende Tod König Karls II. von Spanien Europa drei Jahre nach dem letzten Frieden in einen neuen Krieg zu stürzen. Denn der tückische Ludwig auf dem Franzosenthron hatte eine vorzügliche Gelegenheit gewittert, die habsburgische Einkreisung loszuwerden und den hinfälligen Karl II. dazu gebracht, Ludwigs Enkel Philipp von Anjou zum Universalerben zu bestimmen. Der Kaiser hingegen bestand auf seinen dynastischen Ansprüchen und würde in Kürze jeden erreichbaren Soldaten brauchen. Deshalb lenkte er schließlich ein: »König in Preußen« und jährlich 150000 Gulden für 8000 Mann gegen Frankreichs Anmaßungen und die brandenburgische Stimme für einen Habsburger bei der nächsten Kaiserwahl. Abgemacht zu Wien am 16. November 1700, geschehen zu Königsberg am 18. Januar 1701.

Friedrich Wilhelm, der »Große Kurfürst«

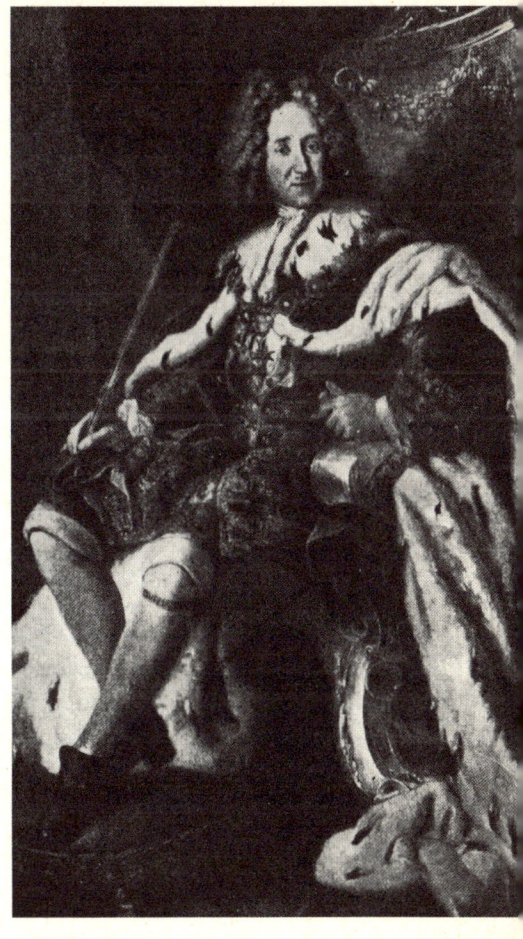

Friedrich, der erste König

2. Kapitel
Eine Armee,
die einen Staat besitzt

Macht und Würde

Da war denn aus den zu Gesittung gelangten märkischen Raubrittern ein Geschlecht von Königen geworden und aus Brandenburg-Preußen eine Monarchie. Nur, in Europa eine Macht und in der Welt formidabel war es immer noch nicht. Dem kleinen, feinen König war's egal. Der war vollauf damit beschäftigt, die neue Würde auszuschmücken. Ihm fehlten Saft und Kraft, sich ruhm- und beutesüchtig in Kriege einzulassen.

Dabei hätte es – wen wundert es – Gelegenheit genug gegeben. In West und Ost. Zur freien Auswahl. Im Westen war im Sommer 1701 der allseits erwartete und deshalb ganz unvermeidliche Krieg um die spanische Erbfolge in Gang gesetzt worden und wälzte sich zwölf Jahre durch Westeuropa hin und her. Und im Osten schlugen sich seit der Jahrhundertwende nach alter Weise Polen und Schweden wieder mal die Köpfe blutig. Rußland unter seinem wunderlich-gewalttätigen Zaren Peter, dem Ersten und Großen, war diesmal auch von der Partie und gestaltete das Gemetzel abwechslungsreicher denn je. Dabei konnte für Brandenburg-Preußen immer etwas herausspringen: Vorpommern natürlich, aber auch Westpreußen und Danzig, oder ein Stück von Schlesien und Sachsen. Es mußte freilich mitmachen im aussichtsreichen Getümmel. Der ignorante Friedrich aber sah nur zu.

Nicht etwa um des lieben Friedens willen. Er wußte den Krieg durchaus zu schätzen. Buchstäblich. In Talern, Gulden und Groschen. Die warf der arme nordische Krieg nicht ab. Der kostete vielmehr. Ganz anders der reiche Krieg im Westen. Wenn man den mit Soldaten fütterte, war glänzend an ihm zu verdienen. An die 50000 vermieteter preußischer Soldaten haben sich zuweilen in den Armeen des kaiserlich-legendären Prinzen Eugen und des englischen Herzogs von Malborough auf den Schlachtfeldern Italiens, Süddeutschlands und der Niederlande herumgetrieben. Ohne Sinn sowieso, aber nicht einmal für preußische Interessen und zu kaiserlichem Nutzen. Philipp von Anjou blieb König von Spanien, und die Habsburger hielten sich an Ober- und Unteritalien schadlos. So hätte man es auch ohne das zwölf Jahre lange tödliche Getöse haben können.

Preußens Geheime Räte wurden bei den Friedensverhandlungen in Utrecht angemessen behandelt: als Prokuristen eines florierenden Soldaten-Vertriebs, dem niemand mehr etwas schuldig war. Als Gratifikation konnten sie immerhin Obergeldern einstreichen, 1000 Quadratkilometer Weideland nördlich von Cleve. Das war im April 1713. Da hatte das Unternehmen bereits einen neuen Chef, dem der Bettel eher peinlich war.

Der junge König Friedrich Wilhelm war von anderem Schlage als seine Eltern. Er hatte nichts von seiner schöngeistig-gebildeten Mutter Sophie-Charlotte, die im Schloß in Lietzenburg, das später ihren Namen bekam, mit Leibniz über die Theodizee, mit Toland über den Pantheismus und mit Thomasius über den barbarischen Unsinn von Hexenverbrennungen sachkundig medisiert hatte, und nichts von seinem zierlich-zeremoniellen Vater, dessen Bau- und Putzsucht Berlin dank Andreas Schlüter zwar prächtig zu Gesicht stand, aber auch unendliche Summen verschlang. Ihn interessierte die neugegründete, schnell weitberühmte Universität in Halle nicht, und nicht die Akademien der Künste und der Wissenschaften, die sein Vater in Berlin ins Leben gerufen hatte. Er war ein Rauhbein erster Güte, ohne Hang zu Kunst und Wissen, dafür mit einem unermeßlichen Gefühl für Preußens Macht und Ruhm begabt.

Seit 1703 schon, seit er 15 Jahre alt geworden war, hatte der Kronprinz im Geheimen Staats- und Kriegsrat gesessen und unter der geldgierig-verschwendungssüchtigen Tatenlosigkeit gelitten wie unter Prügel.

Auf den vielversprechenden Schlachtfeldern im Osten hauten die Truppen des jugendlichen Schwedenkönigs Karl XII. erst die Polen zusammen und wurden dann bei Poltawa im Kaukasus von den Russen, zerrieben. Karl jagte August von Sachsen vom polnischen Thron, Zar Peter setzte ihn wieder drauf. Die Schweden drangen in Schlesien und Sachsen ein und wurden wieder draus vertrieben. Rußland eroberte das schwedische Baltikum – Estland, Livland, Ingermanland und Karelien – und setzte sich dort fest. Preußen sah zu. 1711 schließlich zogen

Russen, Polen, Sachsen gar über Preußisch- nach Schwedisch-Pommern und nahmen Stettin, während Preußens Regimenter für Geld und Habsburgs Interessen auf den westeuropäischen Kriegsgefilden verlumpten. Friedrich Wilhelm verlor fast den Verstand.

Es ist nicht anders vorstellbar, er muß den Tod seines Vaters herbeigesehnt und 1712 als unendliche Befreiung empfunden haben. Mit Mühe hielt er an sich, bis der alte König mit hinlänglich pietätvollem Prunk unter die Erde gebracht war. Dann entlud sich der aufgestaute Änderungs- und Tatendrang in hektischer, unermüdlicher Aktivität.

Das Programm dafür war längst geschrieben und von eindrucksvoller Einfachheit: »Halte Dich an das Reelle, sorge für Geld und eine gute Armee, sie garantieren einem Fürsten Ruhm und Sicherheit«.

Er hat sein Leben daran gewendet und dabei Form und Geist, Lebensgesetz und Tradition des alten Preußen geschaffen.

Obristen und Junker

Knapp 40000 Soldaten konnte König Friedrich Wilhelm nach dem Utrechter Frieden von den stillgelegten Kriegsschauplätzen Westeuropas einsammeln. Seinem Sohn vererbte er 27 Jahre später über 80000, die drittgrößte Armee Europas, obwohl Preußen nach Landbesitz und Einwohnerzahl erst an 10. und 13. Stelle kam. Und das war nicht nur eine größere, das war eine ganz andere Armee als die von Fehrbellin und Malplaquet.

Krieg und Waffendienst waren bis ins 18. Jahrhundert hinein eine höchst doppelsinnige Angelegenheit geblieben. Im Großen und für die Geschichte ereigneten sie sich im Namen und Auftrag von Staaten und Dynastien; en detail und für die Betroffenen wurden sie als Privatgeschäft unternehmerischer Landsknechtsführer betrieben, die sich ein bißchen um Tod und Teufel, ausgeprägt um Geld und Beute, aber überhaupt nicht um Staatsraison, Machtpolitik und strategische Kriegsziele scherten. Die zogen mit gut gefülltem Beutel und Fäßchen über Land, ließen die Werbetrommel rühren, lockten mit Handgeld und Sold, überredeten mit Schnaps und flinken Worten, und wenn alles nichts half, schlugen sie zu.

Was Volk er wirbt und wieder stirbt,
und was zum Öftern ihm entlauft,

auch in dem Hänfenstrick ersauft,
die Hungers halber sterben müssen,
die muß er zu ersetzen wissen.

So kam ein Regiment zustande, das für beliebige Zwecke zu ersteigern war. Nur einträgliche Zwecke mußten es sein, damit die Kosten rasch wieder hereinkamen. Die meisten »Obristen« und »Feldhauptleute« waren von Spekulanten in Mord, Raub und Totschlag nur schwer zu unterscheiden. Der Vertrag, den sie mit irgendeinem Kriegsherrn schlossen, hieß zwar »Kapitulation«, aber dreinreden ließen sie sich ungern, und sicher war der Pächter ihrer nie. Sie schlugen sich nach seiner Weisung, solange ihr eigenes Süppchen auf der kriegerischen Flamme am Kochen blieb und wurden renitent, sobald es ihnen jemand zu versalzen drohte.

Als der damals noch ganz und gar nicht große Kurfürst 1641 mit den Schweden Waffenstillstand schloß, lief ihm die Mehrzahl der Regimenter, die er in jugendlicher Einfalt für *seine* Regimenter gehalten hatte, kurzerhand zum Kaiser über. Der Rest rebellierte, und Oberst von Rochow war gar drauf und dran, Spandau, das er eigentlich beschützen sollte, aus Wut und zur Belehrung in die Luft zu sprengen.

Friedrich Wilhelm hat später gelernt, mit den Obristen umzugehen. Ein bißchen war er ja vom gleichen Schlage. Ganz ohne Ärger ist es aber bis zum Schluß nicht abgegangen. Da hatte er den alten Derfflinger, der zuvor übrigens den Schwedenkönigen seine Werbe- und Kriegskünste hatte zugutekommen lassen, eigens zum brandenburgisch-preußischen Generalfeldmarschall erhöht. Der gewann ihm denn auch mit einiger Bravour die Schlacht bei Fehrbellin. Und verweigerte bei unpassendster Gelegenheit trotz allem den Gehorsam wegen einer Bagatelle, die nicht in seiner Kapitulation stehe. Den kurfürstlichen Rock am Leib, Sieg und Ruhm unter Brandenburgs Fahnen im Kopf, und im Herzen ein trotziger Söldnerführer, der durch seinen Vertrag und sonst nichts an Herr und Land gebunden war.

Der Herr, da er nun einmal sein Land in der Welt formidabel machen wollte, blieb auf die Derfflingers, Rochows, ihre Brüder im Geiste und deren Soldateska gleichwohl angewiesen. Wie anders sollte er an Truppen kommen? Zwar gab es, wie überall in deutschen Landen, von alters her die Lehnspflicht des Adels und das allgemeine Landaufgebot der Bürger und Bauern. Hergebrachte Sitten sind etwas Schönes, nur Schlachten kann man mit ihnen nicht gewinnen. Im ersten Nordischen Krieg hat Friedrich Wilhelm es mit der preußischen Landmiliz, die auf den sprechenden Namen Wybranzen hörte, einmal kurz versucht und dann rasch und für allemal die Finger davon gelassen. Verwirrte, unlustige, friedfertige, mutlose, schlecht bewaffnete Haufen waren das, deren Gefolgschaftspflicht überdies an den Grenzen der Provinz endete. Sie dachten entfernt nicht daran, auch nur einen Schritt darüber hinaus zu tun.

Und die lehnspflichtigen Junker!? Gewiß, die hatten, als sie vor Jahrhunderten ihren Besitz an Grund und Boden zu Lehen bekamen, dem Landesherrn für sich und ihre Erben Vasallentreue geschworen, »Rat und Hilfe« versprochen, »Bede und Reise« – Steuern und Kriegsgefolgschaft – zugesichert. Aber das war lange her und gern vergessen.

»Ja, wollt' man Jungfrauen zu Ehren reiten oder mit Leuten scharmützeln, die weiße Schürzen haben, da sollt' sich ein jeder brauchen lassen; – aber zu Feld liegen, Festungen stürmen und Feldschlachten thun, da seind sie unbrauchbare Gecken«. Und widerspenstig noch dazu.

Das waren und wurden bis in Friedrich Wilhelm des Königs Zeiten keine Edelmänner nach dem Herzen eines Landesherrn. Mit denen war kein Staat zu machen. Das war in seiner Mehrzahl eine Rotte roher, fauler und anmaßender »Despoten in Duodez«, die auf heruntergewirtschafteten und hoch verschuldeten Klitschen, die sie vornehm Rittergüter hießen, ihre Bauern schikanierten. Das gierte nach Stellen, Titeln, Privilegien und blieb ohne Sinn für Ordnung, Pflicht und Treue. König Friedrich Wilhelm hat seinem, Sohn und »lieben Successor« ein sauertöpfisch-ergötzliches Soziopsychogramm der brandenburgischpreußischen Nobilität ins Testament geschrieben, garniert mit kurzfasslichen Anweisungen, wie sie am besten zu traktieren sei:

Die altmärkischen Adeligen sind »schlimme, ungehorsame Leut« besonders die Schulenburgs, Alvenslebens und Bismarcks. Fest den Daumen aufs Auge drücken.

Die Neumärkischen meckern alleweil und ohne Grund herum. Gar nicht drum kümmern.

Die Clevischen sind »dume oxen«, aber wie der Teufel auf ihre Privilegien aus, maliziös, intrigant und versoffen. Dagegen hilft nichts.

Die preußischen Grafen schließlich sind so übel von Charakter und Gehabe nicht, aber immer noch stark polnisch angekränkelt, selbstbewußt und ambitiös, und deshalb besonders gefährlich für die königliche Autorität. Stets ein wachsames Auge auf sie haben und ab und zu mal ducken.

Und alle miteinander »in die Armee employieren und die Kinder unter die Kadetts pressen. Ist formidabel vor seinen Dienst und Armee und ruhiger in seinen Ländern«.

Das war ein Gedanke, so neu und empörend wie der Gedanke des Großvaters, Land und Leuten Steuern ohne ständische Bewilligung abzupressen. Friedrich Wilhelm, der Kurfürst, hatte sich am alten Recht vergangen, Friedrich Wilhelm, der König, vergriff sich am jungen Leben. Genauso rigoros und unerbittlich und ohne lange zu fragen, ob's beliebt und auch gefällt. Den meisten hat es dann freilich bald gefallen. Des Königs hintersinnige Idee, das unnütze, aber immerhin landansässige Adelsvolk zu Offizieren zu veredeln, und dabei gleich noch die ungeschliffenen, fremden Sauf- und Raufbolde loszuwerden, die partout nicht lernen mochten, artig Order zu parieren, ist ein ganz unvorhersehbarer Volltreffer gewesen. Das preußische Offiziercorps hat seither stets zu mehr als 90 % aus einheimischen Adligen bestanden. Nur ganz zu Anfang haben Unteroffizierskommandos und Polizeiausreiter die verwilderten Herrchen mit List und Gewalt einfangen und in die eigens etablierten Kadettencorps verbringen müssen, damit sie bei guter Kost und sauberem Bette schreiben und rechnen, fechten, tanzen, reiten und christliche Denkart lernten. Bald kamen sie von selbst. In Preußen Offizier zu sein – das war bald unverkennbar – war nicht nur ehrenvoll, es brachte auch Gewinn. Mehr und auf unterhaltlichere Weise als Getreidebau und Gutsbetrieb. So haben sie König, Dienst und Vaterland schätzen gelernt, einigermaßen hochfahrenden Corpsgeist und monarchische Gesinnung entwickelt. Der König und sein großer Sohn haben ihnen dafür all ihre hergebrachten wirtschaftlich-sozialen Privilegien gesichert und geschützt. So glich sich alles aus zu reifster Harmonie, und aus der aufgezwungenen Pflicht ist in wenigen Jahrzehnten ein eifersüchtig gehütetes Vorrecht geworden.

Nur mit der Bildung hat es weiterhin gehapert. Das preußische Offizierscorps des 18. Jahrhunderts ist vielleicht zum diszipliniertesten und tapfersten in ganz Europa geworden, mit Sicherheit ist es das ignoranteste geblieben. Gegen ihre Dummheit kämpfte Friedrich selbst vergebens. Im übrigen aber hat er nur noch lobende Worte über seine braven Junker-Offiziere gefunden, »davon die Race so gut« sei, »daß sie auf alle Weise meritieret, konserviert zu werden«, und »kein Unadelich Geschmeis (mehr) unter der armee« gelitten. Das war, nachdem eine große Zahl bürgerlicher Offiziere, als es in der Not nicht anders ging, ihm hatte helfen müssen, den Siebenjährigen Krieg über die Runden zu bringen.

Kanton- und Kompaniewirtschaft

».. . es brachte auch Gewinn.«

Ja, Offiziersdienst im alten Preußen war Handwerk mit goldenem Boden. Preußens Rittmeister, Obristen und Generale sind unter Friedrich Wilhelms drakonischem Regiment gesitterter und loyaler geworden, Geschäftemacher sind sie geblieben. Und das kam so:

Als der erste König gestorben und der Utrechter Friede geschlossen war, besah der zweite König die militärische Erbschaft, die ihm im Land zusammenströmte. Und er sah, daß sie nicht gut war. Dann zählte er sie Kopf für Kopf und Regiment für Regiment und fand, daß es ihrer zu wenige seien. Da erging der königliche Ruf durch Stadt und Land, daß alle »junge Mannschaft nach ihrer natürlichen Geburt und höchsten Gottes eigner Ordnung und Befehl mit Gut und Blut und Leib und Leben ihm zu dienen schuldig und verpflichtet sei, heut und immerdar, ein Leben lang.« Die Generale und Obristen aber ließ er wissen, daß alljährlich fünf Mann aus jeder Kompanie ausgemustert und durch »bessere und junge Kerls« ersetzt werden möchten, bis die Armee in gutem Stande sei. Und sieben neue Regimenter wolle er auch. Besser gleich als später. Wie, sei ihre Sache. Blutvergießen sei beim Werben nach Möglichkeit zu vermeiden, große Gewalttätigkeit unerwünscht, ein bißchen Gewalttätigkeit unerläßlich, größte »Listigkeit« geboten. Nota bene, besonders schöne – stramme, lange – Exemplare dürften auf keinen Fall beschädigt werden.

Da hub ein Soldatentreiben an, wie es die Welt noch nicht gesehen hatte. Die jungen und die nicht mehr ganz so jungen Burschen wurden zum Freiwild für die Werbeoffiziere. Angst und Schrecken fuhr den Männern in die Glieder. Mancher hackte sich das eine oder andere ab. Denn niemand, der gesunde Beine hatte zu marschieren und gerade Arme, eine Flinte zu halten, war seines Zivilstands länger sicher; und seines Lebens nicht, wenn er der Trommel nicht willig folgte. Landleute brachten die Saat noch in den Boden, aber die Ernte nicht mehr vom Halm. Ihnen war zwischendurch ein Werber begegnet. Holz blieb ungehobelt und Leder ungegerbt, Mehl unverbacken und Fleisch ungepökelt. Schreiner, Sattler, Bäcker, Schlachter war vorher ein Werber begegnet. Bauern zogen mit Korn, Milch und Eiern zum Markt und kamen mit dem Erlös nie heim. Ihnen war unterwegs ein Werber begegnet. Frauen gebaren Kinder, denen vor der Geburt der Vater, Väter trösteten Töchter, denen vor der Hochzeit der Mann abhanden gekommen war. Ihnen war ein Werber begegnet. Und viele, viele, ganze Dorfbevölkerungen flohen, um niemals einem Werber zu begegnen.

Der König sah's mit gemischten Gefühlen. Wer ihm einen hübschen, langen Kerl herbeischleppte, konnte allemal und weiterhin auf Geld und Gunst rechnen, gleich, wie er an ihn gekommen war. Aber im übrigen!? Wenn beim Bestücken der Armee das Land entvölkert wurde, verlor die Sache Sinn und Zweck. Wer bestellte dann die Felder, brachte die Ernte ein, nahm die Soldaten ins Quartier und zahlte vor allem die Steuern, »daran die Konservation unseres Militäretats hanget«?

Zunächst versuchte der König es mit einem Edikt, daß jeder Untertan, »so aus Furcht der Werbung außer Landes trete«, als Deserteur traktiert werde, und mit verstärkter Auslandswerbung. An die 1000 Werbeoffiziere durchstreiften mit vollen und für dienstwillige Mannen weit geöffneten Taschen und allbereitem Knüppel die Länder Europas. Die Sache kam teuer, und der Erfolg war nicht nach Wunsch. Die Konkurrenz war erheblich, stets und allerorten auf dem Quivive und nicht weniger zahlungsfähig, skrupellos und roh. Und einen Landsknecht *nach* Preußen bringen, hieß noch nicht, einen Soldaten *in* Preußen haben. Was den Werbern die gewaltsam-betrügerische Rekrutierung, war den Geworbenen die zielstrebig-listige Desertion.

Es stimmt nicht, was zeitgenössische Scribenten, denen der karge Glanz des aufsteigenden Hohenzollernstaats ins Auge stach, verleumderisch behauptet haben. Die eine Hälfte der Soldaten ist *nicht* fortwährend hinter der anderen hergehetzt, um sie – durch die Spießrutengasse – zur Fahne zurückzuholen. Es stimmt schon deshalb nicht, weil einfache Soldaten höchst ungern auf Deserteure angesetzt wurden. Wer mochte garantieren, daß Verfolger von Dunkelheit und Verwirrung verlockt, nicht ihren geheimsten Wünschen nachgaben und sich unversehens in Flüchtige verwandelten? Die Offiziere freilich, an denen die Mühe hängenblieb, hatten wirklich viel zu tun. Alleweil tosten die Sturmglocken der Garnisonen und verkündeten Treubruch und Verrat. Es wäre nicht halbwegs zu schaffen gewesen, wenn die Hatz auf flüchtige Soldaten nicht königlich verordneter Untertanenpflicht gewesen wäre, der lässig und fahrlässig zu obliegen, drakonische Strafen nach sich zog. Hundert Taler für eine glücklose Dorfbevölkerung, ersatzweise ein paar Monate Zwangsarbeit und Festungshaft für ihre vornehmsten Bauern. Wer bei der Flucht half, starb; wer den Deserteur zurückbrachte – tot oder lebendig – bekam 6 oder 12 Taler Prämie. Das war enorm viel Geld. Den Truppenführern war angeraten, nicht in der Nähe von Wäldern zu lagern, ständig Husarenpatrouillen ums Lager zu schicken, die Leute nur in Reih und Glied Stroh und Wasser besorgen zu lassen und alle rückwärtigen Bewegungen geheimzuhalten.

Trotz alledem haben in des Soldatenkönigs Tagen mehr als 30000 Söldner und heimische Soldaten das Weite gefunden. Die es suchten und nicht fanden, sind ungezählt. Gegen Ende des Jahrhunderts sollen 98 von 100 Entlaufenen erwischt worden sein, bevor sie die sächsische Grenze erreichten.

Sie alle und immer wieder auf den ausländischen Menschenmärkten zu ersetzen, ging über Preußens Kraft und Friedrich Wilhelms Zahlungswilligkeit. Es half nicht, die Landeskinder mußten doch wieder ran, ob sie wollten oder nicht. Daß die meisten *nicht* wollten, wäre dem König gleichgültig gewesen. Daß sie um des Landes Wohlfahrt und der Armee Unterhalt willen, besser auch nicht *sollten*, konnte ihm nicht gleichgültig sein. Deshalb war er insgeheim sicher dankbar dafür, daß der Eigennutz und die Unverfrorenheit seiner Kompaniechefs einen zunächst unerlaubten Weg aus der peinlichen Klemme fanden, den er gesetzlich auspflastern und zur gängigen Bahn verbreitern konnte, auf der der preußische Militärkarren schließlich lief wie geschmiert. Zwischen der Hälfte und zwei Drittel der stetig wachsenden preußischen Armee – zuletzt waren es um die 200000 Soldaten – sind fortan Landeskinder gewesen.

Um der regelmäßigen Ergänzung ihrer geläufigen Kompanien im stehenden Heer ein bißchen auf die Sprünge zu helfen und dem Konkurrenten vom anderen Regiment eins auszuwischen, waren ein paar Werber auf eine pfiffige Idee verfallen. Sie warteten mit der Verpflichtung nicht mehr ab, bis die jungen Leute im waffenfähigen Alter waren, sondern trugen schon die Kinder in die Personalrollen ihrer Regimenter ein. Das hieß man »enrollieren«. Die Kleinen bekamen den »Laufpaß« auf Zuwachs, die Regimentspuschel an den Hut und hatten ihre Freude an dem Spaß, so ernst genommen zu werden. Die Freude verflog, wenn es mit dem Einziehen ernst wurde und die Feldwebel keinen Spaß mehr, nur noch Rekruten kennen wollten. Da war es zu spät und allenfalls durch eine ruinöse Lösesumme noch zu ändern. Die strich man ein und »warb« den Ausgelösten später trotzdem.

Die Sache war zu ausgeklügelt und gewitzt, um nicht von allen alsbald nachgemacht zu werden. Wie ein Werber dem anderen zuvor Rekruten vor der Trommel weggeschnappt hatte, schnappte er ihm nun »Enrollierte« vor der Regimentsliste weg.

Da griff der König ein und bestimmte, daß jedes Regiment zum Heile der Armee und bei Gefahr königlicher Ungnade von nun an – 1733 – nur noch in einem genau begrenzten Bezirk enrollieren und rekrutieren solle. Und auch dort nicht gänzlich nach Belieben. Bauern, die mit Haus und Hof angesessen waren und ihre ältesten Söhne, Bürgerknaben, deren Eltern mehr als 10000 Taler hatten, ausländische Kolonisten, die das Land peuplierten, Spinner und Weber, die der Armee den Rock verfertigten, sollten unbelästigt bleiben. Sie seien denn mehr als einen Meter fünfundachtzig hoch. Da konnte Friedrich Wilhelm in seinem närrischen Verlangen nach großen Kerls dann doch nicht widerstehen. Um den Rest der Jungen, Jünglinge und Männer aber brauchte fortan nicht mehr geworben zu werden. Sie waren nach königlichem Willen und Gebot enrolliert, sobald sie das erste Abendmahl genommen hatten. Nicht vorher, damit der Fahneneid nicht »profanieret« werde.

Die Bezirke aber hießen Kantons und die Enrollierten von nun an Kantonisten.

Jetzt war System und Ordnung in der Sache. Für die widerwilligen Soldaten freilich wäre es sich gleichgeblieben, und dem wirtschaftlichen Flor des Landes ebenfalls kaum gedient gewesen, wenn die einheimischen Gutsherrn-Offiziere nicht *auch* ihr Organisationstalent in die Waagschale geworfen hätten. Die hatten sich nämlich die Rekrutierung im Inland bald leicht und billig gemacht und kurzerhand ihre Gutsuntertanen in die Kompanien gesteckt. Nun fehlten sie allerdings bei Ackerbau und Viehzucht. Aber auch das ließ sich richten, wenn Guts- und Kompanieherrschaft so glücklich in einer Hand vereint waren.

Viel mußten Soldaten ja nicht lernen und können, im 17. Jahrhundert noch viel weniger als später: »Geschwinde laden, geschlossen antreten, wohl anschlagen, wohl in das Feuer sehen, alles in tiefster Stille.« Das war bald getan und rasch aufgefrischt. Wenn die Mehrzahl der Soldaten, die im Prinzip zu lebenslangem Dienst verpflichtet waren, nach ein oder höchstens zwei Jahren Drill auf Dauerurlaub zurück aufs Gut ging und nur zu regelmäßigen Übungen und Revuen wieder zusammenlief, war deshalb jedermann nur wohl- und niemand wehgetan. Nur ungesetzlich war es. Aber der König war zwar ein cholerischer, jedoch kein uneinsichtiger Herr. So ungeregelt und bar jeder Ordnung ging es wohl nicht. Aber wenn man die Sache gründlich durchorganisierte, war sie auch für seine Bedürfnisse fast genial. Was aus privater Selbstsucht begonnen worden war, veredelte sich unter der Hand des Königs zum Prinzip des allgemeinen Wohls.

1732 wurde der Urlaub gar auf die Ausländer ausgedehnt, damit auch die Chefs mit einem hohen Anteil fremder Soldaten in der Kompanie etwas davon hatten. Wer eine Profession gelernt hatte und nicht den Eindruck machte, als desertiere er bei der ersten Gelegenheit, sollte bei Handwerkern untergebracht werden, wer keine Profession gelernt hatte, spann Wolle, tat Handlangerdienste oder machte einen flotten, gewöhnlich leicht betrügerischen Hausierhandel auf. Nur eine kleine Truppe blieb zurück und schob Wache. Die anderen hießen deshalb »Freiwächter«. Mit Ausnahme von etwa zwei Monaten zwischen April und Juni, wo alles bei den Fahnen sein mußte, waren künftig in Friedenszeiten Dreiviertel der Soldaten, gelegentlich noch mehr, auf Urlaub und Freiwächterei.

Und allen war geholfen. Die Soldaten entrannen der anstrengenden Nutz- und Tatenlosigkeit lebenslangen Garnison-Stumpfsinns. Die Enrollierung und Aushebung verlor ein gut Teil ihres Schreckens. Der Drang zu vorbeugender Flucht nahm ab.

Die Güter und Höfe bekamen ihre Arbeitskräfte zurück, und für den König sprudelten die Steuerquellen wieder reicher.

Die Kompaniechefs schließlich machten ihren Schnitt. Die Generalkriegskasse zahlte ihnen Löhnung und Montierungskosten für die volle Kompanie. Sie aber besoldeten selbstverständlich nur die Männer, die gerade Dienst taten und gaben den Urlaubern und Freiwächtern nur soviel an Ausrüstung mit, wie nötig war, damit sie als Soldaten kenntlich blieben. Darauf legte der König Wert.

Bei kluger und sparsamer Wirtschaft warf eine Kompanie allein auf diese Weise im Jahr an die zweieinhalb Tausend Taler ab. Manche Kapitäne gewöhnten sich so sehr an das Geschäft mit dem Freiwächtertum, daß sie selbst im Krieg nicht damit einhielten. Bei der zu Recht berühmten Verteidigung von Kolberg im Mai 1807 mußte eigens ein Parole-Befehl erlassen werden, daß »in diesem Augenblicke ... alle Freiwächterei in der Garnison aufhört.«

Was Wunder, daß die Obristen und Generale beim Höhenflug in der militärischen Hierarchie ihren Kompaniebetrieb als sine cure beibehielten und ein Oberst so auf 5000, ein General auf 7000 Taler kam. Die

Dienste eines Musketiers waren seinem König im Monat auch drei Thaler wert.

Bis hierhin war die Sache unerfreulich, aber legal. So legal, daß die Staatskasse die Ausfälle deckte, wenn der Krieg das einträgliche Geschäft verdarb. Beute konnte ja nur in Feindesland Ersatz schaffen. Mit der bieder-geschäftstüchtigen Ersparnis von Sold und Montierung ließen es die Kompaniechefs aber keineswegs genug sein. Es gab zu viel verlockende Möglichkeiten zum Unterschleif, so viel, wie es außer dem Zwang zum Dienst weitere Bedrückungen der Bevölkerung durch die Armee gab. So mußten Bauern den Kompanien außer Rekruten auch Pferdefutter liefern. Wenn der Chef Pech hatte, war sein Quartier genau im Lieferdistrikt. Dann hatte er zur Fourage nur die Rage auf den glücklicheren Kollegen, der sein Futter von weither bezog. Das kam die lieferpflichtigen Bauern teuer und war mühsam. Deshalb verstanden sie sich nicht eben gern und doch erleichtert zu der Übereinkunft, daß der Kompaniechef Brot und Korn in seiner Umgebung besorgte und sie es nur bezahlen mußte. Und zum Dank für soviel Entgegenkommen natürlich noch ein bißchen was dazu.

Bei dieser »Schweinerei«, schrieb im Reformjahr 1808 der aufrechte General Friedrich Ludwig August von der Marwitz, dem die Nachwelt ein köstliches Arsenal kerniger Charakteristika Alt-Preußens verdankt – weshalb ihm Theodor Fontane zu Recht in »Vor dem Sturm« ein bleibendes literarisches Denkmal gesetzt hat, auf dem er leider nur nicht wiederzuerkennen ist –, bei dieser »Schweinerei« – und natürlich meinte General von der Marwitz die Schweinerei der trägen Bauern –, bei dieser »Schweinerei« wurden die »ehrliebenden Rittmeister dazu verführt«, sagte der General von der Marwitz, dem man das auch glauben darf, die »ehrliebenden Rittmeister dazu verführt«, bis zu 6000 Taler im Jahr zusätzlich einzustreichen.

Das Pech der Rittmeister, die solch »schweinischer« Verführung nicht ausgesetzt waren, war allerdings noch nicht das Glück der Bauern, denen die Kompanie auf dem Leib saß. Sie sparten zwar die Schmiergelder, mußten aber die Kompaniepferde von Juni bis September in Einquartierung nehmen, damit sie sich direkt am Fett der bäuerlichen Erde laben konnten. Dafür war den Bauern freilich eine kleine Entschädigung zugedacht. Nun ja. Sie waren schon dankbar, wenn etwas übrig blieb für ihre eigenen Pferde, die so ganz ihre eigenen auch wieder nicht waren, weil sie jederzeit und nach Belieben der Armee zur Verfügung sein mußten: als Artillerie- und Traingäule, zu Fuhr- und Transportdiensten, um reisende Offiziere und Militärbeamte schnell und bequem durchs Land zu bringen, für Festungsarbeiten, als dies, zu dem, für jenes. Und da Pferde nicht von alleine tun, was sie tun sollen, mußte der Bauer, sein Sohn oder ein Knecht mit und fehlte tage-, zuweilen wochenlang auf dem Hof.

Aber sie waren schon dankbar, wenn sie bei der Einquartierung in Kriegs- und Manöverzeiten von übermütigen Soldaten wegen unbedachter Worte nicht den Kopf zerklopft bekamen und die Herren im Kanton nicht dem zuweilen drängenden Bedürfnis nachgaben, sie zu verkaufen, zu vertauschen, zu verschenken.

Sie gaben ihm oft und ungeahndet nach. Auch dann noch, als Friedrich II. den Herren in aufklärerischer Gesinnung anempfohlen hatte, mit den Leuten im Kanton nicht länger wie mit Leibeigenen umzuspringen. Ganz so ernst hatte es der große König wohl auch nicht gemeint.

Ernster schon, daß sie den jungen Leuten Heirat, sittliches Beilager und Kindersegen nicht erschweren sollten. An viel und immer mehr Volk in seinem Lande war ihm wirklich gelegen. »Menschen achte vor den größten Reichtum.« Königliche Worte.

Reichtum achte vor den Menschen. Soziale Wirklichkeit. So mußte, wer sich ewig binden wollte, denn weiterhin mit einer goldverbrämten Bitte beim Kantonchef einkommen.

Für einen Taler, 14 Groschen – eine Frau. Volksmund.

Die eheliche Gemeinschaft war ein hochgeschätztes Gut im alten Preußen, und die Junker-Offiziere bestimmten ihren Marktwert, wie sie in den Garnisonstädten – und welche Stadt wäre keine Garnisonstadt gewesen – den Marktwert von Fleisch, Brot und Bier bestimmten. Den einen möglichst hoch, den anderen möglichst niedrig.

Wahrlich, diese Armee und der Staat, den König Friedrich Wilhelm für sie machte, wußten, was sie an ihrem Volk hatten und wie und wo sie's ihm nehmen konnten.

Das Sozial- und Wirtschaftsleben im alten Preußen war wenig mehr als die erweiterte Sphäre der Armee. Die Eigentümlichkeiten der Armee, an die Friedrich der Zweite zeit seiner langen Regierungstätigkeit nicht rührte, sondern als »Denkstein der Regentenweisheit von Unseres höchstgeliebten Herrn Vaters Majestät« beibehielt, die Eigentümlichkeiten der Armee prägten seine Formen, bestimmten seine innere

Ordnung, verliehen ihm Sinn und ließen es allmählich zu höchst brü-
chiger Unbeweglichkeit erstarren. Auf seinen Etiketts stand »Merkantilismus« und »Guts- und Untertanenwirtschaft«.

Herren und Knechte oder: altpreußisches Landleben

Preußen war im 18. Jahrhundert ein Agrarstaat mit gewerblichen Ara-
besken. Um vier Fünftel der Bevölkerung, die übrigens kräftig und
einigermaßen unzüchtig-wildwüchsig ins Kraut schoß – von 3,5 auf 6,2
Millionen Menschen zwischen 1748 und 1800 –, verdienten ihren Lebensunterhalt mit landwirtschaftlicher Tätigkeit. Steht in der Statistik.
In der Wirklichkeit kam – um noch einmal den wackeren General von
der Marwitz zu zitieren – »eine große Verschiedenheit« hinzu. Bei genauer Hinsicht verdienten ein paar Tausend, die so arg nicht tätig waren, weil der große Rest unermüdlich tätig sein mußte, aber nichts dabei verdiente.

Das war das verblüffend einfache Prinzip einer verwirrend kompli-
zierten ländlichen Wirtschafts- und Sozialverfassung. Dabei waren
auch deren Grundgedanke und Lebensgesetz von gleichermaßen erha-
bener Schlichtheit: Es gibt Herren und Untertanen, und Herren müssen Herren, Untertanen Untertanen bleiben. Die Geschichte freilich
hatte ein ziemlich unzuträgliches Durcheinander in diese übersichtliche
Anthropologie gebracht. Die adeligen Gutsherren taten deshalb ihr
möglichstes, wieder eindeutige Verhältnisse zu schaffen. Die königlichen Landesherren waren dagegen. Das hat die Geschichte spannend,
den Untertanen das Leben aber wahrlich nicht leichter gemacht.

Um nicht länger in Rebus zu reden: etwas weniger als die Hälfte des
preußischen Staatsgebiets war Privateigentum des Königs und hieß Do-
mänenland, etwas mehr als die Hälfte gehörte dem Adel. Ein kleiner
Rest blieb für ein paar tausend unabhängiger Bauern, die in Preußen
nach dem sehenswerten Hügelstädtchen Kulm (Chelmo) oberhalb der
Weichsel Kölmer, in Schlesien Lehns-Schulzen, in Pommern Freischul-
zen hießen, auf ihrem Grund und Boden tun und lassen konnten, was
sie wollten und deshalb gleich wieder vergessen werden können. Sie
waren völlig untypisch für die preußische Agrarverfassung. Das ist ihnen gut bekommen.

Typisch war die Einteilung des Landes in Gutsbezirke. Dort war der

Gutsinhaber – ob König oder Junker – Obereigentümer des gesamten Bodens und Herr über Mensch und Vieh.

Obereigentümer sein, hieß allerdings nicht, mit dem ganzen Land nach Belieben schalten und walten zu können. Das hat die Junker sehr verdrossen.

Nur rund 11 % des landwirtschaftlich genutzten Bodens in Preußen war Herrenland, über das die etwa 20 000 Adelsfamilien uneingeschränkt verfügen konnten. Knapp 10 % gehörten dem König, Städten oder geistlichen Stiften. An 80 % aber hafteten von alters her bäuerliche Besitz- und Nutzungsrechte, die man nicht rücksichtslos von heut auf morgen mißachten durfte. Rücksichtsvoll und auf die Länge freilich schon. Es kam auf die Qualität der Rechte an.

Da gab es die sogenannten Erbzinsbauern. Von denen hatte der Gutsherr nicht viel. Außer Geld allenfalls Ärger. Die wurden so genannt, weil sie ihm nicht Dienst noch Rechenschaft, nur Pachtzins schuldig waren und ihre Stelle nach altem Brauch vererben, verkaufen, weiterverpachten und verschenken durften. An ihrem Recht war schwer zu deuten, und ausnützen konnte man sie auch kaum. Zum Trost der Junker gab's ihrer nicht viele.

Die große Mehrzahl der gutsuntertänigen Bauern waren Laßbauern (Lassiten). Aus denen war mehr herauszuholen, wenn man richtig mit ihnen umsprang. Deren Verpflichtungen waren mit ein paar Talern Pacht nicht erfüllt. Die mußten frohnen, roboten, scharwerken und dem Herrn das Land bestellen mit allem Drum und Dran, bevor sie sich ans eigene machen konnten. Wenn sie Glück hatten, eine festgelegte Zahl von Tagen und Stunden – vielleicht nur vier, vielleicht auch sechs Tage die Woche; vielleicht nur sechs, vielleicht auch zehn Stunden am Tag –, wenn sie kein Glück hatten, wann immer es dem Herrn gefiel. Wenige hatten Glück. Die Junker hatten die Macht. Und deshalb den Gewinn: der Nettoertrag eines preußischen Ritterguts lag im 18. Jahrhundert gewöhnlich zwischen 1000 und 5000 Talern im Jahr. Ein gutgestellter Bauer – egal ob Erbzinsbauer oder Lassit – behielt nach Abzug aller Lasten vielleicht 5 Taler zurück. Gutgestellt war bestenfalls, nicht immer, wer Ackerland auf der »Flur« besaß, dort, wo Getreide angebaut wurde. Und dazu ein Gespann Pferde oder Ochsen. Das war ein spannfähiger Bauer. Der brachte trotz herrschaftlichen Spanndienstes vielleicht eine eigene Ernte ein, wenn sie reichlich war, davon zum Markt und vom Markt Geld nach Hause. Davon gehörten ca. 40 % dem König als Steuer, nochmal soviel dem Herrn als Pacht, der karge Rest ihm selbst. Das war die Plackerei nicht wert, aber es *war* immerhin etwas.

Die nichtspannfähigen Halb-Bauern – drei- bis viermal soviel wie Vollbauern mag es gegeben haben – verdienten gar nichts. Sie besaßen gewöhnlich ein Stück Land außerhalb der Flur, auf dem sie Gemüse und Grünzeug nur für den eigenen Bedarf zogen und hießen Kossäten oder Feldgärtner. Ihr Lebensinhalt war die Fron auf dem Herrenland. Dafür hielten die Gutsbesitzer sie und ihre Habe in leidlichem Stande. Das war ihre Pflicht. Sie kamen ihr nachlässig, aber im Prinzip nicht unfreudig nach. Die Kossäten waren Stück für Stück zwar eine stumpfe, dumpfe, traurig-träge Sippschaft, als Stand aber nicht unhandlich. Zudem hing ihnen anders als den Bauern nicht der Makel an, gutes Akkerland mit Beschlag zu belegen, das im Besitz der Junker viel nützlicher gewesen wäre, weil sie es wegen des Spanndienst-Scharwerks doch nicht ordentlich bewirtschaften konnten.

Noch makelloser und mithin ärmer standen die unterbäuerlichen Häusler, Kätner, Büdner da. Die besaßen gar kein Land, trieben allenfalls ein bißchen Kleinvieh auf die Dorfweide und ins Unterholz, hausten, wie's ihr Name sagte, roboteten ohne Sinn, Verstand und Hoffnung – und ihr Herr erhielt sie doch. Keiner fragte danach, wie.

Wenig war den meisten Junkern lieber, als möglichst viele Gutsinsassen in diesem Zustand zu wissen oder in ihn zu versetzen. Widrige Umstände waren dagegen.

Nicht so sehr das Recht. Recht ist flüchtig und geschmeidig. Flüchtig: Das Recht am Landbesitz schwand dahin, wenn der Bauer dauerhaft vom Hof verschwand. Und Krieg, Pest, gewaltsame Werbung und Flucht sorgten dafür, daß immer mal wieder welche verschwanden. Und nicht zu wenig. Da mußte der Obereigentümer dafür sorgen, daß der Acker wieder unter den Pflug kam. Der beste am besten unter seinen eigenen. Der weniger gute, oder wenn anders es an Leuten auf dem Gute fehlte, ging an Kossäten.

Und geschmeidig: Laßbesitz war hergebrachterweise erblich oder nicht erblich, in jedem Fall aber auf Lebenszeit »ausgetan«. Im 18. Jahrhundert ist es den Gutsherren allmählich unter der Hand gelungen, halbjährliche Kündigung als Gewohnheitsrecht erscheinen zu lassen. Nein, das gute alte Recht hätte der begehrten Umwandlung von Bauernland in Gutsland nicht mit Nachdruck und Erfolg wehren können. Wohl aber kannte es die königliche Macht. Nicht, daß Preußens Landesherrn das Schicksal dieses oder jenes Bauern irgend bekümmert hätte. Könige müssen vom Ganzen her fürs Ganze und deshalb in großzügigeren Kategorien denken. Mit Recht und Wohlfahrt des *einzelnen* Bauern mochten die Junker immerhin Schindluder treiben. Wenn Bauernland und Bauernstand nur unverkürzt dabei erhalten blieben.

Natürlich ging es nicht an, daß jeder x-beliebige Bauer mit seinem Herrn um Hof und Acker prozessierte. Wo blieb da Treue, Ehrfurcht und Gehorsam. Aber es ging auch nicht an, fand Friedrich Wilhelm 1739, nachdem er selbst in anfänglicher Unbedachtheit beim Bauernlegen auf den Domänengütern sehr schöne Erfolge erzielt hatte, daß Bauernstelle um Bauernstelle Gutsland wurde. Wo blieb da die Armee und ihr Bedarf an Steuern, Menschen, Dienstleistungen!

Zwar lastete die Kontribution dinglich auf dem Land. Wenn der Gutsherr Bauernland kassierte, kassierte der Fiskus trotzdem weiter. Im Prinzip. Manchmal. Wenn die örtlichen Steuerverwaltungen nicht übermäßig mit örtlichen Gutsbesitzern bestückt waren. Auf alle Fälle war es unerquicklich, mit dem Adel über Steueransprüche umständlich zu streiten, da man die Bauern ohne weitere Worte rupfen konnte.

Außerdem, sagte der König, sprösse der Stamm bester Soldaten aus Bauernmark hervor. Bauern seien sichere Kantonisten, weil sie was Eignes, und tapfere Soldaten, weil sie was zu verteidigen hätten.

Und schließlich: Wer, wenn nicht die Bauern, sollte den Vorspann leisten, die Einquartierung in Kriegs- und Manöverzeiten übernehmen, Fourage liefern, usw., usw. Wenn wäre nicht der Bauer, so hätte das Land zwar trotzdem Brot, und vielleicht mehr als bei der irrational-unrationellen Lassitenwirtschaft, aber die Armee keinen wirtschaftlich-sozialen Nährboden mehr gehabt.

Bauernschutz? Eher wohl und ohne jegliche sozialpolitische und individualrechtliche Nebenabsicht: Steuerschutz, Soldatenschutz und Schutz des militärischen Betriebs.

Und nicht einmal überwältigend erfolgreich. In Ostpreußen sind die königlichen Befehle, wüste Höfe rasch wieder zu besetzen, nie so recht ernst genommen worden. Für die anderen Provinzen galt nach einigen vorausgegangenen, völlig fruchtlosen Bemühungen seit 1764, daß der Zustand von 1756 konserviert werde. Damit waren mehr als hundert Jahre fleißigen Bauernlegens landesherrlich sanktioniert und weiteren 50 Jahren gleich unlöblichen Tuns keineswegs ein fester Riegel vorgeschoben. Wenn sie auf eine Bauernstelle besonders erpicht waren, fiel den Junkern schon was ein, zumal der Eigenbesitz an Getreideland gerade im letzten Drittel des 18. Jahrhunderts besonders attraktiv wurde, weil damals ein bisher unbekannt kräftiger Getreideeinfuhrsog zu höchst einträglichen Preisen aus dem industrialisierenden England mit seinem starken Bevölkerungswachstum spürbar wurde. Beliebt und aussichtsreich war es, Land und Hausung eines erledigten Bauernguts binnen kurzem so sehr herunter zu bringen, daß kein tüchtiger Bauer sie mehr übernehmen wollte. Oder man spielte den Dienst in der Armee beim König gegen den Bauernschutz aus.

Da sei im Gutsbezirk ein Bauerngut erledigt, das nach landesherrlichem Gebot retabliert werden solle. Dummerweise sei ein geeigneter Wirt nicht zu finden. Ein besonders fleißiger und braver Bauernsohn stünde freilich als tapferer Musketier in seines Königs Armee. Wenn der womöglich entlassen werden könnte. Gewiß, der Antragsteller wisse, daß aus König Friedrich Wilhelms Tagen noch eine Order fortbestünde, die selbst Advokaten bei Strafe untersage, Bittschriften um Entlassung von Bauernsöhnen aus der Armee aufzusetzen. Aber da es hier die Erfüllung eines neuen königlichen Befehls gelte, ...

Der große Friedrich hat dann wohl gegrummelt, daß eine Armee sich aus dem Land komplettieren müsse, es aber nicht die »maniere« sei, daß ein Land sich aus der Armee komplettiere. Darauf bestanden, daß der Hof mit dem Soldaten oder überhaupt besetzt werde, hat er schwerlich.

Überhaupt: Der Erhalt des Bauernstandes war ihm sicher nicht unwichtig; der Erhalt der wirtschaftlich-sozialen Stellung des Adels ebenso sicher wichtiger. Deshalb hat er auch den jugendlich-unbesonnenen Gedanken, die Untertanendienste auf den Gütern einzuschränken, 1748 schnell und ein für allemal wieder fallengelassen, als die Junker submissest andeuteten, daß sie es sich dann schwerlich mehr leisten könnten, als Offiziere in der Armee zu dienen. Es sei keineswegs des Königs Absicht, schrieb das Generaldirektorium am 5. Dezember 1748 an die märkische Ritterschaft, ihren Gerechtsamen etwas zu entziehen. Er wolle ihnen nur die Vorteile vorstellen, die sie aus einer Ermäßigung der bäuerlichen Dienste ziehen könnten. Die Junker dankten. Der König ließ die Sache auf sich beruhen. Nicht einmal auf den Domänengütern ist es nachhaltig gelungen, die ungemessenen Dienste zu beseitigen und vier Tage Scharwerk als Maximum durchzusetzen.

Denn die Abkömmlichkeit des Adels für den Dienst in der Armee hing an der kostenfreien, einträglichen Bewirtschaftung ihrer Güter, die kostenfreie, einträgliche Bewirtschaftung der Güter an möglichst ungemessener Ausbeutung von Bauern, Kossäten und Kätnern, die ungemessene Ausbeutung an der bedingungslosen Gehorsams- und Treue-pflicht der Gutsinsassen. Eins stand mit dem anderen oder alles fiel miteinander. Deshalb blieb auch die Erbuntertänigkeit durchs volle 18. Jahrhundert hindurch Garant eines harmonischen Landlebens in Alt-preußen. Der Gutsherr befahl, die Gutsuntertanen spurten, ehr- und wehrlos, störrisch und stumpf.

»Uneigentliche Leibeigenschaft« hat man all das genannt. »Unei-gentlich« wohl, weil man Leibeigene verkaufen, vertauschen und ver-schenken durfte. Erbuntertanen aber eigentlich nicht. Da sie sich nicht dagegen wehren konnten, geschah es uneigentlich aber oft genug. Leib-eigene konnten kein persönliches Eigentum an Hab und Gut erwer-ben. Erbuntertanen eigentlich schon. Uneigentlich kamen sie dank Steuer-, Zins- und Dienstpflichten kaum je in die Verlegenheit. Im üb-rigen war die Bindung der Gutsuntertanen an den Gutsherrn vollkom-men. Sie waren lebendes Inventar des Guts. Durften es nur verlassen, wenn der Herr zustimmte (Schollenpflicht), ein bürgerliches Gewerbe nur lernen, wenn der Herr sie entbehren mochte. Und warum sollte er mögen? Mußten jede noch so heruntergewirtschaftete Bauern-, Kossä-ten- und Kätnerstelle annehmen, die der Herr ihnen anwies, und dafür gegebenenfalls ihr mit Müh und Arbeit in guten Stand und Flor gesetz-tes Gütchen hergeben, mußten womöglich in wilder Bettgemeinschaft zeugen, weil ihnen der Herr die Heirat verweigerte, und nach Belieben und Bedarf des Herrn drei Jahre Gesindedienst auf dem Gutshof lei-sten, sofern sie keine eigene Stelle hatten.

Der Herr versah die Polizeigewalt im Gutsbezirk und die niedere Ge-richtsbarkeit. Der Herr hatte das Kirchenpatronat und die Schulauf-sicht. Aber der Name des Herrn war deshalb kaum je zu loben.

Die Dorfschule im alten Preußen war ein Born launiger Geschichten über Lehrer, die des Lesens und Schreibens nicht mächtig, mächtig mit dem Rohrstock um sich schlugen. Ein Born der Weisheit für bildsame Jugend war sie nicht. Zwar hatten Friedrich Wilhelm I bereits 1727 und Friedrich dann noch einmal 1763 dekretiert, daß alle Kinder zwischen ihrem fünften und dreizehnten Lebensjahr im Sommer drei, im Winter sechs Stunden Unterricht am Tag erhalten sollten. Um die Durchfüh-rung dieser gelassen großen Worte haben sie sich kaum gekümmert. Und wenn sie es getan haben, wäre es besser unterblieben. Als der auf-geklärte Kultusminister Zedlitz in den siebziger Jahren auf die anschei-nend etwas abwegige Idee kam, Lehrerseminare für Landlehrer einzu-richten, las Friedrich ihm unverzüglich und geharnischt die Leviten.

Die Dorfschullehrerstellen brauche er für seine ausgedienten oder invaliden Unteroffiziere, für deren unverschuldet abgrundtiefe Unwissenheit eine Seminarausbildung verlorene Liebesmühe sei. Der Analphabetismus in preußischen Landen blieb bis ins 19. Jahrhundert hinein abenteuerlich. 1816 besuchten noch immer nur 60 % der Kinder in Preußen überhaupt eine Schule und 1850 konnte ein Fünftel der Preußen nach wie vor nicht lesen und schreiben. Rechts der Elbe war der Anteil größer.

Der Fülle der Aufgaben angemessen zu obliegen, die Vielfalt der Rechte zum Wohl des Vaterlands würdevoll zu genießen, das war nicht jedermann gegeben. Das mußte einer im blauen Blut haben. Deshalb hat Friedrich II. sehr darauf gehalten, daß adelige Rittergutsbesitzer durchhielten, wenn sie wegen unbändiger Verschwendungssucht, unsäglicher Mißwirtschaft oder anderer widriger Umstände trotz allem pleite zu gehen drohten. Anders als noch sein landhungriger Vater hat er den Adel nicht mehr mit Fleiß auszukaufen versucht. Er wolle, hat er vielmehr geschrieben, diesen »schönsten Schmuck seiner Krone und Glanz seines Heeres nicht allein unbehelligt lassen, sondern danach trachten, seine Lage zu verbessern und, soweit es von ihm abhängt, ihn zu bereichern«. Schließlich hat er gar verboten, daß Bürgerliche Rittergüter kauften. Denn die meisten Bürgerlichen »denken niedrig und sind schlechte Offiziere«.

Bürger und Pauper oder: Stadtluft macht nicht satt

Dergleichen kurzfaßlich-menschenverachtende Aperçus haben der Nachwelt den zweiten Friedrich seit je teuer gemacht.

Natürlich dachten *nicht* tatsächlich *alle* Bürgerlichen niedrig. So wenig alle Adeligen meritierten, konserviert zu werden. Freilich, viel her machte das preußische Bürgertum im 18. Jahrhundert wirklich nicht. Schon der Zahl nach nicht.

An die 4½ Millionen Menschen lebten um die Wende zum 19. Jahrhundert in Preußen – ohne Schlesien. Drei Viertel auf dem platten Land, ein Viertel in den Städten. Was man so Städte hieß in jener Zeit. Stadt war ein Rechtsbegriff und sagte gar nichts über den Charakter der Ansiedlung und die Größe der Einwohnerschaft. Das fing beim 300-Seelen-Ackernest im Oderbruch an und endete bei Berlin mit seinen

172 000 »Weltstädtern«. In den zwölf Ortschaften mit mehr als 10 000 Einwohnern hat nur ein Zehntel der Bevölkerung gelebt.

Etwa 260 000 Menschen verdienten den Lebensunterhalt für sich und ihre Familie damals teilweise oder völlig mit gewerblicher Tätigkeit. Das mochten zwischen 15 und 20 % jener Preußen sein, die einem mehr oder weniger regelmäßigen Erwerb nachgingen. Der Rest lebte ausschließlich von der Landwirtschaft. Ein gutes Drittel der Gewerbler waren allerdings *Heim*gewerbler. Die verdienten sich − meist durch Flachs-, Woll- und Baumwollspinnerei und häufig auf dem Land − bloß ein hartes Zubrot. Blieben 10 oder 12 % der Erwerbsbevölkerung, die *überwiegend* vom Gewerbe lebten. Die meisten − es mögen mehr als drei Viertel gewesen sein − in den Städten. Sie lebten schlecht genug. Im Durchschnitt wohl nicht besser als die Bauern und Kossäten. Gewiß nicht bürgerlich im materiellen Sinn des Wortes. Stadtluft machte zwar frei, wohlhabend machte sie wahrlich nicht. Häufig nicht mal satt. Ein florierendes städtisch-gewerbliches Wirtschaftsleben hat das alte Preußen nicht gekannt. Und wie denn auch? Woher denn sollten die Anstöße kommen? Die Masse der ländlichen Bevölkerung arbeitete mit Not ums bißchen Leben. Geld? Die meisten hatten ihr Lebtag keins in den Fingern. Wer also sollte kaufen und bezahlen, was die vielleicht 120 000 oder 130 000 Handwerksmeister, Gesellen und Lehrlinge produzierten? Die Soldaten etwa mit ihren Frauen und Kindern, die in den Städten zur Einquartierung lagen? Bei einer Löhnung von 2 Talern und 5 Groschen für den Infanteristen im Monat?

Allenfalls die Hälfte der städtischen Schneider, Schuster, Schmiede, Tischler, Bäcker, Schlachter, Müller hatte deshalb genug zu tun, um auch noch einem Gesellen oder Lehrling Arbeit und Brot zu geben. Auf dem Land nur jeder fünfte.

Mit solchen Meistern war kein selbstbewußtes Bürgertum zu machen. Das war buchstäblich und rundherum ein kleinmeisterliches Völkchen, das zusehends an sozialer Geltung verlor. Gewöhnlich noch in Zünften organisiert und eifersüchtig auf traditionelle Privilegien bedacht, die einst bürgerliche Wohlhäbigkeit hatten sichern sollen und gutteils auch gesichert hatten. Verhaftet an hergebrachte Formen der Fertigung und des Verkaufs, unwissend und ungeschickt, unfähig und im Prinzip auch unwillig, ihrem jämmerlichen Geschäft auf die Sprünge zu helfen, furchtsam und widerspenstig gegen alles Neue. Nicht alle, aber doch die meisten. Und je kleiner die Stadt, um so mehr. Sie ächzten unter der Steuer genauso wie die Bauern. Akzise hieß sie in den

Städten und war eine Art Umsatzsteuer auf alles, was zu Markte gebracht wurde. Sie war nicht weniger hoch und drückend als die Kontribution und trug nach Kräften zur Verarmung bei.

»Unsere kleinen Städte«, schrieb der Geheime Kriegsrat zu Beguelin 1797, »sind der Sammelplatz dürftiger, verschuldeter, unglücklicher, zu ewiger Armut verdammter Menschen.« Nicht nur die kleinen Städte, die größeren nicht minder. In Berlin starben gegen Ende des Jahrhunderts rd. fünfeinhalbtausend Menschen im Jahr: Fast zweitausend davon an Schwindsucht und an »Jammer«, nur dreihundert am Alter. Und dürftig, unglücklich, auf immer verarmt waren nicht bloß die gewöhnlichen Handwerker. Noch schlimmer dran war die ruhelose Masse der Manufakturarbeiter.

Die Manufaktur war ein sonderbares Zwischending, zünftiges Handwerk und beschauliches Kleingewerbe nicht mehr, Fabrik noch nicht, teils breit gestreute Heimarbeit, teils bislang unbekannte Konzentration von Arbeitern an einem Ort. Die Manufaktur war eine neuartige Organisation der Produktion für einen neuartigen Bedarf, für den Bedarf an großen Mengen gleichförmiger Güter.

Den hatte es früher nicht gegeben. Früher hatten sich die Familien mit dem Nötigen, soweit es sich machen ließ, selbst versorgt. Und was sich nicht mehr selbst machen ließ, hatten sie beim Handwerker bestellt. So geschah's auch weiterhin. Aber da gab's neuerdings die Armee, die in einheitlicher Kleidung daherkommen sollte und öfters mal in neuer. Und da gab's eine fixe Idee. Die hat man später Merkantilismus genannt. Der haben alle Staaten und Potentaten der Zeit angehangen. Aber wenige so rigoros und verbohrt wie die beiden Preußenherrscher.

Der Merkantilismus als Wirtschaftsphilosophie paßte zur militärischen Machtausweitung als politischer Philosophie wie die Faust aufs Auge. Ihr Kerngedanke: Was einer anderen Macht wirtschaftlich nützt, schadet meiner Macht und schwächt mich. Was nützt anderen Mächten wirtschaftlich am meisten? Fremdes Geld. Was schadet mir wirtschaftlich am meisten? Wenn das mein Geld ist. Folglich: zusehen, daß man alles, was im Land nötig ist, auch im Land herstellt und noch etwas dazu, um es zu exportieren und fremdes Geld hereinzuholen. Oder in den Worten, nicht in der Schreibweise, Friedrichs II: »Zwei Sachen gereichen zu des Landes Bestem: 1. aus fremden Landen Geld einzuziehen. Dieses ist das Kommerzium. 2. zu verhindern, daß unnötig Geld aus dem Lande gehe. Dies sind die Manufakturen.«

Am Ende seiner Regierungszeit sollen in Preußen für etwa 30 Millionen Taler Gewerbeprodukte hergestellt und ein Außenhandelsüberschuß von 3 Millionen Taler erwirtschaftet worden sein. Das nimmt sich wie eine stolze Leistung aus. Aber eine Volkswirtschaft folgt anderen Regeln als ein Privatbetrieb und Handels*überschüsse* sind keine Handels*gewinne*. Sie neigen viel mehr dazu, den Geldumlauf im Verhältnis zu den verfügbaren Waren im Land unzuträglich aufzublähen und die Preise hochzutreiben. Die Klagen über fortwährende Teuerung in Preußen rissen seit den 70er Jahren denn auch nicht mehr ab. Die Wirtschaftspolitik des Merkantilismus brachte dem Land also eher Unbill als Nutzen. Aber war sie auch Unsinn, so wurde sie doch mit Methode und Nachdruck betrieben.

Der Massenbedarf der Armee und die fixe Idee des Merkantilismus haben in Preußen die Manufakturen ins Leben gerufen. Der meiste historische Wind ist um Friedrich II. Seiden- und Porzellanmanufakturen gemacht worden. Für die soziale Prägung Altpreußens waren sie mit ihren sechs- bis siebentausend Arbeitern völlig unerheblich, und der preußischen Volkswirtschaft hat die Luxusindustrie genützt wie ein Kropf. Nicht nur fehlten für die Herstellung von Seide und Porzellan alle natürlichen und arbeitstechnischen Voraussetzungen, vor allem fehlte der Markt. Beides konnte im Inland zuweilen nur durch königliches Machtwort, im Ausland nur mit hohen Verlusten an den Mann gebracht werden. Zwei exotische, künstlich aufgepfropfte Zweige am rauhen Stamm der preußischen Wirtschaft, von selbst nicht lebensfähig, mit unsäglichen Mühen und Kosten gepflegt, und am Ende doch verdorrt, ohne je reife Früchte getragen zu haben.

Die Seiden- und Porzellanindustrien sollten fremdes Geld ins Land schaffen. Das haben sie eine Weile wohl auch getan. Wieviel dafür *im* Land verschleudert worden ist, hat nie jemand ausgerechnet. Der Geheime Rat Ursinus, der es wagte, diese Art friederizianischer Staatsmißwirtschaft 1766 mild zu kritisieren, wurde verhaftet und auf Festung gesetzt. »Ich erstaune über die impertinente Relation, so sie mir schicken«, schrieb Friedrich II. erregt ans Generaldirektorium. »Ich entschuldige die Ministres mit ihrer Ignoranz, aber die Malice und Korruption des Concipienten muß exemplarisch bestraft werden, sonsten bringe ich die Canaillen niemals in der Subordination.«

Die massenhafte Tuchproduktion machte schon eher wirtschaftlichen Sinn. Auch wenn überwiegend grausliges Zeug dabei herauskam. Die Montierung der preußischen Armee spottete jeder Beschreibung. Arbeitsplätze, von denen jemand ohne Not und Elend leben konnte, machte sie nicht.

1719 verbot Friedrich Wilhelm I. kurzerhand die Tucheinfuhr, bald darauf die Wollausfuhr. Seitdem spann und webte für des Königs bunte Röcke und ihr Zubehör und für weniger als einen Hungerlohn, wer anders nicht zu gebrauchen schien oder anders nicht ans tägliche Brot kam. Nicht selten war das eins. Und es gab ihrer, ach, so viele. Niemand hat sie je vollständig gezählt.

Da war die Unzahl von Kossäten und Büdnern, die sich einen Spinnrocken in die Kammer stellten, freiwillig, um ein paar Groschen willen, oder weil ihr Gutsherr sie dazu zwang. Daran hockten die Frauen und Kinder, während der Mann draußen scharwerkte.

Da waren die Insassen der Arbeits-, Armen-, Zucht- und Waisenhäuser. Eins vom andern schwer zu unterscheiden, und alle ständig gut bestückt. Die Berliner Armenanstalten z. B. Tag für Tag mit mehr als 1500 Männern und Frauen. Freilich nicht durchweg mit denselben. Die Massenverarmung in der größten und reichsten aller Städte Preußens war verheerend, der Durchlauf mithin rege. Um die 5000 erbarmungswürdiger Gestalten kamen und gingen im Laufe eines Jahres.

Im Potsdamer Militärwaisenhaus drängten sich alleweil zwischen 1500 und 2000 Kinder. 300 bis 400 waren dauernd krank, 200 starben pro Jahr. Der Rest spann und spulte, zwirnte und webte, klöppelte und tat, was ihm zu tun befohlen wurde.

Und da war schließlich das Militärvolk der Garnisonstädte, Mann und Weib und Kind, fast ein Viertel der Berliner, mehr als ein Viertel der Haller, Magdeburger oder Stettiner Bevölkerung. Ob in lästig-unerwünschter Einquartierung bei den Bürgersleuten oder, vor allem in Berlin, auch in Kasernen eingepfercht – das war ein unglaubliches Gewusel heruntergekommener und verderbter, geplagter und plagender, gefährdeter und gefährlicher, zerstörter und zerstörerischer, verzweifelter, darbender, elender Menschheit. Die Löhnung reichte kaum für einen. Je später, je weniger, da sie im ganzen 18. Jahrhundert unverändert blieb, während die Lebensmittelpreise stiegen. Wie sollte sie dazu für Frau und Kinder reichen? Aber Löhnung gab es ja nicht mal immer. Dafür gab es Freiwächterei, egal, ob einer Arbeit fand oder nicht. Oft fand er keine. Wo denn, wie denn, da nicht einmal die ansässigen Handwerker genug zu tun hatten? Es blieb nur Bettel und Diebstahl, höckern, hausieren und Hurendienst und eben spinnen und spulen, kratzen und zwirnen ...

Der Spinner hinter dem Rad gehörte zum wirtschaftlich-sozialen Inbegriff des alten Preußen wie der Bauer hinter dem Pflug und über ihm die Knute. Zwischen beidem, beides fest im Griff, stand die Armee. Die Armee hat Alt-Preußen geprägt und beherrscht. Alt-Preußen hat unter der Armee gelitten und geächzt. Sie hing dem Land wie ein Klotz am Bein. Deshalb ist es wirtschaftlich und kulturell, in Kunst und Wissenschaft nicht recht vorangekommen. Deshalb wollte Winckelmann lieber ein »beschnittener Türke« als ein Preuße sein.

Die enormen Kraftanstrengungen für Heer und Krieg haben Land und Leute ausgelaugt und erschöpft. Der Glanz von Preußens politischer Macht und Größe, der alldem Notwendigkeit und Sinn gegeben haben soll, er strahlte in den preußischen Alltag nicht hinein. Nicht einmal ein Abglanz lag auf seinen Zügen. Die wirkten allweil angespannt und abgehetzt. Es war wahrlich kein Spaß, gewöhnlicher Preuße zu sein in jener Zeit. Es blieb und blieb und blieb ein freudloses, angstvolles, genußarmes und schlägereiches Dasein voll Opfer und Verzicht, Entbehrung und Unfreiheit des Wortes, der Tat und des Rückens.

»Sagen Sie mir von Ihrer berlinischen Freiheit zu denken und zu schreiben ja nichts!« schrieb Lessing 1769 an Nicolai. »Sie reduziert sich einzig und allein auf die Freiheit, gegen die Religion soviel Sottisen zu Markte zu bringen, als man will ... Lassen sie einen in Berlin auftreten, der für die Rechte der Untertanen, der gegen Ausbeutung und Despotismus die Stimme erheben wollte, ... und Sie werden bald die Erfahrung haben, welches Land bis auf den heutigen Tag das sklavischste Land von Europa ist.«

»Man muß dem Herrn mit Leib und Leben, mit Hab und Gut, mit Ehre und Gewissen dienen und alles daran setzen, als die Seligkeit, die ist vor Gott.« Friedrich Wilhelm I. hat das nicht nur so dahingefordert. Er hat es mit drakonisch-kleinlicher Strenge durchgesetzt und sich noch was darauf zugutegehalten. »Solange Gott mir das Leben gebe, ich mir als Herr dispoticke suteniren werde.« Die Leute »sollen nach meiner Pfeiffe danzen oder der Deuffel hole mir: ich lasse hängen und braten wie der Zar und tractiere sie wie Rebeller«. Sein Sohn hat es eleganter formulieren können. Hinausgelaufen ist es auf das gleiche.

Das Volk war für den Staat da, der Staat für die Armee, die Armee für die Macht des Hauses Brandenburg. Glück, Frohsinn und Behagen vertrugen sich nicht mit den Bedürfnissen der gehätschelten Kriegsmaschine und kamen deshalb im preußischen Alltag nur zufällig oder gar nicht vor.

Auch im Alltag der Könige nicht. Zugegeben. »Ein Regente, der mit honneur in die Welt regieren will, muß seine affehren alle selber tun. Parol auf dieser Welt heißt Müh' und Arbeit. Und wo man nicht selber, mit permission zu sagen, die Nase in allen Dreck steckt, so gehen die Sachen nicht, wie es gehen soll.« So weit, so gut, so löblich. Obgleich, »mit permission zu sagen«, die Dienstmentalität eines Landrats von Küritz an der Knatter an einem König gewisser lächerlicher, wohl auch ein bißchen krankhaft-neurotischer Züge nicht entbehrte. Hohe Anerkennung für die organisatorische Leistung, die den brandenburgisch-preußischen Ländern binnen eines Vierteljahrhunderts eine damals unvergleichlich wirkungsvolle, verläßliche Staatsadministration und ein schlagkräftiges Heer geschaffen hat, kann dem Mann niemand versagen. Die preußische Geschichtsschreibung hat davon zu Recht ein hohes, allerdings etwas eintöniges Lied gesungen. Und selbst menschliche Sympathie kommt auf, wenn man beobachtet, wie er sich plagte, mit welch tragischem Ernst er seinem Regentenberuf als göttlich verordneter Pflicht nachging. Nur: machte das die Plackerei für die Untertanen besser? Doch nicht! Daß Könige sich Morgen für Morgen, sommers wie winters am freien Brunnen mit frischem Wasser waschen, im Palast auf einem Feldbett schlafen, statt Purpur Feldblau und Gott ständig vor Augen und im Herzen tragen, verschafft ihnen noch kein höheres Recht, das Volk zu malträtieren. Auch dann nicht, wenn es mit dem besten, pietistisch und calvinistisch eigentümlich melierten Gewissen von der Welt geschieht.

Der junge Friedrich

Der »alte Fritz«

Preußens Gloria: die Schlacht bei Leuthen am 5. Dezember 1757

3. Kapitel
Schlachten, Kriege,
Räubereien

Leiden der Vergeblichkeit

Eins immerhin ist dem schwerblütig-cholerischen Mann nicht anzulasten: daß er Land und Leute nachhaltig in kriegerische Verwicklungen hineingezogen hat. Abgesehen vom Nordischen Krieg. Aber in den ist er fast wider Willen und dann in der Hoffnung geraten, ohne Hauen und Stechen an Stettin und Vorpommern zu kommen.

Als Zar Peter 1713 nach Berlin eilte, um seine Aufwartung zu machen und den König zu ermuntern, nach hergebrachter Sitte und im ursprünglich preußischen Interesse doch nun endlich gegen die Schweden mitzutun, da fand er einen überraschend zögerlichen jungen Herrscher vor. Er wisse gar nicht, was seine Heerhaufen nach dem langen Lotterleben im Westen noch taugten, und Geld habe er schon gar keins. Bevor an neuerlichen Krieg zu denken sei, müsse er im Inneren erst einmal die lang entbehrte Ordnung schaffen. Peter reiste unverrichteter Dinge ab und eroberte Stettin mit den Polen und den Dänen. Da hielt es Friedrich Wilhelm dann doch nicht ruhig bei der ungestümen Demontage der väterlichen Pracht und der unermüdlich zählenden, rechnenden, »plusmacherischen« Aufnahme seines Besitzstandes, da schloß er sich der antischwedischen Koalition doch schnell noch an und übernahm Vorpommern ostwärts der Peene bis zum unabsehbaren Friedensschluß und mit begründeter Aussicht auf endgültigen Zuspruch zu beschützender Verwahrung.

Ein Jahr lang war das ein gemächliches Geschäft. Dann freilich machte sich der absonderliche Schwedenkönig Karl XII. aus der Türkei davon, durchquerte in einem einsamen siebenwöchigen Gewaltritt Ungarn, Mähren, Österreich, Bayern, Württemberg, Pfalz, Westfalen und Mecklenburg, langte am 21. November 1714 in der Festung Stralsund an und wollte sein Land wiederhaben. Der unkriegerische preußische

Soldatenkönig war darüber sehr erschrocken und wäre nur zu gern mit Karl zu einer Einigung gelangt. Auch um den Preis eines Vertragsbruches. Erst nachdem er fünf Monate mit Karl um Pommern verhandelt hatte und zudem sicher war, daß ihm England, Dänemark, Sachsen und Polen beim Schutz Pommerns zu Wasser und zu Lande tatkräftig helfen würden, hat er dem krankhaft großmannssüchtigen, widerborstigen Schwedenherrscher, der nur noch über die Relikte einer Armee verfügte, den Krieg erklärt.

17000 schwedische gegen 58000 preußische, dänische, polnische und sächsische Soldaten und dazu noch gegen die englische Flotte – das konnte nicht länger als ein halbes Jahr leidlich gehen. Am Heiligabend setzte sich Karl XII. aus Stralsund ab und überließ die Stadt den Belagerern. Geschlagen gab er sich freilich noch nicht. Bis zum Dezember 1718 hat er Nordeuropa mit einem sinn- und aussichtslosen Kleinkrieg weiter in Aufregung gehalten. Dann wurde er bei Friedrichshall erschossen. Mit ihm starb Schweden als nordosteuropäische Großmacht. Dank seiner sei es »in Schönheit« gestorben, hat der deutsche Historiker Reinhold Koser geschwärmt. Das ist Geschmackssache. Die Schweden jedenfalls waren unverhohlen froh, daß sie den etwas psychopathischen, immer noch jugendlichen Gernegroß – einen Hanswurst im Furchtbaren, hat Friedrich II. von Preußen ihn genannt – los waren. Der Weg zum Frieden war frei. Aber er wurde nur zögernd beschritten und erwies sich reich an Hindernissen. Wie stets nach jahrzehntelangem Krieg mit wechselnden Bündnissen und schwankem Waffenglück mußte zunächst in mühevoll-geduldiger Kleinarbeit der unübersehbare Haufen diplomatischen, politischen und moralischen Schutts beiseitegeräumt werden, der sich zwischen den Partnern angehäuft hatte. Neid, Mißgunst, hochfahrender Expansionsdrang, Argwohn und Verachtung bestimmten die Beziehungen. Insbesondere England mochte sich mit dem see- und flottensüchtigen Zaren und Zimmermann, der so nachdrücklich nach Westen drängte, gar nicht abfinden und schloß schon im Januar 1719 ein Defensivbündnis mit dem Kaiser und Sachsen gegen Rußland.

Bis 1721 hat es gedauert, ehe der Streit um die schwedische Beute ausgestanden war. Friedrich Wilhelm hielt sich dabei bemerkenswert und wohlweislich zurück. Vorpommern bis zur Peene wollte ihm keiner wieder nehmen, und mehr war vorerst nicht zu bekommen, da die antirussische Allianz den Schweden Stralsund und Umgebung als Stützpunkt auf dem Kontinent erhalten wollte. Am 1. Februar 1720 machte er – von England und Österreich gedrängt – mit den Schweden seinen Frieden.

Der pommersche Traum des Kurfürsten Friedrich Wilhelm war schließlich dem Enkel und König Friedrich Wilhelm in Erfüllung gegangen. Etwas ramponiert und auf nicht ganz rühmliche Weise freilich. Vor allem hat der geizige Preußenkönig den Schweden zwei Millionen Taler für den reduzierten Kriegsgewinn bezahlen müssen. Das hat ihn mehr geschmerzt als das entgangene Land. Dem hat er nicht länger traurig nachgehangen. Ohne Seemachtambitionen, wie der Großvater sie gehegt hatte, war ganz Vorpommern samt Stettin ja bestenfalls die Hälfte wert.

Seine außenpolitische »Puschel« hat freilich auch der König Friedrich Wilhelm gehabt. Was dem großen Kurfürsten Stettin gewesen, war ihm Berg und Ravenstein, ostwärts des Rheins gelegen, im Norden von der Ruhr begrenzt, im Süden kurz hinter der Sieg zu Ende und insgesamt eine schöne Arrondierung von Cleve und Mark. Für Berg hat er sich, ähnlich wie der Große Kurfürst für Pommern, mal diesem, mal jenem Bündnispartner verschrieben, mal dieses, mal jenes Versprechen gegeben, mal diesen, mal jenen Vertrag geschlossen und gebrochen. Um Berg ist er, ähnlich wie der Große Kurfürst um Pommern, mehrmals hinterrücks – mit Verlaub – verschaukelt worden, wenn er es gerade sicher zu haben glaubte. Am Ende hat er Berg so wenig bekommen wie der Große Kurfürst Pommern. Eines nur war beim König ganz anders als beim Kurfürsten Friedrich Wilhelm. Er ist für Berg nicht wieder und wieder zu Felde gezogen. Die Armee wuchs und festigte sich. Zuweilen spielte ihr Obereigentümer mit ihren Muskeln, daß die Waffen klirrten, aber so recht in Bewegung setzte er sie nie. Allein auf sich gestellt, hat er sich im kriegerisch-diplomatischen Spiel der europäischen Mächte, dessen Konventionen und Tücken er nicht beherrschte, weil er sie nicht durchschaute und verstand, mit eigenen machtpolitischen Interessen noch nicht vorgewagt. Den Partnern aber, an die er sich einigermaßen wechselvoll anschloß, mißtraute er viel zu sehr, als daß er seine mit ihren Interessen auf Kriegen und Siegen bedingungslos und kühn verbunden hätte. Ach, und überdies gefiel ihm sein feldblaues Riesenspielzeug, an dem er so hingebungsvoll schnitzte, gar zu sehr. Die »lieben blauen Kinder«, mochte er sie auch dreschen, daß die Fetzen flogen, sie waren nicht fürs Feuer.

Lieber wollte er selbst zum Degen greifen. Als sich der Bruder seiner Frau Sophie Dorothee auf dem englisch-hannoverschen Thron Ende der 20er Jahre wieder einmal durch besonders bemerkenswerte verwandtschaftliche Widerwärtigkeit hervortat und sich nicht nur gewalttätig an Friedrich Wilhelms Erbfolge-Interessen in Mecklenburg und Ostfriesland verging, sondern überdies auf hannoverschem Boden ein paar preußische Werber dingfest machte, ließ der gereizte König mit viel Gerassel 44 000 Mann gen Hannover marschieren. Der Schwager rasselte zurück. Da kommandierte der Soldatenkönig »Halt!« und forderte George II. auf, die Sache im ritterlichen Zweikampf mit ihm auszufechten.

Selten hat ein neuzeitlicher Herrscher einen der Streitsache angemesseneren und aller vernunftbegabten Menschheit einleuchtenderen Gedanken laut werden lassen. Wie die politischen Dinge im zunehmend gesitteten und zivilisierten Europa sich nun aber mal entwickelt hatten, war es natürlich zugleich ein völlig abstruser Gedanke. Der indolente Schwager George hat über die unzeitgemäße Forderung denn auch schallend gelacht und auf fortschrittlichen Formen fürstlichen Konfliktaustrags beharrt. Und weil er dafür die stärkeren Betaillone und mit Frankreich und Spanien zudem die mutmaßlich besseren Verbündeten hatte, gab Friedrich Wilhelm ein bißchen kleinmütig, aber sehr einsichtsvoll nach.

Preußen ist auch unter Friedrich Wilhelm keine Kraft geworden, die die politischen Verhältnisse in Europa bewegte. Preußen wurde weiterhin von den politischen Verhältnissen Europas bewegt und ließ sich bewegen. Widerwillig, aber letztlich doch gefügig. Ein paar Jahre nach dem Hannoveraner Debakel gar für fremde Interessen, die seinen eignen geradewegs entgegenstanden. Und um die Belohnung am Ende noch betrogen. Die letzten Lebensjahre Friedrich Wilhelm I. waren eine einzige Folge außenpolitischer Demütigungen. 1732 ging es los.

In diesem Jahr bemühte sich der habsburgische Kaiser Karl VI., von den Reichsständen zugesichert zu bekommen, daß mangels männlicher Nachfahren seine älteste Tochter Maria Theresia einst ungehindert die Throne der verschiedenen österreichisch-ungarischen Erblande besteigen dürfe. Bis dahin war die weibliche Erbfolge im Hause Habsburg ausgeschlossen gewesen. Und Bayern, Sachsen, Kurpfalz wollten, daß sie auch ausgeschlossen blieb. Seitdem versäumte Karl keine Gelegenheit, den widerspenstigen Kurfürsten etwas zulieb zu tun. Meist auf Kosten Preußens.

Friedrich Wilhelm hatte die sogenannte Pragmatische Sanktion nämlich schon vier Jahre früher bestätigt und außerdem versprochen, seine

Kurstimme bei der nächsten Kaiserwahl Maria Theresias Mann zugute kommen zu lassen. Dafür wollte Karl ihm helfen, Berg und Ravenstein an sich zu bringen, sobald der einigermaßen betagte, söhnelose pfälzische Kurfürst aus dem Hause Neuburg starb. Vielleicht. Wenn dereinst das kaiserliche Wort zugunsten eines anderen Aspiranten für königlich-habsburgische Interessen nicht nützlicher sein sollte. Im Berliner Vertrag von 1728 stand es verklausulierter, aber auf nichts anderes lief es hinaus. Friedrich Wilhelm hatte sich ein erstes Mal übertölpeln lassen. 1732 nun mußte er zähneknirschend hinnehmen, daß Karl VI. dem kommenden pfälzischen Kurfürsten aus der Linie Pfalz-Sulzbach die bergische Hauptstadt Düsseldorf in Aussicht stellte. Und noch einmal zwei Jahre darauf mußte er aufgrund des Berliner Vertrages gar 10000 Soldaten ins Feld schicken, weil der Kaiser dem sächsischen Kurfürsten Friedrich-August die Erbfolge in Polen gegen Ludwig XV. Absicht erhalten wollte, seinen Schwiegervater Stanislaus Leśczinski wieder auf den Polenthron zu setzen.

Für alle kam bei dem kurzen, etwas unrühmlichen polnischen Erbfolgekrieg in den Jahren 1734/35, der sinnigerweise am Rhein ausgetragen wurde, etwas heraus, nur für Preußen nicht. Frankreich galt als Sieger. Dennoch überließ es den Polenthron, der so sehr begehrenswert ja gar nicht war, ganz gern dem Sachsen und belegte dafür das Stammland des Bräutigams der habsburgischen Erbtochter Maria Theresia mit Beschlag. Franz von Lothringen wurde in Oberitalien entschädigt und war seitdem Franz von Toskana. So schnell ging das damals. Schließlich garantierte Ludwig noch die Pragmatische Sanktion. Danach konnte der neue Polenkönig schlechterdings auch nicht mehr umhin. Gehalten haben ihr Versprechen später beide nicht. Kaiser Karl aber war es trotz des Landverlusts ganz zufrieden. Allein für Preußen blieb die Frage, was der Aufwand denn nun eigentlich gesollt hatte. Bei Licht besehen, hatte Friedrich Wilhelm seine Truppen für nichts als fremde Interessen marschieren und schießen lassen. Genau wie der verachtete Vater. Und der hatte bei der Sache immerhin verdient. Aber es kam noch bösartiger.

Der Habsburger war nämlich unterdessen der unablässig-quengeligen Forderung des Preußenkönigs, ihm die bergische Erbfolge nun endlich unumwunden zuzusichern, einigermaßen überdrüssig, und brachte deshalb beim leicht verspäteten Friedenschluß von 1738 das nicht unbeachtliche diplomatische Kunststück fertig, Frankreich, England und die Niederlande mit ihm zusammen zu einer harsch und drohend formulierten Willenserklärung zu bewegen: Jülich und Berg gehen ungeschmälert an Pfalz-Sulzbach, Preußen behält seine Ansprüche. Zur Drohung auch noch den Hohn.

Wie anders war es gekommen, als Friedrich Wilhelm I. 1722 in seinem politischen Testament vor sich hingeträumt hatte:

Die große ausgleichende Kraft in Europa hatte Preußen werden sollen, geachtet und gefürchtet, mal Schiedsrichter, mal Zünglein an der Waage, wie es der Vorteil grad gebot. »Denn wer die Ballance in die Welt halten kann, ist immer was dabei zu profitieren vor eure Länder und respektabel vor eure Freunde und formidabel vor eure Feinde ist!« Und nun, da er buchstäblich und vor Zorn und Kummer krank am Herzen, gichtgeplagt und wassersüchtig, mit seinen Fünfzig über die Jahre gealtert, »in tormentis«, dem Ende entgegensah: nichts profitiert, respektabel für die Freunde nicht, weil Preußen keine wahren Freunde hatte, und schon gar nicht formidabel für die Feinde. Man sprang mit ihm und seinen 80000 Soldaten um – er hat es selbst gesagt – wie mit einem Herzog von Gotha.

Nur gut, daß er nicht mehr erfahren hat, wie sehr er auch bei seinem letzten diplomatischen Versuch noch einmal der Düpierte war. Mit Karl VI. war er fertig. Offen wagte er das freilich nicht zu sagen. Ganz im geheimen aber lief er zu den eben noch um Augusts Polenkrone bekämpften Franzosen über und ließ sich – da der Kaiser sie versagte – vom Kardinal Fleury Unterstützung beim Erwerb von Berg zusichern. Die Zusicherung fiel dem 85jährigen Kirchenfürsten nicht weiter schwer, da er entfernt nicht daran dachte, sie einzuhalten. Am 5. April 1739 wurde sie ebenso bereitwillig gegeben, wie ein Vierteljahr zuvor dem Kaiser in die Hand versprochen worden war, an der Erbfolge des Sulzbachers auf alle Fälle festzuhalten.

Ein Jahr später, am 31. Mai 1740, starb der friedfertige Soldatenkönig eines schweren Todes.

Ein Raubzug

Noch keine 30 Wochen später marschierte seine mühevoll großgezogene und sorgsam gehegte Armee in den ersten Krieg, den Preußen auf eigene Rechnung und Gefahr begann und führte, gewann seinem ruhmsüchtigen Nachfolger Schlesien und brach einer in den folgenden 200 Jahren liebevoll ziselierten und ausgemalten Preußenlegende Bahn.

»Da steht einer, der mich rächen wird«, hatte Friedrich Wilhelm 1738 gegrollt, ein Auge auf den odiösen Brief der vier anmaßenden Könige, das andere auf seinen Ältesten gerichtet. Ob nicht ein zweifelnder Unterton in der Stimme, der Blick skeptisch getrübt gewesen ist?

Viel Freude hatten Vater und Sohn bislang nicht aneinander gehabt. Seinen »Sterbekittel« hatte der junge Kronprinz die väterlich verordnete Uniform genannt. Lieber Flöte hatte er gespielt als Domänenkassenabrechnungen kontrolliert, lieber charmiert als exerziert. 1730 war er gar drauf und dran gewesen, »außer Landes zu treten«, 18 Jahre alt, schwärmerisch verliebt in seine Cousine Amalie von England, mit der ihn Mutter und Onkel gern verheiratet hätten, ausgestattet mit englischem Geld, beraten und geleitet von seinem kleinen, blatternnarbigen, acht Jahre älteren, – wenn man Fontane glauben darf – menschlich einigermaßen unerquicklichen Freund, dem Leutnant Katte. Friedrich Wilhelm hatte ihn dank einer Schußligkeit des Kronprinzen erwischt, im ersten Jähzorn halb zuschanden geschlagen und dann vor ein Kriegsgericht gestellt. Das erklärte freilich, daß es nicht zuständig, der Prinz überdies unschuldig und es dem König überlassen sei, »welchergestalt Sie dessen wiederholte wehmütige Reuebezeugung, Submission und Bitte als König und Vater in Gnaden anzusehen geruhen mögten.«

Gern hätte das Gericht den Hans Hermann von Katte auch am Leben gelassen. »Da es in diesem Fall noch zu keiner würklichen Desertion gekommen«, schrieb der vorsitzende General Achaz von Schulenburg ins Urteil, »so kann ich nach meinem besten Wissen und Gewissen, auch dem teuer geleisteten Richtereide gemäß, den Katten mit keiner Lebensstrafe, sondern mit ewigem Gefängnis zu belegen mich entschließen.« Der König war anderer Meinung. »Sie sollen Recht sprechen und nicht mit dem Flederwisch darübergehen. Das Kriegsgericht soll wieder zusammenkommen und anders sprechen.« Schulenburg bestand auf seinem Urteil. Männerstolz vor Königsthronen, und trotzdem galt es Kattes Blut. »Ob er schon nach denen Rechten verdient gehabt ... mit glühenden Zangen gerissen und aufgehänket zu werden«, ließ der inzwischen wieder sanftmütigere, nur noch ganz seinem Recht ergebene König Schulenburg fast huldvoll wissen, »er dennoch nur, in Consideration seiner Familie, mit dem Schwert vom Leben zum Tod gebracht werden solle. Wenn das Kriegsrecht dem Katten die Sentence publiciert, soll ihm gesagt werden, daß es seiner königlichen Majestät leid täte, es wäre aber besser, daß er stürbe, als daß die Justiz aus der Welt käme«. Katte starb. Von des Königs großen falschen Worten ganz hingerissen. »Für einen Herrn, den ich liebe«, soll er gesagt haben, mit dem »Trost, ihm durch meinen Tod den stärksten Beweis der Anhänglichkeit zu geben«. Als hätte er Kleists Prinzen von Homburg gelesen, 70 Jahre, bevor er geschrieben wurde.

Friedrich überlebte. Sein Vater hatte keinen bedachten Moment etwas anders im Sinn gehabt. Bekanntlich hat des Prinzen zu starker Bewegtheit geneigtes Gemüt Friedrich sogar erspart, auf königliches Geheiß anzusehen, wie Kattes »Haupt mit einem glücklich geratenen Streich durch die Hand und Schwert des Scharfrichters Coblentz (am Morgen des 6. November 1730, ein Viertel vor acht auf einem Sandhaufen im Schloßhof zu Küstrin an der Oder) vom Leib abgesondert« ward. Vor »der Kopf wegflog, welchen Coblentz aufnahm und wieder an seinen Ort setzte«, vergingen Friedrich am Fenster des Schlosses Hören und Sehen. Dauerhaft nahegegangen ist ihm der Tod dieses liebsten Freundes allerdings nicht. Wenige Wochen später war er schon wieder »lustig wie ein Buchfink«.

In den folgenden zehn Jahren haben sich Vater und Sohn dann arrangiert, wahrlich miteinander versöhnt haben sie sich nicht. Sie haben einander bis zum Ende nicht einmal verstanden. Friedrich Wilhelm hat den Gedanken wieder fallenlassen, den ungeratenen Ältesten von der Thronfolge auszuschließen, zumal der nächste aus der stattlichen vierzehnköpfigen Kinderschar ein gar zu ignoranter träger Mensch war. Friedrich dagegen hat sich in die Rolle des Nachfolgers, der sein Geschäft zu lernen hatte, hineingeschickt und die Aussicht, dermaleist Herrscher zu sein, mit Ungeduld und gelegentlicher Enttäuschung über die »athletische Gesundheit« des Vaters genossen. Die frühe Furcht des Soldatenkönigs, all sein angestrengtes Treiben könne umsonst gewesen, das Land in die schöngeisternde Prunk- und Genußsucht des ersten Friedrich zurückfallen, ist nach und nach gewichen. In seinen letzten Jahren durfte er sicher sein, daß der »liebe Successor« den kommenden Beruf im väterlichen Sinn einigermaßen ernst nahm. Aber ein Herr des

Schlachtfeldes, der das mißgünstige Europa als Rächer der verletzten Ehre seines Vaters um Berg und Ravenstein in die Schranken forderte? Dieser kleine, dickliche, eitle junge Mann, der von so unmartialischem Zeitvertreib wie der Beschäftigung mit der Philosophie, der Flöte, dem Theater und dem Bücherlesen und -schreiben nach wie vor nicht lassen mochte? Der eben Machiavelli »widerlegt« und versöhnende Milde, Humanität, Förderung der Volkswohlfahrt, Fürsorge für Kunst und Wissenschaft als Tugenden des idealen Herrschers – des ersten Dieners seiner Völker – gefeiert hatte? Ein neuer Perikles vielleicht, gewiß kein Caesar oder Alexander.

Zweifel und Skepsis. Oh, wie berechtigt waren sie. Aber in ganz anderem Sinn als der zornbebende und für seine Person zugleich resignierende König glauben mochte. In diesem philosophierenden Prinzen glühte eine ganz ungeistige Begier nach Macht und Ruhm, die kaum mehr als einen Hauch benötigte, um prasselnd aufzulodern und Europa in Brand zu stecken. Der sterbende Vater wäre grenzenlos erschrocken und hätte den Untergang des Landes nun auf ganz andere Weise vorausgesehen, wenn er davon auch nur geahnt hätte.

Mit immer neuen Wendungen hatte er dem Nachfolger in aufrichtiger Gottesfurcht eingebleut, nur ja »kein ungerechten Krieg anzufangen und nicht ein agressör (zu) sein, denn Gott (hat) die ungerechten Kriege verboten. Wozu ihr Recht habet, da lasset nicht nach, denn gerechte Sache wird Euch Gott gewiß segnen, aber (in) eine ungerechte Sache wird Euch Gott gewiß verlassen«. Es war umsonst gewesen. Friedrich war kaum auf dem Thron, da benützte er die erste Gelegenheit, um eine Sache zu beginnen, so ungerecht und aggressiv wie nur eine in der modernen Staatengeschichte, und ließ die gerechte, aber nur wenig einträgliche Sache »Berg« bedenkenlos dafür fahren. Und Gott zeigte keinerlei strafendes Interesse daran. So ist die machtpolitische Moral und Praxis des wackeren Soldatenkönigs gleichsam noch über seinen Tod hinaus desavouiert worden.

Die ungerechte Sache hieß: Schlesien kriegerisch erbeuten. Die Idee stammte aus dem politischen Testament des Großen Fürsten. Die erste Gelegenheit war der frühe Tod des Kaisers Karl VI. am 20. Oktober 1740. Preußische Ansprüche mit auch nur einem Schein des Rechts gab es nicht. Friedrich wußte es wohl. Und sein Außenminister Podewils, noch gewöhnt an die ängstliche Vorsicht des alten Herrn, hielt es ihm erneut eindringlich vor. Aber was galt ihm Recht in diesem Fall? »Meine Jugend, das Feuer der Leidenschaft, das Verlangen nach Ruhm, ja, um offen zu sein, sogar Neugier, endlich ein geheimer Instinkt«, schrieb er in der Euphorie des leichten Erfolges am 4. März 1741 an den Duzfreund Jordan, »die Genugtuung, meinen Namen in den Zeitungen und später in den Geschichtswerken zu lesen, hat mich verführt«. Nun ja, verführt! Der Raub, den der englische Historiker G. P. Gooch eins der sensationellsten Verbrechen der neuzeitlichen Geschichte genannt hat, war sehr kühl und kühn vorausberechnet: England und Holland sei es gleich, wer Schlesien besitze, Frankreich sähe immer gern, wenn Habsburg eins ausgewischt bekäme, Rußland sei zwar gefährlich, aber womöglich stürbe mit Gottes Hilfe bald die Kaiserin und stürze das Land dadurch in lähmende Nachfolgewirren. In jedem Falle könne man die maßgeblichen Räte bestechen – »in St. Petersburg einen mit Gold beladenen Esel einsetzen«. Voltaire ließ er gleich nach dem Tod des Kaisers wissen, daß »jetzt der Augenblick für eine vollständige Veränderung des alten europäischen Systems« gekommen sei. Podewils bekam zu hören. »Die Rechtsfrage ist die Sache der Minister, es ist Zeit, insgeheim daran arbeiten zu lassen«. Und an den Rand der Rechtsklitterei, die der gehorsame Gehilfe denn auch brav zusammenbosselte, schrieb er: »Bravo, das ist die Arbeit eines trefflichen Scharlatans!«

Mitte Dezember 1740 fiel die preußische Armee in Schlesien ein. 27 000 Mann. Unerwartet und ohne bemerkenswertem Widerstand zu begegnen. Am 3. Januar zog der König in Breslau ein und gab der Bevölkerung ein Fest. Den Schlesiern war es alles in allem gleich. Ob der oberste Landesherr in Wien oder in Berlin saß, machte fürs alltägliche Leben ja keinen großen Unterschied. »Dieser Vogel hat nur einen Kopf und Kropf: vielleicht wird er nicht soviel fressen wie der andere«, soll ein schlesischer Bürgersmann gesagt haben, als am Rathaus seiner Stadt das österreichische Wappen mit dem doppelköpfigen Adler gegen das Schild mit dem preußischen Normaladler ausgetauscht wurde. Sicher ist das nicht wahr, aber es ist wahr erfunden.

Europas Herrscher hingegen haben es kaum fassen können. »Der Mensch ist verrückt«, war alles, was Ludwig XV. zu dem Thema zunächst einfiel.

»So schnell schießen die Preußen nicht«. Das war seit dem Hannoveranischen Debakel zum spöttischen Gemeinplatz geworden. Die Preußen brauchten diesmal kaum zu schießen. In ganz Schlesien standen keine 7000 österreichischen Soldaten. Die wagten sich aus ihren Festungen nicht hervor. Nicht mehr als zwei preußische Offiziere und

20 Mann hat die Gewalttat das Leben gekostet. Die räuberische Rechnung schien fast über Erwarten glatt aufzugehen. Der Schein trog. Österreichs junge Königin war das furchtsame, von der Bürde des Amts niedergedrückte Frauchen nicht, das Friedrich vermutet hatte. Die dachte nicht daran, ohne weiteres ihr Recht der preußischen Macht zu opfern. Die fühlte sich nicht nur hinterrücks überfallen, sondern von des Preußenkönigs heuchlerischer Versicherung, sein »einziger Zweck (sei) die Erhaltung und der wahre Nutzen des Hauses Österreichs« auch noch verhöhnt. Sie hörte nicht auf die befreundete, zum Abmahnen geneigte britische Regierung, nicht auf ihre verschreckten Räte, und selbst auf den zärtlich geliebten Gatten Franz von neuerdings Toskana nicht. Sie sagte: »Eher Bayern eine ganze Provinz, als Preußen ein einziges Dorf«, als der »böse Mann« – kaum daß er Schlesien in der Gewalt hatte – mit seinen Forderungen und erpresserischen Verlockungen kam: Schlesien gegen die Garantie aller deutschen Besitzungen des Hauses Habsburg. Dazu Schutz vor den französisch geförderten, unverhohlenen Ansprüche und Ambitionen der Bayern und Sachsen. Sie kämpfte für ihr Land und ihr Recht.

Nun war es aber fast so etwas wie ein Gesetz der europäischen Politik in jener Zeit, daß zwei ihre kriegerische Sache allein miteinander nicht abmachen konnten. Europa wurde durch zwei harmonisch aufeinander abgestimmte, erstaunlich wirkungsvolle politische Prinzipien in einem Zustand höchst prekären Machtgleichgewichts gehalten. Jeder Staat suchte unverdrossen nach Gelegenheiten, die Verhältnisse zu seinen Gunsten zu verändern und war zugleich fest davon überzeugt, daß eine Veränderung zu eines anderen Gunsten für Europa völlig unerträglich und mithin zu verhindern sei. So konnte es gar nicht ausbleiben, daß über kurz oder lang immer gleich alle halbwegs schlagkräftigen europäischen Kaiser, Könige und Kurfürsten – in verwirrend rasch wechselnden Bündnissen – in die blutigen Händel irgendwo zwischen Rhein und Weichsel verwickelt waren. Und nun wirbelte gar der Eindringling Preußen, der bisher gar nicht mitzureden hatte, das delikate Gleichgewicht durcheinander. Das hatte etwas unglaublich Herausforderndes. Friedrichs militärischer Winterspaziergang *mußte* sich nachgerade zum blutigen Krieg auswachsen. Niemand konnte freilich ahnen, daß drei Kriege draus wurden. Einer immer länger, umfassender, verlustreicher und erschöpfender als der vorgehende.

An ihrem Ende – fast 25 Jahre später – hatte Preußen Schlesien behauptet und durfte den Rang einer europäischen Großmacht für sich beanspruchen. Friedrich hatte sein Ziel erreicht. Es hat nicht einmal mehr ihn selbst wahrhaft glücklich machen können. Der Preis an Glück, den sein Volk dafür bezahlen mußte, ist bekannt. Er war zu hoch. Er wäre auch dann zu hoch gewesen, wenn die zweifelhafte Stellung ein Menschenalter später nicht schon wieder vertan gewesen und das friedericianische Preußen beim ersten kräftigen Schlag nicht zerborsten wäre.

Schlachtenglück und Friedenstücke

Dabei ist es 1741 zunächst kaum weniger leicht und erfolgreich, wiewohl wesentlich blutiger weitergegangen, als es beim Einfall in Schlesien begonnen hatte. Am Abend des 10. April hallte Deutschland wider vom Sieggesang preußischer Truppen: Ehre sei Gott in der Höhe! Bei Mollwitz, wenige Kilometer vor Brieg an der schlesischen Oder hatten 14000 Österreicher, die der Feldmarschall Neipperg unbemerkt über die Sudeten herangeführt hatte, einen Keil in die weit auseinandergezogene preußische Besatzungsmacht in Nieder- und Oberschlesien zu treiben versucht. Der Erfolg schien schon gewiß, Preußen wieder in seine hergebrachten Schranken gewiesen zu sein. Friedrich hatte die Schlacht bereits verlorengegeben und floh zu Pferd nach Oppeln hin. Der alte Feldmarschall Schwerin mit seiner Infanterie hielt in scheinbar auswegloser Lage stand. Dergleichen ward auf Europas Schlachtfeldern zuvor nicht gesehen. Wie zu gespenstischem Leben erweckte blaue, feuerspeiende Mauern bewegten sich die preußischen Bataillone auf die österreichischen Reihen zu, unbeirrbar, vom feindlichen Feuer durchlöchert, aber ohne zu wanken. Als gelte es eine posthume Revue vor dem alten König. Selbst österreichische Offiziere waren hingerissen. »Ich kann wohl sagen«, brach es später hymnisch aus einem hervor, »mein Lebtag nichts superberes gesehen zu haben. Sie marschierten mit der größten Contenance und so schnurgleich, als wenn es auf dem Paradeplatz wäre. Das blanke Gewehr machte in der Sonne den schönsten Effekt, und ihr Feuer ging nicht anders als ein stetiges Donnerwetter«. Solch sturer, disziplinierter, vorwärtsgetriebener Todesbereitschaft waren Neippergs Truppen körperlich und seelisch auf die Dauer nicht gewachsen. Friedrich hatte Oppeln noch nicht erreicht, als ihn die Botschaft seines Sieges ein- und zurückholte. Preußen hatte ganz allein auf sich gestellt die erste große Feldschlacht seit Fehrbellin gewonnen. Als Text für die Dankpredigt wählte Friedrich II. takt- und geschmackvollerweise: »Zu lehren aber verstatte ich dem Weibe nicht, noch sich zu erheben über den Mann, sondern sich ruhig zu verhalten«. An einem Tag – stellte sich bald heraus – war Preußen zur mißtrauisch bestaunten, mißmutig geachteten Militärmacht geworden. Die Zeit, da es nach Belieben traktierter Lieferant nützlicher militärischer Hilfsscharen gewesen, war vorbei.

Nur Schlesien hatte es um keinen Deut sicherer als zuvor. Aber auch ein Glück kommt selten allein, und Erfolg ist der beste Weg zum Erfolg.

Am gleichen 10. April nämlich scheiterte 170 km westlich der am Morgen schnee-, am Abend blutbedeckten Felder von Mollwitz am morgens wie abends gut geheizten Kamin im Dresdner Schloß, Englands Versuch, Rußland, Sachsen, Hannover und die Niederlande mit Österreich zu einer großen antipreußischen Koalition zu fügen. Und wenige Wochen später erschien der französische Marschall Bell-Isle in Friedrichs schlesischem Feldlager, gab zu wissen, daß seinem König Ludwig erst jetzt so recht die Augen dafür aufgegangen seien, welch Schwindel und großes Unrecht am Bayern-Kurfürst Karl-Albert die mehrfach bestätigte pragmatische Sanktion doch sei und trug dem jungen König ein förmliches Bündnis an. Am 5. Juni wurde es in Breslau besiegelt.

Der Bayer war mit von der Partie. Friedrich wurde die schlesische Beute garantiert, für Bayern sollte Böhmen erobert, Kurfürst Karl-Albert deutscher Kaiser werden, Frankreich später einmal Jülich und Berg einstreichen. Da mochte Sachsen nicht länger bescheiden abseits stehen. Wenn es um Landgewinn ging, versagte nicht nur bei Preußens großem König die politische Moral. Sachsens August wurde im Bunde der Vierte und warf begehrliche Blicke auf den größeren, noch österreichischen Teil von Oberschlesien, außerdem auf Mähren und Niederösterreich. Hannover versprach Neutralität und seine Kurstimme für den Wittelsbacher bei der Kaiserwahl.

Kurfürst Karl-Albert von Bayern ist am 24. Januar des nächsten Jahres tatsächlich deutscher Kaiser geworden, länger als drei Jahre weniger vier Tage freilich nicht geblieben. Dann starb er, noch keine fünfzig Jahre alt. Das war ein kurzes Glück. Aber es war ja gar kein Glück. Die wenigen Jahre seiner unerwarteten Standeserhöhung haben ihm ausschließlich Pein gebracht. Kaum hatte er die kaiserliche Würde von

Ludwigs und Friedrichs Gnaden bekommen, wurde ihm dafür sein kurfürstliches Land von Maria Theresias Truppen genommen. Ein »Kaiser ohne Land«. Und eigentlich auch ohne rechte Freunde und Verbündete.

Auf Preußens Friedrich hatte er am wenigsten rechnen und vertrauen können. Mit so grotesker Eilfertigkeit wie der große König zwischen Oktober 1741 und Juli 1742 hatte selbst der Große Kurfürst nie das Bündnis gewechselt.

Zum ersten Male war Friedrich noch vor der Kaiserwahl von seinen Breslauern Alliierten davongeschlichen und hatte durch englische Vermittlung insgeheim mit Maria Theresia angeknüpft. Preußens materielle Erschöpfung und Österreichs allseitige Bedrohtheit gaben gemeinsam tatsächlich den Boden für eine Übereinkunft her: In Klein-Schellendorf am 9. Oktober 1741. Friedrich bekam Schlesien samt der Festung Neiße vorübergehend abgetreten. Dafür versprach er, beim bayrisch-sächsisch-französischen Versuch, Österreich zu zerstückeln, nicht weiter mitzutun. Überdies soll er Neipperg die französischen Stellungen in Böhmen offenbart und ihm gute Tips für einen erfolgreichen Angriff gegeben haben.

Sehr ernst und für die Dauer war das Abkommen von *beiden* Seiten nicht gemeint. Friedrich hat es als erster gebrochen und sich schon zwei Monate später wieder martialisch auf die andere Seite geschlagen, weil es die überlegene Seite zu sein schien. Unterdessen nämlich hatten die Franzosen mit den Sachsen und Bayern Prag überrannt und Karl-Albert zum böhmischen König ausgerufen. Friedrich ließ von Schlesien her über Mähren auf Wien marschieren ... und hatte die Unerschrokkenheit, Beharrlichkeit und – der unzeitgemäße Neologismus mag erlaubt sein – aufrüttelnde Popularität der prachtvollen, bewunderungswürdigen jungen Königin erneut unter-, sein Kriegsglück überschätzt. Karl-Albert war noch nicht gekrönt, da rückten ungarische Truppen in Bayern ein und schickten sich zum Bleiben an. Friedrichs Vormarsch aber drohte zum reinen Fiasko zu werden. Bei Brünn brachten ihn die Österreicher zum Stehen und im Verein mit Nachschub- und Verpflegungsschwierigkeiten im Frühjahr zum Rückzug durch Böhmen nach Schlesien.

Da trennte er sich ein zweites Mal von seinem unglücklichen Schattenkaiser und der im Angesicht des Scheiterns nur noch lust- und erfolglos beteiligten Franzosen und trug Maria Theresia neuerlich Frieden an. Die wollte anfangs nicht so recht und zwang den ruhmsüchtigen Fürsten, der anderthalb Jahre zuvor um leichten Gewinn leichten Herzens und kraftstrotzend in den Krieg gezogen war, mit letzter Anstrengung und schwerer Sorge um den Frieden zu fechten. Er hatte Erfolg. Am 17. Mai 1742 blieb der gesammelte Rest der preußischen Eroberungsarmee bei Chotusitz in Böhmen Sieger über das Heer des Prinzen Karl von Lothringen. Am 28. Juli trat Maria Theresia die schlesische Beute dem Preußenkönig vertraglich ab. Friedrich platzte vor Stolz und Eitelkeit. »Wer hätte geglaubt, daß die Vorsehung sich einen Poeten erküren würde, um das europäische System umzustürzen und die Berechnung der Könige von Grund aus zu verändern«. Das ging an Jordan. An den Kaiser dagegen schrieb er mit heuchlerischer Demut: »Mit bitteren Gefühlen habe ich ewiger kaiserlicher Majestät vom Zusammenbruch Ihrer Sache zu unterrichten … Da ich mich … in eine Lage gebracht sehe, in der mein Schwert nicht länger helfen kann, versichere ich Ihnen, daß meine Feder immer zu Ihren Diensten sein wird; mein Herz wird immer Ihnen gehören«. Und an Frankreichs Kardinal Fleury: »Der Verlauf dieses Krieges bildet gewissermaßen ein einziges Gewebe von Beweisen meines guten Willens gegenüber meinen Verbündeten«.

Beide haben ihm nicht geglaubt. Niemand in Europa hat ihm seitdem mehr geglaubt und getraut.

Der Friede hat genau zwei Jahre gedauert. Ein Friede war es eigentlich gar nicht. Nur ein Waffenstillstand. Und für Österreich nicht mal das. Im Westen kämpfte Maria Theresia weiter, vertrieb zunächst auch die Franzosen aus Böhmen, festigte dann die Besetzung Bayerns – Kaiser Karl VII. irrte macht- und heimatlos durchs Reich und fand an seines »guten Bruders und treuen Alliierten Friedrichs« ausdrücklichem Mitgefühl und verehrender Gesinnung wenig Trost – und schlug schließlich gemeinsam mit England und den Niederlanden im Juni 1743 bei Aschaffenburg die Franzosen. Im Hochsommer standen österreichische Truppen längs des Oberrheins und im Elsaß.

Spätestens da wußte Friedrich, daß noch einiges an kriegerischer Arbeit für Schlesien zu erledigen sein würde, und war bald entschlossen, selbst zu bestimmen, wie sie erledigt werde. Die trügerischen Bemühungen, ein Reichsheer unter seiner Führung zu formieren, um dem Kaiser Land und Ansehen wiederzugewinnen, sind rasch und kläglich gescheitert. Nicht einmal seine Verwandten in Ansbach und Bayreuth haben sich dem unzuverlässig-eigennützigen Mann verschreiben wollen. Es half nichts. Gern hätte er Frankreich mit seinen auch ihm unzuträglichen Machtinteressen aus dem Spiel gehalten. Nachdem die Idee einer Reichsarmee in Luft zerronnen war, mußte er sich beeilen, doch wieder mit Ludwig XV. ins reine zu kommen, bevor der Franzosenkönig sich womöglich zum Frieden mit Österreich bequemte.

Glücklicherweise war der uralte Kardinal Fleury, als es schon niemand mehr recht glauben mochte, Anfang 1744 doch gestorben und die Macht vorübergehend der »regierenden Mätresse« (Gooch) Mme. de Chateauroux zugefallen. Mit ihrer Hilfe vereinten Ludwig und Friedrich am 5. Juni 1744 einmal mehr und diesmal, schrieb der Preußenkönig überschwänglich an den Franzosenkönig, »auf ewig«, ihre Interessen. Im formellen Abkommen war etwas zurückhaltender von 12 Jahren die Rede. Gehalten hat das Bündnis keine zwei.

Bestimmt war es von den edelsten Motiven. Der schreibselige Friedrich gab sie der ungläubigen Welt im August 1744 in wohlgeformten Sentenzen kund und zu wissen: Wohlfahrt und Sicherheit für Europa, Friede und Ordnung dem verwüsteten Deutschland, Ehre und Recht den beraubten Kurfürsten, dem Reich Freiheit, dem Kaiser Thron und Würde. »Mit einem Wort, der König will nichts für sich, und seine persönlichen Interessen werden nicht berührt«. Im Gleichschritt! Marsch! Richtung: Böhmen, quer durch das neutrale Sachsen. Zahl: 80 000 Mann.

Aber mit Böhmen und Prag hatten Frankreich und Preußen nun einmal kein Glück. Sie waren zwar allemal schnell dort – kaum vier Wochen dauerte es diesmal, bis preußische Truppen nach fünftägiger Kanonade am 16. September über die Moldau in Böhmens malerische Hauptstadt einrückten –, aber kaum weniger schnell waren sie wieder fort. Die preußischen Offiziere hatten gerade genug Zeit, die an Kunst- und sonstigen Schätzen reiche Stadt zu plündern. Sie hätten gestohlen wie die Raben, hat Friedrich II. später gesagt. Dann ging alles schief. Während die preußischen Truppen weiter nach Süden vorrückten, brachte Maria Theresias Schwager Karl von Lothringen unbemerkt die österreichische Hauptarmee vom Elsaß her über die Böhmer Berge ins Moldautal. Die Franzosen blieben, wo sie waren, statt nachzusetzen. Man sollte Bündnisse besser doch nicht auf den Liebreiz von Mätressen gründen. Sachsen lief mit 20 000 Mann zu Österreich über. Karl von Lothringen hatte seit Chotusitz dazugelernt. Noch einmal ließ er sich von Friedrich nicht zur Schlacht stellen. Er schnitt den preußischen Truppen vielmehr den Zugang zu ihren Magazinen in Prag und Leitmeritz und zu ihrem Nachschub ab und trieb die hungernden, frierenden, zunehmend von der Ruhr gepeinigten Soldaten langsam, aber sehr systematisch vor sich her aus dem Land hinaus und nach Schlesien zurück. Das fiel immer leichter, weil es ihrer immer weniger wurden. 17000 Mann, etwa ein Viertel der heillos verwirrten, halb aufgelösten, straffer Führung entbehrenden Armee sind im Laufe des Rückzugs desertiert.

Maria Theresia erklärte den Berliner Abtretungsvertrag für null und nichtig, weil Preußen den Frieden gebrochen habe, und rückte ihrerseits auf Schlesien vor. Der Tod des Kaisers machte das Maß der Unbilden am 20. Januar 1745 voll. »Der Kaiser hätte in keinem für unsere Interessen ungünstigeren Augenblick sterben können«, schrieb Friedrich an seinen bislang ziemlich unergiebigen französischen Bundesgenossen.

Tatsächlich hatte der jugendliche Nachfolger als bayerischer Kurfürst, Max III. Joseph, nichts Eiligeres zu tun, als mit den Österreichern Frieden zu schließen, um wenigstens sein besetztes Stammland zu erhalten. Die Lust auf Böhmen, Oberösterreich, Königs- und gar Kaiserkronen war den Wittelsbachern gründlich vergangen.

Friedrich sah sich von Feinden umstellt und gab sich trotziger Verzweiflung hin. Das blieb künftig eine seiner liebsten Posen. Lieber wolle er alles, was preußisch heiße, mit sich unter den Trümmern seiner Armee begraben, als Schlesien aufgeben.

Dazu ist es nicht gekommen. Den Österreichern fehlte schließlich doch Kraft und Geschick, um entschlossen nachzusetzen und den Preußen in Schlesien den Rest zu geben. Außerdem war es Zeit, mit den ungewohnten, beschwerlichen Winterfeldzügen Schluß zu machen, die seit Friedrichs Ritt nach Schlesien die herkömmlichen kriegerischen Sitten in Europa verdarben. Österreich verschob die Entscheidung auf den frühen Sommer. Das war kein Fehler, aber für Friedrich eine Chance. Er nutzte sie. Solange der Feind nicht im eigenen Land stand, war es bei genügend Zeit und Schlachtenruhe in jenen Jahren ja keine unermeßliche Leistung, eine angeschlagene Armee zu retablieren. Am 4. Juni 1745 ging der Winter seines Mißvergnügens in einen Sommer und Herbst strahlender Erfolge über.

Hohenfriedberg. 70000 Mann hatte Karl von Lothringen am Vorabend aus den Sudeten herangeführt, um mit dem unrechtmäßigen Besitzer Schlesiens abzurechnen. Vier oder fünf morgenfrische Stunden dauerte das Gemetzel. Um 9.00 Uhr lagen 12700 Österreicher und Sachsen sowie 4600 Preußen tot auf dem Schlachtfeld, und Friedrich war Sieger.

Ein fast schüchterner Sieger zunächst, der am liebsten gleich Frieden geschlossen hätte. Sehr zögernd nur ist er den Österreichern nach Böhmen gefolgt, sehr bedacht auf sichere Verbindung zu seinen schlesischen Magazinen. Heu war in Böhmen wichtiger als Lorbeer. Über die Elbe hat er sich nicht hinweggetraut. Und ehe die nasse, kalte Jahreszeit hereinbrach, waren seine Soldaten schon wieder auf dem Rückzug ins heimeligere Schlesien, um sich für den Winter einzurichten.

Da haben ihnen 40000 Österreicher bei Soor den Weg verwehrt und Friedrich weiteren Schlachtenruhm gleichsam aufgezwungen. 3700 preußische und annähernd soviele österreichische Soldaten hat er freilich das Leben gekostet. »Der König selbst«, wußte der Historiker der altpreußischen Armee, Generalmajor Curt Jany, ferner als bemerkenswert zu berichten, »büßte sein ganzes Gepäck ein. Doch was wollte dieses Mißgeschick gegenüber dem Hochgefühl, das der errungene neue Sieg erweckte, besagen.« Da es ihnen bei Soor nicht gelungen sei, hat Friedrich nach der Schlacht bramarbasiert, könnten die Österreicher ihn nimmermehr schlagen. Aus dem ruhigen Winter wurde nun doch nichts. Vorerst jedenfalls nicht. Vom gar nicht erstrebten Erfolg beflügelt und beunruhigt von der Drohgebärde der Zarin Elisabeth: wenn er so weitermache und sich womöglich gar an Sachsen vergreife, dann schicke auch sie ihm noch ein Heer auf den Hals, entschloß sich der König, Österreich und Sachsen möglichst rasch zum Frieden zu zwingen, wenn sie zwanglos denn nicht auf seine wohlmeinenden Angebote eingehen wollten. Ende November tat er genau, wovor Elisabeth ihn gewarnt hatte. Er fiel in die Lausitz ein. Seit Soor waren die Preußen in fast unaufhaltsamen Zug. Es half den Sachsen wenig, daß die Österreicher zur gleichen Zeit anlangten. Deren Aufmarsch wurde am 23. November bei Katholisch-Hennersdorf durcheinandergewirbelt. Und ehe sie sich in Böhmen wieder gesammelt hatten und längs der Elbe zur Vereinigung mit den Sachsen gegen Dresden strebten, war der alte Dessauer mit 22000 Mann von Halle her zur Stelle und ließ bei Kesselsdorf, keine 10 km westlich von Dresden, den vierten Sieg des Jahres für Preußens König erfechten. Der zog drei Tage später in die sächsische Haupt- und Barockstadt ein und schloß dort am Weihnachtsabend 1745 den zweiten Schlesischen und den zweiten Separatfrieden mit der böhmisch-ungarischen Königin, ohne sich um seinen unbefriedigten und deshalb auch noch nicht friedenswilligen französischen Verbündeten weiter zu kümmern. Maria Theresia bestätigte erneut den preußischen Besitz Schlesiens, Friedrich erkannte ihren Mann als Kaiser

Franz I. an. Bei der Wahl am 13. September hatte er gegen den Toskaner gestimmt. Sachsen aber mußte 1 Million Taler Kriegsentschädigung zahlen, obgleich eigentlich Preußen den Krieg begonnen, Sachsen im letzten Teil das Schlachtfeld abgegeben und deshalb bei Licht besehen gar nichts zu entschädigen hatte.

Der gerade 35jährige preußische König war seitdem mit dem begehrten Beinamen »der Große« versehen, mit dem sich in der neueren Geschichte bis dahin nur sein Urgroßvater und Zar Peter hatten schmükken dürfen. Das war schon etwas. Mochte er für einen räuberisch, sowie einen − bei wohlmeinender Auslegung − präventiv vom Zaun gebrochenen Krieg und drei in eigener Verantwortung gewonnene Schlachten − Chotusitz, Hohenfriedberg und Soor − auch etwas billig und auf zweifelhafte Weise drangekommen sein.

Wie ein Krieg zustandekommt

Von jetzt ab wolle er keine Katze mehr angreifen, hat er nach dem Weihnachtsfrieden gesagt, und in verspäteter Einsicht hinzugesetzt: »Was sind wir armen Menschenkinder, daß wir Projekte schmieden, die soviel Blut kosten?«

Warum sollte man bezweifeln, daß es ihm ernst mit seinem Friedenswillen war. Die Ruhmseligkeit war verrauscht. Nur: das Erste steht uns frei, beim Zweiten sind wir Knechte. Friedrich, der nun Große, hat sehr wohl gewußt, daß seine Feinde, wie seine zur Unzeit verlassenen Verbündeten fortan gleichermaßen mit Mißgunst und Mißtrauen auf ihn schauten, und daß mit Elisabeths Rußland ein neuer, nach fünf Jahren tatenlosen Zusehens kriegslustiger und kraftstrotzender Gegner hinzugekommen war. Und da er sich im Grunde gar nicht vorstellen konnte, daß ein Herrscher, der des Namens wert war, nicht ständig auf Vergeltung für angetane Schmach sann, blieb »toujours en vedette«, immer auf dem Sprung! Parole und Lebensprinzip des vergrößerten preußischen Staats. Der Krieg war zu Ende, die Anspannung aller Kräfte für den Krieg war geblieben und bei einigem Selbstbehauptungswillen unerläßlich.

Maria Theresia und Friedrich dürften sich selbst am meisten darüber gewundert haben, daß es bis zum nächsten Waffengang 10 Jahre dauerte. Dreimal − das erste Mal schon 1746, dann 1749, zuletzt 1753 − hat

Friedrich mehr oder weniger fest mit einem Angriff der neuerdings vertraglich vereinten Österreicher und Russen gerechnet. Jedesmal war die Rechnung falsch gewesen.

1756 hat er dann nicht mehr darauf warten mögen, ob sie aufgehe oder nicht, sondern den Gang der Dinge selbst bestimmen wollen. Am 28. August ist er in Sachsen einmarschiert.

Die Historiker haben darüber gestritten, ob dies eine weitere Aufwallung friedericianischer Eroberungssucht gewesen sei oder ein aufgenötigter, unvermeidbarer Verteidigungscoup. In zehn stillen und womöglich etwas langweilig-arbeitsamen Jahren kann einer die ernstest gemeinten Friedenbeteuerungen ja wirklich wieder vergessen haben.

Der Streit war – wie so mancher historisch-wissenschaftliche Streit – ebenso aus- wie unergiebig. Wir wissen es immer noch nicht und werden es vermutlich auch nie erfahren. Womöglich stimmt beides nicht, und die Wahrheit liegt irgendwo dazwischen. Außerdem ist es von vergleichsweise geringem Interesse, wenn man nicht gerade die politische Moral Friedrich II. für ein gewichtiges historisches Problem hält. Das ist sie nicht. Und überdies wäre an ihr – wie auch immer – wenig zu retten oder zu verderben. So mag sich denn jeder seinen eigenen Reim auf die Sache machen:

Im wechselvollen, bitterernsten Spiel der europäischen Mächte gab es zwei, in Vergangenheit und Zukunft beständige Größen: die maritim-ausgreifende Auseinandersetzung zwischen England und Frankreich und die kontinental-erdverbundene Gegnerschaft zwischen Preußen und Österreich. Im übrigen waren die europäischen Bündnisverhältnisse erstaunlich durcheinandergeraten. Friedrich hatte durch einigermaßen hinterhältige Bestrebungen, die beiden Konflikte ineinander zu vermengen, nicht unerheblich dazu beigetragen. Was er dabei für diplomatische Raffinesse hielt, erwies sich bald als politische Kurzsichtigkeit, die ihm sehr geschadet hat.

Im Sommer 1755 hatte er den alten Bündnispartner Frankreich noch vergeblich dazu ermuntert, England durch einen Angriff auf Hannover in Unruhe zu versetzen. Im Januar drehte er sich dann einmal um seine außenpolitische Achse und vereinbarte mit dem ungeliebten Onkel George, daß man gemeinsam allen Übergriffen fremder Mächte auf deutsches Gebiet wehren wolle. Das schien fein ausgedacht. Denn eben hatte England sich mit reichlich Geld 50000 Russen zur Verteidigung Hannovers verschrieben. Preußens zweiheftigster Feind, »der russische Bär«, war an Englands goldener Kette und Friedrich in der Lage, ein bißchen mit daran zu ziehen. Frankreich, das sich an Hannover ja uninteressiert gezeigt hatte, nicht betroffen. Und Maria Theresia isoliert.

Alles falsch. Frankreich fühlte sich sehr wohl davon betroffen, daß sein wankelmütiger Bündnispartner es wieder einmal hinterging, und dazu noch mit seinem schlimmsten Feind. So sehr fühlte es sich betroffen, daß es dem langwährenden, behutsam-geduldigen Liebeswerben des neuen österreichischen Kanzlers Wenzel Kaunitz endlich nachgab und sich seinerseits mit Preußens gefährlichstem Gegner einließ. Die Verhandlungen gingen gut voran. Die nicht nur schöne, sondern auch fabelhaft tüchtige und entschiedene Jeanne Pompadour hat sie kräftig und erfolgreich gefördert. Bis zum Sommer hatten Kaunitz und Starhemberg ihre neuen, ungewohnten Freunde so weit, daß sie gegen eine »destruction totale« Preußens nichts mehr zu erinnern hatten, Österreich und Rußland dabei sogar mit mehreren Millionen Livres und im Falle des Erfolgs für die österreichischen Niederlande unterstützen wollten.

Spätestens damit zerrann auch die leichtfertige Vorstellung, Rußland am Schnürchen zu haben, in nichts. Ohnedies wäre die Kaiserin Elisabeth, die an Friedrich und sein Preußen nicht denken konnte, ohne in zornig-wogende Empörung zu geraten, ohnedies wäre sie allzeit bereit gewesen, gegen den Schlesienräuber vom Leder zu ziehen. Je eher, je lieber. Englischer Vertrag hin, englisches Geld her. Um wieviel mehr mit Aussicht auf französische Subsidien. Sie war grenzenlos enttäuscht, als Österreich sie im Juli wissen ließ, daß man ehestens im Frühjahr nächsten Jahres zur vernichtenden Tat schreiten könne und wolle und hat die bereits in Richtung Preußen auf den Weg gebrachten Truppen sehr mißmutig wieder zurückgerufen.

Immerhin, sie *hat* sie zurückgerufen. Friedrich dagegen ist mit den seinen einen Monat später in Sachsen eingefallen. Er war dank rascher und zuverlässiger Arbeit seiner Spione an allen Höfen Europas – seine Kujons und Affen nannte er sie – über die rastlose, mißgünstige Tätigkeit der drei hohen Frauen stets gut auf dem Laufenden gewesen und hatte sich im Juli entschlossen, ihrem Tatendrang zuvorzukommen. Seitdem wurden insgeheim und wohlbemerkt – die anderen hatten *auch* ihre Spione – die Festungen instandgesetzt, Pferde und Lebensmittel zusammengekauft und die Mannschaften einberufen.

Die Brüder, die Generäle, der Außenminister und der englische Verbündete mahnten ab. Ein Angriffs*plan* sei noch kein Angriff. Er möge die Chance, den Frieden doch noch zu erhalten, angesichts der erdrückenden Zahl der Feinde nicht leichtfertig preisgeben.

Der König setzte spöttische Überheblichkeit gegen ihre friedenswillige Besorgnis. Die Brüder könnten ja daheimbleiben. Preußische Offiziere aber hätten nicht zu fragen, wie stark der Feind sei, sie hätten nur zu fragen, wo er stehe. Wieviel und wo auch immer – der Sieg sei gewiß.

Der höchste, königliche preußische Offizier fragte seine vornehmste Feindin immerhin noch, was ihre militärischen Vorbereitungen bezweckten und ob sie zusichern könne, ihn weder in diesem noch im nächsten Jahr anzugreifen. Maria Theresia wich aus. Da rief der König Friedrich »den Himmel zum Zeugen an, daß (er) an all dem kommenden Elend unschuldig« sei, schickte Schwerin mit einem Teil der Truppen nach Schlesien und marschierte mit dem größeren Rest nach Sachsen. Am 28. August 1756. Das war der Beginn des »Siebenjährigen Krieges«, der eigentlich nur sechs Jahre und zwei Monate gedauert hat. Aber auch in dieser Zeit sind mehr Menschen auf dem Schlachtfeld gestorben als je zuvor in einem Krieg.

Friedrich von Preußen hat ihn begonnen, mit einem Überfall auf ein neutrales Land, ohne Kriegserklärung, rechts- und sittenwidrig. Daran ist jenseits aller Fragen nach Schuld und Unschuld kein Zweifel. Und es fiele einem leichter, trotzdem auf reine Unschuld und nichts als Notwehr zu plädieren, wenn er nach vollbrachter Tat nicht umgehend verkündet hätte, daß es nun nicht mehr bloß den Erhalt des ererbten und eroberten Besitzes gelte, sondern nach Möglichkeit den Gewinn Sachsens und Westpreußens. Und wenn er sich in Sachsen nicht vom ersten Tag an und dann fort und fort so ausnehmend widerwärtig benommen hätte.

Die sächsischen Truppen waren schnell bei Pirna, südostwärts Dresdens an der Elbe zusammengetrieben, ein zum Entsatz herbeieilendes österreichisches Heer im böhmischen Vorfeld bei Lobositz leicht geschlagen und der Waffengang fürs erste beendet. Das war nach Wunsch gegangen. Friedrich hatte den Angriff bewußt verzögert, damit der Winter vor den vermutlich nahenden französischen oder russischen Truppen da sei. Er richtete sich in Sachsen ein. Er machte ein preußisches Heerlager, eine Nachschubbasis und ein Aufmarschglacis aus Sachsen. Später wurde es dank seines Einfalls auch noch zum immer wieder heimgesuchten Manövrier- und Schlachtfeld. Die 20000 kapitulierten Soldaten wurden ohne Umstände der preußischen Armee angegliedert. Sie haben es dem König nicht gedankt und sind bei unpassendster Gelegenheit regimentweise zum Feind übergegangen. In den kommenden Kriegsjahren sind trotzdem immer wieder tausende von sächsischen Rekruten rücksichtslos ausgehoben und in die preußische Armee gezwungen worden.

Die Übernahme der sächsischen Finanzverwaltung durchs preußische Feldkriegskommissariat klappte besser. Rund 50 Millionen Taler hat es im Lauf der nächsten sechs Jahre für die preußische Kriegskasse aus dem Land gepreßt. Weitere 10 Millionen steuerten ebenso unfreiwillig die armen Mecklenburger bei, die im Grunde noch weniger mit der Sache zu tun hatten als die Sachsen, aber auch preußische Einquartierung und Aushebung dulden mußten, weil sie das Pech hatten, zwischen Brandenburg und Schwedisch-Pommern zu liegen. Schweden nämlich schloß sich im Frühjahr 1757 mit vager Hoffnung auf Stettin und ganz Vorpommern dem antipreußischen Bündnis an. Zu großen Schlachten angetreten sind die Schweden nie. Aber ein paar Tausend preußische Soldaten haben sie ständig in Bewegung gehalten.

Freiwillig gab es schließlich Geld von England, jährlich vier Millionen Taler. Dort kam im Winter 1757 William Pitt ans Ruder, erkannte rasch, wie entlastend es auf dem Atlantik und in Amerika wirkte, wenn Frankreich auch auf dem Kontinent kriegerisch beschäftigt war, und ließ es sich was kosten.

Und Friedrich mehrte nach Kräften, was dergestalt an Pfunden und Talern in seine Hände gelangte. Mindestens ums Doppelte. Er ließ es einschmelzen und unterwertig wieder ausprägen. Zunächst zu 70 % des alten Metallwerts, bald zu 43, zuletzt zu 28 %. Er finanzierte seinen Krieg zum guten Teile mit fremden Geld und Inflation. Deshalb ist es vielleicht nicht gar so sehr der Verwunderung wert, daß er an dessen Ende nicht bis über die Ohren in Staatsschulden saß wie Österreich, sondern gleich damit beginnen konnte, für 2½ Millionen Taler das Neue Palais in Potsdam zu bauen.

Von Prag bis Hubertusburg

Im Herbst 1756 war der Krieg über sein Präludium nicht hinausgekommen. Im Frühjahr 1757 setzte er volltönend ein. Und tönte und toste annähernd sechs Jahre fort. Ein Jahr lang hat Friedrich Tonart und Tempo halbwegs bestimmt: Prag, Roßbach und Leuthen. Dann ist ihm der Taktstock aus der Hand gewunden worden: Zorndorf. Seitdem hat er nach fremden Märschen tanzen müssen: Hochkirch, Kunersdorf und Maxen. Immer hektischer und atemberaubender. Sieger selbst dort nicht mehr, wo die Armee das Schlachtfeld behauptete: Liegnitz und Thorgau. Den sicheren Untergang vor Augen – und am Ende, am 15. Februar 1763 in Hubertusburg bei Leipzig: Schlesien ungeschmälert für die folgenden 156 Jahre erhalten, jedes Verlangen nach Kriegsentschädigung für das ausgepowerte Sachsen hochfahrend zurückgewiesen, geachtet, gehaßt und gefürchtet als erste Militärmacht Europas: Das Mirakel des Hauses Brandenburg.

Im April 1757 rückten König Friedrich von Sachsen und der alte Feldmarschall Schwerin, der die Schlacht bei Mollwitz gerettet hatte, von Schlesien her mit 120 000 Mann nach Böhmen vor. Der Preußenkönig konnt's nicht bleiben lassen. Und es erging ihm, wie es ihm dabei allemal erging. Sieger bei Prag über die weichenden Österreicher. Aber die »Schlacht bei Pharsalus«, die er vorgehabt hatte, ist das nicht gewesen. Die Stadt ergab sich nicht. Sie zu nehmen, fehlten die Geschütze; sie auszuhungern, die Zeit. Also der heranrückenden österreichischen Entsatzarmee unter Daun entgegen, um den Feind durch einen neuerlichen Sieg vollends zu entmutigen. Bei Kolin 50 km ostwärts von Prag an der Elbe prallten die Armeen am 13. Juni aufeinander. Und entmutigt war am Schlachtenabend Friedrich. »Das Glück ist eine Frau«, schrieb er, der während des ganzen langen Ringens, bei Sieg und Niederlage, hochgestimmt und tief bedrückt, um treffliche Aperçus über sein Tun und vor allem sein Leiden nie verlegen war, »das Glück ist eine Frau, und ich bin kein Liebhaber«.

Dennoch hat es ihn in diesem ersten Jahr noch nicht verlassen. Der Plan, Österreich in Böhmen zu schlagen, war zum dritten Mal gescheitert, Friedrichs Feldherrnruhm nach dem verlustreichen Debakel bei Kolin wegen schwerer taktischer Mißgriffe stark angekratzt. Die preußische Armee zog sich zögernd nach Sachsen zurück, die Österreicher rückten nach, die Franzosen auf Magdeburg vor.

Die hatten schon im März die Grenzen nach Deutschland überschritten und Maria Theresia am 1. Mai in einem förmlichen Bündnisvertrag 12 Millionen Livres jährlich und 105000 Soldaten für Preußens Zernichtung zugesichert. Knapp die Hälfte davon wälzte sich jetzt die Saale entlang nach Norden.

Es folgten die zwei ruhmverklärtesten, legendenträchtigsten Monate der altpreußischen Geschichte: Roßbach und Leuthen. Jeweils am 5. des November und Dezember 1757. Dort – einen Katzensprung vor Halle – mit 20000 Mann 50000 Franzosen vertrieben, hier – im Vorfeld von Breslau – 65000 Österreicher von 25000 Preußen überrannt und Friedrich hier wie dort der Feldherr und Sieger. Wegen des Siegs bei Roßbach ist er vorübergehend sogar in England populär geworden, der Sieg bei Leuthen hat ihn zum Mythos entrückt.

Französische Truppen sind – von der hannoverschen Armee unter dem Prinzen Ferdinand von Braunschweig-Bevern am Rhein beschäftigt – über die Weser seitdem nicht mehr vorgedrungen. Die Österreicher aber haben nicht nur Breslau, das sie Ende November genommen hatten, sondern ganz Schlesien wieder räumen müssen. Sie konnten in der schlesischen Ebene sowenig auf einen grünen Zweig kommen, wie Friedrich im böhmisch-mährischen Hügelland. Hätten es beide doch nur frühzeitig eingesehen.

Die Lage schien Ende des Jahres für Preußen gar wunderbar bereinigt und geklärt. Kolin war vergessen. Der Glanz von Friedrichs Tatenruhm strahlte weit über Deutschland hin. Doch er, der all dies Herrliche vollendet ..., er schrieb an d'Argens: »Was sich in der Entfernung so großartig ausnimmt, (ist) in der Nähe betrachtet recht armselig«. Effektbedachte, aber ahnungsvolle Worte. Ja, was war eigentlich gewonnen?

Es war schon viel, daß nichts verloren war. Aber wie lange noch? Im Januar 1758 fegten die Russen die paar Truppen hinweg, die Friedrich zur Deckung Ostpreußens entsandt hatte, und besetzten an des Königs 46. Geburtstag Königsberg. Das hat ihn gewiß nicht gleichgültig gelassen, aber weder erstaunt, noch in der weiteren Kriegführung merklich beeinträchtigt. Er hat immer gewußt, daß Ostpreußen gegen Rußland nicht zu verteidigen war, wenn es zugleich um Schlesien ging, und ist von vornherein bereit gewesen, das Land ostwärts der Weichsel – wenn es denn das Unglück und die Russen wollten – für die Oderprovinz fahren zu lassen. Deshalb hat er keinen Moment daran gedacht, das Gebiet, daran ja doch die Königswürde hing, zu entsetzen.

Für einen kurzen Moment hat er sich noch einmal in der Hoffnung gewiegt, daß Angriff die beste Verteidigung sei und ist – von Böhmen hatte er nun doch genug – von Schlesien her durch Mähren in Richtung Wien marschiert. Die Hoffnung war bald und für immer dahin. Weit ist er nicht gekommen. Nach kurzer Belagerung von Olmütz haben ihn die Österreicher ohne eine Schlacht zu schlagen, nur durch geschicktes Manövrieren und die zerstörerische Attacke auf einen 4000 Wagen starken Nachschubtransport bei Domstadtel nach Schlesien zurückbefördert.

Seitdem ist er über die Grenzen Preußens und Sachsens nicht mehr hinausgelangt. Der Krieg wurde zu einem einzigen zermürbenden Abwehr- und Verteidigungskrieg. Auf Roßbach und Leuthen folgten Hochkirch und Kunersdorf. Aber merkwürdig: diese vernichtenden Niederlagen haben Friedrichs Ruhm und Nachruhm nicht mehr verdunkeln können. Beinahe im Gegenteil. Bei Prag, Roßbach und Leuthen strahlender Sieger, bei Hochkirch und Kunersdorf aber zerschmetterter Verlierer nicht, sondern heldenmütiger Unglücksmann, melancholischer Ritter von zunehmend trauriger Gestalt, unbeugsamen Muts und Herzens aus dem Staube erhoben, tief angerührt von der Vergeblichkeit menschlichen Tuns und der Tragik irdischen Seins, königlich-irdischen Seins zumal, und doch vorwärtsgetrieben von Waffengang zu Waffengang, stets mitten im Gewühle, die Fahne in der Faust, begeisternde Worte auf den Lippen, in letzter Not von einer Schar Getreuer unversehrt herausgehauen oder von der Tabakdose gerettet, wundergleich: gar manche Leiche trug man fort, er aber kam gesund vom Ort, und hastete zum nächsten, rastlos, leidend, ungelitten, mitreißend, kummervoll, verdrießlich und unverdrossen: Philosoph, Heros und Menschenkind. Überlebensgroß und rührend. Es ist doch eine eigentümliche Sache um Ruhm und Größe.

Friedrich hat die Jahre und Schlachten mit einer Flut jammervoller, von fortwährender Todessehnsucht durchsetzter, melodramatisch stilisierter, mitleidheischender Briefe an d'Argens, Keith und den Prinzen Heinrich begleitet. Wenige Menschen, hat er ironisch von sich selbst gesagt, haben ihr Lebtag soviel Papier vollgekritzelt, wie Preußens bedeutendster König.

»Ich führe ein Leben wie ein Hund. Wenn nur die kleinste Sache unglücklich ausgeht, bin ich verloren«. (An Keith am 28. Juli 1758).

»Keine Seite hat mehr aufzuweisen als den Verlust vieler braver Leute ... die Verwüstung von Provinzen, die Plünderung und Einäscherung blühender Städte. Das ... sind die traurigen Wirkungen der Verworfenheit und des Ehrgeizes gewisser mächtiger Männer, die alles ihrer unbeherrschten Leidenschaft aufopfern«. (An Keith am 23. 11. 1758).

»Ich bin überzeugt, daß die Summe der Übel das Glück überwiegt. Dennoch ist mir alles eins, denn ich habe nicht mehr viel zu verlieren, und die kurze Frist, die mir noch zu leben bleibt, macht mir nur noch wenig Sorge«. (An d'Argens am 1. März 1759).

»Hätte ich mehrere Leben, ich würde sie für mein Vaterland opfern. Wenn mir auch dieser Schlag mißlingt, glaube ich, genug getan zu haben, und es wird mir dann wohl erlaubt sein, an mich zu denken«. (An d'Argens am Tag nach Kunersdorf, 13. August 1859, und zehn Tage später:)

«Die Folter des Tantalus, die Qualen des Prometheus, die Strafen des Sisyphus sind nichts gegen meine Leiden der vergangenen zehn Tage«.

»Ich bin des Lebens nie so müde und überdrüssig gewesen wie jetzt. Das Unglück der Vergangenheit, das der Gegenwart und vor allem die Zukunft reichen aus, um Dulder wie mir das Leben zu verleiden. Ich stöhne und schweige«. (An d'Argens am 28. November 1859).

»Ich muß die Arbeit des Herkules vollenden in einem Alter, in dem meine Kraft abnimmt ...«.

»Ich brate an einem langsamen Feuer ...«.

»Mein Frohsinn und meine gute Laune sind mit denen ins Grab gegangen, die ich liebte«.

»Ich blicke auf den Tod mit den Augen eines Stoikers. Ich werde nie den Augenblick erleben, der mich zwingt, einen ungünstigen Frieden abzuschließen ... Entweder lasse ich mich von den Trümmern meines Landes begraben oder, wenn das dem mich verfolgenden Schicksal als ein zu süßer Trost erscheint, werde ich meinem Unglück ein Ende zu setzen wissen, wenn es unerträglich wird«. (An d'Argens, August bis Oktober 1860).

Usw., usw., usw., in tieftraurigen, übersteigerten, wohlgeformten Sätzen bis zum 16. Februar 1762: »Wir haben soeben erfahren, daß die Messalina des Nordens tot und ihr Nachfolger uns wohlgesinnt ist ... Unsere Lage hat sich gebessert«.

Rußland hatte ihn so tief in dei Bredouille gebracht, Rußland rettete ihn nun wieder daraus.

Fermors Armee war im Frühjahr 1758, während Friedrich vor Olmütz scheiterte, in Ostpreußen nicht stehengeblieben, sondern entlang der Warte in die Neumark vorgedrungen. 83 Jahre nach Ferbellin mußte Brandenburg am 25. August 1758 erstmals wieder den Schauplatz für eine große Schlacht hergeben. Bei Zorndorf, wo die Netze in die Oder fließt. Aber wie anders als damals sah sich die Sache diesmal an. Kein fast leichter, schneller Sieg über einen sowieso zum Rückzug bereiten Gegner, der zu dramatischer Legendenbildung einlud. Nein, das war ein Zusammenprall mit einem kampfwütigen, vorwärtsdrängenden Gegner, der noch Tage später nachhallte. Von 80 000 Soldaten auf beiden Seiten starben an einem Tag an die 35 000. Keiner wich. Keiner siegte. Die Nacht und die Erschöpfung machten der Schlacht, die vielleicht mehr als alle anderen dieses menschenverschlingenden Kriegs ein Schlachten nur zu nennen war, ein unentschiedenes Ende. Aber wenn die Russen anderntags ihre Reserven zusammengenommen und den Durchstoß auf Berlin erneut gewagt hätten?! Sie haben es nicht getan. Sie haben sich aus unerfindlichen Gründen – am unerfindlichsten für König Friedrich selbst – durch Pommern hinter die Weichsel ins Winterquartier zurückgezogen. Das war das erste Mirakel des Hauses Brandenburg.

Obwohl Österreichs Feldmarschall Daun in der Nacht vom 13. zum 14. Oktober bei Hochkirch in der sächsischen Lausitz geradezu vernichtend in des Königs und seines jüngeren, hochbegabten Bruders Heinrich inzwischen vereinte Armeen hineinfuhr, konnte der Besitz Schlesiens und die Besetzung Sachsens in den Winter gerettet werden.

Das war ein schlimmes Jahr gewesen. Aber das nächste wurde noch schlimmer. Im Frühsommer waren die Russen wieder da, schlugen die Preußen verlustreich bei Züllichau im südöstlichsten Zipfel der Neumark und drängten die auf Manövrieren eingestellten, im Manövrieren höchst geschickten Österreicher zu Taten. Dann kam der blutige Sonntag von Kunersdorf, furchtbarer als Kolin, mörderischer als Zorndorf, niederschmetternder als Hochkirch. 49 000 Preußen gegen 80 000 Österreicher und Russen. Bei Roßbach und Leuthen war das Verhältnis schlechter gewesen. Aber das waren die hochgemuthen Soldaten nicht mehr, die damals Choräle schmetternd in Schlacht und Tod marschiert waren: Gib, daß ich tu mit Fleiß, was mir zu tun gebühret. Das waren des Treibens müde oder rasch und bedenkenlos angeworbene, vorwärtsgetriebene Krieger, denen ihre Haut viel wichtiger war als Friedrichs Ruhm und Preußens Größe. Er fürchte sie mehr als den Feind, hat der König nach dem Gemetzel gejammert. Fast die Hälfte war dabei draufgegangen; was vom Rest nicht lebend von der Fahne ging, konnte nur mit Mühe von den Generalen und Adjutanten wieder eingesammelt werden. Friedrich gab das Kommando an den General von Finck ab. Nach Berlin schrieb er: »Ich glaube, alles ist verloren. Ich werde den Untergang des Vaterlands nicht überleben. Adieu für immer«. Da geschah das zweite Mirakel des Hauses Brandenburg. Erneut nutzten die stets uneinigen Russen und Österreicher die Gelegenheit zum Vormarsch nach Berlin nicht aus. Saltykow, der den Krieg, schrieb Friedrich am 1. September an Prinz Heinrich, mit einer zweiten Schlacht hätte beenden können, drehte mit seiner stark dezimierten Armee wie im vorigen Jahr Fermors, frühzeitig nach Nordosten ab, und Daun lag nichts an der Mark, alles an Schlesien. Statt nach Westen, wendete er sein Heer nach Süden. Friedrich entschloß sich zum Überleben und nahm den Oberbefehl wieder an sich. Am 4. September fiel Dresden, am 21. November ergab sich Finck mit 15000 Mann nach kurzem, hoffnungslosem Kampf bei Maxen – und wurde dafür nach Kriegsende beiläufig vor ein Kriegsgericht gestellt. Und als sei das des Unheils nicht übergenug, kam nun der eiseskälteste Winter des Krieges. Zu Tausenden sind Preußen und Österreicher bei Wilsdrut erfroren.

Der Zeit nach war erst die Hälfte des schrecklichen Krieges vorbei. Drei weitere Jahre folgten, da behutsame Friedensfühler Englands und Preußens von den Österreichern ausweichend behandelt und daraufhin wieder eingezogen wurden. Aber der Krieg änderte sein Gesicht. Er zeigte Erschöpfungserscheinungen. Die Tage der großen Schlachten waren vorbei. Wem klängen die Ohren, wenn er Liegnitz, Thorgau oder Freiberg hört? Die Armeen wälzten sich fast schon gewohnheitsgemäß durchs Land, scharmützelten hier und dort, machten sich und der Bevölkerung das Dasein sauer und prallten zuweilen eher zufällig aufeinander. Zufällig blieb einer Sieger, der andere war für den Tag geschlagen. Folgen für das weitere Kriegsgeschehen hatte das nicht. Nur für die vielen Toten und greulich Verstümmelten waren diese Gefechte nicht belanglos. Strategisch fiel den Herren der Heerscharen nichts Neues mehr ein. Friedrich sowieso nicht, weil er längst nicht mehr nach eigenem Planen agieren, nur noch auf die Aktionen seiner Feinde reagieren konnte.

Die hielten sich an's Gewohnte. Im Frühsommer 1760 wurde Fouqués preußische Armee bei Landeshut im Vorfeld der Sudeten von den Österreichern geradezu zerrieben. Friedrich eilte nach einem vergeblichen Bombardement Dresdens aus Sachsen herbei, ohne recht zu wissen, was es helfen sollte: 30000 Preußen gegen 90000 Österreicher. Der diesmal von den sonst so zögerlichen Daun und Laudon angestrebten Schlacht wich er wohlweislich aus. Dabei geriet er am 15. August bei Liegnitz in ein blutiges Gemenge mit Laudons Armeeteil, an dessen Ende die preußischen Truppen als Sieger gelten konnten. Die Freude – wenn es denn noch eine war – war kurz. Sieben Wochen später waren 40000 Russen und Österreicher im ungeschützten Berlin. Freilich, auch das war eher von moralischer als von strategischer Bedeutung. Als Friedrich sich mit der schlesischen Armee näherte, haben sie sich nach kaum 10 Tagen Aufenthalt und hinreichender Plünderung, wieder verzogen. Da es für die Russen nach hergebrachter Weise höchste Zeit war, sich in die Winterquartiere hinter der Weichsel zu legen und mit ihrer Wiederkehr nicht gerechnet werden mußte, ist der König den Österreichern hinterhermarschiert und hat sie am 3. November bei Thorgau angegriffen, um sich Sachsen für den Winter zu erhalten. Er hat gewonnen. Es war ein Sieg ohne Sinn. Er »wird uns vielleicht für den Winter einige Ruhe verschaffen«, schrieb Friedrich an d'Argens, »mehr aber auch nicht. Im nächsten Jahr wird alles von neuem losgehen«. Dafür hatten 17000 preußische und 16000 österreichische Soldaten ihr Leben gelassen. Mit gutem Grund verbot Friedrich II., die Zahlen bekanntwerden zu lassen.

Im nächsten Jahr ist es dann nicht in hergebrachter Weise von neuem losgegangen. So ganz ist es überhaupt nicht wieder losgegangen. Aber auch mit der müde-posierenden Resignation des Königs hatte es nicht völlig seine Richtigkeit. Im März signalisierten Österreich und Rußland Friedenswillen. Friedrich wies jede Gebietsabtretung weit von sich und marschierte mit der Mehrzahl seiner immer noch 100000 Soldaten nach Schlesien. Dort lagen Preußen, Russen und Österreicher bis in den Herbst einander tatenlos gegenüber. Dann zogen die Russen nach Pommern, eroberten Kolberg und richteten sich erstmals weit im Westen für den Winter ein. Friedrich hatte angenommen, sie setzten sich wie üblich hinter die Weichsel ab und die Entlastung benutzt, um einen Scheinmarsch in Richtung Mähren zu beginnen. Laudon ließ sich aber nicht irritieren, nahm vielmehr schleunigst die nun zu schwach bewehrte Schlüsselstellung Schweidnitz und blieb mit dem österreichischen Heer – ebenfalls zum erstenmal in diesem Krieg – den Winter über diesseits der Sudeten. In Sachsen kampierten eine feindliche Reichsarmee und einige 10000 anderer österreichischer Soldaten unter Lacy. Preußen wurde die Luft zum Atmen knapp.

Da begab sich das dritte Mirakel des Hauses Brandenburg. An keinem hat der große König weniger Verdienst gehabt. Und dies gerade hat nicht nur sein Stammland und dessen Leute vor einem neuen, wahrscheinlich verheerenden, gewiß kriegsentscheidenden Einfall der Russen und Österreicher bewahrt, sondern ihn übers Jahr an Gebiet und Achtung unverkürzt aus dem Krieg entkommen lassen. Am 6. Januar 1762 hatte er verfinsterten Gemüts, jeder hoffnungsvollen Aussicht bar, kleinmütig fast und selbstverständlich sterbenswillig an den Minister Finkenstein von Breslau nach Berlin geschrieben: »Da unsere jämmerliche Lage uns nicht länger erlaubt ... auch nur den kommenden Feldzug zu überstehen, müssen wir uns mit dem Gedanken vertraut machen, für meinen Neffen durch Verhandlungen soviel zu retten, wie wir aus unseren gierigen Feinden herausholen können ... Sie dürfen sicher sein, daß ich nicht so schriebe, wenn ich irgend eine Aussicht sähe, den Staat auf seinen alten Grundlagen wieder zu errichten«. Da war die Rettung schon geschehen. Friedrich brauchte wieder nicht zu sterben. Diesmal nicht, weil Elisabeth Petrowna, Tochter Peter des Großen, Herrscherin des Russischen Reichs, lebenslustig und trunksüchtig, mit einem solid-infernalischen Haß auf den misogynen Preußenkönig ausgestattet und 53 Jahre alt, ihm am Tag vorher zuvorgekommen war.

Neuer Zar war ihr Neffe Peter von Holstein-Gottorp, ein jugendlich-blödköpfiger Friedrich-Verehrer, wie es keinen zweiten gab. Der brachte dem darniederliegenden, an Landbesitz, Körperkraft und Geistesfrische so schrecklich ramponierten König sofort alle erdenklichen Huldigungen dar, bekam dafür den preußischen Schwarzen Adlerorden, verzichtete ohne Not auf alle Eroberungen, befahl den General Tschernitschew aus Pommern nach Posen zurück, schloß am 5. Mai mit Preußen Frieden und befahl den General Tschernitschew wieder vor, um sich mit seinen 20000 Soldaten den Truppen Friedrichs beizugesellen. O Wohltat, o Wunder. Die Schweden schlossen sich dem Frieden an. Von verhandeln und retten, was zu retten sei, war keine Rede mehr, obgleich die Engländer mit neuem König und Premierminister inzwischen nachdrücklich zur Preisgabe Schlesiens und zum Frieden mit Österreich mahnten und zu Friedrichs hell lodernder Empörung die Subsidien strichen. Er wollte, ganz im Gegenteile, Schlesien im Sommer wieder an sich bringen. Der Plan war schon gefaßt. Da wurde Zar Peter von seiner Frau gewaltsam und tödlich vom Thron gestoßen. Friedrich schrie auf: »Wenn ich schon mal Kaiser habe, die mir wohlwollen, erdrosselt man sie mir« – und marschiert trotzdem. Die auch zur »Großen« berufene Katharina aus dem Hause Anhalt-Zerbst rief zwar Tschernitschew mit seinen Mannen heim, hielt aber Frieden.

Es ist dann im Juli, August und Oktober an gewohnter Stelle um die immer gleichen taktischen Ziele noch zu drei müden Gefechten zwischen preußischen und österreichischen Truppen gekommen. Bei Burkersdorf und Reichenbach um Schweidnitz und Breslau, bei Freiberg um Dresden. Dann hatte sich der aberwitzige Krieg buchstäblich totgelaufen.

Nachdem alle übrigen Beteiligten sich bereits durch Separatfrieden davongemacht hatten – England und Frankreich eben, am 3. November, durch eine Präliminarübereinkunft in Fontainbleau –, schlug Maria Theresia dem preußischen König am 29. November ebenfalls Friedensgespräche vor. Diesmal sagte Friedrich ja. Die Sache ging schnell und wäre noch schneller gegangen, wenn der preußische Außenminister Herzberg nicht angewiesen worden wäre, die Verhandlungen zu verzögern, damit die preußischen Truppen vor Wintersende Sachsen nicht zu räumen brauchten und noch einmal 18 500 Soldaten, 13 000 Pferde und 20 Millionen Taler Kontribution aus dem Land gepreßt werden konnten. Der König ist sehr ungehalten darüber gewesen, daß manche Offiziere sich dabei verhielten, wie Lessings edel-stolzer Major von Tellheim und »nicht denjenigen Eifer, so selbige höchst seiner königlichen Majestät Dienste schuldig, darunter angewandt und blicken ließen«.

In Hubertusburg gab's unterdessen nicht viel zu bereden. In den zurückliegenden gut sechs Jahren waren weit über 1 Million Menschen zwischen Weser und Oder durch Kriegseinwirkungen verschiedener Art zu Tode gekommen. In Preußen allein 500 000. Die Ruhe und Wohlfahrt von mehreren Millionen waren wieder und wieder zerstört, ungezählte Städte und Dörfer in Schutt und Asche gelegt worden. – Sonst war aber eigentlich immer noch und wieder alles beim alten. Man kam bald überein, es dabei sein Bewenden haben zu lassen und über Entschädigungen für das gepeinigte, ausgeplünderte Sachsen gar nicht erst zu reden. Der Hubertusburger Friede vom 15. Februar 1763 hätte aus einem Satz bestehen können: Der Zustand vor dem Krieg ist wiederhergestellt.

»Ein gutes Ding«, dieser Friede, fand Friedrich II., »aber man muß es sich nicht merken lassen«.

Am Ende Polen doch verloren

Er beendete alles in allem rund 10 Jahre Krieg um 37400 Quadratkilometer Land und Preußens Machtstellung im europäischen Staatensystem. Eins wie das andere war gewonnen, Schlesien immerhin für anderthalb Jahrhunderte, Preußens Machtstellung für kaum 40 Jahre. Die ging im Gefolge des alteuropäischen Staatensystems für alle Welt sichtbar, für Land und Leute einigermaßen schmerzhaft und für die Sozial- und Wirtschaftsverfassung auf längere Sicht sehr zuträglich bereits 1806 zu Bruch.

Ausgehöhlt und untergraben ist sie da freilich lange schon gewesen. Sie war inspiriert von der gewalttätigen Kühnheit Friedrichs II., sie gründete in seiner rücksichtslosen Willensanstrengung und der widerwillig zugestandenen Achtung vor seiner kriegerischen Machtentfaltung, sie wurde belebt von der Kraft seines Mythos. Sie konnte seinen Tod deshalb kaum lange überdauern, sie war seit seinem Tod »eher eine Herausforderung ... als politische Wirklichkeit« (Koselleck).

Immerhin hat sie lange genug vorgehalten, den Nachfolger zu befähigen, im Verein mit Österreich und Rußland, Polen zu zerstückeln und die preußische Ländermasse von 195000 auf 305000 Quadratkilometer auszudehnen. Das ist auf die Länge nicht völlig gutgegangen. 28 000 Quadratkilometer waren wieder weg, nachdem Napoleon die Landbesitzverhältnisse in Europa um die Jahrhundertwende ein paarmal kräftig und gewaltsam durcheinandergeschüttelt hatte und sie auf dem Wiener Kongreß im Jahre 1815 neu geordnet worden waren. Aber das war zu verschmerzen, zumal es sich bei dem Verlust um wenig einnehmendes und einträgliches, einigermaßen abgelegenes Gebiet zwischen Weichsel, Bug und Memel gehandelt und man für einen Teil der poveren polnischen Diebsmasse im Westen ein paar wirtschaftliche Schmuckstücke – Rheinland und Westfalen mit dem Ruhrgebiet – eingetauscht hatte. Der qualitative Zugewinn wog den quantitativen Verlust allemal auf. Wie dem auch sei, Friedrich II. und sein thronfolgender Neffe hatten in 55 Jahren nachhaltig rund 250000 Quadratkilometer zusammengeräubert.

Das war einmalig in der modernen europäischen Staatengeschichte. Einmalig war, daß ein Land in solch kurzer Spanne Zeit um einiges mehr als das Doppelte vergrößert wurde. Und einmalig war die räuberisch-perfide Art, mit der das durchweg geschah. Die Verkleinerung Polens Stück um Stück, bis endlich nichts mehr da war, war eigentlich noch abstoßender als der Überfall auf Schlesien. Sie barg nicht mal ein Risiko.

Sie ist natürlich nicht gänzlich auf das Schuldkonto Preußens zu schreiben. Österreich und Rußland sind nicht weniger belastet. Aber der Kern- und Leitgedanke war ein Gedanke des großen Friedrich. Und es ist nicht ohne sinistre Pikanterie, daß es dem Namen nach ein Friedensgedanke war.

Wenige Jahre nach dem Hubertusburger Frieden geriet Rußland mit der Türkei in kriegerische Auseinandersetzungen. 1760/61 wäre das dem vielgeplagten Preußenkönig durchaus angenehm gewesen. Neuerdings war es ihm höchst unangenehm. Neuerdings war Rußland nämlich nicht mehr sein Feind, sondern wieder sein Verbündeter. Im April 1764 hatten Friedrich und Katharina sich formell vertragen und im Falle eines Angriffs gegenseitig Soldaten und Subsidien zugesichert. Die wurden nun fällig. Subsidien zunächst. Und damit nicht genug. Rußland kam im Krieg mit den Muselmännern gut voran. Eigentlich ein Grund zur Freude für den preußischen Bundesgenossen. Und doch wieder nicht. Russische Truppen hatten Moldau und Walachei besetzt und zeigten wenig Neigung, sich wieder von dort zu verziehen. Das störte Maria Theresia und Kaunitz sehr und mußte deshalb auch Friedrich stören, weil es die Gefahr eines österreichischen Angriffs auf Rußland und einen Krieg heraufbeschwor, aus dem sich Preußen nicht heraushalten *konnte* und Frankreich an Österreichs Seite kaum heraushalten *würde*. Und zu gewinnen gab es dabei für Preußen gar nichts. Da kam dem vielgewandten König eine geniale Idee, wie nicht nur der Friede erhalten, sondern – verkehrte Welt – zugleich Beute gemacht werden könne.

Lag da doch das wehrlose Polen zwischen Rußland, Österreich und Preußen, bar jedes machtpolitischen Sinns und allen Dreien ein Ärgernis. Wenn nun Rußland Moldau und Walachai den Türken ließ und sich dafür an Polen ostwärts der Duna und des Dnjepr schadlos hielt, wenn Österreich gleichsam als Sedativ für seine martialische Aufregung Ostgalizien einstrich und Preußen sich zum Dank für die Idee und die Vermittlerdienste am langerstrebten Westpreußen und dem Ermland gütlich tat – wäre das nicht eine saubere, rundum zufriedenstellende Lösung des Problems? Das sei es, fanden nach einigem Hin und Her die beiden Kaiserinnen. Und also geschah's, 1772. Polen wurde um ein Viertel an Land, ein Fünftel an Einwohnerschaft kleiner.

Friedrich aber konnte sich eines mokanten Hohngelächters über die unversehens in frevlerischem Streben mit ihm vereinte Königin von Böhmen und Ungarn nicht entschlagen: »Die Kaiserin Katharina und ich, wir sind zwei Seeräuber, aber jene fromme Königin und Kaiserin, wie hat sie es mit ihrem Gewissen vereinbart? Sie weint, aber sie nimmt!«

»Es war ein Meisterstück friedericianischer Diplomatie«, schrieb der große Otto Hintze 1915. Nun ja, bei ins Extrem getriebener wertfreier Geschichtsbetrachtung war's das wohl.

Die drei Mächte – »der unverschämteste Verein von Räubern, den es je gegeben hat«, hatte Horace Walpole sie gleich nach der schimpflich und ungeahndet vollbrachten Tat genannt – haben sich indes mit der einträglichen Verkleinerung Polens nicht zufriedengegeben. Sie haben nicht geruht, ehe Polen als selbständiger Staat von der Landkarte verschwunden war. Das war 1795 erreicht. Das muntere polnische Volks- und Nationallied hatte gegen den unsinnigen, bedenken- und sittenlosen Ausdehnungsdrang der gewalttätigen Nachbarn Unrecht behalten: Noch ist Polen nicht verloren. Und doch wieder nicht. Die Integrität, Einheit und Selbständigkeit des Landes war dahin, die Nation hat überlebt und 122 Jahre später ihr – etwas dezimiertes und anders geschnittenes – Land zuzurückbekommen.

Preußen ist bei der Aufteilung in den 90er Jahren nicht mehr die treibende Kraft gewesen. Diese Rolle hat nach dem Tod Friedrichs II. die große Katharina aus dem kleinen Hause Anhalt-Zerbst übernommen. Preußens dicker, kluger, träger, liebestüchtiger Friedrich Wilhelm II. hat sich dem russischen Drängen nur zweimal höchst eilfertig angeschlossen.

Wenn dergleichen Steigerungen denn irgendeinen Sinn haben: die mühelosen Land- und Beutenahmen von 1793 und 1795 tragen noch erbärmlichere Züge als der Diebstahl von 1772. Sie hatten tatsächlich »etwas Henkermäßiges« an sich (R. Huch).

1793: Eben war am Rhein im kriegerischen Streit mit den französischen Revolutionsheeren offenbar geworden, daß es zwischen dem wohlkonservierten Kriegsruhm und der frischen Schlagkraft preußischer Armeen bemerkenswerte Unterschiede gab. Da folgte Friedrich Wilhelm in der panischen Angst, andernfalls zu kurz zu kommen, Katharinas verderblichem Vorbild und schickte ein Besatzungscorps nach Polen. Auf dieser soliden Grundlage vereinbarten Kaiserin und König dann am 23. Januar, daß alle polnischen Gebiete ostwärts der Linie Dynaburg – Choczim fernerhin russische Gebiete sein, Posen, Gnesen, Kalisch und endlich auch Thorn und Danzig Preußen gehören sollten. Das war mehr als die Hälfte Restpolens, dessen Bestand als neu verfaßtes Erbkönigtum unter sächsischer Dynastie Preußen gemeinsam mit Österreich 1791 beiläufig garantiert hatte. Österreich stand noch zu dieser Garantie und ging deshalb leer aus.

Ohne russische Hilfe wäre freilich auch Preußen seine Beute bald wieder losgewesen. Die Polen wußten es nämlich nicht zu schätzen, daß sie in halbwegs geordnete und machtvolle Staatsverbände aufgenommen worden waren. Die liefen vielmehr zusammen, wagten unter Thaddäus Kosciuszkos Führung seit Frühjahr 1794 den Aufstand und brachten den Preußen in Posen und Westpreußen das Fürchten bei. Ein Gefecht nach dem anderen ging verloren. Wenn die russischen Truppen mit Kosciuszkos verwegenen Haufen nicht besser fertiggeworden wären, den Anführer nicht erwischt und schließlich nicht Warschau gestürmt hätten, mit Preußens polnischer Landesherrlichkeit wär es bald vorbeigewesen. Der gedemütigte Nutznießer des russischen Erfolgs benahm sich dafür in den 1793 gestohlenen Gebieten anschließend besonders haßerfüllt und widerwärtig. Rußland aber beschloß, daß dergleichen aufständisches Treiben nicht wieder vorkommen dürfe und die Gelegenheit überhaupt günstig sei, mit Polen vollends Schluß zu machen. Diesmal war Österreich am 3. Januar 1795 mit von der gemeinen Partie. Preußen wurde nach seinem kläglichen Versagen zwar nicht mehr gefragt, anschließend aber eingeladen, mit Gewinn in den Teilungsvertrag einzutreten. Friedrich Wilhelm willfahrte und erhielt Masowien nördlich des Bug und Litauen südwestlich der Memel, ohne recht zu wissen, was er damit anfangen solle.

Er hat sich darüber nicht mehr lange Gedanken machen können. Zwei Jahre später ist er gestorben. Und seinem Sohn hat Napoleon die Last des Besitzes und Nachdenkens darüber 1807 ein für allemal abgenommen.

Friedensarbeit

Das hatte freilich noch gute Weile. Vorerst beherrscht Friedrich II.
noch die Szene. Der hat nach dem Hubertusburger Frieden und bis zu
seinem Tod im Jahr 1786 ja nicht nur Westpreußen seinen Landen zu-
geschlagen, sondern – wie schon zwischen dem zweiten und dem dritten schlesischen Krieg – auch im Innern dies und das bewirkt.

»Wenn man um drei Uhr aufsteht«, hat Thomas Mann, dem über
alles Erwarten Erstaunliches zu Preußens bewundertem König eingefallen ist, Ende 1914 geschrieben, »um drei Uhr aufsteht und von seiner
Frau getrennt lebt, so kann man tagsüber ja mehreres vor sich bringen«.

Freilich, soviel ist es dann auch wieder nicht gewesen. Einmal gehört
die erbarmungslose Frühaufsteherei samt dem dazugehörigen kaltwas-
sergetränkten Handtuch, das ihm dieserhalber zu gegebener Stunde
übers Gesicht gelegt werden mußte, doch wohl eher in den unerschöpflichen Legendenschatz, zu dem Friedrichs Leben den Grund gelegt hat,
zum anderen war es mit der unermüdlichen Tätigkeit für die Wohlfahrt
von Land und Leuten nach höchstens drei Stunden Mühsal mittags gewöhnlich vorbei.

> Ein großer Herrscher bis zur Mittagsstunde,
> Am Nachmittag Schriftsteller ersten Ranges,
> Tagsüber Philosoph voll edlen Dranges,
> Und abends göttlich bei der Tafelrunde.
> (Voltaire)

Nun ist es nicht notwendigerweise eine Frage fürstlicher Arbeitsam-
keit, ob Regententätigkeit weitreichende und bleibende Folgen zeitigt.
Bei Friedrich schon. Er *wollte* alles allein machen, weil es ihm niemand
recht machen konnte. Und da er – wie arbeitsam er nun auch immer
war – nicht alles allein machen *konnte*, wurde vieles gar nicht gemacht.
Seinen Ministern und Räten hat er jeden Anflug von Selbständigkeit,
Handlungsfreude und Verantwortungsbereitschaft systematisch ausge-
trieben. Nach Möglichkeit hielt er sie von sich fern. Alle zusammen
sah er widerwillig überhaupt nur einmal im Jahr, wenn der Etat beraten
wurde. Im übrigen erhielten sie gemeinhin einigermaßen lakonische
Anweisungen und Befehle in Gestalt von Kabinettsordres und Margi-
nalien zu ihren schriftlichen Vorträgen und Eingaben. Widerspruch

war nicht erwünscht, war risikoreich und fand je später desto weniger statt.

Ein unpolitischer Geist williger, aber gedankenloser Subordination machte sich in den Amtsstuben breit. Es wurde ausgeführt: pünktlich und gewissenhaft, rücksichtslos, pflichtversessen und getreulich. Plan- und effektvoll, mit gestaltender Kraft regiert und verwaltet wurde zusehends weniger.

Deshalb fällt es nicht eben leicht, innenpolitische Leistungen Friedrich II. von historischer Bedeutung herzuzählen.

Seine Wirtschaftspolitik hat mehr Schaden als Nutzen gestiftet. Die Manufakturgründungen waren überwiegend kostspielig, auf sich selbst gestellt nicht lebensfähig und deshalb verfehlt. Die Politik des Hochschutzzolls, der Ausfuhrverbote und vollends der Handelssperre gegen Sachsen und Österreich hat die gewerbliche Entwicklung gehemmt und den einst einträglichen schlesischen Zwischen- und Durchfuhrhandel ruiniert.

Für die Förderung von Wissenschaft, Bildung und Kultur hat er nichts Nennenswertes geleistet. Die Friedrichs-Universität in Halle ist von ihrer Gründung im Jahre 1692 bis in die 40er Jahre des 17. Jahrhunderts die berühmteste und modernste im ganzen Reich gewesen. Dann fiel sie in Mittelmäßigkeit zurück und hat sich nicht wieder daraus erhoben. Friedrich hat sich für sie nicht interessiert. Immanuel Kant und später Christian Jakob Kraus in Königsberg waren unverhoffte, fast unverdiente Glücksfälle. Friedrich hat sie nicht zur Kenntnis genommen. Die Berliner Akademie der Wissenschaften, der einst Leibniz Glanz verliehen hatte und der seit 1759 Königliche Majestät höchstselbst vorsaß, war nach Eulers Fortgang nach St. Petersburg im Jahre 1766 ein Ding von unsäglicher Bedeutungslosigkeit, vollgestopft mit namenlosen Franzosen, während für Herder, Winckelmann und Lessing kein Platz darinnen war. Das Volksschulwesen lag in Stadt und Land 1786 kaum weniger darnieder als 1740.

Aber die Glaubensfreiheit! Ja, gewiß. Friedrich war eine Religion soviel wert wie die andere: nichts. Mochte also jeder nach »seiner Fasson Selich« werden. Es ist mit hymnischen Worten darüber nicht gespart worden. »Der polizeiliche, finanzielle und militärische Druck ... war sehr schwer; aber er wurde erleichtert ... durch das edelste der Menschenrechte, die Glaubens- und Gewissensfreiheit« (Otto Hintze, 1915).

Aber auch Meinungsfreiheit im weiteren, politischen Sinn des

Worts? Man konnte es bekanntlich auch so sehen, wie Lessing 146 Jahre früher oder wie Thomas Mann zur gleichen Zeit: »Er erklärt, daß Gazetten, wenn sie ein bißchen amüsant sein sollen, nicht geniert werden dürfen und hebt die Zensur auf (führt sie übrigens ein Jahr danach wieder ein). Er proklamiert religiöse Toleranz, – nun, das ist die berühmte Aufklärung«. Die im übrigen nicht gleich soweit getrieben werden mußte, daß man katholische Minister und Räte in der Staatsverwaltung geduldet und für die »bürgerliche Verbesserung der Juden« nicht noch viel zu tun gelassen hätte. Mirabeau hat dem König bewunderungsvollen Respekt an passender Stelle wahrlich nicht versagt, das Generaljudenreglement von 1750 fand er »würdig eines Kannibalen«.

Dreierlei bleibt: die Rechtsreform, die Kolonisation und die Kartoffel.

Den ausgedehnten Anbau von Kartoffeln hat er den Bauern gegen allen möglichen Widerstand und unsinnige Vorurteile nachdrücklich, wo es ihm erforderlich erschien, mit Gewalt aufgenötigt. Das war eine zukunftweisende Leistung von großem historischem Gewicht. »Frihä«, pflegte die Gesindeköchin Amanda Woyke von der Staatsdomäne Preußisch-Zukau bekanntlich über'm Schälmesser zu sagen, »frihä, da jab es nur Gritze und nuscht nech, wenn es kaine Gritze nech jab. Da had ons Ollefritz mit saine Dragoners Kartuffeln jeschickt, damid wiä Bulwen mechten väpflanzen ...«. Die Kartoffel hat den Nahrungsspielraum in Preußen auf ungeahnte Weise erweitert, den Tragboden für eine zuvor unbekannte Bevölkerungsvermehrung seit Ausgang des Jahrhunderts abgegeben und – wenn man etwas verwegene, aber nicht vollends schiefe längere historische Linien ziehen mag – die erfolgreiche Industrialisierung im 19. Jahrhundert ermöglicht. Neben manchem anderen.

Gegen so weitreichende Wirkungen nimmt sich die Bedeutung der Austrocknung des Oderbruchs, der Warthe- und Netzeniederung: im Frieden eine Provinz gewonnen, fast bescheiden aus. Und auch die energisch geförderte Einwanderung von etwa 300000 Menschen zu Friedrichs Regierungszeiten büßt einiges von ihrem Glanz ein, wenn man daran denkt, daß die preußischen Lande bald auf viel natürlicherem Weg mit Menschen angefüllt wurden, die sie vorderhand gar nicht verkraften konnten. Nicht wenige strebten damals übrigens wieder fort und mußten von der Polizei gehalten werden.

Und schließlich die Justizreform. Vom Polizei- zum Rechtsstaat hat sie Preußen nicht gewandelt, die scharfe Trennung von Verwaltungsjurisdiktion und Zivil- und Strafprozeß nicht aufgehoben, die Möglichkeiten königlicher Willkür bei Eingriffen in beliebige Verfahren nicht beseitigt. Der absolute Monarch blieb Inhaber der obersten richterlichen Gewalt im Staat und er gerierte sich auch so. Die berühmte königliche Rechtsbeugung beim Prozeß des Müllers Arnold *kann* – wie man weiß und in beinahe jeder preußischen Geschichte und Friedrich-Biographie lesen kann – fast ohne dialektische Anstrengungen als Zeichen für des selbsternannten »roi de geux« hochgesinnte Wachsamkeit gegenüber jedem Anflug von Klassenjustiz gedeutet, sie *muß* als schwere, eigensinnige und hartnäckige Verletzung der richterlichen Unabhängigkeit und der Rechtssicherheit dargestellt werden.

»Ich habe mich entschlossen, niemals in den Lauf des gerichtlichen Verfahrens einzugreifen; denn in den Gerichtshöfen sollen die Gesetze sprechen und der Herrscher soll schweigen« (Politisches Testament von 1752).

»Der Herrscher darf in das Rechtsverfahren nicht eingreifen. Allein die Gesetze sollen herrschen« (Politisches Testament von 1768).

Ein gut Teil der preußisch-fritzischen Aufklärung fand vor allem auf geduldigem Papier statt. Friedrichs »Taten jagten über seine Worte dahin, wie ein Regiment schwerer Kavallerie über den Töpfermarkt« (Franz Mehring).

Alle Rechtsstreitigkeiten, die irgendwie die weitgefächerte, tief und unausweichlich ins Privatleben der Untertanen eingreifende Tätigkeit der Militär-, Steuer- und Wirtschaftsverwaltung berührten, wurden weiterhin auch von besonderen Justizkollegien der Verwaltung verhandelt und entschieden: Sie blieben Richter in eigener Sache und urteilten nach ungeschriebenen Rechtsgrundsätzen, von denen außerhalb der Behörden niemand etwas wußte. Denn es war verboten, Interna der Verwaltung der Öffentlichkeit preiszugeben.

Dafür wurde gleich 1740 die Folter abgeschafft, dann das Straf- und Zivilprozeßverfahren gründlich neu geordnet und schließlich – fast schon als Apotheose des versinkenden Staats und in manchem doch zugleich als Grundlage der preußischen Sozialverfassung der nächsten 100 Jahre – das Allgemeine Landrecht geschaffen. Und das war schon etwas. Wie groß daran Friedrichs Verdienst war, steht dahin. Die Müh' und Arbeit mit der Sache hatten der Großkanzler Samuel Cocceji und der Geheime Justizrat Karl Gottlieb Svarez.

Cocceji hat in der Zwischenkriegszeit die überkommenen, stark voneinander abweichenden, unstetigen, zumeist läßlich geübten Gerichtsverfahren der nach und nach erheirateten und eroberten, allmählich zum preußischen Staat zusammenwachsenden Provinzen vereinheitlicht und einen allgemeinen, dreigliedrigen, auf Zentralisierung angelegten Instanzenweg geschaffen, der im Oberappellationsgericht in Berlin endete. Er hat die Gerichte von einer Unzahl überflüssiger, zwar unbezahlter, aber auch ungelernter und unfähiger Räte befreit, die sich nicht zur Pflege des Rechts, sondern zur Pflege ihres Selbstgefühls und Ansehens dem Richterstand verschrieben hatten. Er hat die Bestallung zum Richter von einer staatlichen Prüfung abhängig gemacht und regelmäßige staatliche Bezahlung durchgesetzt. Nachdem die beiden Friedrich Wilhelm Armee und Verwaltung verstaatlicht hatten, verstaatlichte Cocceji nun die Justiz. Freilich, am Gelde wäre die Sache fast gescheitert. Geld sollte sie nicht kosten. Wenn es ans Geld ging, hörte die Reformfreude Friedrichs II. auf. Coccejis war stärker. Es ist dem fabelhaften, schwergewichtigen alten Mann in unermüdlich-nervenaufreibender Tätigkeit gelungen, das Geld für seine Neuerungen gerade von jenen zu bekommen, denen sie ein weiteres, fast das letzte Stück traditioneller Selbständigkeit nahm: von den Provinzial-Ständen. Vermutlich hatten die gehofft, daß es nach der Reform der ordentlichen Gerichtsbarkeit mit der Verwaltungsjustiz ein Ende haben würde. Die Hoffnung erwies sich als trügerisch. Weitergezahlt haben sie trotzdem.

Für eines war der Alte freilich doch zu alt: eine vereinheitlichende Rechtskodifikation für den ganzen Staat hat er nicht mehr zustandegebracht. In den neubesetzten Gerichten wurde deshalb auf neue Weise und schneller als bisher nach den alten partikularistischen Gewohnheitsrechten geurteilt. Die Rechtsunsicherheit blieb.

Die Ausarbeitung eines allgemeinen Gesetzbuches ist erst ein Vierteljahrhundert nach Coccejis Tod von Svares wieder in Angriff genommen worden. Am Ende ist dabei eine janusköpfige Sache herausgekommen, die am 5. Februar 1794 als Allgemeines Landrecht in die preußische Rechtspraxis eingeführt wurde. Das Allgemeine Landrecht war zum einen eine formalisierende und systematisierende Zusammenfassung aller hergebrachten Provinzialrechte und Landesgesetze, sowie der subsidiären Praxis des römischen Rechts; war eine Kodifikation sozialer Wirklichkeit, die überlieferte Standesrechte, Herrschafts- und Eigentumsprivilegien nicht antastete, vielmehr schützte und festigte; war als all das rückwärtsgewendet und bewahrend.

Das allgemeine Landrecht war aber auch eine Ansammlung bislang nirgends niedergelegter naturrechtlicher Rechtssätze, allgemeiner Normen, Staatsmaximen und anregender Formeln einer veränderten Wirklichkeit; war öffentliches Recht, das mit allgemeinen Menschenrechten durch die Ständeordnung hindurchgriff (Koselleck), den Weg von der Stände- zur Staatsbürgergesellschaft wies und den ersten Schritt darauf tat; war als all das zukunftweisend und zersetzend.

Soweit es Staatsgesetz und neu war, zog es der von Armee und Bürokratie gesicherten Einheit des Staats ein paar rechtliche Streben ein; soweit es Privatrecht und hergebracht war, galt es nur subsidiär, wenn die bestätigten Provinzial-, Landes- und Standesgesetze nicht griffen und verfehlte deshalb die anfängliche Absicht, die Einheit des Staates nun auch fest im Recht zu gründen.

Das allgemeine Landrecht schaffte Rechtssicherheit, aber es konservierte Rechtsungleichheit. Es verwies auf politisch-sozialen Fortschritt, aber es gab den fortschrittsfeindlichen Inhabern von Privilegien zugleich rechtliche Handhaben, ihn zu verhindern. Deshalb ist die umfassende Reformgesetzgebung seit 1807 – über die es nun gleich zu berichten gilt – vom Allgemeinen Landrecht eher erschwert als begünstigt worden; sind Agrarreform, Gewerbefreiheit, Städteordnung, Steuerverfassung Werke der zentralen Staatsverwaltung, nicht der Gesetzgebung und Rechtsprechung gewesen; blieben die einheitsstiftenden Kräfte im preußischen Staat auch weiterhin Heer und Administration.

Der Dämon mit dem gemütlichen Namen

Vierzehn Jahre waren zwischen Beginn und Ende der Arbeit am Allgemeinen Landrecht vergangen. Friedrich II. war mittendrin gestorben, am 17. August 1786, 74 Jahre alt. »Jedermann ist bedrückt, niemand trauert«, stellte Mirabeau in Berlin fest. »Jedes Gesicht zeigte Erleichterung und Hoffnung; nicht ein Bedauern, nicht ein Seufzer, nicht ein Wort des Lobes ... Jedermann ersehnte (das) Ende und begrüßte es, als es da war«.

Preußen war des ruhmreichen Königs, der ein böser Mensch und ein despotischer Herrscher gewesen war, bitter müde. Sein Dasein hatte zusehens stärker als atemberaubender Druck auf seiner Umwelt gelastet. Da er selbst seines Lebens nicht froh werden konnte, mochte er auch nicht ertragen, daß andere unbeschwert und glücklich waren.

Friedrich von Preußen war eine geballte Ladung von Mißmut, Mißgunst und Mißtrauen, von Lebensfeindlichkeit, Menschenverachtung und Zynismus, von Hinterhältigkeit, Takt- und Geschmacklosigkeit, die alleweil zu explodieren drohte und oft genug tatsächlich explodierte. Die Menschen waren ihm rundum eine »mechante und maudite race«. Mit ungehemmter Geltungssucht begabt, ließ er Klugheit, Fähigkeit und Redlichkeit an andern ungern gelten.

Die drei mächtigen Frauen, die ihn im Siebenjährigen Krieg bekämpften, waren ihm »die drei ersten Huren Europas«.

Wenn er unter 100 Räten einen fand, der ehrlich war, war's viel, den Rest – faul und idiotisch – konnte man getrost hängen lassen.

Er wußte alles, alles bis ins einzelne und alles besser. Der Arbeit anderer versagte er jede Anerkennung und Würde. Einwände, solange sie noch kamen, wurden mit Hohn und Spott abgefertigt. Keine Gelegenheit, andere zu demütigen, ließ er ungenutzt vorübergehen. Seine Freunde aus kronprinzlich-rheinsbergischen Tagen waren im Siebenjährigen Krieg dahingegangen. Neue hat er nicht gefunden. Er liebte nicht und wurde nicht geliebt. Er schlug und schwätzte und verletzte mit beidem. Er war der »vollkommenste Tyrann, den Gott je als Geisel für ein sündiges Volk sandte«, meinte der englische Botschafter Charles Hanburry-Williams und wollte »lieber ein Postpferd« sein, als Friedrichs »erster Minister oder sein Bruder oder seine Gattin«.

Krank, krumm, zahnlos und weit über die Jahre gealtert, war er aus dem Siebenjährigen Krieg nach Berlin zurückgekommen. Seitdem hat er mit zunehmender Pein an den herkömmlichen Hohenzollernkrankheiten Gicht, Wassersucht, Hämorrhoiden und Hartleibigkeit gelitten.

Krank, krumm, zahnlos und leidend ist er in den nächsten 23 Jahren mit pünktlicher Regelmäßigkeit und Ausdauer durch seine Lande gezogen und getragen worden. Nicht so sehr, um Ausschau zu halten, wo er lenkend, leitend, fördernd zum Wohl von Land und Leuten ein- und durchgreifen müsse, vor allem, um seine Truppen zu inspizieren. Die Land- und Leutebeschau fiel dabei gleichsam ab und blieb notgedrungen vordergründig. Das hat er keineswegs verkannt. »An die Wege, wo sie wissen, daß ich durchpassiere, da geben sie sich etwas Mühe und findet man wohl etliche hundert Schritt etwas von Bäume, dahinter aber ist alles kahl und wird nichts getan«.

Krank, krumm, zahnlos und leidend, auf den Stock mit goldener, diamantbesetzter Krücke gestützt, mit dem Krückstock klopfend und pochend, die in Unordnung geratene Stutzperücke und den zerknautschten Hut, mit dem er sich gern auch zur nächtlichen Ruhe niederlegte, auf dem etwas schiefen Kopf, die ungeputzten rötlich-gelben, auf den Schenkeln mit Strippen festgezurrten Stiefel an den aufgeschwemmten Beinen, am Leib Preußisch-Blau mit roten Aufschlägen und die gelbe, mit spanischem Tabak effektvoll besudelte Weste: »Sehe ich nicht ein bißchen wie ein Schwein aus?« – so ist er noch zu seinen Lebzeiten und wieviel mehr in den preußenseligen Jahrzehnten zwischen Reichsgründung und Reichsuntergang zur Legenden- und Anekdotenfigur geworden: Der Alte Fritz. Ein schauerlicher Name. »Denn es ist wirklich im höchsten Grade schauerlich, wenn der Dämon populär wird und einen gemütlichen Namen erhält«.

»Zuweilen«, hat Thomas Mann dann noch gesagt, »zuweilen möchte man glauben, er sei ein Kobold gewesen, der aller Welt Haß und Abscheu machte und alle Welt hineinlegte, ein ungeschlechtlicher, boshafter Troll, den umzubringen 100 Millionen Menschen vergebens sich ermatteten, da er entstanden und gesandt war, um große, notwendige Erdendinge in die Wege zu leiten, – worauf er unter Zurücklassung eines Kinderleibes wieder entschwand«.

4. Kapitel
Untergang und Auferstehung

Ermattung und Geistesfreuden

Soweit, so gut, so bildhaft und trefflich. Nur, wirklich große, notwendige Erdendinge? Mußte Preußen denn sein? Mußte es wie ein Tintenfleck auf Löschpapier im Norden Europas in die Breite laufen? Wem zunutze?

Nein, Eroberungen, Gewinn von Land und Leuten haftet nie und nirgendwo etwas von ursprünglicher historischer Notwendigkeit an. Die Rede, daß Machtkampf, Machtverlust und Machtgewinn die bewegende politische Idee jener Zeit gewesen sei, sie ist ja richtig. Aber deshalb ist nicht auch gleich richtig, daß Preußen sie sich um Lebens oder Sterbens willen mit solch drängender Entschlossenheit zu eigen machen mußte. Das war freier, mutwilliger Entschluß, zu dem nichts nötigte. Das Dasein des Staats hing niemals an seiner Ausdehnung und Machtentfaltung. Preußen hätte in den Grenzen von 1648 existieren können; gemächlicher und glücklicher wahrscheinlich, als das Streben seiner Herrscher nach Pommern, Berg und Schlesien ihm vergönnt hat.

Hätte können, hat aber nicht. Und *weil* es nicht hat, fasziniert Preußen eben mehr als Sachsen oder Württemberg. Heute wie je. Ob wir's zugeben oder nicht. Indem wir uns mit viel und berechtigter kritischer Distanz gegen die Faszination wehren, erkennen wir sie ja doch an. Und warum auch nicht? Es *ist* faszinierend, wie sich dieses staatliche Nichts seit Kurfürst Friedrich Wilhelms Zeiten vorlaut, oft genug geduckt und düpiert, häufig verdrossen, aber mit unnachgiebiger Hartnäckigkeit in die Händel der großen Mächte mengte, dabei ohne Rücksicht auf Verluste allmählich in feste, rasch gar zu feste, fast zwanghafte staatliche Formen gepreßt wurde, und es schließlich soweit brachte, daß politisches Denken, Verhalten und Entscheiden in Europa sich zum guten Teil um seine Ansprüche, Absichten und Bosheiten drehte. Nur einen höheren historischen Sinn sollte man hinter all dem nicht suchen. Man wird ihn nicht finden.

Preußen kam keiner unausweichlichen Sendung nach, es trieb Politik, die es ebensogut hätte bleiben lassen können. Weder der »Zeitgeist«, den Sebastian Haffner jüngst raunend durch die preußische Geschichte des 18. Jahrhunderts hat weben und wesen lassen, noch »harter Sachzwang«, nicht »schiere Notwendigkeit«, kein »eingeborener Selbsterhaltungstrieb« haben seine Kurfürsten und Könige zu ihr gezwungen und getrieben. Es war ihr Wille und ihr Begehren.

Und die »Idee Preußen«? Ja, wohl auch die. Aber nicht als »eine ungreifbare, unpersönliche Macht . . ., die Könige wie Untertanen in ihren Dienst zwang« (Haffner) –, im Gegenteil: personifiziert, faßbar und ausstrahlungsarm wie selten eine politische Idee. Sie haftete an drei außergewöhnlichen, kraftvollen Herrschern, die Willen zur Macht aus ihr zogen, sie mit Macht unterlegten, Interessen an sie knüpften und Macht und Interessen dazu benutzten, andere im Namen der Idee zur Verwirklichung der Idee an sich zu binden. Den Untertanen ist sie eigentlich immer fremd oder gleichgültig geblieben.

Nach Friedrichs Tod auf sich selbst gestellt, erwies sie sich denn ja auch sehr bald als saft- und kraftlos; regte länger nicht zu kühnen, frechen, beharrlich durchgestandenen Taten an und trieb die Staatsmaschine nicht mehr auf hergebrachten, überdrehten Touren. Das alte Preußen ermattete und erstarrte. »Es setzte sich jetzt die Meinung fest, die zufälligen äußeren Formen, der Stock und der Zopf in der Armee, die Arten der Akten- und Buchführung in der Schreibstube, die äußerliche Art der Steuererhebung, der Maßregelung des Bürgers durch den Steuerkommissar seien die wahren Ursachen der preußischen Größe« (Schmoller). 20 Jahre nach Friedrich II. Tod reichte ein kräftiger Stoß von außen, um Preußen kläglich in sich zusammenfallen zu lassen.

Man ist schnell geneigt, die persönlichen Schwächen der Nachfolger dafür verantwortlich zu machen. Das ist bequem und auch nicht ganz falsch. Aber es kann an einer staatlichen Verfassung, die zwei gutwillige aber unbegabte Herrscher nicht verträgt, manches auch von Grund auf nicht mehr gestimmt haben. Friedrich II. hat keine gefestigte, lebenskräftige, zukunftweisende politisch-soziale Ordnung hinterlassen, die erst sein Neffe und dessen Sohn heruntergebracht hätten. Das alte Preußen trug den Keim der Krankheit, an der es unter gewalttätiger Mithilfe Napoleons 1806 zugrundegegangen ist, bereits in sich, als der große, böse König starb. Widerstands- und Selbstheilungskräfte hat er ihm nicht mit auf den Weg gegeben. Preußen ist nach Friedrichs Tod nicht auffällig schlechter verwaltet worden als zu seinen Lebzeiten. Es lenkte nur kein Mythos einer überlebensgroßen Persönlichkeit, keine allmählich fahle Sonne des Ruhms mehr davon ab, daß es nicht sehr gut war.

Die zwei Jahrzehnte allmählicher Erschlaffung und Degeneration gehören zu den ehr- und ruhmlosesten und deshalb zu den bequemsten und unaufgeregtesten der preußischen Geschichte. Die politischen und kriegerischen Zeichen der Zeit wurden wieder anderenorts und von anderen Mächten gesetzt. Die Preußen sahen dem Treiben von fernher mit beredtem, aber praktisch unbeteiligtem Interesse zu, segneten Fried' und Friedenszeiten und ließen sich's angenehm sein. Die paar Preußen, die dazu die Mittel hatten, jedenfalls.

Berlin erlebte einen ersten Anflug geistig-kultureller Blüte. Keinen musischen Frühlingsblütenregen, wie er zur gleichen Zeit vom Musenhorte Weimar und von Wien auf Deutschland und die Nachwelt sanft und segensreich herniederging. Aber wer hätte dergleichen nach der ausgiebigen Dürre im rauhen Geistesklima der fridericianischen Zeit erwarten dürfen. Immerhin gab es eine bescheiden-biedermeierliche Geistigkeit, der ein paar weithin und nachhaltig strahlende Glanzlichter nicht fehlten: Fichte, die beiden Humboldt, Kleist, E. T. A. Hoffmann und Jean Paul z. B. Mit der Musik freilich war es auch fernerhin nicht weit her. Mochte Goethe Zelters Vertonungen seiner Gedichte auch viel schöner finden, Zelter wurde trotzdem kein Beethoven und kein Schubert, sondern blieb ein »wackerer Berliner Musikmeister« (Hintze). Dafür machte den genialen Schauspieler und Theaterdirektor Iffland, den sie sich aus Mannheim verschrieben hatten, den Berlinern keiner nach. Und wo gab es etwas, das der anmutig-feinsinnigen Plauderatmosphäre in den politisch-literarischen Salons der klugen, einfühlend-hellsichtigen Rahel Levin, der schönen, naiv-anziehenden Henriette Herz vergleichbar gewesen wäre; jener genialischen Beredtsamkeit, der kein revolutionärer Gedanke fremd, aber zugleich die hoffende Erwartung eigentümlich war, daß sich die notwendige Erneuerung von Staat und Gesellschaft auf leisen Sohlen wie von selbst und mit Duldung, ja Förderung an höchster Stelle Bahn brach.

»Die Pressefreiheit, die Zusammenkunft intelligenter Männer, die Kenntnis der deutschen Literatur und Sprache ... machten aus Berlin die wirkliche Hauptstadt des neuen, des aufgeklärten Deutschland«, schrieb die scharfsichtige Madame de Staël 1803. Da stimmte es so ganz schon nicht mehr. Da war Berlin ebensowohl schon, vielleicht mehr, die Hauptstadt der aufblühenden Romantik. Novalis war schon tot, aber es gab Schleiermacher, die beiden Schlegel, Chamisso, Schelling und dazu die mutigen, geistvollen Frauen: Caroline, die sich von August Wilhelm Schlegel hatte scheiden lassen, um den 15 Jahre jüngeren Schelling zu heiraten, Dorothea Veit-Mendelsohn, die ihren Mann verlassen hatte, um mit Friedrich Schlegel in freier Verbindung ein mühsames Leben zu leben. Ehebruch, und literarisch-skandalös gefeiert noch dazu.

Viel Talmi, leerer Luxus, Schau und Schein, aufgesetzte Libertinage und fahle Mondänheit ist als Bodensatz dieser neuzeitlichen Bewegung natürlich auch dabeigewesen. Das war anderswo nicht anders. Der Anteil der unehelichen an allen Geburten machte in Berlin immer noch erst 10 %, in München 25 % aus. Aber ins preußisch-protestantische Berlin paßte dergleichen doch eigentlich nicht.

Nach Berlin paßte besser das Brandenburger Tor, das in den ersten 90er Jahren entstand, nicht schön, aber gewaltig. Gleichsam zu Stein erstarrter Nachhall großer, kriegerfüllter Zeiten, die eben auf dem besten Weg waren, zunächst wieder klein und dann auch friedvoll zu werden. Als Schadow dem monumentalen Werk mit seinem Siegeswagen 1794 den prachtvoll-beflügelten Rest gab, ging nämlich eben Preußens elanvoll-selbstsicher eingeleiteter, halbherzig-schwächlich praktizierter Versuch in die Binsen, noch einmal mit starker lenkender Hand in die Weltgeschichte hineinzulangen. Das verhielt sich so:

Judas am Reich

Anfang 1790 war Maria-Theresias ältester Sohn, der reformeifrige Kaiser Joseph II. gestorben und hatte seinem Bruder Leopold eine wenig erfreuliche politische Erbschaft hinterlassen. Österreich steckte gemeinsam mit Rußland tief in einem mühseligen und überflüssigen Krieg gegen die Türkei, der je länger je mehr über seine Kräfte ging. Gleich in mehreren Ländern des zusammengestückten habsburgischen Herrschaftsbereichs benutzten widerborstige, meist nationalistische Kräfte die Gelegenheit für Aufruhr und separatistische Forderungen. Das Verhältnis zwischen Landesherr und Ständen, an deren überlieferten Privilegien Joseph sich von aufklärerischem Elan getragen, einigermaßen rücksichtslos vergriffen hatte, war zerrüttet. Zu allem wohlberechnetem Überfluß schickte sich nun auch noch Preußen an, seinen Vorteil aus der österreichischen Kalamität zu ziehen.

Die Widerstandsbewegungen in den habsburgischen Außenländern hatte es schon seit geraumer Zeit gefördert. Im Januar 1790 schloß es überdies ein Bündnis mit der Türkei, garantierte volltönend deren Besitzstand, obwohl es im stillen auch ganz andere Pläne in petto hatte, und machte sich lautstark bereit, bei passender Gelegenheit allen vorhergehenden Mißerfolgen zum Trotz, mal wieder nach Böhmen hinüberzumarschieren. Was dabei am Ende herausspringen sollte: ob ein Stück Land, Galizien vielleicht, ob nur eine österreichische Demütigung, die Preußen als bestimmende Macht auf deutschem Boden erscheinen ließ, ist schwer erfindlich. Am besten wahrscheinlich beides. Ganz klar ist man sich darüber in Berlin wohl nicht gewesen. Und einig schon gar nicht. Beides zeigte sich, als Leopold Unübliches und mithin Unerwartetes tat. Er lenkte ein, bat Friedrich Wilhelm mit gemessennachgiebigen Zeilen um Verhandlungen und brachte den Preußenkönig in spürbare Verlegenheit. Solch höfliche Bitte abzuschlagen, war Friedrich Wilhelm II. natürlich viel zu wohlmeinend und im Grunde seines weichen Wesens auch viel zu friedfertig. Die rasch entflammte Kriegslust war sowieso schon wieder verflackert. Also Verhandeln. Allein worüber? In Kriege kann man sich einlassen, ohne recht zu wissen, was es eigentlich soll. Meist ergibt sich's dann von selbst. So oder anders. Verhandeln kann man nur um ausdrückliche Absichten und Forderungen. Deshalb kam es Friedrich Wilhelm einigermaßen zupaß, daß er zu diesem Zweck auf ein verwickelt-künstliches Ländertauschprojekt des vom Onkel übernommenen Außenministers Herzberg zurückgreifen konnte, das freilich dem Türkenbündnis geradewegs ins Gesicht schlug: Danzig und Thorn samt einem Stück von Posen an Preußen, Galizien dafür zurück an Polen, die türkischen Protektorate Moldau und Walachai als Entschädigung an Österreich, und damit die große Katharina ihren Segen zu alldem gab, ein Stück türkischen Besitzes in Besarabien an Rußland. Ganz abgesehen davon, daß eigentlich niemand recht einsehen mochte, warum man solch aufwendiger Länderverschieberei zustimmen sollte, nur damit Preußen an eine Landverbindung von Schlesien nach Ostpreußen kam, war die einzige Macht, die bei dem Handel kräftig verlor, die Türkei, deren Integrität Preußen eben noch förmlich zugesichert hatte.

Das war nicht nur unfein, wiewohl den diplomatischen Gepflogenheiten der Zeit nicht völlig zuwider, es war auch nicht ungefährlich.

Wenn Leopold den preußischen Verrat nun auszuschlachten versuchte und sich mit den Türken über Friedrich Wilhelms darob sehr geängsteten Kopf hinweg gegen ihn einigte? Dergleichen hinterhältige Absichten waren zwar fern vom biederklugen Kaiser wie nur etwas. Der wollte wirklich möglichst schnell möglichst beide vom Hals haben: die Preußen *und* die Türken, um mit hinlänglich gesammelten Kräften wieder für ein bißchen mehr Ordnung und Zusammenhang im Innern seiner Doppelmonarchie sorgen zu können. Aber das konnte der Preußenkönig nicht sicher wissen. Deshalb wurde er zusehends unruhiger, als sich die Verhandlungen unzuträglich in die Länge zogen, aber nicht vom Fleck kamen. Deshalb wischte er Herzbergs ausgeklügelt unpraktikablen Plan schließlich vom Tisch und ordnete an, auch ohne Zugewinn an Land und Leuten mit Österreich zu einer Übereinkunft zu kommen, bei der Preußen zumindest das Gesicht behielt, da es durch die sinn- und nutzlose Zurüstung und als großzügiger Gastgeber der langen Konferenz schon soviel Geld verloren hatte.

So kam es am 27. Juli 1790 zur Konvention von Reichenbach. Das unmittelbare Ergebnis war von flachster Unbedeutendheit und der Planlosigkeit zwar völlig, der Verve, mit der Preußen sich ins Zeug gelegt hatte, aber ganz und gar nicht angemessen. Österreich willigte ja nur zu gern darein, die Türkei fortan nicht nur in Frieden, sondern auch im Besitz ihres gesamten Gebiets zu lassen.»Es ist der am wenigsten schlechte Frieden, den wir schließen konnten«.

Eigentlich also eine diplomatische Schlappe; aber einigermaßen erträglich, weil Preußen sich trotzdem als Friedensstifter und Schutzpatron gerieren konnte.

Kurz, die ganze Angelegenheit wäre der länglichen Erzählung überhaupt nicht wert, wenn die Konvention von Reichenbach auf längere Sicht nicht anderweitiges historisches Schwergewicht gewonnen hätte. Sie beendete ein halbes Jahrhundert bitterer Feindschaft zwischen der ehrwürdigen Habsburger- und der ehrsüchtigen Hohenzollernmacht und legte den Grund für ein Dreivierteljahrhundert stets prekärer, öfter gestörter als harmonischer, aber immerhin durchweg friedfertiger Partnerschaft.

Friedfertig im gegenseitigen Verhältnis jedenfalls. Im übrigen begann die meist uneinige Gemeinsamkeit mit einem gemeinsamen Krieg gegen Frankreich, den Preußen erst ohne eigentliches Interesse, vor allem aus sittlicher Empörung und dazu in dünkelhafter Überschätzung seiner Kräfte geschürt, dann mißgelaunt, nachlässig und erfolglos geführt und schließlich einsichtig, aber auch – meinten die anderen Reichsfürsten – ein bißchen verräterisch, jedenfalls ohne Rücksicht auf die Verbündeten verlassen hat.

Zwei Jahre lang waren die revolutionären Wirren in Frankreich an den Höfen zu Wien und Berlin mit gelassen-wohlmeinendem Interesse verfolgt worden. Joseph II. sowieso, aber auch der gemäßigt reformwillige Leopold fanden, daß den bornierten Bourbonen, die seit ihres Sonnenkönigs Tagen nichts dazugelernt hatten, eigentlich ganz recht geschah; und die Preußen sahen es selbstverständlich allemal gern, wenn einer ihrer Gegner zu Hause Ärger hatte. Sie hatten sogar insgeheim mit den Revolutionären ein bißchen angebändelt. Beiden war die emigrierte Nobilität, die sich gleich links des Rheins sammelte und unablässig zum Kreuzzug gegen das Böse aufrief, eher lästig. Bis die Revolutionäre sich an der königlichen Familie und damit an der göttlichen Idee der Legitimität vergriffen. Da geriet vor allem Friedrich Wilhelms leicht erregbares Blut in Wallung. Leopold blieb trotz familiärer Betroffenheit gelassener und mahnte von allzu konfliktträchtigem, kriegslustigem Gehabe ab. Es war kaum mehr als eine moralisch notwendige, aber politisch folgenlose Geste, daß er nach Ludwig XVI. unsanft unterbrochener Flucht die Höfe Europas am 5. Juli aufforderte, der Sache seines dicken, trägen, auch von ihm wenig geachteten Schwagers die Stange zu halten. Am 27. August traf er zwar mit dem Preußenkönig und dem Grafen d'Artois im sächsischen Pillnitz zusammen, war aber weit davon entfernt, Friedrich Wilhelms Kriegstreiberei nachzugeben, vielmehr geschickt bemüht, sie auf ein totes Gleis zu lenken. Das Ergebnis der Besprechung *klang* dann auch nur wie eine Kriegsandrohung: wenn *alle* europäischen Mächte damit einverstanden seien, könne gelegentlich daran gedacht werden, Militär aufzubieten, um Ludwig wieder zu seinem angestammten Recht zu verhelfen. Bei genauem Hinsehen war es das Gegenteil: eine Friedenzusicherung. Denn zumindest England schien für eine bewaffnete Intervention in absehbarer Zeit auf keinen Fall zu gewinnen zu sein.

Und als Ludwig XVI. wenig später auf die neue Verfassung schwor, gab Leopold auch umgehend und freudig bekannt, daß die Revolution in Frankreich damit wohl beendet und jeder Anlaß zu kriegerischem Einsatz glücklicherweise entfallen sei. Das war z. T. falsch, zum anderen nicht geeignet, die erregten Gemüter in Paris zu beruhigen.

Dort hatten die Revolutionäre inzwischen nämlich die nationale Ehre

Berlin »Unter den Linden« am Ausgang des 18. Jahrhunderts: links das Zeughaus, rechts das kronprinzliche Palais.

Ein königlicher Biedermann und seine volkstümliche Frau: Friedrich Wilhelm III. und Luise

und ihre heilige Pflicht entdeckt, sie gegen die anmaßenden Despoten jenseits des Rheins hochzuhalten. Im Januar 1792 wurde Leopold unverdient rüde aufgefordert, seine Gedanken und Finger gefälligst von Frankreich zu lassen, vielmehr etwas energischer gegen das Emigrantenunwesen am Rhein vorzugehen. Daraufhin ging er dann doch ein förmliches Defensivbündnis mit Preußen ein und ließ sich 20000 Soldaten für den Fall eines französischen Angriffs zusagen. Über seinen fortgesetzten Friedensbemühungen ist er am 1. März 1792 kaum 45jährig gestorben. 50 Tage später, am 20. April, erklärte Dumouriez seinem Sohn und Nachfolger den Krieg.

Dem sehr jungen, politisch sehr unbedarften und stockreaktionären Franz II. war das so unrecht nicht einmal. Der fand es gar nicht unpassend, seine Regentschaft mit der längst fälligen Beseitigung des revolutionären Spuks im Westen zu beginnen. Und Friedrich Wilhelm II. war geradezu entzückt. Nationale Erregung erfüllte ihn. Voll Übermut wollte er Elsaß und Lothringen bei der günstigen Gelegenheit wieder ans Deutsche Reich, Jülich und Berg im gleichen Zug an Preußen bringen. Nicht mit den vertraglich zugesicherten 20000, mit 42000 Soldaten wolle er ihm zur Hilfe eilen, versprach er dem neuen Kaiser. Starke Worte wurden laut. Paris – so tönte es am 25. Juli 1792 – solle vernichtet werden, wenn der königlichen Familie ein Leids geschähe. 16 Tage später war die Monarchie in Frankreich fürs erste abgeschafft, ein halbes Jahr darauf Ludwig mit der Guillotine vom Leben zum Tode gebracht. Paris hat kein preußischer oder österreichischer Soldat in den folgenden 20 Jahren auch nur von fern gesehen, es sei denn als Gefangener.

Im September 1792 haben ihnen Dumouriez' maßlos unterschätzte Truppen bei Valmy in der Champagne unüberwindlich den Weg dorthin verstellt. Mag bei Valmy zwar von hier und heute nicht gleich eine neue Epoche der Weltgeschichte ausgegangen sein, der Anfang vom Ende der alten europäischen Staatenwelt ist die vergebliche Kanonade am 20. September 1792 wohl doch gewesen. In jedem Fall war sie der Anfang vom Ende des preußischen Kriegseifers. Und König Friedrich Wilhelm konnte sagen, er sei dabeigewesen.

Beim mühevollen Rückzug seiner leicht demoralisierten, hungergeplagten, frierenden Truppen ist er nicht mehr dabeigewesen. Während die Franzosen auf die linke Seite des Rheins nachrückten, den Rheinfluß zu Frankreichs natürlicher Grenze erhoben, Speyer, Worms und Mainz besetzten und Frankfurt in Brand steckten, hinterging er weit vom Schuß seinen antirevolutionären Bundesgenossen in Sachen Polen.

Am 3. Mai 1791 hatte Friedrich Wilhelm mit Kaiser Leopold die polnische Integrität feierlich garantiert, am 23. Januar 1793 teilte er mit Katharina Polen ein zweites Mal, ohne Kaiser Franz auch nur zu informieren. Das hat die sowieso noch ungewohnten partnerschaftlichen Gefühle nicht eben verstärkt und die Zusammenarbeit im Westen eher belastet. Preußen machte eigentlich überhaupt nur noch weiter mit, weil Rußland vor dem polnischen Zuschlag darauf bestanden hatte.

Das Kriegsjahr 1793 verging mit planlosem, kostspieligem und uneinträglichem Hin und Her. Die Beteiligung am Krieg nahm zwar zu, der Krieg dehnte sich dadurch aber nicht sonderlich aus. Erst wurde im Frühjahr der Reichskrieg ausgerufen, dann erklärten die Franzosen, daß sie nicht länger mit den Engländern in Frieden leben könnten. Das regte die Engländer vorerst nicht weiter auf, aber immerhin zu willkommenen Subsidien für einige süddeutsche Reichsfürsten an. Friedrich Wilhelm aber verlor mit der Aussicht auf raschen Erfolg zusehends auch die Lust an der Sache. Vor allem verlor er die Fähigkeit, sie weiter zu finanzieren, zumal seit Herbst aufwendiger und schmählicher Ärger mit den aufrührerischen Polen dazukam. Im März 1794 gab er seinen Truppen deshalb den Befehl, bis auf 20000 Mann das Feld zu räumen. Da ließ sich England nach langen, ziemlich demütigenden Verhandlungen auch zu Zahlungen an Preußen herbei. Aber unter welchen Bedingungen! Für 50000 Pfund Sterling im Monat erwarb England sich das Recht, mit 42000 preußischen Soldaten nach eigenem Belieben und Bedarf schalten zu dürfen. Ehrliebende Preußen sahen den Schatten des ersten Königs an der Wand und verhüllten vor Scham das Haupt. Und es ging auch nicht gut. Es waren nicht mehr die Zeiten des spanischen Erbfolgekriegs. Preußische Feldherren hatten sich abgewöhnt, auf fremde Befehle zu hören. Gut, zahlten die Engländer eben nicht. Zum großen Krieg, mal ums linke, mal ums rechte Rheinufer, kam ein Kleinkrieg ums Geld, der des Königs Verdrießlichkeit schließlich so verstärkte, daß er sich im Oktober kurz entschlossen aus dem Krieg gegen Frankreich davonmachte und nicht wiederkam.

Sein Oberbefehlshaber Möllendorf hatte ohnedies schon seit geraumer Zeit erhebliche Unlust am Kampf gegen die Franzosen bekundet und, ohne weiters um Erlaubnis gefragt zu haben – mit dem militärischen Gehorsam war's auch nicht mehr weit her in Preußen –, in Basel mit französischen Delegierten über Waffenstillstand zu reden begonnen. Nun wurde der Subsidienvertrag mit England gekündigt, die Soldaten nach Polen geschafft, wo sie den am Rhein schon schwer angeschlagenen preußischen Kriegsruhm vollends verspielten, und mit den französischen »Königsmördern« mißmutig erst geheime, dann öffentliche Friedensverhandlungen eingeleitet. Was dabei im Friedensvertrag von Basel am 5. April 1795 herauskam, kam dem Eingeständnis gleich, daß Preußen den Krieg verloren hatte: Frankreich behielt das linke Rheinufer und zog sich vom rechten zurück. Norddeutschland sollte für den Rest des Krieges unter preußischem Schutz als neutrales Gebiet gelten. Zwar war endgültig noch nichts an Land und Leuten verloren, da insgeheim festgelegt war, daß Preußen im Falle eines Reichsfriedens für die 2400 Quadratkilometer linksrheinisch-preußisches Gebiet aus säkularisiertem Kirchenbesitz entschädigt werden sollte, dafür war aber ganz und gar der gute Ruf in Deutschland eingebüßt. Preußen wurde von verleumderischen Verdächtigungen verfolgt: Der »Judas am Reich« sei auf eine norddeutsche Kaiserkrone aus.

Einträglicher Ehr- und Ruhmverlust

War Preußen nicht. Aber den Abfall als ersten Schritt zu umfassenden Reichsfriedensvermittlungen erscheinen lassen, konnte es nun auch nicht mehr. Ja, Frieden wollten die anderen Reichsfürsten ebensogern wie Preußen. Aber vorerst keinen Frieden um den hohen Preis, den Preußen bezahlt hatte, und keinen Frieden, der vom »Friedensfürsten« Friedrich Wilhelm in Szene gesetzt war. Dem Kaiser wurde vielmehr unverbindlich anheimgestellt, Verhandlungen mit Frankreich einzuleiten. Er kam der Ermunterung nur läßlich nach. Unterdessen ging der Krieg weiter, wurde 1796 auf Oberitalien ausgedehnt, wo der Brigadier Napoleon Bonaparte erste, legendenträchtige Taten tat, erschöpfte erst die süddeutschen Herzog- und Fürstentümer, überanstrengte bald auch Frankreich, versetzte schließlich Wien angesichts des herandrängenden Napoleon in Angst und Schrecken und endete vorläufig in allgemeiner Ermattung und im französisch-österreichischen Frieden von Campoformio vom 18. Oktober 1797.

Nun gab insgeheim auch Österreich die linksrheinischen Reichsgebiete preis. Ein großer Reichsfriedenskongreß im badischen Rastatt, der Ende 1797 mit zweieinhalbjähriger Verspätung zögernd in Gang kam, sollte klare friedliche Verhältnisse schaffen. Daraus wurde nichts.

Da es vorderhand in Europa nichts zu tun gab, das seinen Talenten und seinem ausufernden Geltungsdrang angemessen schien, und weil die Mächtigen in Paris ihn gern weit vom Schuß wußten, war General Bonaparte nämlich losgesegelt, im fernen Ägypten weiter Krieg zu führen. Auf der Fahrt besetzte er nebenher Malta und zog den heiligen Zorn des frischgekrönten Zaren Paul auf sich. Der war nämlich Schutzherr der Malteserritter. Schnell war England mit der Ermunterung zur Stelle, aus dem nur zu berechtigten Zorn Funken gegen Frankreichs Übermut zu schlagen. Pauls Mutter Katharina sei ja ohnedies dabeigewesen, bevor sie 1796 unseligerweise gestorben war. Obwohl Paul aus endlich frei entfaltbarem Trotz am liebsten alles ganz anders gemacht hätte als seine selbstherrliche Mutter, stimmte er zu: England und Rußland wollten Frankreich hinter die Grenzen von 1792 zurücktreiben. Und da auch die Österreicher ob des fortgesetzt ungebärdigen, eroberungssüchtigen und vertragswidrigen Gehabes der französischen Truppen am Rhein und in Italien schon wieder beträchtlich an Friedenswillen und -bedürfnis eingebüßt hatten, schlossen sie sich alsbald dem kühnen Vorhaben an. Der Krieg ging Anfang 1799 mit kaum aufgefrischten Kräften an allen Fronten weiter. Die süddeutschen Staaten machten auch wieder mit.

Preußen genoß unterdes der Ruhe und des Friedens und dachte nicht daran, den liebgewonnenen Zustand ohne Not wieder aufzugeben. Mochten die anderen nur drängen und werben. Erst Zar Paul, dann auch der französische Gesandte Siéyès, der ungepudert, unbezopft, schwarzhaarig und naturbelassen im Herbst 1797 die degoutante Attraktion der Feierlichkeiten bei der Krönung König Friedrich Wilhelm III. gewesen war.

Der zweite Friedrich Wilhelm war im besten Mannesalter an Fettleibigkeit, Wassersucht und schwachem Herzen gestorben. Der junge König war das ganze Gegenteil seines Vaters. An dem war nichts Sinnenfrohes, Liebenswürdiges und Leichtentflammbares. Das war ein 27 Jahre alter Biedermann, der Abend für Abend, sommers wie winters, Erdbeeren mit Schlagsahne aß. Schüchtern, rechtschaffen, überfordert und deshalb lenksam, wenn einer es richtig anfing, aber umso hartköpfiger, mürrischer und eigensinniger, wenn er wähnte, daß irgendwer Würde und Erhabenheit seines hohen Amts und seiner kleinen Person nicht hinreichend achtete. Die Historiker haben vor allem seine nicht weniger biedersinnige, aber liebreizende und volkstümliche Frau Luise und den bürgerlichen Zuschnitt seines Familienlebens an ihm zu loben gehabt. Dazu muß einer nicht König sein.

Veränderungen und Komplikationen waren ihm zutiefst zuwider. Deshalb fiel es den alten Ratgebern, die ihm vom alten König überkommen waren, nicht sonderlich schwer, ihn auf der alten politischen Linie zu halten. Das war recht getan. Preußen *gewann* durch sein irenisches Beiseitestehen in Europa zwar nicht eben an Ansehen und Achtung. Aber wer weiß, was es andernfalls *verloren* hätte. Auf Frankreichs Seite konnt' es sich bei Wahrung des Anstands ja schwerlich schlagen. Und gegen Frankreich ging den uneinigen Alliierten alles schief. Rußland setzte sich enttäuscht über Mißerfolge und wütend über das anmaßend selbstische Gehabe der Österreicher schon nach weniger als einem Jahr Kriegsgetümmels wieder in Richtung Osten ab; die Engländer betätigten sich mit Soldaten nur auf dem Meer – mit schönen, schmeichelhaften, aber wenig entscheidenden Erfolgen – und konnten auf dem Kontinent mit all ihrem reichlich ausgestreuten Geld die süddeutschen und die österreichischen Truppen nicht besser machen als sie waren. Und die waren nicht gut genug, um den taktisch, an Kampfesmut und nationaler Begeisterung himmelhoch überlegenen Franzosen lange standzuhalten. Als Napoleon – erst dreißig Jahre alt, inzwischen aber zum Ersten Konsul erhöht – Mitte 1800 wieder in Oberitalien erschien, war die kriegerische Sache dort schnell abgemacht. Am Rhein dauerte es ein halbes Jahr länger. Dann wurde den Franzosen im Frieden zu Lunéville, der nun der Einfachheit halber für das Reich gleich mitgalt, am 9. Februar 1801 das linke Rheinufer erneut und ohne weitere Vorbehalte abgetreten. Die enteigneten Fürsten sollten sich gelegentlich unter französischer Aufsicht an säkularisiertem Kirchenbesitz rechts des Rheins schadlos halten dürfen.

Bis es dazu kam, vergingen freilich noch einmal zwei Jahre, in denen Napoleon in der deutschen Sache nicht müßig war. Im Herbst 1801 kam er Rußland mit einem Vorschlag von gemeinsamem Interesse.

Dort war im Frühjahr mal wieder ein Zar, wenn auch nicht im Auftrag seiner Frau, erdrosselt worden. Der junge Nachfolger Alexander war ein etwas pfauenhafter, aber umgänglicher Mann. Gneisenau hat ihn einmal den »kindischen Knaben mit den hochgerühmten angenehmen Formen« genannt. Außerdem war er nicht ohne ausgeprägten Familiensinn. Deshalb kam Napoleons Vorschlag gut bei ihm an. Die süddeutschen Staaten, meinte Napoleon, sollten beträchtlich vergrößert und eine gleichgewichtige Kraft zwischen Preußen und Österreich werden. Zu den süddeutschen Staaten gehörte Württemberg, wo Alexanders Onkel Herzog, und Baden, wo sein Schwiegervater Markgraf war. Deshalb war es dem Zaren recht. Und den verwandten Fürstlichkeiten war es schon gleich gar recht und dazu sehr schmeichelhaft, daß Napoleon ihnen dem vergrößerten Gebiet angemessene Rangerhöhungen und Kurwürden in Aussicht stellte. In Paris hub 1802 ein lebhafter Länderschacher an. Da wurde auch Preußen wieder munter und schacherte kräftig mit. Auf *dem* Felde war es noch gut in Form und sicherte sich eine Entschädigung für seine links des Rheins verlorenen, längst verschmerzten 2460 Quadratkilometer, die fünfmal so groß, zwar ein bißchen kleingeschnetzelt, dafür aber überwiegend viel günstiger gelegen war: ein schönes Stück Westfalen, Hildesheim, Paderborn, einiges Thüringische und das Eichsfeld. Besser schnitt nur Baden ab, das für 8 verlorene 59 neue Quadratkilometer erhielt, auf denen immerhin Heidelberg, Straßburg und Basel lagen.

Als die unversehens und unverdient von Verlierern zu Gewinnern verwandelten Bayern, Badener und Württemberger, dazu das für seine Friedfertigkeit belohnte Preußen mit Napoleon und Talleyrand unter der Hand handelseinig waren, wurde der perfekten Sache die nötige feierliche Form gegeben und eine Reichsdeputation mit Beratungen über das Entschädigungsgeschäft beauftragt. Brandenburg, Bayern und Württemberg gehörten ihr an. Der Kaiser als böhmischer König auch. Er protestierte. Was half's? Napoleons sorgsam abgestimmtes, fein aufgehendes Länderpuzzle wurde am 25. Februar 1803 als Reichsdeputationshauptschluß angenommen, wenig später ratifiziert und vollzogen. Von mehr als 250 souveränen Territorien auf deutschem Boden blieben 131 übrig.

Die nächsten drei Jahre haben Napoleon, Habsburg und die süddeutschen Staaten, unter denen Napoleon sehr erfolgreich sehr ergebene Proselyten gemacht hatte, dann dazu benützt, auch dem ehrwürdigen, tausend Jahre alten, längst hinfälligen, aber erstaunlich lebenszähen Reich den Garaus zu machen. Nicht einträchtig, aber gemeinsam, Zug um Gegenzug. Frankreich zielbewußt, wiewohl im Wissen um den endlichen Erfolg geduldig, die Südstaaten in widerwärtiger, hoffnungsvoll aufschauender Anbiederung an den kleinen großen Mann, Österreich nur auf sich selbst und sein ungeschmälertes staatliches Überleben in Würde bedacht. Habsburg blies, von Napoleon verlockt, zuerst in die nur mehr schwächlich flackernde Reichsflamme.

Napoleon hatte sich kaum aus eigener Gnade und Machtvollkommenheit zum Kaiser aufgeschwungen, da tat Franz es ihm gleich. Ging schon das Reich zuschanden, Kaiser wollte er doch bleiben, und sei's nur Kaiser von Österreich. Und nach Napoleons Entrückung aus republikanischen in höchstherrscherliche Sphären erst recht. »Gott! erhalte Franz den Kaiser, unsern guten Kaiser Franz.« Und da man Gott allein die Sache nicht überlassen mochte, ließ Habsburg den Schlag gegen die Reichsverfassung, die ihm eigentlich zu hüten, nicht zu brechen aufgegeben war, auch noch von irdischer Macht absegnen. Bestätigst Du mir meine österreichische, bestätige ich Dir Deine französische Kaiserkrone. Warum sollte Napoleon nicht? Mit diebischem Frohlocken wird er es im Herbst 1804 getan haben.

Ein Jahr später war er in Wien. Aber nicht auf Staatsbesuch. Ein politisches Geschäft aushandeln, hieß ja nicht, sich miteinander vertragen. Im August 1805 schlossen sich die Österreicher der dritten antifranzösischen, zunächst wieder englisch-russischen Koalition an, obwohl sie schlechte Erfahrungen mit dergleichen hatten und sich eigentlich ausrechnen konnten, worauf es hinauslief: England schlug sich ruhmreich und für Österreich nutzlos auf dem Wasser – Trafalgar, Nelson: England expects every man to do his duty –, die Russen rückten mit kraftstrotzender Gebärde zügig von Osten heran und drehten erst mal wieder ab, als es heiß und ernst zu werden drohte, Österreich steckte ein. Neu war, daß Bayern, Baden und Württemberg teils mehr, teils weniger freudvoll an der Seite ihres Herrn und Länderspenders fochten. Der hätte es auch ohne sie geschafft. Am 17. Oktober wurden die Truppen Macks bei Ulm geschlagen, am 13. November rückte er in Wien ein, am 2. Dezember – Austerlitz! Nun doch auch einmal gegen die Russen, und um so strahlender und schreckerregender der Sieg. Am 26. Dezember wurde der Friede zu Preßburg geschlossen. Habsburg war erneut geschlagen, gedemütigt und verkleinert.

Das Reich fiel hinterdrein. Baden, Bayern und Württemberg wuchsen auf Österreichs Kosten noch einmal an Land, Leuten und dynastischem Rang über sich hinaus und mußten nach einigem überflüssigen, weil den Machtverhältnissen ganz unangemessenen Delibrieren schließlich in die Trennung vom Reich, die Gründung eines »Rheinbundes« mit dreizehn anderen fürstlichen Herren minderen Ranges, und eine gemeinsame Offensivallianz mit Frankreich willigen.

Nun tat Franz II., was sinnvollerweise ihm zu tun übrigblieb. Er entledigte sich genau drei Wochen später, am 6. August 1806, der deutschen Kaiserkrone und entband die Reichsstände von den Reichspflichten, an die er sich selbst nicht mehr gehalten hatte.

Das Heilige Römische Reich Deutscher Nation war im Strom der Zeit versunken oder ertränkt worden.

Der unsinnigste Krieg von allen

Und Preußen schien sich mit Macht und Lust hinterdreinwerfen zu wollen. Es gehörte wirklich viel politischer Unverstand und militärische Hybris, Unselbständigkeit der An- und Unsicherheit der Absichten, Urteilslosigkeit und Verwirrung der Verantwortlichkeiten dazu, nach elfjährigem glücklich-kläglich-einträglichem Außenstehen gerade in dem Moment den behelmten Kopf in den Nacken zu werfen: hie gut Brandenburg allewege – einst, jetzt und immerdar!, und ohne Not und Rückendeckung gegen Napoleon anzutreten, als der so ganz und gar unübersehbar auf der Höhe seiner Macht, seines Schwungs und seines Ruhms war, und es nichts zu gewinnen, nur zu verlieren gab. Preußen brachte alles zusammen in fast vollkommener Harmonie auf. Und wer aufmerksam und staunend die preußische Poltik der vergangenen drei Jahre beobachtet hatte, konnte sich darüber schon nicht mehr wundern.

Als England im Mai 1803 den Krieg gegen Frankreich wieder aufgenommen hatte, war Napoleon nach Hannover einmarschiert. Die norddeutsche Schutz- und Friedensmacht beließ es bei berechtigter Empörung, widerstand fürs erste aber immerhin Napoleons doppelter Verlockung, Hannover als Morgengabe eines französisch-preußischen Bündnisses in eigenen Besitz zu übernehmen und – da dergleichen gerade im Schwange war – ein norddeutsches Kaisertum zu begründen. Also blieben die Franzosen selbst in Hannover und marschierten von da aus im Herbst 1805, ohne des längeren um Erlaubnis nachzusuchen, durch Ansbach und Bayreuth gegen Österreich. Da wurde Preußen dann aber doch ernsthaft und stilvoll böse. Am 3. November versprach Friedrich Wilhelm am Grabe Friedrichs des Zweiten und längst Überlebensgroßen, schwärmerisch angerührt vom vergangenen Ruhm, dem Zaren Alexander in die Hand, daß er den angemaßten Imperator durch bewaffnete Vermittlung bis zum 15. Dezember zu ernsthaftem Frieden bewegt haben oder an just dem Tage gestiefelt und gespornt dem russisch-österreichischen Kriegsbündnis beitreten wolle. Für den Fall, daß alles gut ging, bedingte er sich Hannover aus.

Hannover hat er bekommen. Viel früher als erhofft. Aber auch ganz anders als erhofft. Denn gut war nichts gegangen. Vor der Schlacht von Austerlitz war der Außenminister Haugwitz gar nicht vor Napoleons Augen gekommen. Danach hätte es sich eigentlich erübrigt. Aber jetzt wollte Napoleon ihn sehen. Und Haugwitz folgte. Trat Ansbach, Cleve und Neuchâtel an Frankreich ab, bekam dafür Hannover und schloß ein Schutz- und Trutzbündnis mit Frankreich. Zu Schönbrunn, wie es der Zufall wollte, gerade am 15. Dezember. Wahrlich, eine »ausgezeichnete Dummheit« (Bismarck). Schlimm und schmählich überdies. Aber nichts war so schlimm und dumm in jener Zeit, als daß die Irrungen und Wirrungen der preußischen Politik es nicht noch schlimmer und dümmer machen konnten. Der König war's nicht ganz zufrieden und ratifizierte den Vertrag nicht in der vorgesehenen Zeit. Er glaubte, noch einmal in Ruhe mit Napoleon über die Sache reden zu können. Dem gefiel der Vertrag von Schönbrunn im Februar auch nicht mehr. Nur an ruhig reden dachte er ganz und gar nicht. Er hatte vielmehr schon ein neues Papier fertig in der Tasche, als Haugwitz in Paris ankam. Mochte es bei den territorialen Abmachungen immerhin bleiben, daran lag nicht viel. Aber Schutz und Trutz war nicht genug. Ab sofort habe Preußen allen englischen Schiffen seine Häfen zu verschließen und Frankreich offensive Kriegshilfe gegen Rußland zu leisten. Das sei innerhalb von 10 Tagen unwidersprochen mit königlicher Unterschrift zu versehen!

Also war's geschehen. Kleinmütig und leidend. Aber wie auch anders?

Und nun plötzlich, drei Tage nachdem der Kaiser Franz aufgegeben und den Zerfall des Reichs ratifiziert hatte, warf Preußen sich in die Brust und wollte voll sittlicher Empörung und aufgeregten Übermuts seine verlorene Ehre und Handlungsfreiheit wiederhaben. Jugendliche Offiziere, die nie ein Schlachtfeld auch nur von fern gesehen hatten, wetzten ihre Säbel an den Stufen der französischen Gesandtschaft, der König befahl die Mobilmachung und forderte Napoleon ultimativ auf, Preußen im Norden endlich nach Belieben schalten zu lassen und sich im übrigen allmählich auch aus Süddeutschland zurückzuziehen. Zwei Ausdrucksformen der gleichen Einsicht und Gemütsverfassung.

Über die säbelwetzenden Milchbärte konnte Napoleon lachen, die Mobilisierung verbat er sich barsch und ein für allemal. Als das erstaunlicherweise nichts half, marschierte er, war in Thüringen, ehe die Preußen sich's verdacht, und schlug zu. So schnell und entschlossen, daß den Preußen Hören und Sehen verging. Bei Jena und Auerstädt, bevor die getrennt herbeigewälzten preußischen Heersäulen – 125000 Mann an der Zahl – vereinigt werden konnten, am 14. Oktober 1806. Es war der tödliche Abgesang der Lineartaktik, die vor 65 Jahren bei Mollwitz das Entzücken selbst feindlicher Offiziere wachgerufen und bei Roßbach und Leuthen triumphiert hatte. Auf dem Schlachtfeld war Preußens damals gewonnener, inzwischen längst verlorener Ruhm nicht wiederzufinden. Zehntausende zahlten die vergebliche Suche mit dem Leben, der Rest zerstob in heilloser Flucht. Napoleons Truppen marschierten wohlgeordnet hinterdrein. Der Gouverneur von Berlin gab kund, daß der König eine Bataille verloren habe und Ruhe nun die erste Bürgerpflicht sei. Während die Bürger die verordnete Ruhe gern hielten, kapitulierten die Heerführer, fielen die Festungen, entwichen der König, die wichtigsten Minister und auch Gouverneur Graf Schulenburg aus Berlin, und Napoleon hielt Einzug. Freute sich über 40000 Gewehre und 50 Kanonen, die Schulenburg ihm dankenswerterweise wohlkonserviert im Zeughaus hinterlassen hatte und lernte preußischen Subordinationsgeist schätzen. Die zurückgebliebenen Minister und die Beamtenschaft schworen ihm Treue und Gehorsam und hielten die Verwaltung in seinem Namen in Schwung. Dann diktierte er seine Waffenstillstandsbedingungen: Preußen gibt alles Land westlich der Elbe ab, zahlt 100 Millionen Franken und steht Frankreich als Operationsbasis im Krieg gegen Rußland zur beliebigen Verfügung.

Der König war auf der Flucht gen Osten eben in Osterode, 100 km südlich von Königsberg, angelangt, als diese Zumutungen ihn ereilten. Gegen den Willen der Mehrheit seiner uneinigen Berater lehnte Friedrich Wilhelm ab. Vielleicht hat er Preußen damit das Leben gerettet. Das verlorene Gebiet, sei's drum. 100 Millionen Franken Kriegsentschädigung, die konnte er bei leerer Kasse sowieso nicht zahlen. Aber dem unersättlichen Usurpator den verderblichen Weg nach Rußland ebnen, am Ende wahrscheinlich genötigt, ihn an seiner Seite mitzugehen: das konnte, kam es wie es wolle, nur schlecht ausgehen. Siegte Preußen mit Frankreich, überlebte es bestenfalls als napoleonischer Vasallenstaat, in steter Furcht vor einem unberechenbaren Todfeind im Osten. Unterlag es mit Frankreich, würden ihm die Russen das reduzierte Dasein schwerlich lassen. Und war ganz auszuschließen, daß sich Napoleon und Alexander auf halbem Wege plötzlich miteinander vertrugen und sich Preußen je zur Hälfte zum Versöhnungsgeschenk machten? Rundum Finsternis. Nur ein schwacher Hoffnungsschimmer: gemeinsam mit Rußland gegen Frankreich standhalten. Das ist zwar nicht gelungen. Aber das Bündnis mit Rußland hat trotzdem Preußens noch einmal geschmälerte staatliche Existenz bewahrt.

Friedrich Wilhelm verkroch sich nach seinem heroischen Entschluß ins hinterste Hinterland seines Rumpfstaats nach Memel. In Ostpreußen prallten im Winter französische mit russischen und einigen restlichen preußischen Truppen zusammen. Die Sache schien sich nicht schlecht anzulassen. Bei Preußisch-Eylau verlor Napoleon am 7./8. Februar zwar keine Schlacht, aber er gewann sie auch nicht. Das war ihm vorher noch nie, ist ihm freilich auch so bald nicht wieder passiert. Mochten Friedrich Wilhelm und Alexander – vom geringen Erfolg beflügelt – einander im April in Bartenstein immerhin erneut versichern, daß keiner ruhen und rasten werde, ehe der Agressor hinter den Rhein zurückgetrieben und Preußen in alter Größe wiedererstanden sei – Napoleon diktierte weiter das Geschehen. Am 14. Juni machte er bei Friedland gegen den gleichen russischen General Bennigsen den Ausrutscher im Schnee von Preußisch-Eylau vergessen. Alexander vergaß daraufhin auch gleich seine heiligen Eide von Bartenstein, traf sich mit dem Kaiser in Tilsit und zog sich aus der Schlinge, indem er Napoleon zugestand, sie um Preußen fester zuzuziehen. Damit wenigstens ein Schein russischen Anstands gewahrt bleibe, möge er es aber leben lassen. Und da Napoleon die Russen gegen England noch zu gebrauchen dachte, ließ er wirklich ab vom längst gefaßten Plan, die Hohenzollern zu Markgrafen von Irgendwas zurückzustufen und Preußen aufzulösen, sondern begnügte sich damit, aus der preußischen Beute der beiden letzten polnischen Teilungen ein Großherzogtum Warschau, aus Danzig eine freie Stadt zu machen und 154 Millionen Franken Kriegsentschädigung zu fordern.

Im Tilsiter Friedensdiktat vom 9. Juli 1807 wurde es besiegelt. Preußen war in genau neun Kriegsmonaten von – Hannover ungerechnet – 315 000 auf 158 000 Quadratkilometer geschrumpft. Halbiert. Furchtbar. Und so furchtbar doch wieder nicht. Vor den polnischen Räubereien, deren Beginn ja eben erst 35 Jahre zurücklag, war der Staat keinen Quadratkilometer größer und bei weitem nicht so arrondiert gewesen. Brandenburg, Pommern, Schlesien, West- und Ostpreußen gaben eine Ländermasse ab, so zusammenhängend und kompakt, wie Preußen sie nie zuvor besessen hatte. Freilich, eine Macht war dieser Staat nicht mehr. Faktisch nicht, denn die Franzosen blieben als Besatzer, und moralisch-geistig nicht, denn der Sturm, der übers Land gegangen war, hatte die Idee, den Ruf, den Mythos des alten Preußen verweht und darunter politische Hilf- und militärische Wehrlosigkeit bloßgelegt, Mangel an Gesinnung, Stolz und Würde. Der Glaube an die Tragkraft und die staatlich-militärische Notwendigkeit der politisch-sozialen Ordnung war zerbrochen, das Vertrauen in den Geist und die Leistungsfähigkeit der Verwaltung vom Grunde her erschüttert. Da jene Armee, die einen Staat besaß, ruhmlos dahingegangen war, waren auch Grundlage, Halt und Sinn ihres Staats dahin.

Eine Armee, die einen Staat verliert, aber kein Volk dafür gewinnt

Aber welche Stärke bewies dieses Preußen doch in seinem Unglück! Schon standen Männer bereit, ihm all das frisch und neu wiederzubeschaffen. Es war, als hätten sie nur auf den einen großen Tag der Not gewartet, um segensreiches Wirken sondergleichen zu entfalten. Stein und Hardenberg, Scharnhorst und Gneisenau, Schön und Schrötter, Humboldt und Süvern, Altenstein, Auerswald, Boyen und Clausewitz, Frey und Nicolovius, Niebuhr, Raumer und Scharnweber.

Wann denn und wo denn hätte sich ein nur dank fremder Fürsprache vom nahen Untergang mühsam erretteter, in sich zerfallener Staat in so kurzer Zeit und noch dazu so herrlich verjüngt, aus eigenem Vermögen vom Staub erhoben? Wann denn und wo denn hätte solche Schar hochgesinnter, nobler, tatenfroher Männer in vereintem Tun einem totgeglaubten Staat soviel Geist, Kraft und Moral für eine lichte Zukunft eingegeben? Überdies neuen wirtschaftlich-sozialen Grund gelegt, daraus lang unterdrückte Selbst- und Staatsverantwortlichkeit breitester Volksschichten gleichermaßen freudig sprießen konnten. Freiheit anstelle von Zwang und Bindung, Verdienst anstelle von Geburt und Stand, Staatsbürger anstelle von Untertanen gesetzt. »Demokratische Grundsätze in eine monarchische Regierung« verpflanzt (Hardenberg, 1806). Selbständigkeit im Gefühl des Mit- und Füreinander zum Wirkungsprinzip von Gesellschaft und Staat erhoben. Und dergestalt erneuert die pralle Kraft des Volks mobilisiert: der König rief und alle, alle kamen. Das Volk stand auf, der Sturm brach los, trieb die

Franzosen aus dem Land und stellte auch die *äußere* Einheit und Größe des Staates wieder her. Wenn es doch so einfach und geradlinig wäre! Die Wirklichkeit ist verzwickter, gebrochener und abwegiger. Gewiß und unbestritten, solch Reformelan war da, gewann durch die Niederlage die Oberhand und hat viel zuwege gebracht. Es ist ein großes Vergnügen, zu beobachten, wie entschieden zwischen 1807 und 1812 alter Moderkram beiseite geräumt und Lebenstüchtiges dafür hingestellt wurde. Es ist ein Vergnügen, das von der Wärme und Sympathie für jene aufrechten, selbstgewissen und tatkräftigen Männer noch erhöht wird. Stein und Scharnhorst zwischen Friedrich II. und Bismarck, das versöhnt auch das Gemüt mit manchem in der preußischen Geschichte. Und ohne solche Ruhepunkte für den kritisch-historischen Geist wird Geschichte ja doch unerträglich. Ein bißchen verehrende Hingabe an rechter Stelle gehört doch eigentlich zum Besten. Nur darf sie die Wirklichkeit nicht einfach überglänzen und verfehlte Absichten und Hoffnungen behutsam übergehen.

Ach, so viele Absichten und Hoffnungen sind damals verfehlt worden. Manche gleich unübersehbar, andere, die im Moment schon erfüllt schienen, später dann doch noch. Wer mag entscheiden, ob die Reformzeit mehr eine Zeit der durchgreifenden Erneuerung als eine Zeit des Scheiterns war. Was aus der Ferne und im ganzen als eine Einheit des Strebens und Wirkens anmutet, an Ort und Stelle und im einzelnen ist es nicht selten von Zank und Zerstrittenheit gezeichnet gewesen. Die Revolution von oben, von der damals und später immer wieder die Rede ging, es hat sie nicht gegeben. Die soziale und politische Ordnung Preußens ist nicht von unterst zu oberst gekehrt worden. Trotz Regierungs- und Verwaltungs-, Heeres- und Agrarreform, trotz Städteselbstverwaltung, Gewerbefreiheit und Judenemanzipation, trotz Steuer- und Bildungsreform, trotz mehrfacher Verfassungsversprechen ist Preußen kein Staatsbürger- und Volksstaat, seine Gesellschaft keine liberale Wirtschaftsgesellschaft geworden, wie es den Reformern vorgeschwebt, wie sie es mit je anderen Akzenten in ungezählten, wunderschönen, ernsten Sätzen formuliert haben.

So von Grund her zerstört sind Macht und Einfluß der Nutznießer altpreußischer Zustände nun doch nicht gewesen, daß sie das geduldet hätten. Nachdem sich die Lage halbwegs beruhigt und geklärt hatte, schlug ihr behender Defätismus um so schneller wieder in Hochfahrenheit um, als der Staat auf ihre Mitarbeit und vor allem ihr Geld ja angewiesen war, um die Kontributionsforderungen Napoleons zu befriedigen. Vermittlung war deshalb das Äußerste. Nach Reformpreußen ragte manch alter Wurzelstumpf hinein, der aus der Regeneration *auch* neuen Saft und frische Kraft zog, und bald wieder kräftig ausschlug. Anderes war im ersten Anlauf unentschieden geblieben, oder nicht genügend gefestigt worden. Das konnte, als die Existenznot vorbei und der Reformdrang gezügelt war, wieder nach der Seite des Alten geneigt werden. Deshalb ist Preußen am Ende doch ein absoluter, bürokratisch verstrebter Obrigkeitsstaat mit einer aufgelockerten Ständegesellschaft ohne selbstbewußtes Bürgertum geblieben.

Sein modernstes Element war eigentlich die Armee der allgemeinen Wehrpflicht. Fast ein Volksheer mit demokratischen Einsprengseln. Das war keine Armee mehr, die einen Staat besaß. Das Heer hatte seine sozial-ordnende Rolle ausgespielt. Das *war* grundlegend neu in Preußen. Aber diesmal war es eher schade. Denn die Armee hatte sich in Richtung Modernität vom Staat entfernt, nicht der Staat von der Armee. Und obwohl der restaurative Staat die moderne Armee natürlich in vieler Hinsicht auf sich zurückgezogen hat, haben es noch ein halbes Jahrhundert später bürgerliche Liberale und Demokraten mit guten Gründen gerade um den Bestand dieser Heeresordnung auf eine Staats- und Verfassungskrise ankommen lassen. Doch, und trotz mancherlei Verwässerung des ersten Wurfs: die Heeresreform ist alles in allem die durchgreifendste und gelungenste Reform gewesen.

Womöglich ist es für jene, die sich unbelastet fühlen, naheliegend, nach Niederlage und Untergang Schuldige zu suchen, zu finden und zu strafen. Nobel ist es nicht. Und unnütze Verbitterung schafft es allemal. In Preußen hat es 1807 freilich auch den Weg zur Reform freigemacht. Wenige Tage nach dem Tilsiter Frieden hielt eine königliche Militärreorganisationskommission ihre erste Sitzung ab. Sie sollte herausfinden, welche Truppenführer und Kommandanten in den Katastrophenwochen nach Jena und Auerstädt ihre Pflicht gegen König und Vaterland schuldhaft verletzt hatten, und sollte bei der Gelegenheit auch gleich praktische Vorschläge zur Verbesserung des preußischen Heerwesens ausarbeiten. Ihr Vorsitzender war Generalmajor Gerhard von Scharnhorst, kein Preuße und kein Edelmann von Geburt, ein hannoveranischer Bauernsohn, der erst 1801 in preußische Dienste getreten war, 52 Jahre alt, schwerblütig, schüchtern und verschwiegen. Ein Mann, hat Arndt von ihm gesagt,»der nicht Ideen in sich aufjagt, sondern über Ideen ausruht, ein Mann, der vor den Gefahren von Wahrheit und Recht auch keinen Strohhalm breit« zurückwich. Zuletzt

Stabschef Braunschweigs, Blüchers und l'Estoques. Daß Napoleon bei Preußisch-Eylau nicht siegen konnte, war nicht zum wenigsten Scharnhorsts Verdienst gewesen.

Seine Untadeligkeit, sein ränkeloses Wesen und sein geballter Zorn gegen die Kommandeure »mit dicken Bäuchen und dünnen Köpfen« bürgten – wenn sie denn überhaupt sein mußten – für eben so unbestechliche wie unnachsichtige Untersuchung und Bestrafung. Seine allbekannten militärisch-politischen Anschauungen bürgten aber vor allem dafür, daß die Reformarbeit keine läßlich geübte Nebenbeschäftigung der Kommission sein würde.

Wenige Monate vor der Mobilmachung, die er ersehnte und beschwor, hatte Scharnhorst im April 1806 auf wenigen, gedankenschweren Seiten die Summe seiner Kritik an der altpreußischen Staats- und Heeresverfassung und seiner durch den Blick auf Frankreich gewonnenen vorwärtsweisenden Einsichten gezogen.

Nicht fremde, uninteressierte Söldner, die derzeit die Hälfte der Armee bestückten, die »ganze Masse des Volks, jeder Staatsbürger ohne Ausnahme« müsse zur Verteidigung des Vaterlandes aufgeboten werden, teils als stehendes Heer, teils als »Nationalmiliz« in Reserve und geführt von Männern, die durch Tätigkeit, Talent und Mut, nicht durch Geburt und Stand, durch »Kriecherei und Konnexion«, zum Offizier berufen sind. »Preußen hat in allen Klassen von Staatsbürgern eine Menge patriotischer Männer . . ., welche das Gefühl für Nationalehre mit dem der militärischen Ehre vereinigen und . . . durch eine höhere Kultur des Geistes sich auszeichnen«. Lob, das den Mut anfacht, menschliche Verbundenheit und Nachsicht, die Begeisterung weckt, Aussicht auf Aufstieg und Belohnung seien Lebenselemente solcher Armee, nicht besinnungsloses Strafen, das Abspannung und Gleichgültigkeit erzeuge. Dann endlich könne die unbewegliche, kunstvollkünstliche, nur noch aus Furcht vor massenhafter Desertion vertretbare Lineartaktik preisgegeben und die überlegene Tirailleur-Kampfweise von den sieggewohnten französischen Truppen übernommen werden: »Geschickte Benutzung der Umstände . . ., das einzelne zerstreute Gefecht«, ohne Gefahr, daß sich auch die Soldaten zerstreuten. »Wir haben angefangen, die *Kunst* des Krieges höher als die militärischen *Tugenden* zu schätzen – Tapferkeit, Aufopferung, Standhaftigkeit sind die Grundpfeiler der Unabhängigkeit eines Volkes.«

Die allgemeine Wehrpflicht einführen, das Monopol des Adels auf Offiziersstellen beseitigen, die grausam-unmenschlichen Strafen für nichts und wieder nichts abschaffen, Strategie und Taktik nach dem Vorbild der französischen Armee modernisieren – das blieb Scharnhorsts Programm auch nach dem Desaster. Nach dem Desaster um so mehr. Und es war kein militärisches Programm allein. Es war ein eminent politisch-soziales Programm, das von sich aus tief in die Daseinsordnung Altpreußens eingriff und zu seiner vollen Erfüllung den Rückhalt an umfassenderen, zeitgemäßen Änderungen in Staat und Gesellschaft, an einer freien Verfassung brauchte.

Den hat es auf die Dauer nicht bekommen. Deshalb ist das überall durchtönende, vielfältig variierte, anmutig-ernste Leitmotiv der Heeresreform am Ende wirkungslos verklungen:»Armee und Nation innig vereinen und der Nation das Gefühl der Selbständigkeit geben« (Scharnhorst),»glückliche Verbindung von Krieger- und Bürgerstand« (Gneisenau), die»Armee als Schule der Nation« (Boyen), aber nicht, um eine Nation heranzuziehen, deren Lebensprinzip Gehorsam sei, sondern um die jungen Männer auf verantwortungsbewußte, staatsbürgerliche Teilnahme am öffentlichen Leben vorzubereiten. Im restaurierten Obrigkeitsstaat gab es für dergleichen keinen Lebensraum. Deshalb ist die modernisierte Armee, soweit sie stehende Armee war, doch wieder zum seelen- und empfindungslosen Mechanismus in Herrscherhand herabgekommen. Aber sie war eben nicht mehr nur stehende Armee. Und modernisiert war und blieb sie auch. Und das war schon etwas.

Schwere Kämpfe hat es gekostet. Die Reorganisationskommission ist ja nicht nur mit Männern von der Denkart Scharnhorsts besetzt gewesen. Eher im Gegenteil: vier von sieben waren, gelinde gesagt, sehr traditionsgebundene, jeder durchgreifenden Neuerung höchst abgeneigte Offiziere. Nicht von schwungvollem Reformgeist beflügelt, in ermüdend-hartnäckigem Ringen um jeden Gedanken und jeden Satz ging die Kommissionsarbeit den Winter über zäh voran. Aber für den Moment war Scharnhorsts gelassen-zielbewußte Beharrlichkeit stärker. Im Frühjahr resignierten zwei der konservativen Obristen. Sie wurden durch junge, ganz Scharnhorst verbundene Offiziere ersetzt. Nun waren sie beisammen. Scharnhorst und Gneisenau, der das Aufgebot des Volks bei der heldenmütigen Verteidigung von Kolberg so glanzvoll erprobt hatte, Grolmann und Boyen, dazu der weniger bedeutende Graf Götzen. Und da Scharnhorst überdies im Juni 1808 anstelle des konservativen Grafen Lottum Generaladjudant des Königs wurde, ging es jetzt schnell. Am 3. August 1808 fielen die alten Kriegsartikel. Spießrutenlaufen, ungemessene, allfällige Stockschläge und Fuchteln mit der flachen Säbelseite gab's fortan nicht mehr. »Kein Soldat«, hatte Scharnhorst an Stein geschrieben, »ist so erbärmlich gepeitscht worden als der preußische, und keine Armee hat weniger geleistet«. Fortan galt die »Freiheit des Rückens«. »Dünkt (sie) nicht möglich«, hatte Gneisenau eben in einem Aufsatz im »Volksfreund« mit dem ihm eigenen zuchtvoll-pathetischen Schwung der Sprache geschmettert, »nun, so laßt uns Verzicht tun auf unsere Ansprüche an Kultur, und die Bewegungsgründe zum Wohlverhalten noch fernerhin im *Holze* aufsuchen, da wir sie im *Ehrgefühl* nicht zu finden vermögen«. Dieser Geist bestimmte – ins Nüchterne gewendet – die königliche Order: nach 5 Graden gestufte Arreststrafen sollten künftig Besserung bezwecken, das Ehrgefühl und die Gesundheit schonen. Auf schwerste Vergehen – tätliche Widersetzung, Flucht vor dem Feind und Hochverrat – stand freilich auch weiterhin der Tod. Im zivilen Strafrecht blieb die Prügelstrafe beiläufig bis 1918 erhalten.

Schon drei Tage nach den Leibesstrafen ging auch das Monopol des Adels auf die Offiziersstellen dahin. »Einen Anspruch auf Offiziersstellen sollen von nun an in Friedenszeiten nur Kenntnis und Bildung gewähren, in Kriegszeiten ausgezeichnete Tapferkeit und Überblick ... Aller bisher stattgehabter Vorzug des Standes hört beim Militär ganz auf«. Das war zu Amtssprache geronnenes Resümée der Verachtung von dümmlich-hochfahrendem Standesdünkel und des Vertrauens in Bürgergeist und Volkskraft, die sich ungebunden in ganz anderen Wendungen Bahn zu brechen pflegten. Im Hochflug des Gedankens, in der Trefflichkeit der Sprache am schönsten wieder bei Neidhardt v. Gneisenau und wieder im »Volksfreund«: »Die Geburt gibt kein Monopol für Verdienste; räumt man dieser zuviel Rechte ein, so schlafen im Schoße einer Nation eine Menge Kräfte unentwickelt und unbewußt ... Währenddem ein Reich in seiner Schwäche und Schmach vergeht, folgt vielleicht in seinem elendsten Dorfe ein Caesar dem Pfluge und ein Epaminondas nährt sich karg von dem Ertrage seiner Hände ... Man schließe ebenfalls dem Bürgerlichen die Triumphpforte auf, durch die das Vorurteil nur den Adligen einziehen lassen will. Die neue Zeit braucht mehr als alte Titel und Pergamente; sie braucht frische Tat und Kraft«. Karger, erdenschwerer und bitterer Scharnhorst an Clausewitz: »Unsere Großen kennen keine Rittersitte, wollen bloß die Welt genießen. Die Gefühle und der Geist der höheren Stände bezeichnen eher den Sklaven als den freien, hochgeborenen Deutschen«.

Grollend, boshaft und verletzend schließlich der beiden eng verbundene Karl vom Stein:»Was kann man erwarten von den Einwohnern dieser sandigen Steppe, diesen pfiffigen, herzlosen, hölzernen, halbgebil-
deten Menschen – die doch eigentlich nur zu Korporals und Kalkulato-
ren gemacht sind«. Das war in seiner Allgemeinheit ungerecht, in all-
zuvielen Einzelfällen nur zu richtig.

Wer mit 12 oder 13 Jahren ins Kadettencorps eintrat und außer Exer-
zieren, Paradieren, Kommandieren und Prügeln nichts mehr lernte,
dessen abgrundtiefe Ignoranz konnte nur noch durch seine Hochfahrenheit übertroffen werden. Daraus wurden Generale, wie der alte
Feldmarschall Möllendorf, dem zu jedem Anflug eines neuen Gedankens, den er nicht etwa dachte, sondern der ihm vorgetragen wurde,
nur das Stereotyp einfiel:»Das ist zu hoch vor mir«. Freilich, es konnten auch unwissende, aber geistesfrische alte Männer draus werden,
wie Gebhart Leberecht Blücher, der mit wärmster, einsichtsvoller Sympathie das angestrengte Treiben der Reformer verfolgte:»Grüßen Sie
meinen Freund Scharnhorst und sagen ihm, daß ich es ihm ans Herz
legte, vor eine Nationalarmee zu sorgen. Dieses ist nicht so schwierig,
wie man denkt; von Zollmaß muß man abgehen, niemand in der Welt
muß eximiert sein ... Unsere unnützen Pedanterien mag der Soldat
ganz vergessen ... Die alljährlichen Revuen müssen wegfallen ...
Schreiben Sie mich beide Ihre Meinung« (an Gneisenau, 3. August
1807). Aber wieviele Blüchers gab es in der preußischen Armee. Und
die es gab, waren klug, weil sie wußten, woran es ihnen fehlte und sich
danach verhielten.»Ach Gneisenau, was hätt' aus mir werden können,
wenn ich was gelernt hätte«.

Daß preußische Offiziere künftig etwas gelernt hatten, dafür wollten
Gneisenau und Scharnhorst sorgen. Jeder junge Mann, wes' Geburt
und Standes immer, wenn er nur wenigstens 18 Jahre alt war, drei Monate tadelsfrei als Gemeiner gedient und eine Prüfung in schriftlichem
Aufsatz, französischer Sprache, Geometrie und Algebra, Geographie,
Statistik und Geschichte bestanden hatte, konnte nun zur Offizierslauf-
bahn zugelassen werden. Und mußte auch. Nur war die Zulassung
noch lange nicht die Ernennung. Es gab mehr Anwärter als Stellen. Bei
der Auswahl aber sprachen die Offiziere des Regiments dann doch wieder ein gewichtiges Wort mit. Gewichtig genug, um einen Bürgerlichen vom Offiziersdienst trotz allem fernzuhalten, wenn sie's drauf anlegten. Sie haben es nicht immer darauf angelegt. Oft genug aber doch.
Deshalb, und weil die Bürgerlichen entgegen Scharnhorsts Erwartun-

gen gar nicht so sehr nachdrücklich hineindrängten, ist das preußische Offizierskorps weit überwiegend Adelskorps und erster Stand im Staat geblieben. Klüger ist es freilich geworden. Nicht nur, weil die geistigen Ansprüche von vornherein höher veranschlagt wurden, auch weil Scharnhorst damals Kriegs- und höhere Militärschulen gegründet hat, durch die allein alsbald der Weg zum Generalstab führte. Ein Offizier, der mehr als seinen Namen schreiben konnte, galt fernerhin nicht mehr als Pedant, Federfuchser und Tintenkleckser.

Das waren rasche Erfolge gewesen, teilweise allerdings in Gestalt von Reformwechseln auf die Zukunft, die dann nicht in ganzer Höhe eingelöst worden sind. Sie wurden ergänzt durch Verbesserungen der Bewaffnung und Ausbildung, der strategischen Planung und taktischen Ordnung, der Brigadeorganisation und des Versorgungswesens.

Das Kernstück der Reform aber, das all dem zusätzlichen Sinn und Zusammenhang geben sollte, die allgemeine Wehrpflicht, kam nicht von der Stelle. Die große Denkschrift vom 15. März 1808, die den Gedanken der allerfassenden und allbereiten Nationalmiliz in durchführbare Formeln gefaßt und deren erster Paragraph gelautet hatte: »Alle Bewohner des Staates sind geborene Verteidiger desselben« – sie war Papier geblieben, als die Reorganisationskommission 1809 aufgelöst wurde.

Was Scharnhorst als Stätte staatsbürgerlicher Schulung und Bewährung dachte, wähnte der König als Hort des Widerstandes und des Aufruhrs. Deshalb blieb das Kantonreglement, an der Oberfläche retuschiert, im Kern unverändert in Kraft. Friedrich Wilhelm wollte kein Volksheer. Im Prinzip nicht und zum Befreiungskampf gegen Napoleon auch nicht, weil er – recht beraten – den Befreiungskampf nicht wollte, zu dem ihn die Reformer seit 1809 drängten. Gneisenau, Grolmann, Boyen und Clausewitz haben deshalb vorübergehend resigniert und das Land verlassen. Scharnhorst hat ausgehalten. Mit melancholisch zuversichtlicher Beharrlichkeit hat er darauf gewartet, daß ihm ein zweites Mal die Stunde schlüge. »Große Veränderungen stehen in kurzer Zeit bevor«, schrieb er im Februar 1812 dem zornerfüllt enteilenden jugendlich-genialischen Freund Clausewitz hinterdrein. »Ich ersuche Sie daher, sich nicht vom Vaterland zu weit zu entfernen. Ich werde dies auch nicht tun ... Wer sein Ziel aus dem Auge verliert, kommt in Gefahr, sich zu verirren«.

Er hat sich nicht verirrt. Aber seine unerbittliche Geradlinigkeit allein hätte es dennoch nicht zuwege gebracht. Unerwartete Umstände, fast eine Ironie der Geschichte, sind zu Hilfe gekommen. Den Anstoß, die allgemeine Wehrpflicht und die Nationalmiliz schließlich doch zu erlassen, hat ungewollt ein Mann gegeben, der wie kaum sonst einer schroffster Gegner allen Reformkrams war. »Weil Papst Sixtus V. in seiner Jugend Schweinehirt gewesen«, hatte der General Yorck von Wartenburg gegen Gneisenaus schönes Bild vom Caesar hinterm Pflug gesetzt, seien die Reformer »um jedes derartige Subjekt nun sorgsam bemüht, aus Furcht, daß irgendein göttlicher Sauhirte unbeachtet verkommen könne«. Und bitterbös gegrummelt, als der Freiherr vom Stein im Herbst 1808 den Dienst quittieren mußte: »Ein unsinniger Kopf ist schon zertreten; das andere Natterngeschmeiß wird sich in seinem eigenen Gift auflösen«. Scharnhorst hatte er gelegentlich gar landesverräterischer Beziehungen verdächtigt. Am 30. Dezember 1812 tat er in der Mühle von Tauroggen, was Schlimmeres ein preußischer Offizier nicht tun konnte: Er brach seinen Eid und löste ohne königlichen Befehl sein Corps von den zwangsverbündeten Franzosen. Das hätte ihm den Kopf gekostet, wenn nicht sichtbarlich soviel Gutes daraus entsprungen wäre. Daß auch die altpreußische Heeresverfassung darüber endgültig zu Bruch gegangen ist, ist ihm sicher nicht gutzuschreiben. Aber es war so.

Der Krieg gegen Frankreich war in Gang gekommen, ob der König wollte oder nicht. Ob er wollte oder nicht, mußte er nun – um an Soldaten zu kommen – erst alle Exemptionen beseitigen, dann eine Landwehr, schließlich den Landsturm ins Leben rufen. Das war im Februar und März 1813, war die allgemeine Wehrpflicht und die Nationalmiliz, war von Scharnhorst bis ins einzelne vorbereitet und war nur für den Krieg gedacht. Aber es ist nach dem ersten Krieg und Sieg gegen Napoleon nur noch einmal für wenige Monate rückgängig gemacht und dann – am 3. September 1814 – in feste gesetzliche Formen gebracht worden. Sie haben bis 1861 gehalten. Alle Männer vom 20. Lebensjahr an waren künftig 19 Jahre wehrdienstpflichtig: 3 Jahre zusammenhängend beim stehenden Heer, zwei Jahre bei der Reserve und je sieben Jahre bei der Landwehr ersten und zweiten Aufgebots. Danach gehörten sie bis zum 50. Lebensjahr zum Landsturm. Die Landwehr ersten Aufgebots sollte im Krieg wie das stehende Heer eingesetzt, die Landwehr zweiten Aufgebots zur Verteidigung der Heimat verwendet, der Landsturm in Zeiten nationaler Not im Hinterland aufgeboten werden, als »Rückhalt und Mauer, an welche das Heer und die schon ausgezogene Jugend sich lehnen«.

Eine Ausnahme wurde, da man die hohe Bedeutung der Bildung für Gesellschaft und Staat nun einmal entdeckt hatte, allerdings doch gemacht. Wer die Sekunda-Reife der neugeschaffenen Gymnasien hatte und sich selbst kleiden und bewaffnen konnte, durfte als Freiwilliger in besonderen Jägerbataillonen dienen und wurde bereits nach einem Jahr beurlaubt, um staatstragender Tätigkeit in Wirtschaft, Bürokratie und Wissenschaft zu obliegen. Um die Landwehr kam er freilich ebensowenig herum, wie die mit der Bevölkerung wachsende Menge an Wehrpflichtigen, die nicht ins stehende Heer gerufen wurde, weil der dauerhaft festgelegte Umfang der Armee sie nicht faßte. Gleichviel, es war das erste Privileg in Preußen, das nicht Geburt und Stand, sondern Bildung und Besitz allein verschaffte. Recht eigentlich ein *Bürger*privileg.

Von der Regierung aus dem Kabinett zum Regierungskabinett

Geistiger Schöpfer der neuartigen Heeresverfassung ist Scharnhorst gewesen. Er hat auch noch ihren ersten institutionellen Grund gelegt. Die dauerhafte Form hat er nicht mehr schaffen können. Im Juni 1813 ist er am Wundfieber und an aufopferndem Leichtsinn gestorben; die Erfüllung seiner sehnlichsten Wünsche vor Augen: die Befreiung Preußens von Napoleons Truppen und die Einführung von allgemeiner Wehrpflicht und Nationalmiliz. Seine beiden engsten Mitarbeiter haben es vollenden müssen. Gneisenau hat Napoleon bezwungen und Boyen die Heeresreform gekrönt. Boyen war Preußens erster Kriegsminister. Das war ein neues Amt in einer neuen Einrichtung, die Preußen in neuem Geist regieren und verwalten sollte. Im gleichen Geist, der die Heeresreformer geleitet und beflügelt hatte.

Damals, im Sommer der tiefsten Erniedrigung, als Scharnhorst an die Spitze der Kommission mit dem unaussprechlichen Namen berufen worden war, hatte noch ein anderes Gremium gleicher Art und Absicht die Arbeit aufgenommen. Sein Name war unwesentlich schlichter: Immediatkommission für die Zivilverwaltung. An ihre Spitze trat, dem König eher aufgenötigt als von Friedrich-Wilhelm gerufen, der Reichsritter Karl Freiherr vom Stein. Auch er kein Preuße, sowenig wie

Scharnhorst und Gneisenau, beiden auch ähnlich in der Denkart und der Richtung des praktischen Strebens. Und doch ein ganz anderer Mann. Ein Reichsritter vom Rhein mit dem Standesstolz und dem Unabhängigkeitsgefühl eines modernen Hutten oder Sickingen. Eine Persönlichkeit von belebender Kraft und ehrfurcht-, aber auch furchtgebietender Geschlossenheit und moralischer Rigorosität. Schon den Zeitgenossen ist es schwergefallen, von der sperrigen Wucht und dem eisigen Zauber seiner Persönlichkeit nicht hingerissen zu sein. Den Nachgeborenen war es – scheint's – unmöglich. Wenig anderen Staatsmännern in der deutschen Geschichte ist über alle historiographischen Konjunkturen hinweg solch hingebende Bewunderung dargebracht worden. Keinem, der alles in allem so wenig Handgreifliches und Dauerhaftes vor sich gebracht und als Politiker im Grund sogar gescheitert ist. Und doch eigentlich auch nicht sympathisch war. Es gab viel Bedenkliches in seinem Wesen und Verhalten.

Hochfahrender Stolz, verletzende, unbelehrbare Schroffheit des Urteils über Menschen und zugleich ganz leicht verletzte Eitelkeit; rechthaberische Anmaßung und schwer bezwingbarer Drang zu Macht und herrscherlicher Stellung, der nicht von Gefühlswärme und Sinnenfreude gemildert wurde. »Kein großer Mann«, hat Alexander von Humboldt gemeint, »kein Staatsmann, sehr beschränkt im Freiheitssinne, oft im Widerspruch mit sich selbst, ungebildeter als das Zeitalter, in dem er lebte«.

Scharnhorst und Gneisenaus neuernde Bestrebungen waren nie von Motiven bestimmt, die sich auf die eigene Person gezogen. Steins Bestrebungen schon. Was galt dem Reichsritter Preußen und seine staatliche Wiedergeburt? »Wenn Österreich der Herr eines einigen Deutschlands werden kann, will ich Preußen gern zur Disposition stellen«. Preußen war doch eigentlich nur das Probierfeld seines schöpferischen Temperaments und austauschbar, wenn es ihm nicht genügend Raum gab.

Sein durchdringender Wille, ihm genügend Raum zu schaffen, ist nicht nur nebenher Triebkraft für die durchgreifende Neuordnung der preußischen Staatsverwaltung gewesen. Womit ja nicht gesagt ist, daß diese Neuordnung nicht überfällig gewesen und daß nichts Gutes und Tragfähiges dabei herausgekommen wäre.

Und wie überfällig sie gewesen war! Was Stein vorfand, war im Kern ja noch die Regierungs- und Verwaltungsorganisation, die Friedrich Wilhelm I. dem Staat im Werden geschaffen hatte, um das Werden des

Staats zu fördern. Inzwischen freilich überwuchert und denaturiert. Sie war in die Breite gelaufen und hatte an Intensität verloren. Viel Schlimmeres konnte einem Staat kaum passieren, dessen Mangel an einheitlicher Verfassung von einer funktionierenden Verwaltung überdeckt wurde. Aber es war vorauszusehen gewesen.

Ein wachsender Staat mit Großmachtambitionen kann auf die Dauer nicht von einem überdimensionierten Finanzministerium verwaltet und von einem allmächtigen Alleskönner regiert werden. Auch dann nicht, wenn ein Alleskönner auf den anderen folgte. Und eine überdimensionierte Finanzbehörde ist der viel- und als überdimensionierte Finanzbehörde durchaus zu Recht gelobte Verwaltungsapparat des Soldatenkönigs ja doch gewesen. Gewiß, von vornherein und je später desto mehr mit innen- und wirtschaftspolitischen Nebenaufgaben betraut und belastet. Die aber natürlich aus fiskalischen Interessen in Angriff genommen und mithin nach fiskalischen Grundsätzen erledigt worden waren.

Dieser bürokratische Wasserkopf hieß Generalkriegs- und Finanzdirektorium und wurde 1723 ins Leben gerufen. Da war es freilich noch kein Wasserkopf, sondern eine handliche Behörde. Eine Vereinigung der Domänen- und der Steuerverwaltung, aus denen die Stände endgültig verdrängt worden waren. Der Zweck des Generaldirektoriums war, Geld für den Unterhalt der Armee beizutreiben und die Geldquellen in der Stadt und auf dem Land zu hegen und zu pflegen. Daher die wirtschafts- und sozialpolitischen Nebenaufgaben, die in der Terminologie der Zeit wohl auch Polizeiaufgaben hießen.

Anfangs war das Generaldirektorium zu diesem vielfältigen Beruf in vier Abteilungen aufgeteilt gewesen. Jeder stand ein Minister vor und jede hatte nicht etwa eine bestimmte Sachaufgabe für den ganzen Staat zu erledigen, sondern war in allen Verwaltungsdingen für bestimmte Provinzen zuständig. So schnell und ganz und gar konnte sich selbst die fürstlich-antiständische Finanzverwaltung nicht darüber hinwegsetzen, daß Preußen zunächst nur an der militärisch-bürokratischen Oberfläche ein einheitlicher Staat, im wirtschaftlich-sozialen Alltag aber immer noch eine Verbindung einander eigentlich fremder Territorien mit eigentümlichen Traditionen und Lebensbedingungen war.

Friedrich II. erst hatte diesen Provinzialdepartements eine Reihe Sachdepartements angegliedert, von denen er seine überzogene fiskalisch-merkantilistische Wirtschaftspolitik hatte praktizieren lassen: ein Departement für Handel und Fabriken gleich beim Regierungsantritt, später eins für Militärökonomie und eins für das Berg- und Hüttenwesen. Auch die Akzise- und Zollverwaltung hatte er den Provinzialdepartements entzogen und vorübergehend sogar neben das Generaldirektorium gestellt. Nach seinem Tod ist sie wieder hineingezogen und gewöhnlich mit dem Departement für Handel und Fabriken unter der Leitung eines Ministers vereint worden. Seit 1804 war dieser Minister Karl vom Stein.

Mit der zunehmenden Errichtung von Sachdepartements ist das Provinzialprinzip übrigens nicht schlechterdings überwunden worden. Die Verwaltung der neuen Provinz Schlesien war wieder einem Provinzialminister mit weitreichenden Kompetenzen zugewiesen worden, der nun wirklich ein für allemal nicht zum Generaldirektorium gehörte und überdies in Breslau residierte.

Das Generaldirektorium war im Prinzip als kollegialische Behörde organisiert. Alle Minister und Geheimen Räte berieten gemeinsam über alle wichtigen Vorgänge und legten dem König das Ergebnis zur Entscheidung vor. In König Friedrich Wilhelms Tagen jedenfalls. Friedrich II. beriet mit sich selbst, ordnete an und verbat sich umständliche Vorstellungen seiner Minister, von Einwänden und Empfehlungen nicht zu reden. Alles Impertinenz, Ignoranz, Malice und Korruption. »Ich traktiere das selber, also habe das Generaldirektorium nicht nötig«. »Nichts von Eurem eigenen Kopf zu tun, sondern über alles und jedes ... vorher bei mir anzufragen. Widrigenfalls ich den Minister sowohl wie alle miteinander wegjagen werde«. Regiert wurde neuerdings im Kabinett des Königs mit einem Kopf und mehreren Händen eifriger Kabinettssekretäre. Vom Generaldirektorium und von den Ämtern, die neben ihm gewöhnlich unbeachtet vor sich hinwurstelten, wurde ausgeführt. Wo Männer wie der Justizminister (Großkanzler) Cocceji oder Heinitz als Minister für die westlichen Provinzen ans Werk gingen, trotz allem einfallsreich, selbstbewußt und wirkungsvoll. Aber wieviel gab's von ihnen?

Wer wüßte einen bedeutenden Außenminister zu nennen? Obwohl es zuzeiten gleich zwei auf einmal gab. Und der einzige Minister für geistliche und schulische Angelegenheiten, der Aufhebens von sich und seinem Amt gemacht hat, hätte es lieber bleiben lassen. Das war der reaktionär-bigotte Spökenkieker Wöllner, den Friedrich II. einen »intriganten und betrügerischen Pfaffen« genannt hatte, was im Prinzip nichts hieß, aber in diesem Falle stimmte. Mit Wöllner war die Orthodoxie, Reaktion und Heuchelei ins amtlich mitbestimmte Geistesleben

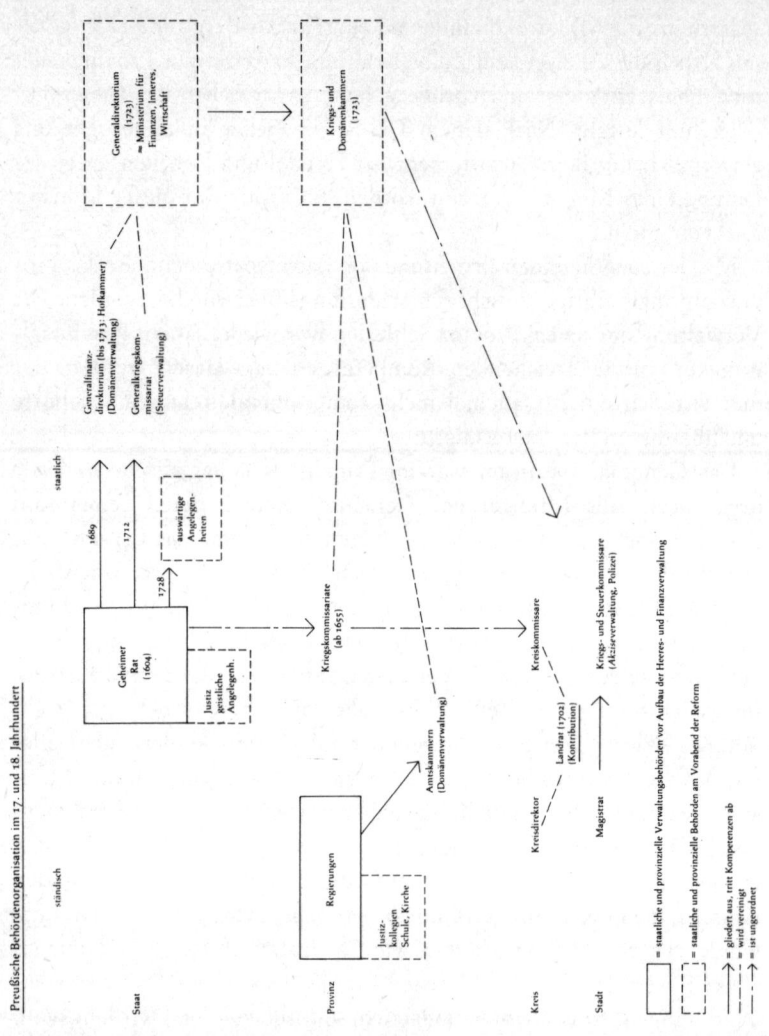

Preußische Behördenorganisation im 17. und 18. Jahrhundert

Preußens geraten. Die prallste Frucht seiner Tätigkeit war die Maßregelung Kants. Der möge unterlassen, seine Philosophiererei fernerhin »zur Entstellung und Herabwürdigung mancher Haupt- und Grundlehren der Heiligen Schrift« zu mißbrauchen.

Wöllners unseliger Einfluß auf Friedrich Wilhelm II. war so bezwingend, daß die eigentlich dazu berufene Staatsverwaltung auch nach dem Tod des großen Despoten die Geschäfte nicht in die Hand bekommen hat, wenn sie es überhaupt versucht hat. Womöglich ist der fatale Wöllner ja nur deshalb so maßgeblich geworden, weil Selbständigkeit, Verantwortungsfreude und Esprit in den Ämtern eben allzu sehr darniederlagen und niemand sich nachdrücklich genug dagegen verwahrte. Gleichviel, an gestaltendem Esprit hat die preußische Verwaltung jedenfalls nicht gewonnen, an Tatkraft und Wirksamkeit verloren. Wenn man Friedrich Wilhelm III. glauben darf, auch an »Treue, Uneigennützigkeit, Fleiß und Ordnung«. Dafür wuchs sie über sich hinaus, brachte es schließlich auf rund 20 Minister und an die 100 Geheime Räte – mehr als sonst ein Staat in Europa – und büßte dadurch weiter an Geschlossenheit ein. Mit der kollegialischen Beratung im Generaldirektorium war es schon unter Friedrichs Regiment alsbald vorbei gewesen. Sie hatte ja auch ihren Sinn verloren. Und so etwas wie einen gemeinsamen Ministerrat hat es nie gegeben. Einen Staatsrat gab es, aber der hatte dekorative, keine geschäftliche Bedeutung. So brachte jedes Amt auf gesonderte Anweisung oder in geistlos routinierter Abwicklung das Nötige zustande. Eins ohne Wissen des andern, alle ohne integrierendes Zentrum, auf den König orientiert, vom König nicht inspiriert.

Und dann kam Friedrich Wilhelm III. und seine Kabinettsräte und Adjutanten. Keine stummen Schreiberseelen mehr, sondern maßgebliche Berater, die mit einiger Geschicklichkeit Wunsch und Wille des Königs fast nach Belieben lenken konnten. Konnten? Ja, doch eigentlich lenken sollten. Warum sonst hätte der scheue, sprachungewandte, unsicher-fügsame und vertrautem Rat dankbar ergebene Friedrich Wilhelm sie zu dieser Stellung erhöht? Damit sie Leute und Probleme nach Möglichkeit *fern*hielten und Entscheidungen *nahe*legten. Es wäre ungerecht, ihnen vorzuwerfen, daß sie das nach Kräften besorgten. Und so schlimm, wie sie gemacht worden sind, waren sie auch gar nicht. Bismarcks Großvater Mencken und Beyme, die nacheinander für das Innere zuständig waren, sind tüchtige und kluge Männer mit gewiß günstigem Einfluß auf den König gewesen. Beyme vor allem hat sich fast als Statthalter des Generaldirektoriums im Kabinett gefühlt.

Lombard für das Äußere und der Generaladjutant Köckeritz für das Kriegerische waren allerdings bedenklich mediokre Erscheinungen. »Ich bin recht unglücklich«, beklagte sich Köckeritz einmal bei Boyen, »wenn zwei Parteien über eine Sache mit mir sprechen, dann wissen sie es immer so einzurichten, daß ich gar nicht weiß, wer recht hat«. Ihn liebte Friedrich Wilhelm III. am meisten. Aber viel Schaden haben sie nicht gestiftet, besseren Rat vom König nicht ferngehalten. Der etatmäßige Außenminister Haugwitz, der Präsident des Oberkriegskollegiums, der wackere Möllendorf, und der Chef des Militärdepartements waren ja vom gleichen Kaliber.

Persönlich nicht so schlimm und verderblich also. Als Institution aber schlimm und falsch genug. Natürlich war es unerträglich, daß die Politik eines großen Staats von einem ängstlichen, eigentlich urteilslosen König und drei unverantwortlichen Räten gemacht wurde.

Ganz zu Recht, wiewohl im Ton maßlos und in den persönlichen Wendungen verleumderisch und ungerecht, hat der Freiherr vom Stein im April 1806 an dieser Stelle mit seiner Kritik an der preußischen Regierungsverfassung angesetzt. Er hat sie dann freilich sehr bald mit immer noch schroffen, aber doch ruhigeren Formeln auf den inneren Zustand der Staatsverwaltung ausgedehnt und in Reformvorschläge einmünden lassen, die vom gleichen Geist getragen waren, wie die ins Staats- und Verfassungspolitische erweiterten Gedanken Scharnhorsts und Gneisenaus. Deshalb sind sie im Zuge der praktischen Reformarbeit ebenso auf halber Strecke ins Leere gelaufen. Aber hier wie dort: die halbe Strecke war ein gutes Stück und hat weit vom altpreußischen Zustand fort in moderne Verhältnisse geführt.

Nach heftigen und nervenaufreibenden Auseinandersetzungen erreichte Stein im November 1808, daß das Kabinett abgeschafft und das Generaldirektorium aufgelöst wurde. Die Aufgaben des Generaldirektoriums und des Ministers für Kultur übernahmen ein Innenministerium und ein Finanzministerium, die nicht mehr in Provinzdepartements, sondern in Sachressorts unterteilt waren. Das war keine bloß formale Umschichtung von Zuständigkeiten. Durch sie sollte einheitliches Handeln und Entscheiden aus sachlicher Kompetenz im Interesse des ganzen Staats zum durchgängigen Verwaltungsprinzip in Preußen gemacht und jeglicher Provinzialgeist aus den Staatsbehörden verbannt werden. Die Organisation der Ministerien war nicht länger kollegialisch, die Minister wurden Vorgesetzte ihrer Räte. Kollegialisch war dafür die Geschäftsordnung des neugeschaffenen Staatsministeriums, dem außer den beiden Erben des Generaldirektoriums nur noch der hergebrachte Außenminister, der Justizminister, der nicht länger Großkanzler hieß, und ein Kriegsminister, den Preußen bisher nicht gekannt hatte, angehörten.

Das waren die fünf klassischen Ressorts, die mancherlei spätere Aus- und Umgliederungen alles in allem unbeschadet überstanden haben. Nachhaltig dazugekommen sind in den nächsten Jahren dann noch ein Schul- und Kultus-, sowie ein Handelsministerium. Im Zusammenhang repräsentierten sie die neugewonnene Regierungs- und Verwaltungseinheit des preußischen Staats. Die kollegialische Organisation des Staatsministeriums ist nur vorübergehend durchbrochen worden. Von 1810 bis 1822, als Hardenberg weisungsbefugter Staatskanzler war. Nach seinem Tod ist das Amt unwiederbringlich entfallen. Die Ministerpräsidenten späterer Jahre sind nie mehr Vorgesetzte der Minister gewesen. Auch Bismarck nicht. Das hat ihm die Lust am Geschäft bekanntlich häufig verdorben und einige Nervenkrisen eingetragen.

Gesonderte Provinzialverwaltungen hat es nach Beseitigung der Provinzdepartements des Generaldirektoriums nicht mehr gegeben. Die nächst größere Verwaltungseinheit ist seitdem der Regierungsbezirk gewesen. Bis 1808 waren die Provinzen von zwei Behörden verwaltet worden: von den Kriegs- und Domänenkammern und von den Regierungen. Anders als die Namen, aber genauso wie die Kenntnisse der Zentralverwaltung Alt-Preußens vermuten lassen, hatte das Schwergewicht bei den Kammern gelegen. Sie waren Generaldirektorien im kleinen gewesen. Den Regierungen waren Justiz-, Schul- und Kultusangelegenheiten überlassen geblieben. Nun wurden Justiz und Verwaltung sorgsam voneinander getrennt. Auch die odiöse Kammerjustiz wurde beseitigt. Die alten Regierungen bekamen die Verantwortung für Schule und Kirche abgenommen, dafür die Verhandlung von Verwaltungsstreitigkeiten zugewiesen und wurden in Oberlandesgerichte umbenannt. Die erweiterten Kammern hießen fortan Regierungen. Ihre räumliche Reichweite wurde beschnitten. In jeder Provinz gab es fortan zwei oder drei Regierungsbezirke, 25 insgesamt seit 1815. An der Spitze der Regierungen standen Regierungspräsidenten. Aber nicht als entscheidungsbefugte Chefs, sondern als Repräsentanten und Sprecher einer Reihe von Räten, die bestimmte Sachfragen einzeln bearbeiteten und alle Entscheidungen von allgemeiner Bedeutung gemeinsam berieten.

Die Einheit der Provinz kam fortan nur noch in der Person eines Oberpräsidenten zur Geltung. Das war ein Mann ohne Behörde und ohne laufende Verwaltungsaufgaben, der seine Provinz bereisen, schonende Oberaufsicht über ihre Regierungen führen und das Staatsministerium als unbefangener, von täglicher Kleinarbeit und bürokratischen

Zwängen freier Mann in Provinzialangelegenheiten beraten und anregen sollte. Einfallsreiche und durchsetzungsfähige Männer haben an dieser, auf den ersten Blick kaum mehr als dekorativ anmutenden, jedenfalls höchst unscharf definierten Stelle Bedeutendes geleistet. Theodor von Schön in Ost- und Westpreußen z. B., auch Vincke in Westfalen und Sack in Pommern und der Rheinprovinz. Für andere ist sie eine gut dotierte und repräsentative Sinekure gewesen. Nicht selten hat sie auch als hinlänglich geschmiertes Abstellgleis für entbehrliche Minister nützliche, wenn auch nicht ganz im Sinne ihrer Erfinder nützliche Dienste leisten müssen.

Einheit, Verantwortlichkeit, Kraft und Regsamkeit von Regierung und Verwaltung hatten Stein und seine Mitstreiter mit ihrer Reform erreichen wollen. Und das haben sie auch. Vorübergehend jedenfalls. Aber das war ja längst nicht alles und eigentlich nicht einmal das Wichtigste gewesen. Sie hatten mehr gewollt. Sie hatten Regierung und Verwaltung zur Angelegenheit aller Staatsbürger machen, hatten die Gebildeten und Besitzenden »durch Überzeugung, Teilnahme und Mitwirkung bei den Nationalangelegenheiten an den Staat knüpfen, den Kräften der Nation eine freie Tätigkeit und eine Richtung auf das Gemeinnützige geben« wollen (Stein, Nassauer Denkschrift vom Juni 1807). Das haben sie nicht erreicht.

Es war ein großartiger Gedanke, Beamte in Sold und Bürger in Ehrenämtern zu gemeinsamer gemeinsinniger Tätigkeit in den Behörden zu vereinen, damit »lebendiger, fortstrebender, schaffender Geist« in ihnen walte und zugleich Gesinnung und Charakter der Gebildeten und Besitzenden staatsbürgerlich-gemeinnützig geläutert, kurz, Staat und Gesellschaft in der Verwaltung geeint werde. Es war aber auch ein illusionärer und unpraktischer Gedanke, der an der Wirklichkeit völlig zerschellt ist. Die herkömmlichen Behörden weigerten sich, eine lebendige Opposition und Kontrolle in sich aufzunehmen und die Stände, aus deren Mitte die ehrenamtlichen Mitglieder delegiert werden sollten, beanspruchten Interessenvertreter, nicht Verwaltungspersonal zu sein. Hardenberg hat denn auch schon seit 1810 auf den Versuch einer Integration völlig verzichtet.

Überdies war es ein Gedanke, der modernem verfassungspolitischem Denken geradewegs zuwiderlief. Nicht Gewaltenteilung – Vermengung der Gewalten; die Staatsverfassung in der Staatsverwaltung gleichsam aufgehoben. »Die Organisation der Staatsverwaltung ist sehr einfach, und ich tadle nichts daran«, schrieb Gneisenau im Oktober 1808, »als daß man so wenig dabei an Staatsverfassung gedacht hat«. Man hatte. Freilich eher in rückwärtsgewandter als vorwärtsstrebender Weise, in altdeutsch-genossenschaftlichem, nicht in konstitutionellem oder gar parlamentarischem Sinn. Womöglich ist damit die verfassungspolitische Chance jener Jahre vertan und der Verwaltung ein politisches Gewicht verschafft worden, das Stein in dieser Form sicher nicht gewollt hatte. Da die ursprüngliche Reformabsicht scheiterte und die Verfassungs*versprechen* unerfüllt blieben, weil die Verfassungs*forderungen* an Nachdruck so erstaunlich rasch einbüßten, ist die Verwaltung nie zum gestaltenden Kern einer modernen preußischen Staatsverfassung geworden. Sie hat die Staatsverfassung vielmehr in altpreußischer Weise weiterhin ersetzt. Die Bürokratie wurde zum Souverän des preußischen Staats, der König zum Souveränitätsrepräsentanten. Weiterhin gab es keinen Rechtsschutz gegen Verwaltungsmaßnahmen, weiterhin stand weder »der leidigen Sucht des Vielregierens, die über lauter Akten nicht zur Einsicht kommt« (Mevissen), noch der Erschlaffung in geistloser Routine eine kontrollierende, eindämmende und aufrüttelnde Repräsentantenversammlung gegenüber. Und das wurde je später je bedenklicher, weil der liberale Grundzug, der die Verwaltung der Reformzeit ausgezeichnet hatte, zusehends blasser und von kräftigen reaktionären Farben überdeckt wurde. Der Impuls von 1807/08 hat sich erstaunlich schnell erschöpft. »Seit 1823 wurde in Preußen (erneut) nicht mehr regiert, sondern nur noch administriert« (Hartung), schwerfällig, umständlich und langwierig. Der Historiker Johann Gustav Droysen, dem wahrlich Gutes im Übermaß zu Preußen eingefallen ist, klagte alsbald über den »Unsegen des kreuzspinnenartigen Systems von Beamtenstaat, der sich auf schriftliche Relationen verläßt und nirgend unmittelbar hinschaut«.

Vieles erinnerte an die letzten Jahrzehnte vor 1806. Nur eins war ganz anders geworden und machte die Sache nicht besser. Nicht mehr kleinmütige Selbstbeschränkung, sondern selbstzufriedene Überheblichkeit, geistige Anmaßung und herablassender Dünkel kennzeichneten neuerdings die preußische Verwaltung. Damals, 1837, hat der Innenminister Rochow das berüchtigte und bezeichnende Wort vom »beschränkten Untertanenverstand« geprägt. Die Beamten hielten sich für das Salz in der preußischen Suppe und waren doch zusehends mehr nur die Mehlschwitze, die sie streckte, aber auch fad und unzuträglich für Leib und Gemüt der Bürger machte. Und zu allem Überfluß zeigten sie auch noch unverkennbare und handgreifliche Neigungen, als bürokratische Agenten adeliger Klasseninteressen zu agieren.

Freiheit, die die Gutsherren meinen

Wie sich die Zeiten verändert hatten! Damals, im Reformjahrzehnt, waren die Besten unter ihnen ja doch angetreten, wichtige Vorrechte des Adels zu beseitigen und die erstarrte ländliche Sozialordnung Altpreußens aufzulockern, damit aus einem Untertanenverband allmählich eine Staatsbürgergesellschaft werde. Wenn die tieferliegenden, eigentlichen Ziele der Heeres- und Verwaltungsreformen irgendwann erreicht werden sollten, war das ja unerläßlich. Mit recht- und besitzlosen Bauern, deren Verbundenheit mit dem Staat vom Gutsherrn abgeschnitten wurde, ließ sich kein Volksheer machen. In denen war kein Gemeinsinn, keine Staatsbürgergesinnung und nicht das Gefühl zu wecken, daß die Staatsverwaltung irgendwie auch ihre Sache sei. Das haben die neuerungsfreudigen Beamten natürlich gewußt, und die Sozial-, will im alten Preußen sagen: die Agrarreform deshalb schwungvoll in Angriff genommen. Auf den Domänen war ja schon vor 1806 ein bemerkenswerter Anfang gemacht, den Bauern ihr Land zu eigen gegeben und die Scharwerkdienste in Geldabgaben umgewandelt worden. Der Schwung hat allerdings nicht vorgehalten. Die Agrarreform ist gescheitert.

Das hatte zwei Gründe. Gegen keine andere Reform haben sich die adeligen Rittergutsbesitzer so entschieden, nachhaltig und verbissen gewehrt. Das war ihr nicht gerade gutes, aber doch ihr Recht und verständlich. Schließlich ging es dabei um ihre ursprünglichsten wirtschaftlichen und sozialen Interessen, um Geld und Macht. Die Erwartung, daß einer stillehält, wenn ihm beides nach langer Gewöhnung streitig gemacht wird, wäre so blauäugig wie unbillig. Daß die Junker *nicht* stillgehalten haben, war auch nicht so schlimm. Schlimmer war, daß die Reformer ihnen keinen durchgeformten Plan und kein umfassendes Ziel von hinlänglicher Klarheit entgegenzusetzen hatten und daß niemand da war, der die Agrarreform mit ähnlich unerschütterlich-melancholischer Gelassenheit vorantrieb, wie Scharnhorst die Heeresreform, oder mit ähnlich hartnäckig-cholerischem Trotz wie Stein die Regierungs- und Verwaltungsreform.

Die Erneuerung der ländlichen Sozialverfassung war freilich auch eine kompliziertere Sache als die Reorganisation von Heer und Verwaltung. Wenn etwas Solides und Entwicklungsfähiges dabei herauskommen sollte, mußte viel bedacht und entschlossen getan werden. Die personenrechtliche Bindung der Bauern an den Gutsherrn mußte gelöst, die Dienst- und Abgabenpflicht beseitigt, den Bauern ihr Land zu eigen gegeben, die Polizei- und Gerichtshoheit der Gutsherren aufgehoben werden. Eins brachte das andere erst zur rechten Wirkung, jedes hing für sich in der Luft und schaffte Rechtsunsicherheit. Danach ist nicht gehandelt worden. Wo es so viele Ansatzpunkte zu notwendiger Reform gab, gab es auch viele Ansatzpunkte für ganz unnötige Meinungsverschiedenheiten und Auseinandersetzungen. Die Einheit des Wollens und Drängens, die die Heeres- und Verwaltungsreform immerhin zum ersten, äußerlichen Ziel gebracht hat, ist bei der Agrarreform nie und nirgendwo zu spüren gewesen. Nicht geschlossen und durchdacht aufeinander abgestimmt, sondern einigermaßen planlos, Stück für Stück, ist die vielfältige Sache angepackt worden. Nicht wie es die dauerhaften wirtschaftlich-sozialen Wirkungszusammenhänge, vor allem wie es akute fiskalische Erfordernisse geboten, und bei abnehmendem Reformeifer mit zunehmender Rücksicht auf die Vorstellungen und Interessen der glücklichen Besitzenden.

Deshalb haben Polizeigewalt und Gerichtshoheit, Kirchenpatronat und Jagdgerechtigkeiten der Rittergutsbesitzer die Reformzeit gänzlich unbeschadet überstanden, ist die Dienstablösung und Eigentumsübertragung eine halbe und die Beseitigung der Untertänigkeit im Effekt eine zweifelhafte Sache geblieben.

Mit ihr hat die Immediatkommission im Oktober 1807 den Anfang gemacht. Vor allem aus wirtschaftlicher Not und mit wirtschaftlicher Begründung, aber schon auch aus moralisch-sozialem Antrieb. Das war für die Männer, die zunächst mit der Agrarreform befaßt waren, im übrigen ja gar nicht zweierlei. Sie, allen voran Theodor von Schön, hatten bei Professor Christian Jakob Kraus in Königsberg gelernt, »daß es ebensowohl den unerläßlichen Forderungen der Gerechtigkeit als den Grundsätzen einer wohlgeordneten Staatswirtschaft gemäß sei, alles zu entfernen, was den einzelnen bisher hinderte, den Wohlstand zu erlangen, den er nach Maß seiner Kräfte zu erreichen fähig war«. Kraus hatte es von Adam Smith, und so stand es nun im »Oktoberedikt«. Die praktischen Folgerungen, die daraus gezogen wurden, sollten der von Kriegsverheerung und Kontinentalsperre bös niedergedrückten Landwirtschaft wieder auf die Beine helfen und die Steuerkraft des Landes stärken. Napoleon wollte bezahlt sein.

Bürgerliche erhielten das Recht, adelige Rittergüter mit allen daran haftenden Rechten zu kaufen, Adelige das Recht, bürgerlichen Gewerben nachzugehen. Die Erbzinsbauern aber sollten von Stund, die Lassiten vom Martinitage 1810 an persönlich freie Leute sein. Keine Schollen- und Gesindedienstpflicht mehr, nicht länger Heiratsverbote und Sterbegelder, sondern Zugfreiheit und freie Berufswahl. Löblich, aber zu wenig des Guten und darum fast nutzlos. Denn was nützte die »Kraft der entfesselten Hände«, wenn »sich von selbst« verstand, daß »alle Verbindlichkeiten, die (den Bauern) als freien Leuten vermöge des Besitzes eines Grundstücks« oblagen, in Kraft blieben? Den Bauern wenig, weil Freiheit ohne Eigentum nur ein Schein von Freiheit war. Dem Fiskus nichts, weil nur aus freiem Grund, von freiem Volk bestellt, die Steuerquellen wieder silbrig sprudeln würden. Aus dieser kaum mehr von liberalem Reformpathos veredelten Einsicht, und weil Napoleon wieder einmal besonders heftig auf Zahlung drängte, ist vier Jahre später denn auch zum nächsten Schritt angesetzt worden. Wahrlich nicht mehr lebhaft ausgreifend, eher zögernd, gehemmt und mit der erklärten Absicht, auch – und nicht nur nebenher – den Gutsherren etwas zulieb zu tun. Sie wurden von der Verpflichtung losgesagt, die Unzahl darniederliegender Höfe wieder instandzusetzen.

Und dennoch hätte der Schritt ein gutes Stück in die richtige Richtung geführt, wenn er tatsächlich gegangen worden wäre. Die erblichen Lassiten sollten zwei Drittel, die Lassiten ohne Erbrecht und die Zeitpächter die Hälfte des Landes, das sie bisher bestellt hatten, zu freiem Eigentum erhalten. Der andere Teil fiel an den Gutshof, als Entschädigung für die Dienste und Abgaben, die sich mit freiem Eigentum natürlich nicht vertrugen und beseitigt wurden. Die Eigentumsrechte der Gutsherren ebenso unentgeltlich und kurzweg aus der Welt zu schaffen wie die Herrschaftsrechte, traute sich die Bürokratie schon nicht mehr. Sie brauchte den guten Willen und das Geld der Junker gar zu sehr. Und die erhoben trotz der – schien es – vorteilhaften Regelung ein markerschütterndes Geschrei. So laut und so unehrerbietig in der Form, daß Hardenberg zwei der märkisch-markigsten Widerständler – den jungen, uns wohlbekannten Friedrich August Ludwig von der Marwitz und den alten Grafen Finckenstein, der schon im Müller-Arnold-Streit Adelsstolz vor Königsthronen bewiesen hatte – fünf Wochen auf die Feste Spandau setzen ließ.

Der Gewinn an Land – und sie würden schon zusehen, daß es nicht das schlechteste war –: gut und schön, aber nichts wert, wenn plötzlich niemand mehr da war, unwillig, aber billig darauf zu scharwerken und zu robotten. Hinterlist und Tücke, die einem sogar die Beseitigung des Bauernschutzes vergällen konnte. Sie dachten ja nicht daran, sich wehrlos darauf einzulassen. Und da das »Regulierungsedikt« vom September 1811 staatliche Nachhilfe erst vorsah, wenn Gutsherr und Bauer innerhalb von zwei Jahren nicht gütlich übereingekommen waren, ihr Auseinanderkommen auf den Weg zu bringen, passierte erst einmal gar nichts – wenn man davon absieht, daß die Gutsbesitzer, nun sie unbeschränkt durften, soviel Land wie eben möglich an sich rafften. Als die zwei Jahre herum waren, hatte das amtliche Preußen fürs erste Wichtigeres zu tun, als sich um Landübereignungen und Dienstablösungen zu kümmern. Da war es seit geraumer Zeit und für geraume Zeit vollauf damit beschäftigt, Napoleon zu besiegen, zu beerben, noch einmal zu besiegen und Europa neu zu ordnen. Alles anteilig. Dabei haben die Bauern nicht übel mitgeholfen. Beim Siegen jedenfalls. Im übrigen ist es ihnen schlecht bekommen. Gneisenau schlug zwar vor, daß ihnen als Dank für die Teilnahme an den Befreiungskriegen ihr Land ungeschmälert zu dienstfreiem Eigentum gegeben werde. Aber die Zeiten, da sein fortschrittlich-liberaler Geist der Geist des amtlichen Preußen gewesen war, die Zeiten waren vorüber. Das Regulierungsedikt wurde nicht in Gneisenaus Sinne ausgedehnt, sondern ganz im Gegenteil zur Revision in eine Prüfungskommission gegeben, von der sein eigentlicher Schöpfer Scharnweber sorgsam ferngehalten wurde. Die Kommission tat, was im stillen von ihr erwartet wurde und nahm das Edikt im Mai 1816 mit einer Ausführungsbestimmung (Deklaration) zur Hälfte zurück.

Reguliert wurden nur noch spannfähige und katastrierte Bauerngüter alten Bestandes. Bei den sicherlich mehr als doppelt so zahlreichen Bauernstellen, die kein Gespann auf die Beine brachten, oder nach 1763 errichtet worden waren, blieb alles beim alten. Fünf Jahre später wurde schließlich auch das wirtschaftliche Band zwischen den Gutsbesitzern und den Erbzinsbauern durchtrennt. Eigentum mußte denen nicht verschafft werden. Das hatten sie faktisch ohnedies. Aber die Dienste und Leistungen wollten auch sie los sein. Das wurde ihnen 1821 ermöglicht. Natürlich auch nur den spannfähigen Stellen. Die Dienste und Leistungen konnten durch eine jährliche Geldrente abgelöst werden. Deshalb hieß das entsprechende Gesetz Ablösungsordnung. Mit ihm wurde im übrigen zugleich bestimmt, daß der bisherige Gemeinbesitz an die Gutsherren und die neuerdings freien Bauern verteilt werde. Das nannte man Separation.

Mit allem war den 12 000 Gutsbesitzern sehr gedient. Sie gewannen bis 1848 etwa 4 Millionen Morgen Land und strichen von den abgelösten Erbzinsleuten nach und nach über 10 Millionen Taler ein. Und dank der Unregulierbarkeit der kleinen Stellen behielten sie überdies kostenlose Arbeitskräfte, solange sie deren brauchten.

Die etwa 70 000 regulierten und die 170 000 abgelösten Bauern sind auch nicht schlecht, aber viel schlechter als die Herren dabei gefahren. Was sie an Land an die Gutsherren verloren, gewannen sie durch die Aufteilung des alten Gemeinbesitzes zurück und annähernd 1 Million Morgen noch dazu. Dabei sind sie allerdings gewöhnlich auf die schlechteren, bis dahin teils unbebauten Böden abgedrängt worden. Und während auf die Gutsbesitzer zusätzlich zu den Ablösungsgeldern staatliche Unterstützungen und Mittel aus den ritterschaftlichen Kreditinstituten wie warmer Frühlingsregen herabrieselten, mußten sie auf sich selbst und die Leihgaben von Wucherern gestellt zusehen, wie sie ihren in Kriegs- und Krisenzeiten überdies heruntergekommenen Besitz wieder auf leidliche Höhe brachten. Mit viel Arbeit und Mühsal ist es notdürftig gegangen. Dabei ist die Anbaufläche in ganz Preußen allmählich ums Doppelte vergrößert worden. Vor 1815 war nur gut ein Viertel der preußischen Lande beackert worden, 1850 wurden schon an die 45 %, 1864 gar über die Hälfte bebaut; 14 statt 7 Millionen ha. Dabei ist es künftig geblieben.

Die Dummen waren die Kleinstellenbesitzer. Die hatten ihre Abhängigkeit behalten und die Möglichkeit verloren, ihr Vieh auf den Gemeinheiten zu weiden. Und nach und nach verloren viele auch ihr bißchen Land und Schutz. Denn als die Gutsbesitzer lernten, daß rasch gedungene und rasch davongejagte Tagelöhner viel einfacher und wirtschaftlicher zu handhaben waren als dienstpflichtige Kleinstellenbesitzer, haben sie von sich aus darauf gedrängt, die gegenseitigen Verpflichtungen abzulösen, oder die Kossäthen, Kätner, Gärtner anderweitig um ihr Land gebracht. Die sanken in die vormals schmale Schicht besitzloser Landarbeiter ab. Und beide unterbäuerliche Schichten, die Kätner und die Landarbeiter, waren fruchtbar und mehrten sich. Von keinem Eheverbot mehr in geschlechtlichem Zaum gehalten, wuchsen sie und wuchsen, und je mehr sie wuchsen, um so ärmer, elender, bejammernswerter und schließlich furchterregender wurden sie.

Wirtschaftlicher Wohlstand und sozialer Aufstieg durch Freiheit und Eigentum – das war das ideelle Ziel der Reformer gewesen. Herausgekommen war eine wirtschaftlich wieder wohlkonservierte, wiewohl hochverschuldete, sozial weiterhin uneingeschränkt dominierende Rittergutsbesitzerklasse adeliger und neuerdings zu mehr als 40% auch bürgerlicher Herkunft, die um die Jahrhundertmitte schließlich an die 60 % der landwirtschaftlich genutzten Fläche in Preußen bebaute. Herausgekommen war eine verhältnismäßig kleine, konstante Schicht recht oder schlecht lebensfähiger, persönlich freier Eigentümerbauern, die über 35 % des Anbaulands verfügten. Herausgekommen war schließlich ein anschwellendes Landproletariat von unsäglicher Kläglichkeit, ohne regelmäßigen Unterhalt, stets von Existenznot gepeinigt, von Gott und allen guten Geistern verlassen, apathisch und verwahrlost, ganz gleich, ob sie ein Stück der restlichen 5 % Ackerland noch hatten oder landlose Tagelöhner und nahrungslose Dorfhandwerker waren.

In Ostpreußen z. B. hat sich das Zahlenverhältnis der drei Schichten, zu denen noch Gesinde kam, zwischen 1805 und 1867 folgendermaßen verändert:

	1805	1867
Gutswirte	0,9 %	1,2 %
Hofbauern	38,3 %	25,1 %
Kätner, Tagelöhner,		
Dorfgewerbe	45,8 %	62,5 %
Gesinde	15,0 %	11,2 %

Die ostpreußische Landbevölkerung hatte unterdessen um 667.000 Menschen (= 85 %) zugenommen. Vier Fünftel davon waren den unterbäuerlichen Schichten zugewachsen.

Ungewollt hatte edles, aber unzulängliches, gebremstes Streben wesentlich dazu beigetragen, das große soziale Problem jener Zeit in die Welt zu setzen:»Pauperismus« – Massenverarmung und Massenverwahrlosung, denen in den 40er Jahren beträchtlich mehr als die Hälfte der Preußen östlich der Elbe, an 7 Millionen Menschen, hilf- und – wie es schien – ausweglos verfallen war.

Denn der Weg in die Städte, der seit 1807 für jedermann offenstand, ist in der ersten Jahrhunderthälfte kein Ausweg gewesen. Er ist deshalb kaum gegangen worden. Er hätte nur Sinn gehabt, wenn es dort Arbeit gegeben hätte. Aber es gab keine Arbeit in den Städten. Es gab dort ein heillos übersetztes Handwerk und wenige, nicht sehr aufnahmefähige Fabriken.

1811 war zwar der Zunftzwang beseitigt worden. Jedermann durfte seitdem jedes Gewerbe ausüben, wie und wo immer er wollte, wenn er nur ordentlich seine Gewerbesteuern bezahlte. Darauf hatte Hardenberg es vor allen Dingen abgesehen. Auch die Gewerbefreiheit war weniger eine weitere Blüte des wirtschaftlich-sozialen Liberalismus, als ein weiterer Versuch, eine herkömmliche Steuerquelle zu kräftigerem Sprudeln zu bringen. Richtig und fortschrittlich war die Entscheidung im Prinzip natürlich trotzdem. Mit dem Prinzip war nur wenig gewonnen, solange die Verhältnisse nicht so waren, daß es sich praktisch entfalten konnte. In Preußen waren sie noch immer nicht so. Die Hoffnung auf wesentlich mehr Gewerbesteuern dank wirtschaftlicher Handlungsfreiheit erwies sich als Illusion, weil Freiheit allein für einen bemerkenswerten Aufschwung der Gewerbe nicht ausreichte. Was noch dazugehörte, ist erst durch die industrielle Revolution dazugekommen. Bis dahin, bis in die 40er Jahre, hat sich das Handwerk zwar beträchtlich ausgedehnt, ist dabei aber nur noch weiter heruntergekommen, als es ohnedies war. Zwischen 1816 und 1846 hat die Zahl der Meister von etwa 216000 auf 460000, die Zahl der Gesellen von rund 180000 auf 380000 zugenommen. Die kaufkräftige Nachfrage ist entfernt nicht mitgewachsen. Unterbeschäftigung und Verarmung vieler Meister, Verlust der »bürgerlichen Nahrung«, wie man damals sagte, waren die Folge. Im Jahr 1850 mußten in Berlin vier Fünftel aller Handwerksmeister von der Steuer befreit werden, weil ihr Einkommen das steuerrechtlich festgelegte Existenzminimum nicht erreichte.

In der Furcht des Fürchterlichen

Preußen ist, ohne daß es damals jemand ahnen mochte, mit einer schweren wirtschaftlich-sozialen Hypothek aus jener Zeit des Niedergangs und der halbherzigen Erneuerung hervorgegangen. Territorial und politisch freilich auf unerwartete und eigentlich auch unverdiente Weise gestärkt und gefestigt.

Wer wäre noch im Sommer 1812 nicht in homerisches Gelächter ausgebrochen, wenn ihm einer gesagt hätte, daß Wilhelm III. zwei Jahre später als Napoleon-Bezwinger in Paris einziehen und noch einmal ein Jahr darauf Herr über eine preußische Ländermasse, stattlicher und kompakter denn je, sein werde? Seit dem Tilsiter Frieden lebte Preußen in der Furcht Napoleons, souverän zwar, aber gerade so souverän, wie dem mächtigen Mann beliebte, durchgehend finanziell gepreßt und hin und wieder politisch gebeutelt. Dennoch litt das Land nicht eigentlich unter der französischen Besatzung. Kein Ächzen und Stöhnen war zu hören. Die Franzosen, oder wes Nation Napoleons Kriegsvolk immer war, benahmen sich halbwegs anständig, lebten und ließen leben. Die preußische Bevölkerung richtete sich mit ihnen ein. Sie wurden ein Teil ihres Alltags, der die nutzlose kriegerische Eruption von 1806/1807 unbeschadet überstanden hatte, und allenfalls ein bißchen bunter durch sie wurde. Kein Gefühl zusätzlicher Bedrückung, kein Haß, kein Befreiungsdrang. Jedenfalls keiner, der sich gegen die Franzosen richtete. Anfangs ganz im Gegenteil. Für den Moment hatten die Bauern ihre Eroberer hier und da gar mit der Hoffnung willkommen geheißen, sie würden sie von ihren angestammten Herren befreien. Dann machte sich Gleichgültigkeit breit. Nein, mit den preußischen Landleuten war kein Volksaufstand gegen Napoleon zu machen. Preußen war nicht Spanien und war nicht Tirol. Und schon gar nicht war mit ihnen ein Volksaufstand zu machen, der nach der Vertreibung der Franzosen zu Ende gewesen wäre. Deshalb hatte der ängstliche Friedrich Wilhelm aus seiner Sicht gleich doppelt recht, wenn er sich allen Erhebungsplänen verweigerte und die Planer – Stein, solange er in Preußen gelitten war, dann vor allem Scharnhorst, Gneisenau und Clausewitz – ein ums andere Mal zu pathosgeladener Verzweiflung trieb. Die Alternative war nicht fortgesetzte Demütigung oder neugewonnene Unabhängigkeit, die Alternative war fortgesetzte Demütigung oder Vernichtung. Womöglich ein für allemal. Friedrich Wilhelm wählte fortgesetzte Demütigung. Das war nicht heroisch, aber einsichtsvoll, zumal es auf etwas mehr oder weniger nach Jena, Auerstädt und Tilsit wirklich nicht mehr ankam.

Ende 1808 wurde er zunächst einmal gezwungen, den leitenden Minister Karl vom Stein zu entlassen und aus dem Land zu jagen. Daran war Stein zum großen Teile freilich selber schuld, der König im Grunde seines Herzens darüber sicher nicht böse. Er liebte diesen Mann nicht. Anfang 1807 hatte er ihn bereits einmal mit dem Vorwurf entlassen, ein »widerspenstiger, trotziger, hartnäckiger und ungehorsamer Staatsdiener« zu sein, der nicht »das Beste des Staats vor Augen« habe, sondern »nur durch Kapricen geleitet, aus Leidenschaft, persönlichem Haß und Erbitterung« handele. Widerstrebend nur hatte er ihn nach Tilsit wiedergenommen, weil die Gattin Luise so herzlich darum bat und Napoleon es ihm überraschenderweise anriet.

Stein hatte anfangs denn auch alles zu tun versucht, den Franzosenkaiser zufriedenzustellen, ohne Preußen vollends dabei zu ruinieren. Monatelang hatte er mit Napoleons Statthalter Daru in Berlin über die Herabsetzung der Kriegskontribution verhandelt. Fern seiner eigentlichen Wirkungsstätte in Königsberg, wo unterdessen das begonnene Reformwerk in unzuträgliches Stocken geriet, überdies so wenig behutsam und geschickt, daß am Ende nichts dabei herauskam. Da ist der königliche Bruder Wilhelm zu Besänftigungsbemühungen an höherer Stelle nach Paris gereist. Stein aber hat sich mit allem Ungestüm und aller Unbedachtheit, die ihm nun einmal eigen waren, der gewaltsamen Befreiung verschrieben. Und auch dies mit verhängnisvollem Ungeschick.

Eines Morgens bekam Prinz Wilhelm in Paris einen Brief zu lesen. Der war nicht an ihn, sondern an den windig-reaktionären Fürsten Wittgenstein gerichtet. Geschrieben hatte ihn Minister Stein, abgefangen ein französischer Posten irgendwo in Deutschland. Der hatte den erwarteten Respekt vor dem Siegel preußischer Würdenträger vermissen lassen. In dem Brief stand, daß Wittgenstein den ihm geistesverwandten hessischen Kurfürsten ersuchen möge, eine preußisch-deutsche Erhebung gegen den Okkupator, die freilich nirgendwo in Aussicht stand, mit hessischen Talern zu unterstützen.

Am folgenden Tag, es war der 8. September 1808, war der Brief im »Moniteur« und bald darauf in Deutschland ein Flugblatt zu lesen, daß »ein gewisser Stein«, wo immer man seiner habhaft werde, aufgegriffen und an die französische Besatzungsmacht ausgeliefert werden solle. Die Mission von Bruder Wilhelm aber war am gleichen Tag zu Ende. Er hatte gerade noch Gelegenheit, eine Konvention zu unterschreiben, darin die preußische Kriegsschuld auf 140 Millionen Franken neu festgesetzt und dem Land auferlegt wurde, seine Armee auf 42 000 Mann zu reduzieren.

Der Freiherr vom Stein floh und gelangte schließlich auf einigen Umwegen als Berater an den Hof des Zaren. Der preußische König und seine neue Regierung versprachen Wohlverhalten und durften nach Berlin zurückkehren.

Anderthalb Jahre herrschte Ruhe im Land. Im Frühjahr 1809 wagten die Österreicher den Aufstand gegen Napoleon und warben heftig um Preußens Unterstützung. Die Militärs drängten und waren gleich wieder mit Volkserhebungsplänen bei der Hand. Die Königin Luise warf ihren tiefverletzten Stolz und ihren sanftmütigen Haß gegen den Franzosenkaiser in die Waagschale. Friedrich Wilhelm aber blieb fest. Nur mit Rußland gegen Napoleon. Rußland aber ging noch *mit* Napoleon. Die Österreicher blieben sich selbst überlassen, wurden bei Wagram jämmerlich zusammengehauen und mußten sich im Oktober zu einem neuen Diktatfrieden verstehen, der im Jahr darauf familiär unterbaut wurde. Napoleon ließ sich die Erzherzogin Marie-Louise antrauen und wurde Kaiser Franz' Schwiegersohn.

Freilich, solch zart-berechnende Bande von Thron zu Thron und Herz zu Herz haben auf die Länge im Machtkampf nie allzuviel bedeutet. Drei Jahre später war Napoleon doch wieder mit Österreich im Krieg. Und diesmal war auch Preußen dabei. Ausgegangen waren die neuerlichen Verwicklungen allerdings von Rußland.

Es war ja zu erwarten gewesen, daß der wankelmütige Alexander auf Dauer nicht an Frankreichs Seite aushalten würde. Drei Jahre waren schon eine lange Zeit, zumal Napoleon die erhoffte Treueprämie in Gestalt des Herzogtums Warschau durchaus nicht herausrücken mochte und die Kontinentalsperre sich zusehends als wirtschaftlicher Bumerang erster Güte erwies. Zum Jahresende 1810 kündigte Rußland sie kurzerhand auf. Die Freundschaft hat es Frankreich schon vorher gekündigt. Im kriegsgewohnten Europa konnte sich niemand vorstellen, daß das keine Kriegserklärung mit Langzeitwirkung sei. Im stillen hat es Alexander wohl auch so gemeint. Napoleon jedenfalls hat es gleich so aufgefaßt und sich darauf eingestellt.

In den gramerfüllten preußischen Patrioten begann es wieder zu wallen. Scharnhorst und Gneisenau, aber auch der alte Blücher, der ja trotz seiner Schwierigkeiten mit Grammatik, Synthax und Orthographie an ausgeprägter Schreibseligkeit litt, bestürmten Hardenberg und Friedrich Wilhelm mit Kriegs- und Erhebungsplänen. Das Volk, das ganze Volk zum Befreiungskampf begeistern. Der König möge rufen und alle, alle kämen!

»Als Poesie gut«, schrieb Friedrich Wilhelm müde und einsichtsvoll an den Rand. Damit kam er bei Gneisenau an den Rechten: »Die Fürsten der Erde kennen häufig nicht den Zauber, der in ihren freundlichen Worten oder in ihrem Zorne liegt . . . Wenn Allerhöchstdieselben diesen Zauber anwenden wollten, um ihren Thron, ihren Staat, ihre

Kinder dem Schutz des Volkes zu empfehlen, ew. Majestät würden Wunder tun ... Es sind nicht immer die stehenden Heere gewesen, die Throne und Staaten gerettet haben. Häufiger war es die Liebe eines für seinen Herrscher begeisterten Volks ... Religion, Gebet, Liebe zum Regenten, zum Vaterland, zur Tugend sind nichts anderes als Poesie ... Auf Poesie ist die Sicherheit der Throne gegründet«.

Als Prosa hinreißend. Aber Preußens mürrischer König war keiner, der sich ohne weiteres hinreißen ließ. Und seit ihm im Jahr zuvor die zuweilen befeuernde Frau mit gerade 34 Jahren hinweggestorben war, weniger denn je. Recht hatte er außerdem. Und hätte es auch dann gehabt, wenn sich später nicht alles so wunderbar gewendet hätte. Mit Alexanders unbeständigem Drang, Deutschland und Europa von Napoleon zu befreien, war er mehr als einmal schlecht gefahren. Eben hatte Scharnhorst in Petersburg lange über eine Militärkonvention verhandelt, in der Rußland schließlich zusicherte, zum Schutz Preußens in die Schranken zu treten, wenn Napoleon an der Weichsel stünde. Österreich aber wollte vorerst zum Schwiegersohn halten. Und England erschien die Sache so unausgegoren, daß es auch nicht einen Schilling Subsidien darin investieren mochte. Gneisenau hatte sich vergeblich in geheimer, auch ein bißchen unverbindlicher Mission in London darum bemüht. Als Napoleon dann auch noch ultimativ forderte, daß Preußen sich offen auf seine Seite schlüge, widrigenfalls sofortige Vernichtung in Aussicht stünde, war die Sache entschieden. Preußen blieb bei Frankreich. Am 24. Februar 1812 sagte es ihm ein Hilfscorps von 20000 Mann zu und stellte sein Land als Operationsbasis zur Verfügung.

Damals haben Gneisenau, Boyen, Grolmann, Clausewitz und viele andere Offiziere erschüttert und erbittert den preußischen Dienst quittiert und sind nach Rußland oder England gegangen. Clausewitz sprach für alle: »Ich glaube und bekenne, daß der Schandfleck einer feigen Unterwerfung nie zu verwischen ist«. Das war tief und aufrichtig empfunden, aber natürlich nicht wortwörtlich ernst gemeint. Lange hat es sie im Ausland nicht gehalten. Als Preußen sich ein Jahr später doch zögernd und mühsam anschickte, an dem Fleck zu reiben, waren sie alle wieder zur Stelle.

Im Sommer 1812 war Napoleon mit der großen Armee nach Rußland gezogen. Es war von Anbeginn ein verfehltes Unternehmen. Napoleon kam voran. Aber nachdem er die Russen Mitte August bei Smolensk geschlagen hatte, schon beinah wider Willen. Das grausige

Schlachten auf der »Heiligen Heide« von Borodino drei Wochen später war im Grunde schon ein Schlachten ohne strategischen Sinn. »Kutusow und Napoleon haben willkürlich und sinnlos gehandelt. Aber die Geschichtsschreiber haben nachträglich schlaue und verwirrende Gründe ersonnen und beide Feldherren genial genannt« (Tolstoi). Napoleon habe sich mit der Schlacht den Weg nach Moskau freigekämpft, sagen die Geschichtsschreiber gewöhnlich. Und aufs tatsächliche besehen ist das auch richtig. Sinnlos blieb das Gemetzel trotzdem. Denn der Kaiser wußte da schon, daß Moskau nicht Wien oder Berlin und mit der Besetzung der Hauptstadt das Land nicht bezwungen, der Krieg nicht beendet war. Sein Hauptfeind waren ja nicht die russischen Truppen. Sein Hauptfeind waren Krankheit und Hunger. Die konnte Feldherrengenie nicht bezwingen. Keine Woche ist er im menschenleeren, verödeten Moskau gewesen. Dann brannte die Stadt. Dann kam der russische Winter. Und dann die Beresina. Die große Armee – mit Mann und Roß und Wagen – erschlagen, erfroren, verhungert, ersoffen. »Die Gesundheit seiner Majestät«, konnte man in Paris lesen, »ist niemals eine bessere gewesen«.

Und der Krieg war nicht zu Ende. Nach kurzem Zögern schwor Zar Alexander zum drittenmal heilige Eide, daß er Deutschland und Europa von der lebenszähen Bestie befreien werde, beschloß im stillen, bei dieser Gelegenheit Polen einzustreichen und brachte seine Truppen in westliche Richtung auf den Weg. Napoleon nahm die Herausforderung an. Was blieb ihm übrig? Am 14. Dezember verlangte er von Preußen weitere 30 000 Soldaten. Friedrich Wilhelm war so unsicher und unentschieden wie je. Noch immer, und wohl immer noch zu Recht, glaubte er, daß Preußen und Rußland allein auf Schlachtgefilden links der Weichsel zu schwach seien, um gegen Napoleon zu bestehen. Gern hätte er es wie Metternich gemacht und unter hinhaltendem Widerstand gegen Napoleons Forderungen, aber ohne offenen Bruch abgewartet, was Rußland zuwege brachte. Die Ereignisse haben ihn dann freilich, nein, wahrlich nicht mitgerissen, eher mitgeschleift.

Napoleon und Gneisenau

Auch mit der Konvention von Tauroggen war noch nichts entschieden. Der General Yorck ist mit seinem Hilfscorps, das glücklicherweise nicht mit nach Moskau gemußt hatte, sondern dem nördlichen Flankenschutz der »Großen Armee« unter McDonald zugeteilt worden war, am 30. Dezember 1812 ja nicht etwa mit fliegenden Fahnen zu den Russen übergegangen, die mittlerweile nach Ostpreußen eingerückt waren. Er hat Napoleon die fernere Gefolgschaft versagt und seine 14000 Soldaten neutralisiert. Nichts weiter. Für den König war es schon zuviel.

Obwohl er Yorck im August insgeheim angewiesen hatte, sein Corps von den Franzosen zu trennen und auf Graudenz zurückzuziehen, falls Napoleon über die russische Grenze zurückgeschlagen werde, hat er zunächst laut von Nichtigkeit, Absetzung und Kriegsgericht gesprochen. Er wollte keinen Eklat. Aber er hatte die Dinge nun nicht mehr in der Hand. Im fernen Ostpreußen nicht und bald überhaupt nicht mehr.

In Königsberg erschien im Januar 1813 der Freiherr vom Stein, nahm die Provinz als Beauftragter des Zaren in »vorläufige Verwaltung« und zerstritt sich – wie auch anders – zunächst einmal mit Yorck, daß die Funken stieben: Yorck möge zu den Russen übertreten. Er denke nicht daran. Dann müsse man ihn zwingen. Das möge man nur versuchen.

Stein hat es nicht versucht. Statt dessen hat er eine landständische Vertretung zusammen-, und von ihr die Bildung einer 20000 Mann-Landwehr nach den Grundsätzen der allgemeinen Wehrpflicht ausrufen lassen. Wenige Tage später verkündete Friedrich Wilhelm dann endlich von Breslau aus die allgemeine Wehrpflicht für den ganzen Staat. Aber das war nur ganz vordergründig ein Reflex auf die Königsberger Vorgänge.

Stein und die preußischen Stände wußten genau, gegen wen es mit ihrer Landwehr gehen sollte. Friedrich Wilhelm dagegen wußte noch immer nicht, was er mit dem Heer der allgemeinen Wehrpflicht, das Scharnhorst gleich tatkräftig zu organisieren begann, anfangen würde. Am liebsten hätte er Preußen als Vermittler zwischen Frankreich und Rußland gesehen.

Aber Alexander wollte keine Vermittlung. Er gefiel sich längst in der Rolle des Befreiers und wollte Kampf und Sieg. Und Preußen dabei an seiner Seite haben. Sein beharrliches Drängen, nicht etwa »das Volk« in heiligem Zorn und Freiheitsdrange, hat Friedrich Wilhelm schließlich nach und nach dazu gebracht, sein Zögern und Zaudern aufzugeben und Napoleon den Krieg zu erklären, ohne daß Österreich mittat. Es wäre ihm beinahe schlecht bekommen! Am 28. Februar verbündeten sich die beiden Herrscher. Aber es dauerte noch einmal bis zum 16. März, ehe Preußen auch offen mit Frankreich brach. Am nächsten Tag ergingen zugleich die »Verordnung über die Organisation der Landwehr« und der berühmte Aufruf »An mein Volk«. Das war etwas Unerhörtes. Ein absoluter Monarch gab Rechenschaft und warb bei seinen Untertanen um Verständnis und Teilnahme.

Und dennoch war kein Volkskrieg, was nun losbrach. Es brach ja gar nichts los. Aus den Preußen waren noch immer keine Spanier und Tiroler geworden. Kein Volk stand auf. Die Preußen meldeten sich in Erwartung eines geordneten, regelrechten Kriegs zu den Waffen, weil sie gerufen und beiläufig mit der »Strafe des Gesetzes« bedroht wurden, wenn sie nicht kämen. Wohl wahr, viele kamen freiwillig, vor allem aus den städtischen Mittelschichten und aus dem Bildungsbürgertum. An Begeisterung, Opfersinn und Leidenschaft hat es nicht gefehlt. Ohne Begeisterung, Opfersinn und Leidenschaft wären in wenigen Monaten keine 280000 Mann, mehr als 10 % der männlichen Bevölkerung, auf die Beine, in Uniform und Reih und Glied zu bringen gewesen. Ohne nachdrücklichen Zwang freilich auch nicht. Ein »Kreuzzug«, ein »heiliger Krieg« war es nur im empfindsamen Herzen eines Theodor Körner. In der kruden Wirklichkeit war es sehr wohl und vor allem doch ein »Krieg, von dem die Kronen wissen«.

Und auch etwas davon haben wollten. Zwei Tage nachdem Friedrich Wilhelm seinem Volk klargemacht hatte, daß es mit Zuversicht und Gottes Beistand um »unsere Existenz, unsere Unabhängigkeit, unseren Wohlstand« gehe, vereinbarte er mit Alexander, daß es für Rußland zugleich um Polen, für Preußen um Sachsen gehen sollte.

Im Sächsischen, bei Leipzig, wollten sie Napoleon erwarten. Das blieb ihnen unbenommen, weil Beauharnais, der mit den Resten der großen Armee bei Magdeburg stand, es nicht hindern konnte. Obwohl Blücher den Sachsen versicherte, daß er ihnen »die Morgenröte eines neuen Tages« bringe, setzte sich deren König nach Böhmen ab.

Anfang Mai war Napoleon zur Stelle. Mit 180000 Mann. Es schien, als könne er Armeen aus dem Boden stampfen. Die Russen und die Preußen taten sich damit schwerer. Sie hatten unterdes nur 97000 Soldaten zusammengebracht. Die wurden bei Groß-Görschen südwestlich von Leipzig geschlagen und nach Osten zurückgetrieben. Scharnhorst, nun schon 58 Jahre alt und dennoch nicht für wert erachtet, Truppen-führer in eigener Verantwortung zu sein, wurde dabei als Stabschef Blüchers verwundet. Schlimm, aber nicht so schlimm, daß es ihn ab-halten konnte, nach Prag zu reisen, um Österreich erneut zum An-schluß zu ermuntern. Dort ist er am 28. Juli am Wundfieber gestorben, die Melancholie ins Tragische gewendet: »Ich will nichts von der gan-zen Welt; was mir wert ist, gibt sie mir ohnehin nicht ... Alle Orden und mein Leben gäbe ich für das Kommando eines Tages«.

Als er das schrieb, am 24. Mai an seine Tochter, konnte er auch für Preußen kaum mehr hoffen. Napoleon war nachgesetzt, hatte die Ver-bündeten drei Tage zuvor bei Bautzen erneut bezwungen und vollends nach Schlesien vertrieben. Die Russen hatten eigentlich schon wieder genug von Europas Befreiung und zeigten bedenkliche Neigung, nach Polen abzudrehen. Da beging Napoleon, hat er später selbst gemeint, die größte Dummheit seines Lebens. Er bot einen sechswöchigen Waf-fenstillstand an. Ein Viertel seiner Armee war bei Groß-Görschen und Bautzen getötet worden. Es gab keinen schnellen, leichten, demorali-sierenden Sieg mehr gegen Preußen und Russen. »Die Tiere haben ja was gelernt«, soll er voll ingrimmigen Staunens gesagt haben. Wo-möglich hoffte er, mit Rußland einmal mehr zu einem Sonderfrieden zu kommen oder Österreich wieder fest an sich zu binden. Mit beidem und noch manchem anderen hatte er sich gründlich verrechnet.

Als der Krieg im August weiterging, war Alexander wieder ganz westwärts gewendet und Österreich nicht mit Frankreich, sondern mit Preußen und Rußland im kriegerischen Bunde. Metternich wollte Na-poleon ja auch gern hinter den Rhein zurück und die alten Machtver-hältnisse wiederhergestellt haben. Deshalb hatte er dem Franzosenkai-ser als bewaffneter Vermittler in prekärem Einvernehmen mit Rußland und Preußen Frieden auf dieser Grundlage angeboten: Die Rheingren-ze für ein napoleonisches Frankreich, Österreich und Preußen in den Grenzen von 1804 wiederhergestellt, der Rheinbund und das Großher-zogtum Warschau aufgelöst. Napoleon hielt dagegen: Schlesien an Österreich, Polen völlig wiederhergestellt, Ostpreußen an Rußland, Brandenburg an Sachsen, Preußen perdu! Viel der Versuchung, aber zu wenig, Napoleons europäische Hegemonie zu beseitigen. Gut viel-leicht, daß Metternich so wenig österreichischer, wie Stein preußischer Patriot war, soviel beide sonst immer trennte. Ihm war weniger um Österreichs Vergrößerung als um die Retablierung des europäischen Machtgleichgewichts zu tun. Er lehnte ab und Österreich trat der Koalition bei. Der gehörte seit geraumer Zeit auch Schweden an. Und zu einem Subsidienvertrag mit England war es endlich auch gekommen.

Nicht mehr nur die angeschlagenen Preußen und die rückzugwilligen Russen in Schlesien, drei riesige Heerhaufen standen Napoleon neuerdings gegenüber. In Böhmen das Hauptheer – 250000 Mann – unter Österreichs feistem, ausgleichendem Fürsten Schwarzenberg. Bei ihm hielten sich die beiden Kaiser und Preußens König auf. Das hat Schwarzenberg die Sache nicht gerade erleichtert. Blücher hat ihn später hochleben lassen, den »Feldherrn, der drei Monarchen in seinem Hauptquartier hatte, und den Feind dennoch schlug«. Bei Berlin die preußisch-schwedische Nordarmee – 150000 Mann –, die ein alter Weg- und Kampfgefährte Napoleons führte, Marschall Jean Baptiste Bernadotte, der neuerdings Carl Johann hieß und schwedischer Kronprinz war. Zwischen beiden, in Schlesien, die preußisch-russische Armee des alten Blücher. Sein Stabschef war nun an Scharnhorsts Stelle Gneisenau.

Der ist zum wichtigsten Mann des ganzen Krieges geworden. Nur sein strategisches Talent war dem Napoleons ebenbürtig. Fast alles, was den Krieg zum Sieg vorangebracht hat, ist seinem Kopf entsprungen. Was immer nicht nach seinem Kopf ging, hemmte die Sache der Alliierten. Es war sein wie Scharnhorsts großes Leid, daß er nur planen, nicht auch führen durfte, da vielleicht keiner wie der charismatische Mann dazu berufen war. Es war Preußens wie der Alliierten großes Glück, daß er für einen Feldherrn plante, der seine eigenen Beschränkungen und Gneisenaus Genie hochherzig, einsichtsvoll, bescheiden und selbstbewußt anerkannte und dem Stabschef befehlend gehorchte.

Ohne Gneisenau hätte der Krieg gewiß ganz anders ausgesehen. Wenn Blücher nicht sein Chef gewesen wäre, aber auch. Deshalb ist er mit Recht, wenn auch zum guten Teil mit falschen Gründen, so gefeiert worden. Er war ein fabelhafter Kerl, und nicht nur, weil er mir und mich verwechselte.

»Wenn ihr mir zum Doktor macht«, hat Blücher später wohl gesagt, als die Universität von Oxford ihm albernerweise einen Doktorhut auf den Kopf drückte, der das wirklich nicht nötig hatte, »wenn ihr mir zum Doktor macht, muß Gneisenau Apotheker werden. Wir beide gehören nun mal zusammen«.

Ja, Blücher und Gneisenau zusammen waren »die Spitze von Stahl in dem schwerfällig eisernen Keil, womit man den Koloß spaltet« (Clausewitz). Gneisenaus strategische Einsicht und Blüchers Entschiedenheit haben die Voraussetzung für den weltgeschichtlichen Sieg bei Leipzig geschaffen.

Napoleon hatte sich die Sache so gedacht: ein Teil seiner Truppen sollte Berlin nehmen, er selbst wollte sich durch Blüchers Schlesien-Armee hindurch den Weg nach Rußland bahnen. Nicht etwa, um dann auch hinzumarschieren. Um die russischen Truppen zum Schutz des Vaterlandes von den Verbündeten abzuziehen und die Österreicher dann allein zu schlagen. Aber seit Borodino ging ihm nichts mehr recht nach Wunsch.

Die Berlin-Eroberer kamen mit Not über die preußischen Grenzen, dann wurden sie bei Groß-Beeren und Dennewitz gleich zweimal von den preußischen Corps der Nordarmee geschlagen. Und Napoleon bekam Blücher nicht zu fassen. Wo immer er ihn im Vordringen zwischen Elbe und Oder im Schlesischen anzunehmen versuchte, wich der alte Haudegen aus, ließ die französischen Truppen ins Leere laufen und plänkelte gleich darauf doch wieder mit ihnen rum. Inzwischen rückte Schwarzenbergs Hauptarmee übers Erzgebirge auf Dresden vor. Das Ganze hatte sich Schwarzenbergs Stabschef Radetzky ausgedacht: Wer von Napoleon höchstselbst angegriffen werde, sollte beiseite gehen, die beiden anderen Armeen den Franzosen in den Rücken fallen. Aber nicht dafür ist ihm der Marsch gewidmet worden. Napoleon ließ McDonald zurück, damit er Blücher weiter beschäftigte, und wendete sich gegen die kaiserlich-königlich gestützte böhmische Armee.

Oh, mit welch sardonischer Lust haben sich Blüchers Leute, da sie's nun laut Kriegsplan durften, an der Katzbach auf die Franzosen gestürzt. Strategisch war ihr Sieg vom 26. August von geringem Belang, zumal Napoleon am gleichen Tag und tags darauf die Hauptarmee nach Böhmen zurücktrieb; moralisch war er nach Groß-Görschen und Bautzen von kaum zu überschätzendem Gewicht.

Um ein Haar wären ein paar am Sieg ganz unschuldige Mädchen, die unvorsichtigerweise am 26. August zur Welt gekommen waren, Katzbachrine getauft worden. So patriotisch ging es damals zu in Preußen. Aber Ordnung mußte schon auch sein, und Siege sollten Siege, Taufnamen Taufnamen bleiben. Deshalb wurden aus den Kleinen zu ihrem Glück dann doch Luisen und Charlotten.

Wenn es nach Schwarzenberg und Radetzky gegangen wäre, hätten die siegreichen Preußen sich jetzt mit der böhmischen Armee vereint und ihr geholfen, einem weiteren Stoß Napoleons nach Böhmen, den jedermann erwartete, mannhaft standzuhalten. Es ist aber im Namen

Blüchers nach Gneisenau gegangen. Der hielt eine Offensivbewegung der vereinigten Armeen Blüchers und Bernadottes über die Elbe in Rücken und Flanke des französischen Heeres für sehr viel wirkungsvoller, weil geeignet, dem Franzosenkaiser einen neuerlichen Marsch nach Böhmen zu verleiden. Die schlesische Armee marschierte also nach Norden, setzte Anfang Oktober nach heftigem Kampf bei Wartenburg über die Elbe und vereinigte sich mit Bernadottes Soldaten. »Es wird alles gut werden. Napoleon ist in der Tinte«, schrieb Blücher an seine Frau. Und tatsächlich. Vergebens hat Napoleon versucht, Blücher und Bernadotte mit allen verbliebenen Kräften über die Elbe zurückzuwerfen. Der Stoß ging ins Leere. Die beiden Armeen sind nach Westen ausgewichen und von der Saale her auf Leipzig marschiert. Die Hauptarmee kam vom Süden. Da hat auch der Franzosenkaiser seine Truppen nach Leipzig zurückgewendet und die Schlacht angenommen. Es war ein Nachhutgefecht größten Ausmaßes und blutigsten Angedenkens. Zum erstenmal sind Napoleon die Schlachtbedingungen vom Feinde aufgenötigt worden. Auch das war Gneisenaus Verdienst.

125000 Tote hat es am 16., 18. und 19. Oktober 1813 in und um Leipzig gegeben, ehe sich Napoleon schwer geschlagen, aber immer noch nicht vernichtet, über den Rhein aus Deutschland davonmachte. Bruder Jerome, König von Westfalen, folgte schleunigst nach. Nachdem Bayern schon am 8. Oktober aus dem Rheinbund ausgetreten und gegen Garantie von Besitz und Eigenständigkeit ein Militärbündnis mit Österreich eingegangen war, sagten sich nun auch die anderen Napoleonoiden eilfertig und im Streben, nichts von allem, was er ihnen gewaltsam verschafft hatte, wieder einzubüßen, von ihrem Protektor los.

Die Preußen hätten nun am liebsten gleich ganze Sache gemacht, hinter dem Erzfeind hergesetzt und ihn in Grund und Boden gehauen. Daran war Metternich nicht gelegen. Er hatte erreicht, wofür er der Koalition beigetreten war. Mehr war seinen ausgeklügelten Interessen eher zuwider als förderlich. Die Franzosen sollten hinter den Rhein verschwinden, aber Frankreich sollte eine Macht in Europa bleiben. Der Ausdehnungs- und Beherrschungsdrang der Russen beunruhigte ihn jetzt schon viel mehr. Was war gewonnen, wenn sich die Waage, darauf die Machtverhältnisse Europas gewogen wurden, neuerdings nach Osten neigte, weil im Westen das Gegengewicht fehlte? Und Preußens begehrlicher Griff nach Sachsen war ihm auch gar nicht recht. Schließlich: Geriet in diesem Krieg nicht zunehmend ein Motiv, das sich – eh man's gedacht – gegen die politisch-soziale Ordnung im eigenen staatlichen Haus richten konnte, wenn das äußere Ziel erreicht war?

»Der Geist, der durch den allgemeinen Widerstand gegen die französische Herrschaft in Deutschland erwacht (und) besonders von Preußen aus dergestalt gewachsen war, daß der *Befreiungs*krieg einem *Freiheits*kriege nicht unähmlich sah – gab zu ernsten Betrachtungen und Besorgnissen über die Zukunft Anlaß«, schrieb Metternichs gedanken- und federgewandter Berater Gentz damals.

Kurz, Österreich wollte Schluß machen mit dem Krieg und die territorialen und politischen Verhältnisse ohne großes Hin- und Herschieben von Ländermassen konsolidieren. Deshalb hielt Metternich Preußen nachdrücklich davon ab, Sachsen auf baldigen und endgültigen Zuschlag hin besetzt zu halten. Deshalb garantierte er den späten Rheinbund-Renegaten wie Bayern flugs Souveränität und Besitz. Deshalb verhinderte er schließlich die Verfolgung Napoleons über den Rhein hinweg und brachte Alexander und Friedrich Wilhelm III. dazu, dem Kaiser von Frankfurt aus Frieden und die Rheingrenze anzubieten. Blücher und Gneisenau barsten fast vor Unruhe und Zorn.

»Wihr wollen hinübergehn, wihr wollen Brabant und Holland erobern u ihm so zu Pahren treiben, daß er Fride machen muß«, schrieb Blücher. Und Gneisenau war »durch Ärger und Stubenluft ... schon halb krank«.

Napoleon tat ihnen gleichsam einen Gefallen, als er das durchaus großzügige Friedensangebot Ende Dezember ablehnte. Die königlichen Strategen und Schwarzenberg verdarben ihnen freilich die Freude daran. Statt – wie es ihnen im Sinn stand – frontal und mit geballter Wucht längs durch Frankreich auf Paris loszubrechen, schlich sich die Hauptarmee vorsichtig von Basel her auf französisches Gebiet, zauderte, traute sich über Langres nicht hinaus, hatte immer noch Angst vor Napoleon und hörte, statt ernsthaft Krieg zu führen, nicht auf, von Friedensverhandlungen zu reden. Blücher war mit kleiner Truppenmacht zwischen Koblenz und Mainz bei Kaub über den Rhein gesetzt. Er sollte ein paar französische Regimenter links des Flusses beschäftigen. Damit war er natürlich völlig unterbeschäftigt. Deshalb machte er sich alsbald auf den Weg ins Innere, im Prinzip auf die Hauptarmee zu, aber mit starkem westlichen Drall in Richtung Paris. Bei Brienne hat Napoleon ihn aufgehalten und nach Norden an die Marne abgedrängt.

Blücher

Scharnhorst

Clausewitz

Die preußische Landwehr zu Fuß und russische Kavallerie zu Roß

Triumph an der Katzbach (26. August 1818)

Am Gasthof »Belle Alliance« nach der Schlacht von Waterloo: in der Mitte Blücher und Wellington

Freilich bekam auch dies Manöver schnell wieder einen, scheint's, unvermeidlichen Knick auf Paris zu. Und an bewegender Wirkung hatte der Marsch es auch nicht ganz fehlen lassen. Schwarzenberg war Blücher bei Brienne zögerlich und ohne großen Einsatz zu schwacher Hilfe gekommen und kroch nun auch die Seine entlang unwillig weiter auf Paris zu.

Noch einmal ist es Napoleon gelungen, die beiden Heere knapp 100 km vor der Hauptstadt nacheinander blutig zu schlagen, Blüchers am 14. Februar bei Montmirail, Schwarzenbergs vier Tage später bei Monteraux. Aber der Fall von Paris und das Ende seiner Herrschaft waren nur noch zu verzögern, nicht mehr abzuwenden. Eine Weile hat es noch gedauert, ein paar Gefechte hat es noch gebraucht, viele Tote hat es noch gekostet – am 31. März 1814 waren die Alliierten dann doch in Paris und Napoleon fürs erste Kaiser der Franzosen gewesen.

Ein knappes Jahr später hat er bekanntlich versucht, es aufs neue zu werden und zu bleiben. Die Franzosen hatten dagegen offenbar auch nicht viel einzuwenden. Was sollten ihnen die Bourbonen, die sie erst mit nicht geringem Getöse vom Thron gejagt und die ihnen die Sieger nun in besonders wenig erfreulicher Personifizierung wiederbeschert hatten? Napoleons Zug von Antibes nach Paris gestaltete sich zunehmend zum Triumphzug. In Paris ist er freilich nur solange geblieben, wie nötig war, eine halbwegs liberale Verfassung zu dekretieren und ein schlagkräftiges Heer zusammenzubringen. Mit dem ist er nach Belgien gezogen, um den aufgeschreckten Siegern vom vergangenen Jahr, bevor sie sich so recht gesammelt hatten, machtvoll klarzumachen, daß er wieder Herr von Frankreich sei und sich's von ihnen nicht verwehren lassen werde.

Das ist ihm vor allem dank Gneisenau nicht gelungen. In Belgien standen englische und niederländische Truppen unter Wellington, preußische kamen vom Rhein herbei. Mit ihnen ist Napoleon zuerst zusammengetroffen. Bei Ligny hat er sie am 16. Juli geschlagen und ist ohne Säumen in Richtung Brüssel weitergeeilt, um auch Wellingtons Heerhaufen zu überrennen. Daraus wurde nichts, weil Gneisenau, statt zur Sammlung und Erholung nach Osten abzudrehen, nach Norden marschieren ließ und die preußischen Truppen am 18. Juli wider alles Erwarten auf dem Schlachtfeld von Waterloo erschienen. Das oder die Nacht hatte Wellington erhofft. Für Napoleon gab es nun nichts mehr zu hoffen. Er erlebte beim Gehöft von Belle Alliance sein

Waterloo. Noch einmal zogen Blücher und Gneisenau nach Paris, und Friede mußte natürlich auch noch einmal geschlossen werden.

Beim erstenmal, am 30. Mai 1814 in Paris, hatten die Franzosen das linke Rheinland dann doch herausrücken müssen, freilich Elsaß und Lothringen behalten dürfen. Da hatte Napoleon nach Siegen ganz anders hingelangt. Aber die Bourbonen sollten ja nicht als Nachlaßverwalter eingesetzt werden, sondern einer intakten europäischen Macht vorstehen. Und da das unverdrossen Metternichs Sinn blieb, fiel der zweite Pariser Friede am 20. November 1815 kaum weniger glimpflich aus als der erste. Preußen hätte Elsaß und Lothringen als Bekränzung seines Tatenruhms diesmal ganz gern eingeheimst. Aber die anderen Mächte litten es nicht. Saarbrücken und Saarlouis war alles, was heraussprang.

Unterdessen hatte Preußen freilich andernorts an Umfang und Gewicht gewonnen, wie es drei Jahre früher noch ganz unvorstellbar gewesen wäre. Im Herbst 1814 nämlich war alles, was Rang und Namen in Europa hatte und politische Bedeutung beanspruchte, mit großem Gefolge in Wien zusammengelaufen, um Europa, insbesondere aber Deutschland, neu zu ordnen. Der Kongreß tanzte und schacherte. Er schnippelte an Staaten ab, stückte an Staaten an und bastelte neue Staaten. Blücher hat den Wiener Kongreß einen Jahrmarkt genannt, »wo ein jeder sein Vieh hintreibt, es zu verkaufen oder zu vertauschen«.

38 souveräne Territorien auf deutschem Boden sind am Ende dabei herausgekommen. Preußen ist nicht schlecht gefahren, obgleich Blücher fortfuhr, daß es »einen tüchtigen Bollen hingebracht und ein schebiger ochsen eingetauscht« habe. Es hat zwar nicht bekommen, was es ursprünglich wollte, ist aber stattlich schadlos gehalten worden. Sachsen blieb als Staat erhalten. Nur die nördliche Hälfte ist an Preußen gefallen. Die war nicht die Hälfte wert. Die reichen Gewerbestädte – Leipzig, Dresden, Chemnitz – lagen im südlichen Teil. Der zuweilen in martialische Wirklichkeit hinüberspielende Traum Friedrichs II. war auch in Wien nicht in Erfüllung gegangen. Dafür gingen die Träume des großen Kurfürsten und des Soldatenkönigs in Erfüllung. Preußen erhielt endlich den Rest von Pommern und mit dem Rheinland und Westfalen auch Berg und Jülich. Die zweifelhaften Errungenschaften der zweiten und dritten polnischen Teilung blieben dagegen zum großen Teil verloren. Nur der westlichste Streifen des Großherzogtums Warschau fiel an Preußen zurück. Das war künftig die Provinz Posen, das Armenhaus des Staats. Der Rest wurde als teilautonomes König-

reich Polen (Kongreß-Polen) mit erstaunlich liberaler Verfassung zu Rußland geschlagen. Der Zar war fortan auch polnischer König. Preußen aber war künftig in acht Provinzen eingeteilt. Vier davon entsprachen ganz oder weitgehend den alten Landschaften, die zum fridericianischen Staat zusammengenötigt worden waren: Brandenburg, West- und Ostpreußen, Pommern und Schlesien. Vier waren in Wien dazugekommen: die Rheinprovinz, Westfalen, Posen und Sachsen. Preußen war nicht zum ganz und gar ostdeutsch orientierten Staat geworden, wie es wohl gewünscht hatte, sondern fand sich unversehens zur Wacht am Rhein bestellt. Das ist für seine weitere Geschichte von einiger Bedeutung gewesen.

Mit dem großen Länderschacher ist der Wiener Kongreß in mehr als halbjähriger, halbwegs angestrengter Tätigkeit zu weitgehender Befriedigung der Beteiligten und Betroffenen ganz gut fertiggeworden. Seiner zweiten Aufgabe hat er läßlicher und mit weniger Erfolg obgelegen. Deutschland brauchte eine neue Verfassung. Denn ganz und gar zur Vielfalt unverbundener Territorien wollten die des Reiches ledigen Staaten nun doch nicht zerfallen. Andererseits hielt der Traum von deutscher Einheit und nationalem Staat, den vor allem die politischen Denker und Dichter, Träumer und Sänger, aber auch Männer wie Stein, Humboldt und Gneisenau voreilig in sehr unterschiedlichen Bildern geträumt hatten, der Wirklichkeit mit ihren partikularen Interessen, Eifersüchten und Eitelkeiten noch längst nicht stand. Ein lockerer Staatenbund ist deshalb damals nur geschaffen worden, Deutscher Bund mit Namen, institutionell nur schwach verklammert und ohne Entwicklungsfähigkeit. Ein bleicher und schwächlicher Kümmerling und Kränkling und Krüppel, wie Ernst Moritz Arndt wohl gesagt hat. Seine innere Ordnung wurde am 8. Juni 1815 in der rasch und einigermaßen oberflächlich hingeschriebenen deutschen Bundesakte festgelegt.

Darin wurde bestimmt, daß die Angelegenheiten des Bundes von einer Bundesversammlung besorgt werden sollten, in der Österreich den Vorsitz hatte. Die ist dann auch bald als Gesandtenkongreß in Frankfurt am Main eingerichtet und Bundestag genannt worden. Nur zu besorgen hatte sie so gut wie nichts. Die souveränen Herren hatten sich nicht dazu verstehen können, Rechte und Kompetenzen an den Bund abzutreten. Und was der Bundestag dennoch tun durfte, tat er schleppend und umständlich. Die nationale Einigung Deutschlands hat er nicht gefördert. Sie ist im kommenden halben Jahrhundert Idee geblie-

ben und dann in reduzierter und umstrittener Form über die Zerstö-
rung des Bundes zuwege gebracht worden. Immerhin haben die Bun-
desmitglieder bis dahin Frieden untereinander gehalten, wie sie sich's
im Art. 11 zugesichert hatten. Und das war bis dahin in Deutschland
wahrlich nichts Selbstverständliches gewesen.

5. Kapitel
Restauration, Revolution, Reaktion

Friedfertig nach außen

Im nächsten halben Jahrhundert hat Preußen mit seinen näheren und ferneren Nachbarn also in leidlichem Frieden gelebt. Überhaupt ist dieser *Militär*staat kein so furchtbar *kriegerischer* Staat gewesen. Die rauhen Preußen hielten gern ihr Pulver trocken. Wenn man für jede der fünf großen Mächte – England, Frankreich, Rußland, Österreich und Preußen – die Jahre des 17. bis 19. Jahrhunderts zusammenzählte, in denen sie irgendwo in namhaftere kriegerische Turbulenzen verwickelt waren: für Preußen käme gewiß die niedrigste Zahl heraus. So richtig aus eigenem Mutwillen, mit klaren, eigenständigen militärischen und politischen Zielen, ohne Rücksicht auf Meinen und Tun der staatlichen Umwelt, ist eigentlich ja nur Friedrich II. zu Werke gegangen. Und in gewisser, ganz anderer, viel behutsamerer Weise Bismarck.

Aber das lag noch in weitem Felde. Bismarck war gerade geboren worden, als die europäischen Staatsmänner im fidelen Wien letzte Hand an die Verfassung des Bundes legten, den er gut 50 Jahre später gewaltsam zerstörte. Bis dahin hat Preußen wahrlich keine ruhigen und beschaulichen, aber immerhin ziemlich friedliche Zeiten erlebt. Und so sollte es nach dem Willen der gekrönten Napoleon-Bezwinger auch sein. Ein Zeitalter des Friedens und der überstaatlichen Brüderlichkeit sollte heraufziehen, nachdem der ewige Ruhestörer und »Antichrist« ein zweites Mal geschlagen und ans Ende der Welt nach St. Helena verbannt worden war. Das war vor allem die schwärmerische, christlich-phantastisch angerührte Idee des Zaren Alexander. Bisher hatte er sich in der Pose des Befreiers und Erlösers so unendlich gefallen, nun wollte er sie zur Rolle des Spenders einer besseren Zukunft steigern.

Im September 1815 gab er seinen kaiserlich-königlichen Kollegen einen »Aufsatz« zu lesen, den er gern zum gemeinsamen Bündnisvertrag verwandelt sähe. Ein Zeitalter der Gerechtigkeit, der christlichen Liebe und der biblischen Brüderlichkeit zwischen den Völkern war darin beschworen. Als Poesie gut, ist man versucht zu sagen.

Kaiser Franz und König Friedrich Wilhelm – beide kaum minder religiös bestimmt als der Zar, aber ihrem Kopf und Gemüt entsprechend doch auf viel schlichter-nüchternere Art – fanden es zumindest nicht unbedenklich, romantische Gefühlsaufwallungen zur Grundlage eines Vertrags zwischen politischen Mächten zu machen, Metternich hielt es kurzweg für lautere Narretei.

Völlig verhindern konnte er es freilich dennoch nicht. Aber unter seinen gewandten Händen ist Alexanders emphatischer Erguß mit ein paar Strichen und Ergänzungen zu etwas beträchtlich anderem geworden. Der sonderbar ins Pietistische gewendete aufklärerische Ton, der in des Zaren Sätzen widerhallte: seid umschlungen Millionen, alle Menschen werden Brüder, diesen Kuß der ganzen Welt – das war Metternichs Ton nicht. Der Weg vom Bruderkuß zum Männerstolz vor Königsthronen, den Alexander natürlich als Letzter gehen wollte, ist ja auch bei Schiller nur wenige Zeilen lang. Wenn es denn ohne Brüderlichkeits-Versicherungen im Vertrag nicht abging, dann sollte es allein Brüderlichkeit zwischen den drei Monarchen sein. Sie, die Delegierten der Vorsehung, versprachen sich Beistand, Hilfe und Gefolgschaft bei der Sicherung der bestehenden zwischen- und innerstaatlichen Machtverhältnisse, und sicherten sich zu, auch weiterhin wie liebevoll-strenge Väter über gläubig-gehorsame Untertanen zu herrschen. So stand es im Vertrag, der am 26. September »im Jahr der Gnade« 1815 zu Paris zwischen Preußen, Rußland und Österreich feierlich geschlossen und »Heilige Allianz« genannt wurde. Von höchster Unverbindlichkeit war das Ganze immer noch. Der pragmatische Metternich hat es denn auch ein »lauttönendes Nichts« und »eine Theaterdekoration« genannt.

Von unmittelbarem praktisch-politischen Belang ist die »Heilige Allianz« tatsächlich nicht gewesen. Mit dem brüderlichen Einvernehmen der drei »schwarzen Adler« hatte es allweil seine Not, wenn ihm politische Interessen in die Quere kamen. Als Programm und als Menetekel aber hat sie in Metternichscher Fassung aktuelle und historische Aufmerksamkeit verdient. Sie war ein Dokument der Bewahrung und Beharrung und wie jedes Dokument der Bewahrung und Beharrung in bewegten Zeiten ein mögliches Instrument der Unterdrückung. In ihrem

Geist ist im Innern Preußen in den nächsten 35 Jahren Politik getrieben worden.

Für die machtpolitischen Verhältnisse und Entwicklungen in Europa viel wichtiger war ein anderes Bündnis, das am 20. November 1815, am Tag des zweiten Pariser Friedens, zunächst die vier Sieger miteinander eingingen. Ohne alle christlich-sittliche Verbrämung und anfangs durchaus mit Wendung gegen Frankreich. Nachdem die Franzosen aber drei Jahre lang nachhaltiges Wohlverhalten bewiesen hatten, wurden sie im Bunde der Fünfte. Damit war das alte System der fünf großen Mächte auf Grundlage der Idee vom europäischen Gleichgewicht wieder komplett. Und nun gar in Gestalt eines einigen Bundes, nicht als Konfliktsystem wie ehedem. So schien es. Aber das war kaum mehr als ein feierliches Maskenspiel, in einer Wirklichkeit, für die es nicht geschaffen war und die alsbald die Rollen durcheinanderbrachte. Nur noch dreimal, 1820 in Troppau, 1821 in Laibach und 1822 in Verona sind die fünf Mächte zusammengetroffen, um über Friede und Sicherheit Europas zu delibrieren. Und schon beim erstenmal gab es einen kräftigen Knacks in der künstlichen Einheit. 1820 im österreichisch-schlesischen Troppau nämlich wollten die drei Heiligen-Allianz-Fürsten auf neuerliche Anregung des ideenreichen Alexanders dem Fünfmächtebund das Recht und die Pflicht zusprechen, Staaten, »welche eine durch Aufruhr bewirkte Regierungsänderung erlitten haben«, durch gutes Zureden oder mit Gewalt »in den Schoß der großen Allianz zurückzuführen«. Dazu konnte England sich nie und nimmer verstehen, ließ die anderen allerdings gewähren, solange es Großbritannien nicht irgendwie betraf. In Neapel, Piemont und Spanien haben Österreich und Frankreich denn auch namens der Allianz ihr unerquicklich-unterdrückendes Handwerk verrichtet.

1825 knirschte es aber auch in der Heiligen Ur-Allianz. Die Griechen hatten sich schon seit geraumer Zeit gegen die Herrschaft der Türken und für ihre Unabhängigkeit erhoben. In Rußland kam das selbstverzapfte, neumodische Legitimitäts- und Interventionsprinzip mit dem alten machtpolitischen Interesse ins Gedränge, jeden wie immer gearteten Ärger der Türken zu mehren, um nach Möglichkeit Kapital draus zu schlagen. Wie kaum anders zu erwarten, lag das machtpolitische Interesse am Ende schwerer in der Waagschale. Rußland – Zar Alexander war zum Glück eben verblichen und brauchte sich nicht selbst zu hintergehen –, Rußland und England einigten sich im April 1826 insgeheim darauf, für einen teilautonomen griechischen Staat zu wirken. Das war nicht nur eine Einigung gegen die Türkei und gegen hehre, wiewohl wenig noble Ideale, es war auch eine Einigung gegen Österreich. Österreich legte auf die Integrität der Pforte nämlich Wert. Freilich nicht – und deshalb fällt es schwer, im guten Kaiser Franz und seinem schlauen Metternich mit Sympathie die Hintergangenen zu sehen – freilich nicht, weil es ihm die Türkei besonders angetan hatte, sondern weil es jeder Gewichtsverlagerung im Orient, und schon gar zugunsten Rußlands, aus eigenem Sicherheitsbedürfnis wehren wollte. Das ist mißlungen. Rußland ist schließlich sogar für die aufständischen Griechen in den Krieg gegen die Türkei gezogen und hat ihn gewonnen. Mit dem Frieden von Adrianopel (14. September 1829) tauchte ein unabhängiges Griechenland aus dem Strom der Geschichte wieder auf, während die kurze und brüchige, fragwürdig fundierte machtpolitische Solidarität der fünf Großen wieder darin verschwand. Und Metternichs Stern begann zu sinken.

Preußen hatte bei all dem mitgespielt. Aber doch nur in Nebenrollen, uninteressiert und ohne die Handlung irgendwie voranzubringen. Im russisch-türkischen Krieg hatte es zwar ein bißchen vermittelt, in Adrianopel war es unbeteiligt dabeigewesen, aber die beiden Raufbolde hätten es wohl auch so zum Frieden gebracht. Preußen war außenpolitisch mitgelaufen, von großem Ruhebedürfnis bestimmt, ohne Willen zur Gestaltung und ohne sonderlich von den diplomatischen und kriegerischen Protuberanzen berührt zu werden. Daran hat sich bis zur Revolution kaum was geändert. Am Ruhebedürfnis und am mangelnden Gestaltungswillen gar nichts, an der Unberührtheit nur weniges vorübergehend. Das war 1830/32.

1830 nämlich hatten die Franzosen schon wieder genug und übergenug von den Bourbonen, jagten im Juli Karl X. vom Thron und ließen Luis Philip von Orleans, den Bürgerkönig, darauf Platz nehmen. Diese Juli-Revolution wirkte wie ein Signal. Allüberall in Europa ermannten sich die bürgerlichen, liberal und national gesinnten Kräfte zum Streit für Freiheit, Verfassung und Unabhängigkeit. Wo es um Freiheit und Verfassung allein ging, wie in Preußen und im größten Teile Deutschlands, vor allem mit begeistert-schwungvollen Worten und Gesängen. »Ich bin der Sohn der Revolution«, jubilierte Heinrich Heine, »und greife wieder zu den gefeiten Waffen ... reicht mir die Leier, damit ich ein Schlachtlied singe ... Worte gleich flammenden Sternen«. Wo es auch um staatliche Selbständigkeit oder Wiedererweckung ging, mit grimmig-tapferem Tatendrang. So zunächst schon im August die Belgier, die los von Holland wollten, so im November die Kongreß-Polen, die ihr Dasein im Zarenreich nicht länger leiden mochten, so schließlich auch die oberitalienischen Kleinstaaten gegen Österreich. Nichts davon ging Preußen unmittelbar an, von allem fühlte es sich mittelbar aber sehr heftig betroffen.

Und da Friedrich Wilhelm und seine zuständigen Minister und Diplomaten fast um jeden Preis kriegerische Verwicklungen vermeiden und zugleich das Kunststück fertigbringen wollten, es weder mit England, noch mit Österreich, noch mit Rußland zu verderben und dazu das längst brüchige Bündnis zwischen allen Vieren über die Runden zu bringen, geriet die preußische Außenpolitik in heftigste Rotation. Legitimations- und Interventionsprinzip, Kriegsfurcht und Friedenswille, Sicherheitsbedürfnis und Angst um den territorialen Besitzstand lagen in dauerndem Widerstreit miteinander. In Ost und West war man abwechselnd höchst unzufrieden mit dem unschlüssigen Lavieren der Mittelmacht. Preußen fand sich alleweil hin und her gezerrt, verlockt, bedroht, beschimpft und wußte zumeist nicht ein, nicht aus. Der König stürzte von einer Verzweiflung in die nächste. Aber immerhin, halber Erfolg war ihm am Schluß beschieden. Friede und Besitz blieben unversehrt. Das große Bündnis war freilich zuschanden. Aber das war abzusehen und schwerlich zu verhindern gewesen.

Die Engländer hatten von vornherein wenig gegen das französische Bürgerkönigtum einzuwenden gehabt, Österreich und Rußland dagegen auf militärische Intervention in Frankreich und Belgien gedrängt. Vor allem Rußland, wo Westeuropapolitik damals gewöhnlich mehr mit leichtentflammbaren Gefühlen als mit kalkulierendem Verstand getrieben wurde. Preußen sollte als Wacht am Rhein voranmarschieren!

Aber den Preußen lag die Furcht, von einem wieder unberechenbaren, vom alten Drang zum Rhein getriebenen Frankreich angegriffen zu werden, viel näher als kühner Angriffsgeist. Das heilige Prinzip der Legitimität zerbarst am »gebieterischen Einspruch der politischen Umstände« (Außenminister Bernstorff). Am 9. September wurde zunächst die Revolution sanktioniert und Louis Philip anerkannt, wenig später verblaßte auch die Neigung, in Sachen Belgien militärisch einzuschreiten. Ja, wenn England mitgetan hätte. Aber England wußte im Prinzip auch gegen die belgische Unabhängigkeit wenig zu erinnern, solange es Unabhängigkeit eines neutralen Belgien sei. Um darüber zu reden, lud es die heiligen Drei und zu deren Empörung auch Frankreich zu einer großen Konferenz nach London ein. Nachdem Talleyrand im Namen des dritten Herrn, dem er mit gleich verschlagener Hingabe diente, versichert hatte, daß Frankreich seine Finger von Belgien lassen werde, wurde dort am 20. Dezember 1830 das unabhängige, ewig neutrale, liberal verfaßte Königreich Belgien aus der Taufe gehoben. England und Frankreich waren gleichsam seine Paten. Die Preußen nahmen mit etwas verquältem, aber gutwilligen Lächeln, Österreich und Rußland über Preußen grollend an der gespannten Feier teil; willens, dem neugeborenen Staat das anfällige Lebenslicht wieder auszublasen, sobald es sich nur machen ließ.

Solch Zerwürfnis machte Preußen das Leben und Vermitteln nicht eben leichter. Zumal man dabei ja doch auch die eigenen Interessen halbwegs wahren wollte. In der belgischen Sache hatte es sich aus Staatsraison und Selbsterhaltungstrieb unübersehbar auf die Seite der liberalen Westmächte und der Erhebung geschlagen, und sich jeglichem Ansinnen, die Heilige Allianz ostentativ aufzufrischen, strikt verweigert.

In der polnischen Sache, die am 29. November in Warschau losgebrochen war, mußte es sich aus Staatsraison und Selbsterhaltungstrieb gegen die Erhebung und deshalb nach der Seite der reaktionären Ostmächte wenden. Denn wenn die aufständischen Kongreßpolen ihr Ziel erreichten, wie lange blieben Westpreußen, Posen, womöglich Oberschlesien ruhig und preußisch? Falls Preußen die Wiederherstellung Polens dulde, schaufle es sich »in unbegreiflicher Blindheit« sein eigenes Grab, schrieb Boyen und schrieb für viele.

König und Regierung dachten natürlich entfernt nicht daran, die Wiederherstellung Polens dulden zu wollen. Zar Nikolaus, der ja auch Friedrich Wilhelms Schwiegersohn war, wurde zu unnachsichtiger Unterdrückung seiner »rebellischen Untertanen« herzhaft und nachdrücklich ermuntert. Zu diesem Behufe selbst zu Taten schreiten zu müssen, wäre Preußen freilich höchst ungelegen gewesen. Die neuerdings maßgeblichen Franzosen hatten die Sache der Polen zwar nicht eben zu ihrer Sache gemacht, aber natürlich beobachteten sie den Befreiungskampf mit doppelter Sympathie: weil es ein *Befreiungs*kampf war und weil er gegen das derzeit wieder so feindselige, kriegstreibende *Rußland* ging. Preußens behutsam-beiläufige Anfrage, ob Frankreich Wesentliches dagegen hätte, wenn es Rußland beim Wiederherstellen der Ordnung etwas hülfe, war rasche und entschiedene Antwort geworden: allerdings, dann werde man ins Rheinland einmarschieren müssen. Und England meinte, dagegen könne und wolle es dann wohl nichts machen. Deshalb sind zwar vier preußische Armeecorps unter Gneisenaus und Clausewitz' Führung zu Schutz und Abschreckung in Posen aufgebaut, ist aber nicht in die Kämpfe eingegriffen worden, zumal auch Österreich auffällig halbherzig und tatenlos bei der legitimistisch-russischen Sache war. Zum lebhaften Bedauern aller liberalen, polenbegeisterten Europäer sind die Russen im Laufe des Jahres 1831 mit dem Aufstand dann freilich auch alleine fertiggeworden. Am 8. September fiel Warschau. Das war Preußen natürlich mehr als recht. Gar nicht recht war ihm, daß der stolzgeschwellte Zar nun wieder mit seiner hergebrachten politischen Unvernunft, dazu mit frischerworbenem Siegerübermut in den westeuropäischen Angelegenheiten herumpfuschte, die gerade zu kunstvoll-delikater Harmonie gediehen waren. Preußens eifriges Bemühen hatte England noch einmal dazu gebracht, sich gemeinsam mit der Heiligen Allianz, aber ohne und mithin gegen Frankreich, als Garant der neugeordneten Verhältnisse zwischen Nordsee und Niederrhein zu empfinden und damit das alte antinapoleonische Bündnis wiederzubeleben. Da plötzlich stellte sich Nikolaus quer und sagte, daß ihm die Trennung Belgiens von Holland völlig unerträglich sei. Und als habe Österreich auf dergleichen starke und unsinnige Worte nur gewartet, machte es sich Meinung und Ton sogleich zu eigen. Preußen schwebte erneut zögernd und unentschlossen zwischen Ost und West in der diplomatischen Luft. Palmerston aber hatte nun endgültig genug von den wankelmütig-unzuverlässigen Ostmächten und verband England zum Schutze Belgiens und der westeuropäischen Grenzen und zu Talleyrands Entzücken schnellentschlossen mit Frankreich.

Preußen und die kurzlebige Idee vom Bund der großen Mächte waren gescheitert. Europa war fortan in einen westlich-liberalen und einen östlich-reaktionären Mächteblock geteilt. Preußen fiel in die Heilige Allianz zurück und ließ von vornherein keinen Zweifel daran, daß es im reaktionären Lager richtig aufgehoben war.

Damals wurde das »polnische Problem« in der preußischen Politik entdeckt. Zum unbestimmten Teil wurde es auch gemacht.

Die östlichen Grenzprovinzen hatten ja allesamt sehr stattliche nichtdeutsche Bevölkerungsanteile. Posen und Oberschlesien je 60% Polen, Westpreußen mehr als 30% Polen und Kaschuben, Ostpreußen immerhin 20% Polen und Masuren. Die oberschlesischen und ostpreußischen Polen machten vorderhand kein Wesens drum. Die hatten schon seit Jahrhunderten zu keinem polnischen Staat mehr gehört und waren's zufrieden, Preußen zu sein. Die westpreußischen, vor allem aber die Posener Polen nicht so sehr. Denen steckte die polnische Nation noch im Blut. Und der Katholizismus dazu. Bisher hatte die preußische Regierung darauf Rücksicht genommen und die Polen ihre sprachlichen, kulturellen und religiösen Traditionen unbehelligt pflegen lassen. Die unfreiwilligen preußischen Polen hatten es in den Aufstandsjahren durch erstaunlich friedfertiges Verhalten gewissermaßen gedankt. Trotzdem wurde zunächst und vor allem in Posen Schluß mit der versöhnlichen Politik gemacht. Der polenfreundliche Oberpräsident Zerboni mußte dem rigoros-preußischen von Flottwell weichen. Polnisch wurde neben Deutsch nicht länger als Amts- und Unterrichtssprache geduldet. Die adeligen polnischen Landräte wurden aus dem Amt gejagt. Der polnisch-katholische Klerus wurde überwacht und kujoniert. Germanisierung. Das war so abscheulich gemeint, wie es klang und überdies viel Unverstand auf einmal. Denn was polnischer Adel und polnische Geistlichkeit an amtlicher Stellung und Freiheit des Worts und der Bewegung verloren, ersetzten sie durch gesteigerte gedankliche Unabhängigkeit von Preußen, neubelebtes nationalpolnisches Empfinden und stillen Einfluß auf die Bevölkerung. Seitdem ist die »Polenfrage« nie mehr so recht aus der preußischen Politik verschwunden. Und die zunehmend barscheren Antworten haben nicht eben zu Preußens Ansehen in der Welt und der Geschichte beigetragen.

Streitbar im Innern

Die Bedrückung der Polen war *eine* innenpolitische Folge der Revolution und der kriegerisch-diplomatischen Verwicklungen, verstärkter Kampf gegen alle freiheitlichen Regungen die *andere*. Nationales und liberales Streben waren damals ja Ausgeburten des gleichen Geistes und widerstritten mithin dem gleichen politischen Prinzip der Restauration und Reaktion. Das hatte an Lebensfrische in Preußen nichts eingebüßt. Eher im Gegenteil. Während die unkluge Nationalitätenpolitik erstmals daraus Anregung und Kraft bezog, hatte es der Unterdrückung des freien Geistes und regen Worts schon ein gutes Dutzend Jahre lang zu Vitalität und Schlagfertigkeit verholfen. Die beschämende Sache ist gemeinhin unter dem Kennwort »Demagogenverfolgung« bekannt. 1819 war sie auf ihren unseligen Weg gebracht worden. Preußen war nicht allein, aber wie es seine Art war, besonders eilfertig und stramm darauf vorangeschritten.

Damals, genau am 1. August 1819, hatten sich Metternich und Hardenberg in Teplitz über zweierlei verständigt: Preußen wollte die inzwischen zweimal von Friedrich Wilhelm versprochene und einmal in der Bundesakte zugesicherte Verfassung fürs erste Versprechen und Zusicherung bleiben lassen und sich mit der Einrichtung einer ständischen Vertretung für den ganzen Staat nicht beeilen, und es wollte Metternich tatkräftig dabei helfen, den lästerlichen Umtrieben freiheitslüsterner Studenten und Skribenten in Deutschland den Garaus zu machen. Dazu gab es Anlaß. Noch immer mochte ein groß Teil der aufgerüttelten akademischen Jugend, immer neu befeuert von flinken Zeitungsschreibern, Dichtern, Denkern und gar würdelosen Professoren – Fichte, Schleiermacher, Arndt und Luden – noch immer mochten die Studenten nicht einsehen, daß sie 1813 in einen Befreiungs-, nicht in einen Freiheitskrieg gezogen war. Die hatte gesungen, ach, gebetet hatte sie: Vater, auf Leben und Sterben, hilf uns die Freiheit erwerben. Und so schallte es fort und fort: Freiheit, Gleichheit, Vaterland und nationale Einheit. Da war in Jena die deutsche Burschenschaft gegründet worden und griff an andere Universitäten aus. Das war ein Studentenverband, der nichts mehr mit den alten partikularistischen Landsmannschaften zu tun haben wollte. Der kannte nicht mehr Franken, Sachsen und Borussen, nur noch Germanen, Arminen und Teutonen. Der hatte sich die Farben des Freicorps Lützow gegeben, in dem der schwärmerische Sänger deutscher Einheit, Freiheit und Volkskraft, in dem Theodor Körner sein Leben gelassen hatte: schwarz-rot-gold. Dort wurde nicht mehr nur gesoffen, gedroschen und geludert, dort wurde jetzt auch politisiert und raisoniert gegen Hof, Herrschaft und Bürokratie, wurde geträumt von Volk, Vaterland und Freiheit.

Eine große, mitreißende Bewegung war das nicht, vor allem im kühlen Preußen nicht. Ganz vordergründig war es der romantisch-übersteigerte Ausdruck eines neuartigen, aber noch ganz unklaren, teils durchaus rückwärtsgewendeten, teils auch anmaßend-pharisäerhaften Lebensgefühls, kaum mehr als eine Arabeske im politisch-sozialen Gefüge. Viel bunt-bebändert Kindlich-Irrationales war auch dabei. Kindlich-irrationalen Ursprungs und voll radikaler Überspannung waren z. B. die beiden Ereignisse, die Metternich schließlich zum Vorwand nahm, mit der Burschenschaft gleich alle anderen Äußerungen bürgerlichen National- und Freiheitspathos' im deutschen Bund zu unterdrücken.

Am 18. Oktober 1817 versammelten sich knapp 500 Burschenschaftler auf der Wartburg, feierten mit Fackeln und Gebeten das 300-Jahres-fest der Reformation und den 4. Jahrestag der Leipziger Völkerschlacht in einem, Blücher neben Luther, beschworen die Vergangenheit um einer besseren Zukunft willen und wollten dem Volk zeigen, was es an seiner Jugend habe. Zum Schluß warf man die Fackeln zusammen und ein paar Ballen Papiers, darauf die Titel volks- und freiheitsfeindlicher Schriften standen, den Zopf, den Korporalstock hinterdrein. Eine Geste jugendlichen Übermuts, nicht mal der Gesinnung nach eine revolutionäre Tat. Trotzdem machten Österreich und Preußen dem freundlichen Karl-August von Sachsen-Weimar die Hölle darob heiß, daß er dergleichen chaotisch-zersetzendes Treiben dulde. Zu einer durchgreifenden Gegenmaßnahme reichte es noch nicht. Ein Jahr drauf konnte unbehelligt noch die »Allgemeine deutsche Burschenschaft« gegründet werden. Sie ist kein Jahr alt geworden.

Am 23. März 1819 erdolchte der wirrköpfige Theologiestudent Karl-Ludwig Sand in Mannheim den Schriftsteller und Zarengünstling Kotzebue, dessen Bücher auf den entflammten Papierrollen gestanden hatten, stach sich selbst ein anderes Messer in die Brust, wurde aber gesundgepflegt, um 14 Monate später geköpft werden zu können. Unterdessen hatte sich Metternich erfolgreich darum gesorgt, dem Anlaß, den ihm »der vortreffliche Sand auf Kosten des armen Kotzebue geliefert« hatte, »die beste Folge zu geben«. Zunächst besprach er sich mit Hardenberg und Friedrich Wilhelm in Teplitz, stieß auf erfreulichen Einklang der Interessen, und lud die Herren Hannovers, Sachsens, Bayerns, Badens, Württembergs, Mecklenburgs und Nassaus zu weiterem nach Karlsbad ein. So kam es zu den »Karlsbader Beschlüssen«, die der Form halber am 20. September 1819 als einstimmige Entschließung des Deutschen Bundes unerquicklicher Bestandteil der deutschen Verfassungsgeschichte wurden. Unliebsame Zeitungen wurden verboten, ihren Redakteuren künftige Tätigkeit auf Bundesgebiet untersagt, alle Schriften unter 20 Druckbogen – 320 Seiten – fernerhin zensiert. Die Schulen und Universitäten sollten von Verkündern »verderblicher, der öffentlichen Ordnung und Ruhe feindseliger oder die Grundlagen der bestehenden Staatseinrichtungen untergrabender Lehren« bereinigt und zur Versicherung, daß nie wieder einer sein hetzendes Haupt erhebe, den hohen Schulen ein landesherrlicher Kommissar vorgesetzt werden. Die Burschenschaft wurde aufgelöst: »Das Band ist zerschnitten, war schwarz, rot und gold«.

Nirgendwo ist all das so schneidig exekutiert worden wie im schneidigen Preußen. Hauptexekutor war jener Fürst Wittgenstein, der einst Steins delikaten Brief nicht bekommen hatte und inzwischen zum Haus- und Polizeiminister erhöht worden war. Der Anfang war schon vor Karlsbad gemacht, des bärtig-gemütlich-schmuddeligen Turnvater Jahns und seiner Gefolgschaft ertüchtigendes Treiben auf der Berliner Hasenheide revolutionären Sinngehalts verdächtigt, Schleiermachers Predigten überwacht, Ernst Moritz Arndts, der Professorenbrüder Welcker, des Buchhändlers Reimers und sicher vieler Unbekannter Wohnungen durchschnüffelt worden. Nun ging es mit frischem Elan weiter: Gegen Schleiermacher wurde jetzt gar ein Verfahren wegen Mißbrauchs der Kanzel zu politischen Zwecken angestrengt, Arndt dispensiert, Jahn nur deshalb wegen Hochverrats nicht gleich in Haft getan, weil der wunderlich-korrekte Kammergerichtsrat E. T. A. Hoffmann die Untersuchung mit sympathisierender Penibilität führte. Görres, der im Befreiungskrieg mit dem »Rheinischen Merkur« den Franzosen geschadet hatte wie eine fünfte Großmacht (Schnabel), floh nach Frankreich. Fichtes »Reden an die deutsche Nation« durften nicht neu gedruckt werden. Das Studium in Jena war verboten. Wer fortan als Lehrer und Pfarrer wirken wollte, hatte gefälligst nachzuweisen, daß er demagogischer Bestrebungen nicht verdächtig sei. Das Wort protestantisch wurde amtlich geächtet und durch evangelisch ersetzt. Die letzten liberalen Minister resignierten; jeder noch aus anderen, eigenen Gründen: Boyen, weil das demokratische Prinzip der Wehrverfassung ausgehöhlt und die Landwehr zu eng mit dem stehenden Heer verbunden wurde; Humboldt, gerade erst zum Minister für ständische Angelegenheiten berufen, weil seine Eitelkeit und sein Geltungsdrang keinen weisungsbefugten Staatskanzler aushielten; Beyme, weil er abgespannt und müde war; aber alle miteinander auch, weil sie den neuen alten Geist in Preußens Ämtern, Preußens Ämter ihren Reformsinn nicht mehr ertrugen.

Es wurde still im Land. Die Ruhe des Kirchhofs machte sich breit. Der Schwung der Ideen erlahmte, das Feuer der Beredsamkeit verflackerte. Leblos, lähmend, stickig war die preußische Luft der 20er Jahre.

Leipzig, Leipzig, arger Boden,
Schmach für Unbill schaffest Du.
Freiheit! Hieß es, vorwärts, vorwärts!
Trankst mein rotes Blut, wozu?

Freiheit! rief ich, vorwärts, vorwärts!
Was ein Tor nicht alles glaubt!

...

Schrei ich wütend noch nach Freiheit,
Nach dem bluterkauften Glück,
Peitscht der Wächter mit der Peitsche
Mich in schnöde Ruh zurück.

So dichtete Adelbert von Chamisso 1827 und nannte das Ganze in bitterster satirischer Bildhaftigkeit: »Der Invalid im Irrenhaus«.

Die öffentliche Meinung, die mit soviel Erwartung und Begeisterungsfähigkeit auf Preußen geschaut, Preußen solch unverdient großen Vorschuß an Zuneigung und Vertrauen entgegengebracht hatte, die öffentliche Meinung in Gestalt politischer Publizistik war mundtot gemacht, die Jugend geduckt und verschreckt, Kunst, Wissenschaft und Bildung vom Staat im Interesse des Staats zugleich gefördert und in Fesseln geschlagen.

Nicht etwa, daß damals nichts Bedeutendes gedacht, geschrieben und geleistet worden wäre. Das wohl. Hegel war 1818 an die junge, 1810 von Wilhelm von Humboldt ins Leben gerufene Universität Berlin gekommen, beobachtete die Unterdrückung der »revolutionären Halbbildung« und der »Eitelkeit des Besserverstehenwollens« mit urkräftigem Behagen und vollendete die »Grundlinien der Philosophie des Rechts«. Neben ihm lehrte Savigny, schrieb seine große »Geschichte des römischen Rechts im Mittelalter« und dispensierte den preußischen König im Namen der Rechtsgelehrsamkeit nebenher rechtlich und moralisch von seinen Verfassungsversprechen. Ranke kam 1824 erst vorübergehend, 1831 dann endgültig, ließ alsbald in volltönenden Akkorden die Motive seines unerschöpflichen Lebenswerks anklingen und sich – kaum war er da – mit seiner »Historisch-politischen Zeitschrift« für die Legitimation der Reaktion einspannen.

O ja, Grundlegendes und Unvergängliches ist von diesen Männern damals entworfen und geschaffen worden. Aber entweder war es unendlich fern von den Geschehnissen und Bedürfnissen des Tages und der Stunde, oder dem Geist der Freiheit und Bewegung wenig förderlich. Es löste die Lähmung, erfrischte die Stickluft nicht.

Dann kam 1830. Paris, Brüssel, Warschau. Neuer Schwung, neue Lieder, neue Freiheitsfeste. Hambach in der Pfalz im Mai 1832. Wieder wehte schwarz, rot, gold.

Noch ist Deutschland nicht verloren,
Ob auch Willkür drückt.
Und die Freiheit, kaum geboren,
Man im Keim erstickt.

Trügerische Hoffnung. Alles von kurzer Dauer. Kaum, daß die Fesseln knirschten. Von Bersten keine Spur. Am wenigsten in Preußen. Ganz im Gegenteil. Fester angezogen wurden sie. Vereine mit politischen Zwecken wurden nun grundsätzlich verboten, die Zensur und die Überwachung verschärft, die Verfolgungen rücksichtslos wiederaufgenommen. Das Berliner Kammergericht, das in der Zwischenzeit zum Staatsgerichtshof für politische Angelegenheiten umgewidmet worden war, verurteilte schon bis 1836 204 Studenten wegen mutmaßlichen Hochverrats, weil sie irgendwann einer Burschenschaft angehört und irgendwo schwarz, rot, gold getragen hatten; 39 von ihnen zum Tode. Sie wurden freilich sofort zu dreißigjähriger Festungshaft begnadigt.

Einer von ihnen, der nicht wußte, wie und warum es ihm geschah, war der Mecklenburger Dichter Fritz Reuter, damals 22 Jahre alt, ein ganz unpolitischer Jüngling, der erst im Mai 1832 um der bierseligen Geselligkeit willen in die Jenaer Burschenschaft geraten war und sich bei seiner Verhaftung im Oktober 1833 zufällig auf der Durchreise in Berlin aufhielt. Revolutionäre Handlungen waren ihm im dreijährigen Untersuchungsverfahren nicht nachzuweisen. Freilich, das Lied »Fürsten zum Land hinaus!« hatte er mitgesungen. Wegen der ansprechenden Melodie.

Erst hängt den Kaiser Franz,
Dann den im Siegerkranz,
Auf, Auf!
Wilhelm liebt Bürgermord.
Mit ihm aus Preußen fort,
Schlagt den Hund.

Das war nicht viel, aber es reichte. »In Anbetracht, daß der Angeklagte nichts getan hat, was unmittelbar und zunächst den gewaltsamen Umsturz der Verfassung des preußischen Staats bezweckt hätte, hat gegen den Inquisiten wegen Teilnahme an einer den gewaltsamen Umsturz der Verfassung des preußischen Staats bezweckenden Verbindung und wegen Beleidigung seiner Majestät des Königs nur auf die einfache Todesstrafe, die Strafe des Leibes, erkannt werden müssen, außerdem auf die Konfiskation seines Vermögens«.

1840 – nachdem er sich auf Festung lebenslange Unterleibs- und Augenleiden zugezogen hatte – wurde Reuter an Mecklenburg ausgeliefert und bald darauf auf freien Fuß gesetzt. Viel länger wird keiner der unglücklichen Demagogen gesessen haben. Aber das war schon viel zu lange.

Pauperismus und Industrialisierung

Wie schändlich und dumm war all das doch. Und bei gelassenem Umsichschauen und kühler Überlegung auch aus der Sicht der Mächtigen und der Verwalter ihrer Macht so ganz und gar unnötig und verfehlt. Die Gefahr für Staat und Gesellschaft lag ganz woanders. Was denn, wen denn hielt man mit der Demagogenverfolgung nieder? Ein selbst- und klassenbewußtes, forderndes Bürgertum, das sich auf der Grundlage wirtschaftlicher Stärke kraftvoll anschickte, Prinzip und Ordnung der über die Reformzeit geretteten politisch-sozialen Verhältnisse zu durchdringen und zu zersetzen? Wenn es das gegeben hätte, wäre es nicht so einfach gewesen. Es war so einfach, weil die Bewegung anders als in Frankreich, eine durchaus geistige Bewegung ohne gesellschaftlichen Rückhalt war. Es war die Zeit des Biedermeier. Und sie *war so.*

Preußen wartete ja auch 1830/35 noch auf den industriewirtschaftlichen Durchbruch, ohne den sein kümmerliches, meist kummervolles und philisterhaftes Bürgertum zu Kraft und Ansehen nicht gelangen konnte. Aber nicht deshalb wartete, wer die Sache verstand, mit immer größerer Sorge darauf. Die altständische Sozialstruktur, darauf die absolute politische Herrschaft sicher geruht hatte, konnte von liberalen Gedanken und bürgerlichen Forderungen gar nicht mehr zersetzt werden, weil sie von ganz elementaren Vorgängen längst schon aus den Fugen gebrochen worden war. Die soziale Auflösung war mit grauenvollen individuellen Begleiterscheinungen für Millionen von Menschen in vollem Gange, ohne daß ihr jemand zu wehren gewußt hätte.

Die Ursachen lassen sich zu einer sehr einfachen Feststellung verdichten, die im übrigen schon angeklungen ist. Seit der Reformzeit wuchs das Volk in Preußen drei- bis viermal so schnell wie das Volkseinkommen. Von 1816–1846 kamen zu 10 Millionen 6 Millionen Menschen dazu. Die Gründe sind bis heute nicht ganz klar.

Die Beseitigung der Heiratsverbote für die armen, besitzlosen, unterbäuerlichen Schichten allein kann es nicht gewesen sein. Aber egal. Die unterbäuerlichen und unterbürgerlichen Schichten vor allem, fast sie allein, wuchsen, ob nun aus sich selbst heraus, oder weil immer mehr Menschen aus bäuerlichen und bürgerlichen Verhältnissen in sie zurückfielen. Denn die Zahl der Bauernstellen nahm im Zug der verschleppten Regulierung ja nicht zu, ihre Tragfähigkeit aber nahm ab. Die Zahl der selbständigen, städtischen Handwerker nahm zwar zu, stärker als die Bevölkerung sogar – und deshalb um den Preis unzureichender Beschäftigung und massenhafter Verarmung. Die Gesellschaft war aus dem ständischen Gleichgewicht geraten. Sie wurde von außerständischen Schichten überwuchert, die elend und gefährdet ohne Schutz und Rückversicherung an der Grenze der Existenzmöglichkeit dahinlebten: 7, 8, 9 Millionen Menschen im Lauf der Jahre, mehr als die Hälfte der Bevölkerung. Knapp zwei Drittel als Kätner, Gesinde, Tagelöhner, Heimarbeiter und Handlanger auf dem Land, teils seßhaft, häufig wandernd und vagabundierend, ohne regelmäßige Arbeit, hungrig, entsittlicht, verwahrlost; ein weiteres Drittel als Selbständige und Gehilfen im hoffnungslos übersetzten, trostlos unproduktiven Handwerk in den Städten und Dörfern; der kleine Rest von gerade 5 % in den wenigen Manufakturen, Fabriken und Bergwerken mit ihren gleichsam symbolischen Löhnen. Alle zusammen lebender Protest gegen Staat und Gesellschaft und ein Potential an Auflehnung, Negation und zersetzender Kraft, gegen das die Demagogengefahr zu der Schimäre verblaßte, die sie war. Bedrohlich und erschreckend. Nicht nur in Preußen, sondern allerorts in Deutschland und darüber hinaus. Und nicht überall in Preußen gleichermaßen. In ganz Ostelbien aber mit gesteigerter Intensität.

»Es ist also die Armut eine andere geworden als sie ehedem war: sie hat eigenes Leben erhalten, diese Armut; sie ist eine Wucherpflanze geworden, die sich ausbreitet wie im Klee der Grind; sie nimmt nicht mehr ab, sie nimmt nur zu; sie ist erblich, ansteckend geworden, eine krebsartige Wunde im Völkerleben, ein eigentliches Pestübel unserer Zeit ... Da erfaßt einen Angst, tief und groß, wenn man dieses schleichenden Ungeheuers Köpfe ringsum wachsen und klaffen sieht, wenn man denkt, ob wohl einst die eigenen Kinder als neue Köpfe an dieses grausigen, magern Ungeheuers Leib klaffen und schnappen werden«.

Das ist 1841 geschrieben worden. Und der es schrieb, der Pfarrer und Dichter Jeremias Gotthelf, hatte die Armennot nicht in Preußen, sondern in Süddeutschland und der Schweiz erlebt. Aber er hätte sie in ganz gleicher Weise auch in Preußen und auch ein halbes Dutzend Jahre später noch erleben können, obwohl da der unverhoffte Ausweg längst gefunden und beschritten war. Nur noch nicht weit und ausgreifend genug.

Im Jahrzehnt der bösesten politischen Reaktion erhielt Preußen den entscheidenden, nachhaltigen Stoß in Richtung Modernität. Das Land trat in die industrielle Revolution ein. Nun ja, *Revolution*! Das erweckt den Eindruck von Aufruhr und Getöse, Tempo und Turbulenz. Davon war nichts zu spüren. Die industrielle Revolution schlich auf leisen Sohlen. Aber still und schleichend hat sie allmählich die Welt verändert. So gründlich und umfassend, unwiderstehlich und unwiderruflich, wie nichts anderes je zuvor in der Menschheitsgeschichte.

Denn das Wort »industriell« führt fast genauso in die Irre wie das Wort »Revolution«, nur in die andere Richtung. Es war ja nicht damit getan, daß die Fabriken entstanden und darin hergebrachte Güter schneller, besser und billiger als zuvor in Handwerk und Gewerbe, aber erstmals auch bislang ganz unbekannte Produkte hergestellt wurden. Damit fing es an, und das blieb die treibende Kraft, gewiß. Aber eben nicht mehr nur treibende Kraft für technischen *Fortschritt* und wirtschaftliches *Wachstum*, sondern für eine ganze Fülle gesellschaftlicher, kultureller und politischer *Wandlungen* – Wandlungen der Bevölkerungsentwicklung und Siedlungsformen, der Arbeitsverhältnisse und Lebensweisen, der sozialen Beziehungen und Konflikte, der politischen Herrschaft und nationalen Gestaltung, der Wertvorstellungen und Verhaltensnormen, alle in vielfältiger Weise miteinander verquickt, jede Folge vorhergehender und Ursache neuer Veränderungen zugleich. Die industrielle Revolution hat allmählich *alle* historischen Kontinuitäten gebrochen und durch und durch neuartige, sich immer wieder erneuernde Formen menschlichen Zusammenlebens heraufgeführt. In Preußen so wie anderswo und doch auch wieder ganz preußisch-eigenartig. Wie denn sonst? Die industrielle Revolution ist ja nicht hier wie dort nach einem gleichbleibenden, inneren Bewegungsgesetz abgespult, sie hatte es überall mit den natürlich gegebenen und historisch gewordenen Umständen, Zusammenhängen und Einflüssen in Staat und Gesellschaft zu tun. Die konnten die urwüchsige Entwicklung hemmen oder fördern, konnten den Fortschritt in einem Bereich besonders vorantreiben, Wachstum an anderer Stelle zurückhalten, Wandlungen hier freien Raum geben, dort aber nach Kräften unterbinden. Ein harmonisch abgestimmter Vorgang ist die industrielle Umwälzung in ihrer ganzen Tiefe und Breite nicht gewesen. Am wenigsten in Preußen und Deutschland. Rasanter Vorstoß zu hochgradiger technisch-wirtschaftlicher Modernität – problemreiche, eher schleppende und verschleppte gesellschaftliche Anpassung – hartnäckige politische Beharrung. Aus diesem Mißverhältnis hat die preußische Geschichte zwischen Revolution und Erstem Weltkrieg ein Großteil ihrer Spannungen bezogen. Es wird in den nächsten beiden Kapiteln viel davon zu berichten sein.

Als es im Jahrzehnt vor der Revolution mit dem industriewirtschaftlichen Aufschwung losging, war davon noch nichts zu ahnen. Überwältigend war er anfangs ja auch nicht, und soweit er reichte, eher geeignet, Spannungen zu lösen und Mißverhältnisse auszugleichen, weil er Arbeit und Einkommen schaffte. Seine Triebkraft war die Eisenbahn und sie blieb es dreieinhalb Jahrzehnte lang.

Warum gerade die Eisenbahn? Warum *erst* die Eisenbahn? In England war die Industrialisierung doch schon seit mehr als einem halben Jahrhundert ohne Eisenbahnbau in erfreulichstem Gange. Dort war der Durchbruch mit der Baumwollverarbeitung und der Eisenerzeugung gelungen. Warum in Preußen nicht? Warum wurde bei fast gleich großer Bevölkerung in England Mitte der 30er Jahre 20 mal mehr Baumwolle gesponnen und gewebt als in Preußen? Warum brachten preußische Hochöfen nur wenig mehr als ein Zehntel des englischen Roheisenausstoßes zustande, noch keine 100 000 t im Jahr? Warum wurden noch immer weniger als 3 Millionen t Kohle aus preußischen Gruben gefördert, da England allein fünfmal soviel ausführte? Warum schließlich leisteten alle Dampfmaschinen in preußischen Gruben und Fabriken zusammen nur rd. 7000, die englischen aber an die 700 000 PS? Kurz, warum war Preußen 1840 wirtschaftlich so über alle Maßen hinterm Mond?

Zu erfolgreicher Industrialisierung brauchte es unerläßlich fünferlei: Arbeiter, Kapital, technischen Fortschritt, einfallsreiche, risikobereite Unternehmer und Nachfrage.

Arbeiter waren in Preußen im Übermaß, Kapital war immerhin ausreichend vorhanden. Seine Besitzer bevorzugten nur, es in Land und Staatsanleihen anzulegen. Das wurde sehr schnell anders, nachdem die

Eisenbahn die industrielle Entwicklung einmal in ertragreichen Gang gebracht hatte. An Kapitalmangel ist die frühzeitige Industrialisierung Preußens nicht gescheitert.

Technischer Fortschritt. Ja, damit tat man sich schwer. Alle wesentlichen industriefördernden Erfindungen – Spinnmaschine, mechanischer Webstuhl, Koksverhüttung, Dampfmaschine – sind in England gemacht worden. Warum mit dieser Ausschließlichkeit, weiß so recht kein Mensch. Sogar mit dem Nachahmen hatten die Preußen lange Zeit ihre Probleme. Die Franzosen, Belgier, Schweizer übrigens auch. Die Engländer machten es ihnen freilich auch sauer. Sie wußten schließlich, was sie an ihrem technischen Vorsprung hatten. Bis 1825 war es englischen Mechanikern und Maschinenarbeitern deshalb verboten, das Land zu verlassen, bis 1842 jegliche Maschinenausfuhr untersagt. Die preußische Bürokratie setzte amtliche Industriespionage, organisierten Maschinenschmuggel und unbeholfene Menschenwerbung dagegen. Zwei tüchtige Ministerialbeamte mit Energie und offenem Kopf sind besonders rührig gewesen: Peter Christian Wilhelm Beuth und Christian Rother. Sie haben überdies Handels- und Gewerbeschulen, technische Beratungsstellen und Vereine »zur Beförderung des Gewerbefleißes« ins Leben gerufen, hier und da Geld und Kredit zur Verfügung gestellt und – wenn es gar nicht anders ging – selbst Fabriken gegründet. Alles sehr bemüht und voll des besten Willens, Gewerbe und Industrie staatlicherseits voranzubringen, wenn die private Initiative lahmte. Aber alles auch sehr bieder, sehr bescheiden und von nur unbeträchtlichem Erfolg gesegnet, weil es am Grundübel nichts ändern konnte. Das war nur nebenher technische Unbeholfenheit und überhaupt nicht mangelndes Unternehmertalent. In den 40er und 50er Jahren waren sie ja plötzlich da: die Harkort und Camphausen, Mevissen und Hansemann, Borsig und Egells, Wöhlert, Schwartzkopff, Krupp, Unruh und wie sie alle hießen. Unternehmertalent gab es stets und überall. Es mußte nur auch zur Geltung kommen können. Und es konnte nur zur Geltung kommen, wenn es freie Bahn hatte und darauf zum Ziel kam. Freie Bahn hatte es in Preußen, seit es Gewerbefreiheit gab. Zum Ziel, will sagen: zu Umsatz und Ertrag kam aber eben nicht, wer sie mit Elan einschlug, weil die Nachfrage nach gewerblich-industriellen Gütern fehlte. Nicht, daß kein Bedarf dagewesen wäre. Drängendster, bitterster Bedarf war da. In Massen. Aber nicht auch das Geld, ihn zu befriedigen. Wo sollte es herkommen, da die Schicht der einkommenslosen Pauper immer breiter wurde und die Bauern alles dransetzen mußten, ihre verkleinerten und belasteten Betriebe über die Runden zu bringen? Es war ein Teufelskreis. Die hungernde und abgerissene Masse der Pauper schrie geradezu nach dem Auf- und Ausbau von Gewerbe und Industrie, damit ihr Arbeit und Einkommen verschafft werde, und war zugleich ganz unverschuldet auf absurde Weise deren sperrigstes Hindernis, *weil* sie eine arbeits- und einkommenslose Masse war.

Der Kreis ist vom Bahnbau durchbrochen worden. Er hat einen kaufkräftigen Nachfrageanstoß gegeben, für den Masseneinkommen nicht nötig waren. Er ist vielmehr mit dem Geld einer kleinen Gruppe wohlhabender Kaufleute, Händler, Gewerbetreibender und Beamter bewerkstelligt worden. Der Staat hielt sich zurück. In der preußischen Wirtschaftsbürokratie und gar rund um den Thron hielt man anfangs nicht viel von dem neumodischen Dampfwagen, der 1829 erstmals Menschen zwischen Manchester und Liverpool hin- und hergefahren hatte. Für Preußen reiche Naglers Post allemal. Berlin sei doch nicht Paris. Und gerade letzthin seien fast 1000 Meilen befestigter Straßen gebaut worden, auf denen es von Köln nach Berlin freilich immer noch 8 Tage dauerte.

Mehr hatte man dem eifrigsten Propagandisten des Bahnbaus in Deutschland, dem fabelhaften Friedrich List, nicht zu sagen, als er 1833 den grandiosen, für die preußische Krähwinkelei viel zu grandiosen Plan vorlegte, Berlin zum Zentrum eines großzügig verzweigten Bahnnetzes zu machen. Noch anderes hörte eine Gruppe rheinischer Unternehmer, die die Regierung ermuntern wollte, beim Bau einer Bahn von Minden nach Köln, die dann nach Antwerpen weiterführen sollte, tat- und finanzkräftig mitzutun. Ihre Wortführer hatten darauf hingewiesen, wie unvergleichlich schnell Soldaten mit der Bahn aus dem Landesinnern an die Grenze geschafft werden könnten. Schön und gut, aber andererseits auch liberale Gedanken aus Belgien ins Rheinland geschleppt. Nichts da.

Da nahmen Privatleute die Sache selbst in die Hand, zunächst im Rheinland und in Berlin, bald auch in Schlesien und andernorts. Zwischen 1837 und 1842 wurden nicht weniger als 28 Eisenbahngesellschaften gegründet, viele als Aktiengesellschaften. Diese praktische Unternehmensform kam damals in Mode. 800 km Strecke sind in den fünf Jahren gebaut, rd. 150 Millionen Mark dafür ausgegeben worden. Und das war nur ein mühsamer Beginn. Für 1000 weitere km lag das Geld schon bereit und nochmal 1500 km waren geplant. Bis 1850 wuchs die Streckenlänge auf 4200 km weiter. Dafür mußten annähernd 700 Millionen Mark aufgewendet werden, zwei Drittel für Anlagen, ein

Drittel für Löhne. Fast 75 000 Menschen waren um die Jahrhundertmitte beim Bahnbau und -betrieb beschäftigt. Die Verteilung der Ausgaben macht deutlich, welche Industriezweige zuerst und am kräftigsten vom Bahnbau angeregt wurden: Eisen und Kohle. Das Ding hieß ja nicht zufällig Eisenbahn. Die Roheisenerzeugung ist zwischen 1831 und 1842 von 62 000 auf 98 000 t und bis 1852 dann weiter auf 143 000 t vermehrt worden. Sie reichte seit Anfang der 40er Jahre bei weitem nicht mehr hin, den Bedarf zu decken. Bis dahin war von der geringen Produktion sogar noch ausgeführt worden, 1842 wurden bereits 36 000 t Roh- und Stabeisen importiert.

Ob nun Roheisen aus Erz »erblasen« oder heimisches und importiertes Roheisen zu Guß- und Schmiedeeisen »gefrischt« wurde, bei beidem brauchte es Kohle, sehr viel Kohle. So ist denn die Kohleförderung in den 40er Jahren verdoppelt worden. Fast sieben Millionen t wurden 1850 ans Tageslicht gebracht, und zwar aus zunehmenden Tiefen. Bis dahin war Oberschlesien Hauptkohlelieferant in Preußen gewesen. Auch 1850 trug die fridericianische Beute noch zwei Drittel zur Gesamtförderung bei. Dort lag die Kohle vergleichsweise dicht unter der Erde und wurde überwiegend im Tagebau gewonnen. Um 1840 war aber bei Essen erstmals die Mergeldecke durchstoßen und zu den ganz ungeahnten Kohlevorräten tief unter dem Ruhrgebiet vorgedrungen worden. Allmählich bekamen die Preußen spitz, daß sie in Wien keinen schlechten Tausch gemacht hatten. Tiefbau hieß freilich starker Wasserandrang in den Gruben, dem nur mit dampfgetriebenen Pumpen beizukommen war. 1840 waren 174 Dampfmaschinen mit 5400 PS im preußischen Bergbau eingesetzt worden, 1849 dampften und ratterten 332 Maschinen mit 13 700 PS. Vor allem an der Ruhr. Insgesamt ist die PS-Zahl stehender Dampfmaschinen in Preußen zwischen 1837 und 1852 ums Sechsfache auf 43 000 gewachsen.

Das war *eine* Quelle der Nachfrage für eine allmählich aufblühende Maschinenindustrie. Die *andere* war natürlich die Eisenbahn selbst. 729 Lokomotiven waren 1853 auf preußischen Eisenbahnen in Betrieb, 460 davon auch in preußischen Maschinenfabriken hergestellt worden. Es hatte eine Weile gedauert, ehe der technische Rückstand wettgemacht war und leistungsfähige Fabriken entstanden. 1841 erst war es Borsig gelungen, die erste preußische Lokomotive – man kann es nicht anders nennen – zusammenzubasteln. Und auch danach hat es noch 6 Jahre gedauert, bis auch nur die

Falsche Hoffnungen: Die Erbhuldigung vor Friedrich Wilhelm IV. auf dem Berliner Schloßplatz 1840

Revolution in Berlin: 18. März 1848

Der König mit den falschen Talenten: Friedrich Wilhelm IV.

Hälfte aller Loks preußischen Ursprungs war. Seit Beginn der 50er Jahre wurde dann aber nur noch zufällig eine Lokomotive vom Ausland bezogen.

In der Provinz Brandenburg ging der Anteil der gewerblich Tätigen an der Gesamtbevölkerung zwischen 1837 und 1849 von 7,3 % auf 19 % in die Höhe. Bei steigender Bevölkerung war das eine Verdreifachung der Beschäftigtenzahl.

All das war Beginn, mühsamer, unsicherer, zuweilen verheißungsvoller, zuweilen enttäuschender Beginn. Die preußische Industrie ist nicht aus dem Boden geschossen. 1846 gab es trotz allem erst rund 650 000 Berg- und Fabrikarbeiter, darunter knapp 100 000 Kinder und Frauen. Dazu kamen an die 100 000 Eisenbahnarbeiter. Alle zusammen reichten an die 840 000 Handwerksmeister und -gehilfen noch immer nicht heran.

Und was man damals so Fabriken nannte! Zwei Drittel der Arbeiter wirkten und werkten im Textil- und Nahrungsmittelgewerbe. Die große Mehrzahl der Unternehmen kann man sich gar nicht kümmerlich und unmodern genug vorstellen. Am erschütternden Ausmaß des Pauperismus hatte dieser erste Industrialisierungsschub nur wenig geändert. Und 1847 geriet er zu allem Überfluß auch noch höchst bedenklich ins Stottern und Stocken. Durch die Revolution und ihre Nachwirkungen ist zusätzlicher Sand ins Getriebe geraten. Das hat den industriellen Aufschwung in Preußen aber nicht mehr nachhaltig aufhalten können. Was im vormärzlichen Jahrzehnt geschafft worden war, war solide, ausbaufähig und steckte voller Dynamik. Wenige Jahre später gab es keinen Pauperismus mehr. Statt seiner gab es die »Arbeiterfrage«. Aber die gehört samt dem industriellen Ausbau der 50er und 60er Jahre in einen anderen Zusammenhang.

Verfassungsversprechen und Verfassungsspielerei

1848 gab es den Pauperismus noch. Und 1848 gab es die einzige Revolution, auf die die Deutschen halbwegs stolz sind. Wie sollte man also nicht vermuten, daß eins mit dem anderen zu tun hatte. Das hatte es ja auch. Aber doch nur am Rande. Die 48er Revolution ist keine soziale und proletarische, sondern eine politische und bürgerliche Revolution gewesen, in die erst mit der Zeit eine soziale Unterströmung geriet.

Und auf der schwammen vor allem die unzufriedenen Handwerksgesellen, kaum die Pauper und die Fabrikarbeiter. Mitreißend ist sie nie geworden. Die preußische Revolution begann als Erhebung für eine liberale Verfassung und scheiterte als Kampf um eine liberale Verfassung. Alles andere – abgesehen vielleicht vom neu belebten Einigungspathos und -streben – war Rankenwerk, Ausuferung und den Urhebern der Revolution auch gar nicht lieb.

Sich 1848 in Preußen für eine liberale Verfassung zu erheben, machte guten Sinn. Es gab nämlich keine, keine liberale und überhaupt keine. Es gab nur drei königliche Verfassungs*versprechen*. Und deren letztes lag auch schon 28 Jahre zurück. Seitdem gab es nur noch die königliche Versicherung, daß es in Preußen in absehbarer Zeit *keine* Verfassung geben werde. Die klang überzeugender als die Versprechen klangen.

Erstmals war »unseren getreuen Untertanen« in Hardenbergs Finanzedikt vom Oktober 1810 »eine zweckmäßig eingerichtete Repräsentation, sowohl in den Provinzen als für das Ganze« in Aussicht gestellt worden, »deren Rat wir gern benutzen« werden. Das war, als der Staat noch tief in der Bredouille steckte und von den getreuen Untertanen Geld brauchte. Im gleichen Edikt ist den Gutsbesitzern auch die Erweiterung der Grundsteuerpflicht auf Gutsland angedroht worden. Die Drohung wurde so wenig zur Tat wie das Verfassungsversprechen. Bis 1861 sind die Herren von der Grundsteuer verschont geblieben.

Das Verfassungsversprechen aber ist im Mai 1815 ohne weiteres Drum und Dran wiederholt worden. Zwar sei der »wohltätige Zustand bürgerlicher Freiheit« und Gerechtigkeit in Preußen durch die fabelhaften Eigenschaften seiner Regenten und deren Eintracht mit dem Volk allzeit bestens garantiert gewesen. Damit aber die Nachwelt von der steten besonderen »Vorsorge für das Glück unserer Untertanen« künden könne, »soll eine Repräsentation des Volkes gebildet werden«, deren Wirksamkeit »die Beratung über alle Gegenstände der Gesetzgebung mit Einschluß der Besteuerung« umfassen werde. Und wenige Tage später stand es dann auch klipp und klar in der Bundesakte, Art. 13: »In allen Bundesstaaten wird eine Landständische Verfassung stattfinden«. Die süddeutschen Staaten haben sich daran gehalten. Preußen nicht. In Preußen ist die Volksrepräsentation nur noch ein drittes Mal verheißen worden, 1820 im Staatsschuldengesetz. Die bestehende Staatsschuld, hieß es da, dürfe ohne Zustimmung der »künftigen reichsständischen Versammlung« nicht vermehrt werden. Das ist getreulich beachtet und bis 1847 sorgsam vermieden worden, neue Schulden zu machen. Deshalb unter anderem hielt sich die Regierung bei der Finanzierung des Eisenbahnbaus lange Zeit so geflissentlich zurück.

Wenn es Hardenberg und vielleicht sogar dem König 1810 und 1815 noch halbwegs ernst mit der Ankündigung gewesen war, 1820 war sie nur noch Mimikry, wenn man sie denn nicht blanke Verlogenheit nennen will. Die Teplitzer Vereinbarung lag da schon ein halbes Jahr zurück. Ein halbes Jahr später folgte die Wiener Schlußakte. Das war eine Revision der Bundesakte im Sinne und Interesse der Reaktion à la Karlsbad. In Teplitz hatten die beiden Verfassungsverheißer dem Verfassungsfeind Metternich zugesichert, daß sie es bei Provinziallandtagen belassen würden. In Wien unterschrieben sie, daß überall in Deutschland die gesamte Staatsgewalt in der Person des Souveräns vereint bleiben solle. Das hieß »monarchisches Prinzip«.

Unter dieser Voraussetzung sind drei Jahre später dann tatsächlich Ständeversammlungen in den Provinzen eingerichtet worden. Eine bloße Wiedererweckung der altständischen Repräsentationen, wie der Freiherr vom Stein wohl wünschte, waren die Provinziallandtage nicht. Aber mit einer konstitutionellen, geschweige parlamentarischen Einrichtung hatten sie noch weniger gemein. In den Provinziallandtagen saßen neben der weiterhin bestimmenden Mehrheit der Adeligen und Großgrundbesitzer neuerdings zwar auch ein paar Bauern und grundbesitzende Bürger. Aber zu tun und zu sagen hatten alle miteinander nichts. Die provinzialständischen Vertretungen waren von unsäglicher Bedeutungs- und Einflußlosigkeit. Es ist nicht bekannt, daß sich auch nur eine von achten bis 1840 irgendwann eine selbständige Regung hat zuschulden kommen lassen.

Das preußische Verfassungsleben ruhte. Die reformierte preußische Gesellschaft war eine verfassungspolitisch ungebundene Wirtschaftsgesellschaft. Das Beamtentum blieb einziger Garant für Einheit und Kontinuität des Staats. Staat und bürgerliche Gesellschaft waren weiterhin durch Welten voneinander getrennt. Das Bürgertum ist dem politischen Geschäft und der politischen Verantwortung auch keinen Hauch nähergekommen. Die Liberalen überall in Deutschland, die Preußen so gern liebgehabt hätten, weil sie ahnten, daß sie es für die Erfüllung ihrer nationalen Sehnsüchte brauchten, wendeten sich enttäuscht und bekümmert ab.

Und dann kam 1840 und ein neuer König: Friedrich Wilhelm IV. Mit ihm kam die Hoffnung. Und wurde verstärkt, als gleich nach der pomphaften Erbhuldigung die lebenslangen Demagogen freigelassen wurden, Jahn und seine Brüder im Geiste wieder turnen und die Polen von amtswegen wieder polnisch sprechen durften. Trotzdem war sie ein Mißverständnis. Eigentlich ein unverständliches Mißverständnis, denn jedermann konnte wissen, daß dieser phantasie- und geistvolle, zuweilen überschwänglich liebenswürdige, dann wieder jähzornig heftige dicke Mann mit der schlagfertigen Beredsamkeit und dem Witz eines Volkstribunen, aber auch dem überspannt mystischen Gefühl für die göttliche Weihe und das gottgewollte Recht seines hohen Berufs, daß dieser vieldeutige Patriarch ganz und gar politischer Adept der Restauration und geistiges Kind der Romantik war und deshalb *eins* mit unverbrüchlicher Sicherheit nicht wollte: Volksvertretung und Verfassung.

Und ausgerechnet dieser König begann mit der nationalen Repräsentation zu spielen und zu jonglieren. Leichtfertig und ungeschickt. Am Ende ist ihm das Spiel aus der Hand geraten.

Im Oktober 1840 durften 98 Abgeordnete aus den 8 Landtagen als »vereinigte Ausschüsse« in Berlin zusammenströmen und längstvollzogenen Regierungsmaßnahmen nachträglich zustimmen. Unter anderem dem Entschluß, privaten Eisenbahngesellschaften mit staatlichen Zinsgarantien zu helfen, an ausreichend Kapital zu kommen. Am Eisenbahnbau nämlich hatte die preußische Wirtschaftsbürokratie unterdessen Interesse gewonnen. Hier und da übernahm sie nun auch selbst Aktienanteile. Nicht viel. Gern hätte sie kräftig zugelangt. Allein, von welchem Gelde? Die ordentlichen Einnahmen gingen für anderes drauf, überwiegend weiterhin für das Militär, nicht wenig auch für die abundante Verschwendungssucht des Königs. Also Kredit aufnehmen. Aber dazu war das Plazet der nicht vorhandenen und unerwünschten gesamtstaatlichen Landstände nötig. Wirtschaftlicher Fortschritt und politische Beharrung gerieten ein erstes Mal in unzuträgliches Gedränge miteinander. Da hatte Friedrich Wilhelm IV. eine Idee. Keine sehr hellsichtige Idee. Der Innenminister Arnim-Boytzenburg hat geahnt, daß nichts Gutes bei ihr herauskommen konnte und vorsichtshalber seinen Abschied genommen. Der König wollte eine Staatsschulden- und Steuergenehmigungsversammlung, die immer nur dann auf königliches Geheiß zusammen*kommen* sollte, wenn der Staat Kredit brauchte oder neue, zusätzliche Steuern einführen wollte, und nur so lange zusammen*bleiben* durfte, bis sie beides genehmigt hatte. Um allen Umstand zu vermeiden, sollten sich einfach die 8 Landtage dann und wann zu solchem Behufe vereinen. Das war kein Zugeständnis, sondern eher eine Versöhnung des konstitutionellen Gedankens. Die Ablehnung war allgemein, als der wunderliche Plan endlich ausgekocht war und dem Volk durch königliches Patent im Februar 1847 serviert wurde. Der junge Theodor Fontane schrieb an seinen Freund Lepel: »Diese Konstitution ... ist nicht aus Furcht vor dem Volke, sondern aus gänzlicher Verachtung des Volkes hervorgegangen. Das Volk nämlich soll darin zu einer Komödie, die statt mit einer Ehe mit einem glücklichen Pump schließt, mißbraucht werden, und es zeugt von Verachtung des Volkes, ihm eine *solche* Rolle anzuweisen ... Weil sich Rothschild geweigert hat, ohne Garantie von Seiten des Volkes Millionen vorzustrecken, gibt man dem Volk eine Konstitution, damit der König mit Volkserlaubnis – *pumpen* und *besteuern* kann«. Aber was half es. Wenn der König rief, hatten die ständischen Vertretungen zu kommen. Am 11. April kamen sie. Zum ersten Vereinigten Landtag nach Berlin. Benahmen sich dort mehrheitlich aber gar nicht gemessen und im Sinne ihres Erfinders, sondern eigensinnig und ungebührlich. Überschwemmten den König mit Petitionen, forderten allerlei konstitutionelle Rechte und höhnten gleichsam zurück. Eine Anleihe bewilligen, damit der Staat den Bau einer Bahnverbindung zwischen Berlin und Königsberg nachdrücklich fördern könne? Nein, das könnten sie nicht. Das sei damals, 1820, einer ordentlichen Nationalrepräsentation vorbehalten worden. Und der König habe ihnen eben in der Thron- und Eröffnungsrede noch einmal mit bewegten Worten eingeschärft, daß sie nichts dergleichen, sondern ein Produkt seiner Huld und Laune seien.

Angefeuert von seinen liberalen, oppositionellen Mitgliedern aus dem rheinischen Bürgertum und dem ostpreußischen Adel ließ es der Vereinigte Landtag auf den Konflikt ankommen. Im Herbst ging er im Unfrieden mit Majestät auseinander. Die Revolution aber haben nicht einmal die strammsten Oppositionellen gewollt.

»Alles bewilligt!«

»Der Funke der Revolution ist ... unvermutet und plötzlich in (die) bürgerliche Welt gefallen« (Stadelmann). Er flog von Frankreich herüber und entfachte in Deutschland einen hell lodernden, prasselnden Flächenbrand, der zuletzt auf Preußen übergriff. Das wäre nicht passiert, wenn die alte Ordnung festgefügt und feuersicher gewesen wäre. Das war sie nicht. Sie war sozial zersetzt und politisch explosiv. Viel Zündstoff lag angehäuft herum. Und wer genug politisch-sozialen Verstand hatte, die Zeichen zu deuten, wußte es. Die Zeit war voll von Äußerungen hochgradigen Krisenbewußtseins wie keine sonst. Die bürgerliche Welt war aus den Fugen. In Preußen und Deutschland gab es 1848 eine gewachsene revolutionäre Situation. Sie ist durch die Pariser Ereignisse im Februar nicht künstlich erzeugt und von – womöglich volksfremden – Hetzern geschürt worden. Aber es war eine revolutionäre Situation ohne entschiedene, zielbewußte, erfolgsgewisse Revolutionäre. Die Revolution blieb vor den Thronen stehen. Deshalb hatte die Reaktion nach kurzer, kräftiger Erschütterung bald so erstaunlich leichtes Spiel. Darin hat nicht mal waffenklirrende Gewalt, obwohl es ohne sie nicht abgegangen ist, sondern haben steifnackige Beharrung und unverfrorene Rücknahme notgedrungen-eilfertiger Zugeständnisse durch Wort und Federstrich die Hauptrolle gespielt.

Die bürgerliche Revolution ist überall in Deutschland gescheitert. Das war schlimm. Für den weiteren Gang der politisch-sozialen Dinge aber war schlimmer, daß sie insbesondere in Preußen nicht nach nachhaltig-begeisterndem Kampf, der revolutionäre Traditionen und Mythen schaffte, bezwungen worden, sondern in Halbheiten und Vermittlungen, Schlaffheit und Angst vor der eigenen Courage zerronnen ist. Dadurch hat die Revolution in Deutschland für alle Zeit und alle Schichten ihre Würde und Glaubhaftigkeit verloren. Sie ist fortan keine Alternative mehr gewesen.

Die deutsche Revolution der Jahre 1848/49 hatte zwei große Ziele, drei maßgebliche Zentren und drei Entwicklungsphasen. Die beiden Ziele waren Freiheit in einem umfassenden und nationale Einheit in einem unbestimmten und umstrittenen Sinn. Die drei Zentren waren Wien, Berlin und Frankfurt am Main. Die erste Phase war kurz und hektisch: gärende Unruhe, schnelle Erfolge und trotzdem Bürgerkrieg – die »tollen Tage« im März 1848. Alles bewilligt. Es schien, als müsse nur noch der Gewinn heimgebracht werden. Es kam die wieder beruhigte Zeit der verfassungsgebenden, in Frankfurt auch der nationalstaatformenden Versammlungen, die fast unmerklich, ohne Bruch und neuerlichen Aufruhr zur Zeit der Gegenrevolution wurde. Sie dauerte ein Jahr. Am Ende: alles gescheitert. Dann folgte noch ein »doppelter Epilog« (Theodor Schieder); kurz und turbulent der eine: Volksaufstand in Sachsen, Baden und der Pfalz im Frühjahr 1849; langwierig und überflüssig der andere, die Fürsten wieder unter sich: Unionspläne und Olmützer Punktation.

Preußen hatte mit allem irgendwie zu tun. Mit Freiheits- und Verfassungsforderungen sowieso, aber maßgebend auch mit dem nationalrevolutionären Einheitsstreben; deshalb nicht nur mit den Vorgängen in Berlin, sondern ebensowohl mit dem Reden und Planen in Frankfurt und mit dem Handeln und Entscheiden in Wien; im Inneren aufs äußerste bewegt im März, im Jahr der Versammlungen und Verhandlungen als Hoffnung und Falle für Freiheit und Einheit; blindwütiger Knüttel der Reaktion in Sachsen, Baden und der Pfalz und am Ende von Österreich in Ölmütz gedemütigt. Die Geschichte Preußens in der Revolutionszeit ist wahrlich mehr als die Geschichte der Revolution in Preußen.

Aber begonnen hat sie natürlich so und der Beginn ist ihr erquicklichstes Kapital. Freilich, nicht mit entschlossener Tat, unentschlossen und zerfahren ist es losgegangen, mit Aufläufen und Reden, Petitionen und Demonstrationen. Es war Revolution in Deutschland, aber die Berliner wußten eigentlich nicht so recht, was in solchem Fall zu tun war. Politische Clubs entstanden. Neue Zeitungen liberalen, demokratischen, ja republikanischen Anstrichs nahmen sich was heraus. Draußen im Tiergartenlokal »Zelte« wurde neuerdings geredet statt Musik gespielt. Studenten, Dozenten, Literaten und Kommis – Volkstribunen und Schwätzer. Das war interessant. Wenn man auch nicht alles verstand, oder so verstand, wie man's eben verstand. Aber ja, »Pressfreiheit«! Nicht länger von Steuern gepreßt werden. Das wollte man. Die Wiederberufung des Vereinigten Landtags, Versammlungs- und Vereinigungsrecht und Schwurgerichte. Auch gut. Das möge man dem König vortragen. Eine Adresse wurde formuliert. Zehn Männer sollten sie als Delegierte des Volkes vor den Thron bringen. Der Berliner Polizeipräsident verbot den groben Unfug. Nichts gegen die Adresse. Aber wozu gäb's die Berliner Stadtpost? Das war ein Argument. Vor einigen 1000 Menschen wurde am 9. März in den Zelten ausgiebig darüber debattiert und dann auf die Demonstration verzichtet. Nein, die Berliner waren ruhige, königstreue Leute.

Reizbar allerdings. Daß am 13. März plötzlich auffällig und ungewohnt viel Soldaten unter den Linden herumstanden und -patrouillierten, hat sie sehr gereizt. Da ist es zu ersten vereinzelten Zusammenstößen gekommen. Schmähungen, Säbelhiebe, Steine, Schüsse, wie das so geht. Am Ende lagen auch Tote auf der Straße. Aber bitterer Ernst, gar Bürgerkrieg war das von ferne nicht. Kleine Straßenkrawalle, alles sehr unbedeutend.

Den friedwilligen Friedrich Wilhelm IV. aber haben sie sehr erschreckt. Am Abend des 17. März fand eine erregte Kronratssitzung statt und am Morgen des 18. liefen Ausrufer durch die Stadt: »Alles bewilligt«! Ein zweiter Vereinigter Landtag wird beschleunigt einberufen und über eine Verfassung beraten. Pressefreiheit, Schwurgerichte, Vereinigungs- und Versammlungsrecht – bewilligt! Preußen wird sich für eine Umgestaltung des deutschen Bundes zum freiheitlichen Bundesstaat ins Zeug legen. Arnim-Boytzenburg wird Ministerpräsident.

Vivat! Das Volk strömte zum Schloßplatz und ließ seinen König leben. Nur die unverwandt herumstehenden Soldaten störten noch. Ob jedermann, oder nur eine kleine Gruppe, die an der huldvollen Gewährung und der rasch gewonnenen Harmonie keinen rechten Gefallen finden mochte, steht dahin. Jedenfalls erschallte der Ruf: »Fort mit dem Militär«!, pflanzte sich fort: »Ja, was soll das Militär? Wir wollen einen Bürgerkönig mit einer Bürgerwehr«, und bewirkte das Gegenteil. Die Soldaten drängten drohend vor. Der Jubel erstarrte im Tumult. Handgemenge. Dann kam der Befehl, den Platz zu räumen. Dann fielen zwei Schüsse. Unbefohlen, aus Ungeschicklichkeit, vielleicht aus Angst. Soldaten sind ja nicht geborene Helden. Sie waren das Signal zum Bürgerkrieg. Verrat! Zum Schein alles bewilligen und dann schießen lassen. Hohn und Mord! Zu den Waffen! Die Menge stob auseinander, verstört und verschreckt die einen, ernst und entschlossen die andern, »als ging es nun an die Arbeit« (Fontane). Das waren vor allem die Handwerksgesellen.

Nachmittags um 4.00 ging es los. Bis weit nach Mitternacht war Berlin erfüllt vom Straßenkampf. Keiner hat die aufgeregten Stunden so eindringlich-bildhaft und wahrhaftig, weil so nüchtern-unverklärt, ironisch-distanziert geschildert und zugleich gedeutet wie Theodor Fontane; voll warmer engagierter Sympathie für die Erhebung, aber mit empfänglich-ungetrübtem Blick auch für ihre unbeholfenen, balladesken, spießigen und rührenden Züge: die Arbeiterkolonne, die sich aus der Requisitenkammer des Königstädter Theaters bewaffnete; die abgedeckten Häuser, »die Dachziegel neben dem Sparrenwerk aufgehäuft und auf dem Sparrenwerk selbst allerlei Leute, die vorhatten, von oben her einen Steinhagel herunterzuschicken«, ganz Eifer, »aber wenn man schärfer zusah, sah man doch auch wieder, daß es nichts Rechtes war«, mit Dachziegeln gegen die Garden!; der peinlich-verlegene Gesichtsausdruck der gehorsam barrikadenräumenden Dragoner-Offiziere: »Gott, was soll der Unsinn, erbärmliches Geschäft«; die Naivität, mit der die Bürgerrevolutionäre sich in ihren Häusern verrammelten, ohne Rücksicht auf die Möglichkeit zum Rückzug, von einem Stockwerk ins andere, zuletzt hinter die Kamine und Rauchfänge und von dort vor die Flinten der Soldaten getrieben: »ich«, so etwa war der Gedankenweg, »schieße oder werfe Steine nach Belieben, die anderen werden dann wohl das Hausrecht respektieren«.

Viel Bravour, moralische Stärke, Solidarität und Opferbereitschaft war natürlich auch dabei – und viel Brutalität, blinder Zorn und sinnlose Grausamkeit.

Gegen Morgen wurde es allmählich still. Das Militär war Herr der Lage. Die Soldaten hatten die Revolutionäre fürs erste bezwungen. Trotzdem hatte die Revolution – so schien's – gesiegt. Der König, vielseitig und widersprüchlich beraten, unausgeschlafen, mit jammervoll überreizten Nerven, unsicher, ob die Soldaten einem neuen revolutionären Aufbäumen moralisch und körperlich standhielten, der König wich zurück. Er kapitulierte. Am Morgen wurden die Truppen bedingungslos aus der Stadt entfernt. Neuerlicher Jubel. Aber nicht mehr dem König dankbar dargebracht. Erst überraschter, bald selbstbewußter Siegesjubel. Die toten Barrikadenkämpfer, die Märzgefallenen, wurden im Schloßhof zusammengetragen. Friedrich Wilhelm mußte vor sie hintreten und ehrende Teilnahme bekunden. »Eine erhabene, schauerliche Demonstration«, fand Bettina von Arnim, die dabeigewesen ist. Eine Bürgergarde übernahm den Schutz von Thron und Stadt.

Zwei Tage später ritt Friedrich Wilhelm an der Spitze einer pittoresken, fröhlichen Demonstration durch die Straßen. Links von ihm Minister Arnim mit einer deutschen Fahne auf der Faust, rechts von ihm der Tierarzt Urban im Demokratenbart und mit einer gemalten Kaiserkrone in den Händen, hinter ihm Prinzen und Generale. Schwarz, rot, gold an der Gardeuniform und auf den Lippen das Bekenntnis zum bürgerlichen Staat der Revolution und zum einigen Deutschland: Preußen geht fortan in Deutschland auf. Fontanes kluger Vater sah es, wackelte mit dem Kopf und sagte: »Es hat doch ein bißchen was Sonderbares ... so rumreiten ... ich weiß nicht«.

Ja, es hatte was Sonderbares. Und war es schon nicht blanke Unwahrhaftigkeit, so war es doch ein weiteres großes Mißverständnis. Auf beiden Seiten. Die aufständischen Bürger hielten für erkämpft und errungen, was ihnen doch nur wie ein Bettel hingeworfen worden war, und der König begriff gar nicht wovon er redete, wenn er von konstitutioneller Verfassung, volkstümlichem Wahlrecht, Vereidigung des Heeres auf die Verfassung und verantwortlichem Ministerium redete. Und seine Idee von deutscher Einheit und Nation war so illusionär wie sie antiquiert war. Beides – Freiheit und Einheit – ist schließlich denn auch an ihm zuschanden geworden.

Alles gescheitert

Nur eine kurze Weile ging alles noch nach revolutionärem Wunsch. Am 29. März trat das Ministerium Arnim-Boytzenburg zurück. Die Opposition übernahm die Leitung der Geschäfte. Camphausen und Hansemann an der Spitze. Männer aus dem liberalen, rheinischen Wirtschaftsbürgertum. Sehr maßvolle Männer ohne revolutionäres Ungestüm. Und dennoch dreifach neu und ungewöhnlich: liberal, bürgerlich und aus dem Westen. Vier Tage drauf trat der zweite Vereinigte Landtag zusammen, verabschiedete ein neues Wahlrecht, nach dem in allgemeiner, freier, gleicher, aber indirekter Wahl eine Volksvertretung gewählt wurde, die sich am 22. Mai, auf den Tag genau 33 Jahre nach dem zweiten Verfassungsversprechen, in der Berliner Singakademie als Nationalversammlung konstituierte, um über die königliche Verfassungsvorlage zu beraten.

Ein Parlament mit einer liberal-demokratischen, mittelständischen Mehrheit war zustande*gekommen*, durchaus monarchisch gesinnt, bieder, tüchtig und mit wenigen Ausnahmen: Waldeck, Jacoby, Unruh, »ein wenig zweite Garnitur« (Valentin). Zustande*gebracht* hat es nichts. Das war nicht seine Schuld. Fleißig ist es gewesen. Es hatte zwei andere Gründe. Einer lag auf der Straße, der andere im königlichen Kabinett. Beide ergänzten sich zum Debakel.

Der republikanisch-demokratische Ernst und Elan der Bevölkerung in Berlin und in den anderen Städten der Monarchie war schon bald nach den Märzereignissen abgeflaut. Bald war nur noch in den demokratischen und republikanischen Clubs und Vereinen davon zu spüren. Dort nahm die Revolution zwar immer radikalere, aber auch geschwätzig-esoterische, theoretisch-ausschweifende Züge an. Die Masse des bürgerlichen Mittelstands dagegen ergriff Ernüchterung und Enttäuschung. Ein bißchen Beschämung wohl auch über den Wirbel, der nichts Greifbares geändert, den Alltag allenfalls beschwert hatte. Verärgerung und Unruhe schließlich über fortgesetzte Tumulte und Aufsässigkeit gegen die soziale Ordnung, von der sie irgendwie doch profitierte. Es war nicht schlankweg Flucht der aufgeschreckten, furchtsamen Bourgeoisie vorm andrängenden Proletariat an die Brust der bewaffneten Macht. So modellhaft nach Lehrbuchsätzen geht es in der Geschichte ja nicht zu. Was war schon Bourgeoisie, was Proletariat in jener Zeit? Aber ein tiefverwurzeltes, etwas philisterhaftes Bedürfnis nach Ruhe, Sicherheit und Schutz des wirtschaftlich-sozialen Besitzstandes griff doch zusehends Raum, nach Schutz vor gewalttätigem Unfug, Anarchie, Krawall und Zügellosigkeit.

Die Revolution wurde vom bürgerlichen Mittelstand gleichsam fallengelassen und konnte von der Arbeiterschaft nicht aufgenommen und weitergeführt werden, weil es eine halbwegs geschlossene, ihrer selbst bewußte, geschweige organisierte Arbeiterschaft mit politisch-sozialer Zielsetzung und anerkannter Führung nicht gab. Laute und grelle Agitation in Wort und Schrift gab es, die viel von sich hermachte, aber so gut wie wirkungslos verhallte: die Brüder Schlöffel, Max Schasler, Wilhelm Weitling, Friedrich Wilhelm Held, »Der Volksfreund«, »Volksstimme«, »Der Urwähler«, »Die Lokomotive«, wer zählt die Titel, nennt die Namen. Lauter Arbeiterführer, lauter Parteiorgane ohne Arbeiter und ohne Partei. Und es gab den besonnen-tüchtigen, jungen jüdischen Schriftsetzer Stephan Born aus Posen. Der hat Ende August tatsächlich einen Arbeiterkongreß mit Teilnehmern aus vielen deutschen Ländern in Berlin zustandegebracht. Dabei ist die erste deutsche Arbeiterorganisation gegründet worden, die recht eigentlich eine Gesellenorganisation gewesen ist. Sie nannte sich »Allgemeine Deutsche Arbeiterverbrüderung«. Das klang nicht klassenkämpferisch-revolutionär, sondern nach solidarisch-friedlich-sozialreformerischem Streben. Und so war es auch gemeint. Lohnerhöhung, Arbeitszeitverkürzung, Schluß mit der Bezahlung in Waren statt in Geld, Kündigungsschutz, Invalidenversorgung, Arbeitsbeschaffung, Koalitionsfreiheit und Selbsthilfe in Genossenschaften, nichts Grundstürzendes, alles sehr gemäßigt und solide. Mit Kommunismus wollte die Arbeiterverbrüderung nichts zu tun haben. »Man hätte mich ausgelacht oder bemitleidet, hätte ich mich als Kommunist gegeben«, hat sich Stephan Born später erinnert. »Der war ich auch nicht mehr. Was kümmerten mich entfernte Jahrhunderte, wo jede Stunde mir dringende Aufgaben und Arbeit in Fülle darbot«.

Die politischen Ziele der Arbeiterverbrüderung aber waren ganz die Ziele der bürgerlichen Demokraten, mit denen zusammen man sie auch erstreiten wollte. Und wenn die nicht mehr oder nicht wieder für sie auf die Barrikaden gehen wollten, dann eben nicht.

Anfang November wäre das nötig gewesen. Die Reaktion feierte unbekümmerte Urständ, jagte erst die Nationalversammlung aus Berlin fort und zerstreute dann die Bürgerwehren. Da hat die Arbeiterverbrüderung den Abgeordneten und den Bürgerkommandanten 10000 bewehrte Arbeiter zur Verteidigung von Recht und Freiheit angedient. Aber die Bürger waren müde, feig und lustlos geworden. Sie konnten sich nicht ermannen, noch einmal für eine Sache gewaltsam zu streiten, mit der sie eigentlich nichts Rechtes hatten anfangen können. Sie haben mit sich umspringen lassen. Allein aber haben die Arbeiter auch nichts unternehmen mögen. Es war ja nicht eigentlich *ihre* Revolution.

So hat die Reaktion fast widerstandslos triumphiert. Wie selbstverständlich. Und gerade deshalb so schwer verständlich. Es kann doch nicht sein, sollte man meinen, daß sich der wankelmütig-sentimentale Träumer auf dem Thron nur wieder anders zu besinnen, sich seiner Nachgiebigkeit schämen, all die Ideen von göttlich verordneter Macht und Würde erneut hervorzukramen und daran zu erinnern brauchte, daß er ja doch eine intakte Armee habe, um der Revolution ein Ende zu setzen, als sei sie Kinderspiel gewesen. Aber es war so.

Am 22. Mai war die Nationalversammlung zusammengetreten, um als Vertretung des siegreich-revolutionären Volks mit dem König eine freiheitliche Verfassung zu vereinbaren. Am 5. Dezember war sie wieder aufgelöst, und der König dekretierte eine Verfassung. Nicht mal ein gewaltsam blutiges Aufräumen, wie es der Fürst Windischgrätz in Wien veranstaltet hat, ist nötig gewesen. Die Kunde vom Wiener Beispiel reichte. Die preußische Gegenrevolution marschierte nicht mit festem entschlossenem Tritt über die Märzerrungenschaften hinweg, sie drängte sie einfach Stück um Stück beiseite.

Zuerst die gemäßigt-liberalen Minister, die von Anfang an zwischen dem rasch zurückgewonnenen autoritären Eigenwillen des Königs und der radikaldemokratischen Nationalversammlung einigermaßen haltlos hin- und hergeschwankt waren und sich dabei wirkungslos erschöpft hatten. Sie mußten nicht mal groß gedrängt werden. Sie gingen von selbst, weil sie den Beschluß des Parlaments nicht tragen wollten, daß Offiziere, die von liberalem Geist nicht durchdrungen seien, den Dienst quittieren sollten. Das war im September. Seitdem regierten in Berlin Generale. Erst der kluge, konstitutionell eingestellte, aber sehr alte, sehr schwache General von Pfuel, dann der weniger kluge, als illegitimer Sohn Friedrich Wilhelm II. ganz vom Wert monarchischer Autorität erfüllte Graf von Brandenburg. Der ließ im November vom längst nach Berlin zurückgekehrten Militär die Bürgerwehr auflösen und den Belagerungszustand verhängen. Das Parlament möge sich – Brutalität steht billiger Hohn immer gut –, um vorm Terror der Straße geschützt möglichst schnell mit der Verfassung zu Rande zu kommen, ins Städtchen Brandenburg verziehen. Das Parlament wollte nicht. Von Terror sei nichts zu spüren. Da ließ Brandenburg ihm den seinen angedeihen. Ein paar Tage lang ist die schrumpfende Nationalversammlung in Berlin von Soldaten mit Tumult aus einem provisorischen Versammlungslokal nach dem anderen hinausgetrieben und zusehends der Lächerlichkeit preisgegeben worden. In letzter Verzweiflung rief die Linke zur Steuerverweigerung und zur Organisation einer Revolutionsarmee auf. Zu spät und deshalb vergeblich! Ruhe war wieder erste, selbstverordnete Bürgerpflicht. Über die Auflösung der schließlich doch nach Brandenburg gezwungenen, stark dezimierten, nicht einmal mehr beschlußfähigen Nationalversammlung haben sich nur noch ein paar unentwegte, radikale Demokraten aufgeregt, draußen im Lande stärker als in Berlin. Es hat nirgendwo Mühe gemacht, sie rasch und gründlich zur Raison zu bringen.

Die Liberalen dagegen, soweit nicht schon die Aussicht auf Ruhe und Ordnung sie mit Hochgefühl erfüllte, wurden durch die Verfassung entwaffnet, die am 5. Dezember 1848 als königliche Gabe oktroyiert wurde. Das war ein alle Welt verblüffend, die strammen Royalisten zugleich verärgernd liberales Ding: Parlamentarisch sollte Preußen in Zukunft zwar nicht gleich regiert werden, aber immerhin doch konstitutionell. Es sollte schon im Februar ein neues, demokratisch gewähltes Parlament geben, ohne dessen Zustimmung Gesetze nicht mehr rechtskräftig und Staatsausgaben ungesetzlich (Budgetrecht) sein würden. Über die Zusammensetzung der Regierung hatte es freilich so wenig mitzureden, wie es sie stürzen konnte. Die Minister blieben »Berater und Gehilfen« des Königs und waren nur ihm, nicht dem Parlament verantwortlich. Und deshalb war es weiterhin des Königs unbedingtes Vorrecht, sie zu heuern und zu feuern, genauso wie er auch künftig außen- und militärpolitische Entscheidungen selbstherrlich treffen konnte.

Das Heer blieb Königsheer.

Das war ein Kompromiß, nicht mehr, aber auch nicht weniger. Freilich, kein ausgehandelter, sondern ein dargereichter Kompromiß. Deshalb konnten entschiedene Liberale nicht recht glücklich damit werden. Die Demokraten aber bekamen bald Grund, ihn von Herzen zu hassen. Als trotz aller erdenkbarer Schikanen aus den Wahlen im Februar ein höchst demokratisch-oppositionell gestimmter Landtag hervorging, hat den König das Geschenk des allgemeinen, gleichen, freien Wahlrechts schon wieder gereut. Er hat es unbedenklich zurückgefordert und im Mai 1849 das berüchtigte Dreiklassenwahlrecht eingeführt.

Das war ein kompliziert-umständliches Verfahren mit einem sehr einfachen Ergebnis: wer weniger als 900,– Mark Reineinkommen hatte, durfte gar nicht wählen. Blieben 1850 z. B. in Berlin schon nur noch gut 5% der Bevölkerung überhaupt als Wähler übrig. Das waren 21 000 Männer. Davon bestimmen die 1600 reichsten das erste, die 6400 nächstwohlhabenden das zweite und die übrigen 12 000 das letzte Drittel der Wahlmänner, die ihrerseits dann die Abgeordneten wählten. Alles Weitere läßt sich denken. Allerdings ist es zum Verdruß von König und Regierung dann doch zuweilen anders gekommen. Meist aber so, wie sie es sich dachten. Konservativ und willfährig. Bis 1918. Denn solange hat Preußen mit seinem antidemokratischen Wahlrecht und seiner unparlamentarischen Verfassung leben müssen.

Und dafür der ganze revolutionäre Aufwand! War das die Sache wert? Natürlich nicht! Aber so darf man ja eigentlich nicht fragen. Der Wert von Revolutionen hat nicht nur mit ihren unmittelbaren handgreiflichen Erfolgen, sondern auch mit der historischen Würde der Völker zu tun. Und unserer historischen Würde tut auch eine gescheiterte 48er Revolution sehr gut.

Im übrigen, so nichts und wieder nichts war die oktroyierte Verfassung mit ihrem verwässerten Wahlrecht für den Anfang ja nun auch wieder nicht. Es hätte schlimmer kommen können. Die preußische Regierung hatte dergleichen Zugeständnisse im Winter 1848/49 doch nicht nötig. Oder vielleicht doch? Ja, vielleicht doch. Ganz und gar so tun, als hätte es fast 40 Jahre Verfassungsversprechen, Verfassungsexperimente, Verfassungskampf und Verfassungsberatung nicht gegeben, konnte am Ende selbst die reaktionärste Reaktion nicht. Jedenfalls auf die Länge nicht. Österreich hat es auch nur bis 1861 durchgehalten. Der politische Zeitgeist ist zwar eine windige Angelegenheit, aber Wind gehört nicht nur zu den durchlässigsten, sondern auch zu den durchdringendsten Sachen von der Welt. So gesehen, war die preußische Konstitution immerhin ein *ertrotztes* Geschenk und zumindest mit kleinen Buchstaben auf die Habenseite der Revolution zu schreiben. Daneben stand die Regulierungsfähigkeit der handdienstpflichtigen Bauern, die in den nächsten 15 Jahren immerhin 640 000 Bauern zu freiem Landbesitz verhalf, stand die Beseitigung der Landabtretungen zugunsten einer Geldrente und die Abschaffung der Patrimonialgerichtsbarkeit. Und das war ja auch etwas.

Mit ganz großen Buchstaben stand auf der Gegenseite: fortdauernde Einzelstaaterei. Die Hoffnung auf den deutschen Nationalstaat war fürs erste dahin. Sie ist an Friedrich Wilhelms antirevolutionär-romantischer Hartköpfigkeit zerschellt. Nachdem er die Freiheit, die die Liberalen meinten, zur verordneten Freiheit verkürzt und verdorben hatte, hat er die Revolution auch noch um ihre nationalen Früchte gebracht.

Die waren nicht in Berlin, sondern in Frankfurt am Main gediehen. Dort, in der Paulskirche, war nach mancherlei vorbereitenden Versammlungen am 18. Mai das erste freigewählte deutsche Parlament zusammengetreten. Ein geistvolleres hat es nie gegeben. Aber auch kein hilfloseres, »halb rührend, halb komisch« (Stadelmann). Was der preußischen Nationalversammlung an Glanz gebrach, die deutsche Nationalversammlung hatte es im Übermaß. Man fängt besser gar nicht an, die klingenden Namen herzuzählen. Es fiele gar zu schwer, wieder aufzuhören. Freilich, mit Geist, mit Fülle der Ideen, die natürlich auch Fülle der Meinungsverschiedenheiten war, mit überströmender Beredsamkeit allein war die schwere Aufgabe nicht zu schaffen: Deutschland politische Freiheit und nationale Einheit auf einen Streich zu geben. Vielleicht wäre weniger davon zu diesem Zwecke mehr gewesen.

Die Paulskirche habe ihre Chance verschwätzt, hat es wohl geheißen. Aber wer dürfte darüber rechten.

Die Sache von der falschen Seite angepackt hat sie wohl. Verfassung *und* Nationalstaat galt es zu machen. Die Paulskirchen-Parlamentarier haben so getan, als gäbe es den Nationalstaat schon und sich begeisterungsvoll-streitbar darangemacht, eine Verfassung für ihn zu gestalten und zunächst und vor allem Grundrechte zu formulieren. Was Wunder, daß man an sie zuerst dachte, da man sie so lange entbehrt hatte. Als die Abgeordneten mit ihnen fertig waren, da haben sie gemerkt, daß ihre Voraussetzung eine Fiktion gewesen oder spätestens geworden war, als Österreich und Preußen gewaltsam zu ihrer machtstaatlichen Stellung zurückfanden und höchst eigene Vorstellungen über Deutschlands zukünftige staatliche Ordnung entwickelten. Die beiden ersten Artikel des Bundesverfassungsentwurfs waren deshalb reines, allerdings knisterndes Papier: das deutsche Reich besteht fortan aus den Gebieten des deutschen Bundes. Aber keiner seiner Teile darf weiterhin mit nichtdeutschen Ländern zu einem Staat vereint sein. Das ging vor allem Österreich an. Und dessen neuer Ministerpräsident Schwarzenberg dachte entfernt nicht dran, sich darauf einzulassen, und Groß-Österreich zugunsten Groß-Deutschlands preiszugeben. Der ging vielmehr mit Ideen von einem mitteleuropäischem Reich um, dessen Kern Gesamtösterreich war, und das mit dem preußisch geführten Deutschland nördlich des Mains einen lockeren Bund schließen sollte. Wenn das für die Frankfurter Nationalstaatsbildner nicht in Frage käme, gut, dann wolle Österreich so wie es war, mit seinen 38 Millionen Deutschen, Ungarn, Slowenen, Kroaten, Venetiern, Lombarden, Polen, Illyrern ins deutsche Vaterland aufgenommen werden und in dessen Staatenhaus auch angemessene 38 von 70 Stimmen haben.

Nach ausgiebigen Debatten hat sich die Paulskirche am 27. März 1849 mit 267 gegen 263 Stimmen gegen solch Groß-Österreich und für ein kleindeutsches Kaiserreich entschieden. Preußens König wurde anderntags zum deutschen Erbkaiser bestimmt. Um die Demokraten dahin zu bekommen, hatte die Verfassung freilich noch ein bißchen nach ihrem Bilde gemodelt werden müssen. Damals hat Ludwig Uhland gesagt: »Es wird kein Haupt über Deutschland leuchten, das nicht mit einem vollen Tropfen demokratischen Öls gesalbt ist.« Ein uneingeschränkt demokratisch gewählter Reichstag sollte das kaum eingeschränkte Recht der Gesetzgebung haben. Kaiser und Oberhaus blieb ein Recht auf Veto, das beim drittenmal nichts mehr half. Das war die parlamentarisch-demokratische Monarchie – und für Friedrich Wilhelm natürlich völlig unannehmbar. Derart demokratisch geölt würde *sein* Haupt nicht über Deutschland glänzen. Er hat die Krone »von Bäkkers und Metzgers Gnaden«, das »Hundehalsband« aus »Dreck und Letten« nun erst recht ausgeschlagen. Erst recht; denn er hätte sich auch zum konstitutionellen Oberherrn Deutschlands mit allen Machtvollkommenheiten nicht erhöhen lassen. Die unaufrichtige März-Pose des Bürgerkönigs an der Spitze der schwarz-rot-goldenen Bewegung war ja schon im Sommer seiner eingewurzelten, verblasenen Zwangsvorstellung von der Wiederbelebung des 1000 Jahre alten Reichs unter Österreichs Führung gewichen. Im April 1849 sagte er zu der »affreusen Deputation« der Paulskirche: »Selbst wenn die Verfassung brauchbar wäre, nähme ich sie nicht an, denn ich will König von Preußen bleiben«.

Die deutsche Einheit verdarb an der fixen, rückwärtsgewendeten Idee im doch schon leicht schadhaften Kopf eines Mannes, der für seinen Beruf die falschen Talente hatte.

Und als sei das der verderblichen Verranntheit nicht genug, begann Friedrich Wilhelm nun auch noch mit dem ihm ungemäßen Einheitsgedanken zu tändeln, wie er einst mit dem ihm ungemäßen Verfassungsgedanken getändelt hatte. Mit dem Unterschied, daß er sich diesmal einen Nasenstüber dabei holte.

Während seine Truppen von Mai bis Juli 1849 die verwegen-vergeblichen demokratischen Erhebungen für Einheit und Verfassung in Sachsen, Baden und der Pfalz niederkartätschen halfen und dann auch noch die Schmutzarbeit von Standgerichten mit bösem Ernst verrichteten, während man im Süden Deutschlands sang:

> Schlaf mein Kind, schlaf leis
> Dort draußen geht der Preuß' . . .
> Wir alle müssen stille sein
> Als wie Dein Vater unter'm Stein,

während das Paulskirchenparlament halb zerstob, halb auseinandergejagt wurde, nahm Preußens König sich eines alten Plans seines Freundes Radowitz an: er wollte Vorstand eines deutschen Fürstenbundes mit einem konstitutionellen Parlament als Zierde werden, der in ein dauerndes, unlösbares Unionsverhältnis zu Österreich trat. Tatsächlich fand sich die größere, von ihren entschiedeneren Genossen heftig und zu Recht beschimpfte Hälfte der Frankfurter Erbkaiserlichen bereit, in dieser Satire auf ihr einst ernstes, würdevolles Streben mitzuspielen. Weil sie sich in Gotha versammelten, hießen sie fortan die »Gothaer«. Und auch die Potentaten – Bayerns König ausgenommen – zeigten sich anfänglich willig, die ihnen zugedachten Nebenrollen einzuüben. Nur Schwarzenberg wollte seinen Part partout nicht spielen. Da gaben nach einigem Bedenken Anfang 1850 auch die königlichen Herren Sachsens, Hannovers und Württembergs ihr Engagement auf. Friedrich Wilhelm verlor die Lust an der Berliner Inszenierung, für die nur noch Chargen übriggeblieben waren, während Österreich mit den vier anderen deutschen Königen seit Mai in Frankfurt das alte Bundesspiel in alter Einstudierung neu zum Besten gab. Hätte er sie nur sang- und klanglos abgesetzt. Es wäre Preußen manches an Demütigung erspart geblieben. Statt dessen bot er Schwarzenberg die Stirn.

In Hessen kam es im Herbst 1850 zu einem verspäteten Aufstand. Der Landesherr floh und bat den Bund um Hilfe, obwohl er eigentlich zu Preußens schwebender Union gerechnet wurde. Deshalb machten sich im Süden österreichische, im Norden preußische Truppen bereit, die kurfürstlich-hessische Ordnung wieder herzustellen und zugleich zu verhindern, daß es der je andere tue. Aufeinander losmarschiert sind sie freilich nicht gleich. Sie haben nur mehrfach so getan und sich auf diese Weise allmählich nach Hessen vorgeschafft. Unterdessen wurden unter vermittelnder Aufsicht des Zaren Nikolaus Gespräche geführt, hektische Depeschen hin- und hergeschickt und drohende Noten ausgetauscht. Dabei war Preußen von vornherein in der schwächeren Position. Als Rußland sich dann auch noch ganz und gar auf Österreichs Seite schlug, war die diplomatische Niederlage perfekt. Ministerpräsident Manteuffel mußte am 28. November 1850 nach Olmütz in Böhmen reisen, wo auch Friedrich II. einmal Pech gehabt hatte, und zusichern, daß Preußen seine Truppen aus Hessen zurückziehen, die Union auflösen und den Bund anerkennen werde. Gegenleistung: keine. Das war die Punktation von Olmütz. Sehr peinlich. Kleinmütig ist Preußen bald darauf zum auferstandenen Deutschen Bund zurückgekehrt und hat sich darin weiterhin mit dem zweiten Platz begnügt.

In Sachen »Deutschland« war wieder alles hübsch beim alten. Und doch nicht ganz. Aus der friedsamen preußisch-österreichischen Zweisamkeit war ein offener politisch-militärischer Dualismus geworden.

... man kann alles klein machen, und man kann auch *alles beweisen*, ja, ich verpflichte mich, einen Essay zu schreiben, in dem ich nachweise, daß Bismarck, nach einem von Dietrich von Quitzow hinterlassenen politischen Testament, das Deutsche Reich aufgebaut hat, um auf diese geniale Weise die Hohenzollern zu stürzen und dadurch die märkischen Radaubrüder von damals an dem Nürnberger Burggrafentum ein für allemal, und zwar großartig zu rächen. Es war auch schon alles fertig, da, im letzten Augenblicke, merkte Wilhelm II. Lunte und stürzte den Verschwörer mit Hülfe der Sozialdemokratie.

Soll ich solchen Essay schreiben? Ich kann es.

Theodor Fontane
an Friedrich Stephany
6. Juni 1893

6. Kapitel
Reichsgründungszeiten

Infolge dieses Dualismus ist es 16 Jahre später dann doch zu einem deutschen Nationalstaat unter Preußens Führung gekommen. Das mußte nicht so sein. Das heißt, es mußte nicht sein, daß es zu einem deutschen Nationalstaat kam. Zumal seit Bismarck seine Finger lenkend im Spiel hatte, sprach eher alles dagegen. Und er hat ihn ja auch wirklich nicht gewollt. Bismarck dachte und handelte ausschließlich vom preußischen Staat her und ausschließlich auf den preußischen Staat hin. Die deutsche Nation war ihm so egal wie nur etwas in der Welt. Preußen konnte sie entbehren. Die Reichsgründung ist ihm – paradox genug – gleichsam widerfahren, obwohl sie ohne ihn in absehbarer Zeit nicht passiert wäre.

Er mußte also nicht sein, der deutsche Nationalstaat, 1866 so wenig wie 1848. Er entstand nicht mit ursprünglicher oder planvoller Notwendigkeit. Aber da er dann doch entstand, entstand er mit Notwendigkeit unter Preußens Führung. Preußens Führung, das *mußte* sein. Unter Österreichs Führung ging es nicht mehr. Das lag am Doppelsinn des preußisch-österreichischen Dualismus. Der hatte ja seine zwei Seiten; eine politische: die schloß ein nationalstaatliches Deutschland unter Österreichs Führung *mit* Preußen aus, und eine wirtschaftliche: die schloß ein nationalstaatliches Deutschland unter Österreichs Führung *ohne* Preußen aus. Wer immer darüber nachdachte, mußte sich seit Ende der 50er Jahre sagen, daß es zu seiner Zeit entweder einen *preußisch*-deutschen oder *keinen* deutschen Nationalstaat geben werde. Und aus der preußischen Politik der letzten zehn Jahre schließen, daß es wohl keinen geben werde.

Denn so etwas wie ein nationalpolitisches Programm war in Preußens Außenpolitik nach Olmütz ja wirklich nicht mehr sichtbar geworden. Es war überhaupt nichts sichtbar geworden, das einem politischen Programm ähnlich gesehen hätte. Zwei Kriege hatte Europa in den 50er Jahren erlebt, den einen auf der Krim, den anderen in Oberitalien. Preußen hat in beiden nicht mitgemacht. Das wäre nur zu loben gewesen, wenn es sich nicht dennoch auf höchst ungeschickte Weise diplomatisch in sie verwickelt und dabei ein Maß an Unstetigkeit, Kleinmut, mangelnde Entschlossenheit und Unkenntnis der preußischen Interessen zur Schau gestellt hätte, das sich mit Großmachtambitionen ganz und gar nicht vertrug und Bismarck zuweilen tagelange Anfälle »gallichten Erbrechens« verursachte. Nur sonderbar und noch mal paradox: am Ende stand Preußen zwar mit leicht ramponiertem Ruf, aber trotzdem viel vorteilhafter da als Österreich. Bismarck hat als erster kräftig Nutzen daraus gezogen. Und dadurch ist es unverhofft dann auch den nationalen Liberalen zum freilich anderweitig arg vermiesten Segen ausgeschlagen.

Mit einem Wort, er war eine Ausgeburt von Widersprüchen, dieser preußisch-deutsche Nationalstaat, unter denen er später schwer gelitten hat. Ermöglicht vom Ausgang zweier Kriege, in denen Preußen eine klägliche Rolle spielte, vorgeformt von wirtschaftlichen Entwicklungen, die ihn nicht brauchten, ins Leben gerufen von Bismarck, der ihn nicht wollte und verdarb, mitverdorben von den nationalen Liberalen, die ihn von Herzen, aber eigentlich ganz anders gewollt hatten.

Im einzelnen verhielten sich die Dinge so:

Vom kläglichen Ende der Heiligen Allianz

Jedesmal, wenn Rußland im Westen Stärke demonstriert hatte, packte es der alte Drang nach Konstantinopel besonders unwiderstehlich. Und meist mit den löblichsten Gründen der Welt. Beim letztenmal, in den 20er Jahren, hatte Nikolaus nicht länger mitansehen mögen, daß den türkisch pressierten Griechen die Unabhängigkeit weiterhin verwehrt bleibe. Neuerdings wurde ihm unerträglich, daß die orthodoxen Christen im Reich der Pforte den Muselmännern so hilflos ausgeliefert seien. Im April 1853 begehrte er eine umfassende Schutzherrschaft über die türkisch-christliche Bevölkerung. Der Mann am Bosporus war zwar seit langem sprichwörtlich krank; so apathisch, sich einen macht- und landbegierigen Mitregenten bereitwillig ins Haus zu laden, war er freilich doch noch nicht. Der Sultan sagte: nein. Das hatte Nikolaus erwartet und tat, was ihm und seinen Altvorderen stets am nächsten gelegen hat, wenn es mit weitreichenden, vor allem ans Mittelmeer reichenden Absichten gegen die Türken ging: er ließ für den Anfang die Donaufürstentümer besetzen. Das führte üblicherweise zu überschaubaren europäischen Verwicklungen mittleren Ausmaßes und ging aus wie das

Hornberger Schießen. Diesmal freilich nahmen die Verwicklungen ganz unabsehbare Formen an und brachten das europäische Macht- und Bündnissystem nachhaltig aus seinem delikaten Gleichgewicht.

Dabei hatte Nikolaus gedacht, er hätte diesmal leichtes Spiel. Von Österreich konnte er ja wohl ein bißchen dankbare Zurückhaltung erwarten, nachdem er ihm eben in Olmütz zur Seite gestanden hatte. Für England hielt er mit Ägypten eine stattliche Morgengabe aus der Erbschaft des leider noch allzu lebendigen Osmanen-Reichs in petto. Frankreich hatte seit Napoleon I. im Orient eigentlich keine Interessen mehr zu haben. Und Preußen würde tun, was Rußland und Österreich wollten.

Dummerweise war jeder einzelne Gedanke falsch. Österreich war von nichts weiter entfernt als vom Dankbarsein, sondern wartete nur darauf, daß dem gockelhaften Dünkel, den Rußland aus Olmütz davongetragen hatte, Unpäßliches widerfahre. Wo überall der dritte Napoleon nach seiner erstaunlichen Metamorphose vom Revolutionär zur kaiserlichen Majestät Frankreichs Interessen wähnte, ahnte noch kein Mensch. Diesmal jedenfalls *doch* auf dem Balkan. Und England war die Aussicht auf Ausdehnung der russischen Macht bis ans Mittelmeer viel widerwärtiger als die Aussicht auf Ägypten verlockend. Palmerston übte nicht Nachsicht aus Begehrlichkeit, sondern warf sich zum Schutz der Türken in die Brust, und als das allein nichts half, schickte er im April 1854 englische Truppen auf die Krim. Napoleon war dabei. Österreich frohlockte und rasselte in Ungarns Südosten sachte mit den Waffen. Nur Preußen wußte nicht ein und aus und verhielt sich sprunghaft-widersprüchlich.

Anfangs hatte es so ausgesehen, als wolle es die Gelegenheit nützen, sich in Englands Fahrwasser bei Rußland für die Schmach von Olmütz zu revanchieren. Das war die Meinung des königlichen Bruders und Kronprinzen, der königlichen Herzensfreunde Bunsen und Radowitz, des Kriegsministers Bonin und einiger anderer Konservativer mit liberalen Schattierungen, die jüngst das Preußische Wochenblatt als ihr Sprachrohr ins Leben gerufen hatten und deshalb »Wochenblattpartei«, von Bismarck wohl auch »Côterie der Malkontenten« genannt wurden. Die strebten weg von der »Tendenzpolitik der unheiligen Allianz«. Friedrich Wilhelm zeigte sich ihren Gedanken im Herbst 1853 noch durchaus zugeneigt und *ließ* sie in Preußens Namen streben. Seine christlich-reaktionären Brüder im Geiste freilich dachten und strebten in Gottes und der politischen Beständigkeit Namen anders. Die hatten sich um den Generaladjutanten Leopold von Gerlach geschart und brachten ihre rückwärtsgewendeten Ansichten in der Neuen Preußischen Zeitung unter die Menschen. Deshalb hieß man sie »Camarilla« oder »Kreuzzeitungspartei«; denn die Neue Preußische Zeitung trug das preußische Kreuz im Titel. Die fanden an Nikolaus' edlem Wunsche, viele Millionen christlicher Sklaven vom Türkenjoch zu befreien, wenig, an ihres Königs Bereitschaft, sich in Englands sittenloses Verhältnis zu Heidentum und kaiserlich verbrämten Umsturz ziehen zu lassen, alles zu tadeln.

Der Ministerpräsident und Außenminister Otto von Manteuffel mochte auch denken und streben, danach fragte aber niemand.

Anfang 1854 setzte sich die Camarilla durch, und Preußen verlor die Orientierung. Den Anschluß an Rußland mit Haut und Haar, mit Truppen und Kanonen wollte man ja auch nicht gleich. Frieden wollte man, Ausgleich und Verständigung. Man wußte allerdings nicht wie, hatte nichts dafür in die Waagschale zu werfen und fing es so dilletantisch an, daß Spott und Verachtung der einzige Lohn waren. Nach London eilte der General von der Groeben als Friedens- und Verständigungsbote, verstand aber peinlicherweise nur preußisch. Die Engländer hatten ihr geringschätziges Vergnügen daran. »Um seine unverständliche Politik verständlich zu machen, schickt der König von Preußen einen Mann, der sich nicht verständlich machen kann.«

Der Krieg wäre freilich auch durch kunstvollere Bemühungen nicht mehr abzuwenden gewesen. Im April war er da und Preußens Desorientierung vollkommen. Kaum hatte Friedrich-Wilhelm sich in wohlwollender Solidarität mit dem *einen* Partner der Heiligen Allianz von England abgewendet, da kam der *andere*, hatte auch seine Solidaritätsansprüche und wollte Rußland gar nicht wohl. Aus unerfindlichen Gründen ließen sich Preußens Gefühlspolitiker trotzdem in ein »Schutz- und Trutzbündnis« mit Österreich hineinziehen. Daß es vom österreichischen Außenminister Buol als verzögerte Kriegserklärung an Rußland gemeint war, haben sie wahrscheinlich gar nicht gemerkt. Bei passender Gelegenheit, so hieß es, werde Österreich mit Preußens Einverständnis Rußland auffordern, Moldau und Walachei wieder zu räumen. Weigere sich der Zar, marschiere Österreich. Ließe er dann schießen, sei er mit Österreich *und* Preußen im Krieg. Gerlach, der den Vertrag ausgehandelt hatte, und Manteuffel, der ihn unterschreiben durfte, hatten im stillen wohl gedacht, daß Preußen mitbestimme, wann die Gelegenheit passend sei, und sein Einverständnis verweigern könne, wenn es sie nicht für passend hielt. Aber man hatte sich in Europa unterdessen angewöhnt, mit Preußen umzuspringen, wie immer es beliebte. Sechs Wochen nach Abschluß des Vertrages stellte Österreich im vertraglich gesicherten Vertrauen auf Preußens Waffenbrüderschaft dem Zaren ein Ultimatum, ohne es dem Waffenbruder vorher auch nur mitzuteilen. Von Mitbestimmen und Verweigern keine Rede.

Zu seiner unsäglichen Erleichterung hat Preußen trotzdem friedfertig bleiben können. Rußland ist gewichen. Rußland befürchtete ein Kriegsbündnis Österreichs (und in dessen Schlepptau Preußens) mit den Westmächten und glaubte, es durch Nachgiebigkeit verhindern zu können. Die Furcht war berechtigt, der Glaube falsch, die Nachgiebigkeit aber trotzdem nützlich. Was Preußen am Ende doch gescheut hatte – Österreich tat es: Es gab der Heiligen Allianz den ein für allemal zerstörenden Tritt und verband sich am 2. Dezember 1854 aus doppeltem Interesse mit England und Frankreich; um aus der vorhersehbaren Niederlage Rußlands nach Möglichkeit Gewinn zu schlagen, und um sich von Partner Napoleon gleich auch noch die gefährdete Herrschaft in Oberitalien garantieren zu lassen. Für sich und engste Gesinnungsgenossen träumte Buol gar noch von einem dritten: Wie praktisch und bekömmlich es doch wäre, wenn Preußen sich nun auf die Seite Rußlands schlüge, mit Rußland geschlagen *werde*, dafür Schlesien an Österreich, Nordsachsen ans Königreich Sachsen, die westlichen Provinzen an Frankreich abtreten und seine machtlosen Großmachtambitionen fortan in den Wind schreiben müsse.

Nichts davon ging auf und in Erfüllung. Österreichs »diplomatischer Revolutionär« (Buol über Buol) hatte sich rundherum verhauen und war am Ende so gründlich der Dupierte, wie nur einer. Der Vertrag vom 2. Dezember war der Anfang vom unaufhaltsamen Ende Österreichs als Großmacht in Europa und als Vormacht in Deutschland. Die es hatte kleinkriegen wollen, Rußland und Preußen, die hatten ihre Freude dran, halfen nach und zogen ihre Nutzen draus.

Zunächst einmal tat Preußen Buol den Gefallen nicht, sich kriegsgenossenschaftlich mit Rußland einzulassen. Tat ihm aber auch nicht den Gefallen, sich's dann wenigstens mit Rußland vollends zu verderben. Als Buol beim Bundestag beantragte, die Hälfte der Bundestruppen zu mobilisieren, gelang dem preußischen Bundestagsgesandten Otto von Bismarck die einzige von Vernunft und preußischen Interessen, statt von Herzensregungen oder fremden Zumutungen bestimmte Willensäußerung der preußischen Politik im ganzen, langen, unerquicklichen Konflikt. Der Bund mobilisierte, aber er mobilisierte nicht, um gegen Rußland, er mobilisierte, um nach *allen* Richtungen kriegsbereit zu sein. Rußland hat die ausdrückliche Neutralität, die dann auch gewahrt worden ist, in dankbarer Erinnerung behalten und Preußen später vergolten.

Das war Österreich gründlich mißraten. Und es wurde nicht besser. Die Russen verloren den Krieg zwar, aber nur recht vordergründig. Der ganze müde Krieg bestand ja überhaupt aus wenig mehr als der anderthalbjährigen Belagerung und schließlichen Einnahme von Sebastopol am Schwarzen Meer durch Engländer und Franzosen. Geschlagen waren die Russen danach längst noch nicht. Aber Zar Nikolaus war gestorben, und sein Sohn Alexander wollte die verfahrene Angelegenheit gern bereinigen. Deshalb bekannte er sich um den Preis eines freundlichen Friedens besiegt. Das kam Napoleon gelegen. Der war die unergiebige Sache sowieso leid. Der Krieg wurde trotz eines gewissen englischen Mißmuts abgebrochen, ehe Österreich einen Einschlupf in ihn gefunden hatte. Dementsprechend wurde Buol auf dem Friedenskongreß, der Anfang 1856 in Paris stattfand, denn auch behandelt: als Randfigur, deren Wort und Wille leicht wog; von niemandem recht geschätzt und ohne anerkannte Anspruchsrechte. Wegen unstatthaften Drängens am Ende isoliert sogar, während der Verlierer Rußland von Frankreich herzlich an die Brust genommen wurde. Verkehrte Welt. Rußland kam gut weg beim Friedenschließen. Schon verdrießlich genug für Österreich. Aber verdrießlicher noch: obwohl Napoleon im Dezember-Vertrag heuchlerisch versichert hatte, daß ihn am dermaligen Zustand Italiens nichts störe, ließ er am Ende der Verhandlungen den piemontesischen Ministerpräsidenten Camillo Cavour nach Paris kommen und Europas versammelten Staatenlenkern flammende Anklagen gegen Österreichs Herrschaft und Politik in Oberitalien zu Gehör bringen.

Auch Manteuffel durfte sie hören. Denn nachdem es lange und lästig genug gedrängelt hatte, war Preußen schließlich doch noch zur Konferenz zugelassen worden, auf der man es eigentlich nicht haben wollte, weil es auf ihr ja wirklich nichts zu suchen und deshalb dann auch nichts zu sagen hatte. Aber sehen und hören konnte sein Ministerpräsident. Und daraus Schlüsse ziehen. Vielleicht hat er das auch getan. Vielleicht waren es sogar die richtigen Schlüsse. Praktisch-politische Folgerungen sind daraus dann aber nicht gezogen worden. Im nächsten europäischen Konflikt, der genau der Konflikt war, den alle Welt erwarten mußte, seit Napoleon für Cavour den Impresario gemacht hatte, ist Preußen jedenfalls genauso unbeholfen und unentschlossen herumgetappt, wie im vorhergehenden, ohne Bewußtsein des eigenen Interesses und von der Öffentlichkeit je nach Gemütslage schimpfiert, verhöhnt oder vergeblich beeifert.

Schauplatz, Verteilung der Hauptrollen und Hintergrundgeschichte des nächsten kriegerischen Dramas in Europa waren nach Cavours Pariser Auftritt jedermann bekannt.

Die Hintergrundgeschichte: Italien war eine ähnliche Ansammlung souveräner Staaten wie Deutschland. Schlimmer als in Deutschland – drei Viertel von Italien wurden von fremden Mächten beherrscht oder beherrschend beeinflußt: Österreich besaß seit 1815 Venetien und die Lombardei und gab in Toscana, Parma und Modena den Ton an. Der hallte aus Militärstützpunkten und war kein belcanto. Im süditalienischen Königreich beider Sizilien regierte ein überständiger Bourbone, dessen drakonisches Polizeiregiment – hat Gladstone gesagt – »die Leugnung Gottes zum System erhoben« hatte. Und mit dem gottesfürchtigen Papst und seinem umfänglichen Kirchenstaat war gütlich auch kein nationales Italien zu machen.

Besser als in Deutschland – in Italien gab es nicht nur eine liberal-demokratische nationale Bewegung, deren Erhebung für Vaterland und Freiheit 1848 auch gescheitert war, es gab auch einen liberalen, politisch und wirtschaftlich fortschrittlichen Staat, dessen König und führender Minister sich ihr Streben ganz zu eigen gemacht hatten. Piemont-Sardinien war der Staat, Victor-Emmanuel der König, der führende Minister Camillo di Cavour. Ein Mann von Tatkraft, Schlauheit, Wagemut und Weitsicht; mit instinktsicherem Sinn für machtpolitische Verhältnisse und Möglichkeiten und mit der erforderlichen verschlagenen Beharrlichkeit begabt, sie für seine Zwecke zu nützen, wie sonst vielleicht nur Bismarck zu seiner Zeit. Dessen liberalen Anschauungen war das Frankreich Napoleons und das Rußland Alexanders äußerst zuwider. Seine realpolitische Einsicht sagte ihm, daß er Österreich mit Frankreichs Waffenhilfe und Rußlands tatenlosem Wohlwollen oder gar nicht aus Italien herausbekäme und die Gelegenheit dazu nie günstiger gewesen sei. Er war entschlossen, sie zu nützen.

Es dauerte nach seinem Pariser Auftritt freilich noch einmal gut zwei Jahre, bis er Napoleon soweit hatte. *Wie* weit er ihn hatte, ahnte der Franzosenkaiser gar nicht, als er sich im Sommer 1858 im Vogesenbad Plombières gegen den Willen seiner Diplomaten auf folgendes perfidgenialische Arrangement einließ: Wenn es den Piemontesern gelänge, Österreich in aller Unschuld so lange zu reizen, bis es erbittert zuschlüge und vor der Welt als Aggressor dastünde, dann sei für Frankreich der Kriegsfall gegeben. Er, Napoleon, werde unterdessen für alle Fälle Rußland zum Stillehalten und Preußen vielleicht gar um unbestimmten Landgewinn zum Mitmachen bewegen.

Cavour ist der Coup vollendet gelungen. Ende April 1859 erklärte Österreich Piemont tatsächlich den Krieg. Da hatte Napoleon, der nach ruhigem Besinnen ja stets vor seiner leichtfertigen Couragiertheit erschreckte, seine über Italien aufgewühlten Nerven schon mehrfach zu Bett bringen müssen und wollte den Krieg eigentlich gar nicht mehr. Zumal ihm sein Werben auch nur zur Hälfte geraten war. Rußland hatte zwar zurückhaltendes Behagen am Streich gegen Österreich bekundet, Preußen sich aber nicht dazu verstehen können, mit Umsturzkaisern und Nationaldemokraten zu paktieren. Aber nun war ihm nicht mehr zu helfen. Frankreich mußte gegen Österreich in den Krieg. Und hat seine Sache auch gar nicht schlecht gemacht, freilich zu keinem für Italien leidlichen Ende gebracht.

Anfang Juni schlug die französische Armee Österreichs Truppen bei Magenta westlich Mailand, Ende Juni noch einmal mühsam bei Solferino am Südende des Gardasees. Dann hatte Napoleon genug und übergenug von Krieg und Cavour und bot Franz-Joseph hinterrücks Frieden an. Dessen Truppen waren zweimal besiegt, aber keinmal entscheidend geschlagen oder gar aus Oberitalien vertrieben worden. Sie hatten sich aus der Toscana hinter die Etsch verzogen und warteten geordnet und einsatzbereit auf weiteres. Trotzdem und trotz Aussicht auf Verlust an Land, Leuten und Steuern nahm Franz-Joseph das Friedensangebot nicht eben dankbar, aber bereitwillig an. Beides, Napoleons Friedenswunsch und Franz-Josephs Friedensbereitschaft, waren zum nicht geringen Teil Preußen geschuldet. Nicht, daß Preußen sich durch drohende Entschiedenheit hervorgetan hätte. Im Gegenteil. Weil Preußen völlig unentschieden war und blieb, stiftete es auf beiden Seiten gleiche Ängste.

Selbstverständlich – aber wieso eigentlich »selbstverständlich« nach den Erfahrungen vor vier Jahren? – hatte Österreich erwartet, daß Preußen und der deutsche Rest, von nationaler Aufwallung oder Bundespflicht getrieben, ihm schnurstreichs zur Hilfe eilen und den »Po am Rhein verteidigen« würden. Aber Preußen machte Anstalten. Am liebsten wollte es Frieden halten. Aber wenn es schon Österreichs italienische Kastanien mit aus dem Feuer holen sollte, dann wenigstens nicht als abhängiger Nothelfer, sondern als gleichberechtigter Partner. Im Prinzip könne ihm ja gleichgültig sein, ob sie verschmorten oder nicht. Kurz, wenn Bundesheer am Rhein, dann unter preußischer Führung. Das lief für Österreich auf Teilung der Herrschaft im Deutschen Bund hinaus, war von Preußen auf längere Sicht auch so gedacht und wurde von Franz-Joseph trotzig abgelehnt. Man werde Preußen in Oberitalien zeigen, wer und wer *allein* Anspruch auf Vorherrschaft in Deutschland habe. Das ging schief. Wenn Preußen nun wenigstens wirklich stillgehalten hätte. Aber plötzlich ergriff den Prinzregenten Wilhelm doch ein bundesbrüderliches Rühren, wurde von der widerwärtigen Vorstellung verstärkt, daß Frankreich mit einem Male Vormacht in Europa sein könnte und brachte die gesamte preußische Armee auf die Beine. Preußen wollte in drohender Haltung zugunsten Österreichs vermitteln. Ungerufen, ungewollt und ungeliebt. Von beiden. Auch von Österreich. Denn was sich da als Hilfestellung gab, war ja doch eher ein Affront. Statt zur rechten Zeit ohne Zaudern und Begehren seinen Pflichten nachzukommen und den Bundespartner gar nicht erst in die Bredouille geraten zu lassen, sich nun, da es passiert war, als Retter und Beschützer aufspielen. Und – wie Österreich Preußen neuerdings kannte – gewiß nicht ohne Eigennutz. Wenn man Preußen heute erlaubte, Österreich herauszuhauen, wie sollte man ihm morgen die Gleichberechtigung im Bund noch vorenthalten können? Da nützte man doch lieber den Schrecken, den Napoleon immerhin bekommen hatte, gab die Lombardei an Piemont preis, vertrug sich am 11. Juli 1859 mit Napoleon zu Villafranca und ließ Preußen am Ende doch als den Düpierten dastehen. Die unzeitig-kostspielige Mobilmachung, um Österreichs Rechte, deutschnationale Würde und Europas Machtbalance auf einen Streich zu wahren, geriet unversehends zum lächerlichen Stoß ins Leere, der überdies noch alle Welt verärgert hatte.

Wie es dann in Italien weiterging, ist für Preußens Geschichte nur noch am Rande interessant. Am Rande aber doch, weil dabei aus der machtpolitisch unbeachtlichen Ländervielheit ein einheitlicher Nationalstaat geworden ist, mit dem man im Spiel der europäischen Mächte künftig rechnen mußte. Bismarck hat das 1866 mit Geschick und Nutzen getan.

Preußens Waffenlärm hatte Napoleons Friedenswillen ja nicht hervorgerufen, sondern nur verstärkt. Erwacht war er, als der Kaiser merkte, daß Cavour und die nationalitalienische Bewegung etwas ganz anderes aus seinen Siegen machten, als er je gewollt hatte. Er hatte die Österreicher aus Oberitalien vertreiben und Cavour dabei zu einem auf die Lombardei und auf Venetien ausgeweiteten, dankbar-anhänglichen Groß-Piemont verhelfen wollen. Mehr nicht. Ein einiges und unabhängiges Italien von der Rhone bis nach Syrakus hatte er auf keinen Fall gewollt. Er konnte es freilich durch Friedenschließen nun nicht mehr verhindern. Zwischen den Tagen von Magenta und Solferino waren die Potentaten in Parma, Modena, Toscana und einem Teil des Kirchenstaats vom Volk fast spielerisch hinweggefegt worden. In Villafranca beschlossen Frankreich und Österreich, sie wieder einzusetzen. Es hätte mit Waffengewalt erzwungen werden müssen. Das ging nicht, wenn Napoleon vor der Welt nicht vollends zum Verräter an Italien werden wollte, und ging schon gar nicht, weil England sich inzwischen für ein einiges Italien erwärmt hatte. Im Frühjahr 1860 schlossen sich die vier Länder Piemont-Lombardei an. Venedig fehlte, aber im übrigen hatten Victor-Emmanuel und Cavour kaum mehr im Sinn gehabt.

Die national-revolutionären Republikaner um Crispi und Garibaldi schon. Die dachten nicht an Einhalten. Im Mai setzten 1000 Mann von Genua nach Sizilien, im August dann von Sizilien aufs Festland über. Da Cavour es nicht hindern konnte, machte er nach kurzem Zögern mit, um es unter Kontrolle zu halten und die Gefahr zu bannen, daß Itlien womöglich eine radikale Republik werde. Während Garibaldi im Triumphzug vom Süden her durch das verrottete Bourbonenreich zog, schafften sich piemontesische Truppen vereinnahmend durch den Kirchenstaat nach Neapel vor. Dort rief Garibaldi Victor Emmanuel im Oktober 1860 zum König von Italien aus. Ein halbes Jahr später trat das erste italienische Parlament in Turin zusammen, demokratisch gewählt und mit allen liberalen Rechten wohlversehen.

Liberale Hoffnungen und Illusionen

Es ist dann nicht so bekömmlich, schwungvoll und erfolgreich weitergegangen in Italien. Umwälzende politisch-soziale Bewegungen gehen ja selten bekömmlich, schwungvoll und erfolgreich weiter, wenn sie über ihr erstes, großes Ziel hinaus sind. Aber immerhin, das erste große Ziel war erreicht. Wer Mitte 1861 von Deutschland her nach Italien blickte und liberal und national empfand, mußte von unendlichem Neid erfüllt werden.

Ganz leicht war es den nationalen Liberalen in und um Preußen anfangs nicht gefallen, ihre Gefühle zum italienischen Konflikt zu sortieren. Natürlich war die Begeisterung über den italienischen Kampf für Vaterland und Freiheit nach der langwierig durchlittenen liberalen und nationalen Brache des Reaktionsjahrzehnts nur so hochgewallt. Wenn die Italiener sich doch bloß den ganz und gar verkehrten Verbündeten nicht verschrieben hätten. Napoleon verdarb die beste Sache von der Welt. Frankreich als Geburtshelfer und Praeceptor eines einigen Italien, das war schlimmer als das einige Italien schön. So waren die Nationalliberalen in die peinliche Lage gekommen, Preußen – an dem sie letzthin wahrlich nicht viel Freude gehabt hatten – lauthals zu zürnen, daß es zum Schutz des antiliberalen österreichischen Willkürregiments in Oberitalien nicht spornstreichs wider Frankreich gezogen war, obwohl es dabei beiläufig auch dem nationalen Kampf der wacker-liberalen Italiener für längere Zeit ein Ziel gesetzt hätte.

Aber dann hatte sich ja alles ganz wunderbar gewendet, Napoleon die italienische Nation verraten, das italienische Volk den Nationalstaat vorübergehend gegen ihn vollendet. Die preußischen und deutschen nationalen Liberalen waren wieder eins mit sich und von Italien geradezu beflügelt. Wenn Liberale damals von etwas beflügelt waren, feierten sie ein dekoratives Fest oder machten einen Verein auf. So entstand der Deutsche Nationalverein: eine Ansammlung zahlloser örtlicher Clubs und Gruppen, nicht durch Statut und Organisation, aber auch ganz vordergründig nur durch Einklang des Wollens und Strebens zusammengehalten. Trotz seiner 25000 Mitglieder keine Bewegung des Volks, sondern eine – gewiß tief empfundene – Mußeangelegenheit bürgerlicher Honoratioren. Eher dazu bestimmt, Ausdruck nationaler Vergeblichkeit als Triebkraft nationalen Fortschritts zu sein. Eine bewegende Rolle hat er nicht gespielt. Gleich zu Beginn ist ihm gezeigt worden, woran er mit den deutschen Regierungen immer noch war.

Ausgerechnet und natürlich wohlberechnet in Frankfurt hatten sich seine prominentesten Vertreter versammeln wollen, um der Sache einen Vereinigungspunkt und etwas namentlichen Glanz zu geben. Der Bundestag hat es nicht geduldet. Sie mußten nach Coburg ausweichen, wo ein freundlicher liberaler Herzog sie mit offenen Armen aufnahm. Das war schön und doch auch wieder unendlich traurig für die weitbekannten nationalen Vereinsbrüder. Schön war, daß es solche Horte in Deutschland *immer* wieder gab: mal Sachsen-Weimar, ein anderes Mal Coburg; traurig war, daß es immer *wieder* nur ein Sachsen-Weimar oder Coburg mit einem liebenswert-machtlosen Fürsten oder Herzog war, kein deutsches Piemont mit einem deutschen Victor-Emmanuel und einem deutschen Cavour. Denn daß es ohne solchen Staat und ohne solche Männer noch weniger als in Italien ging, das war den Männern des Nationalvereins so klar wie nur etwas. Und den meisten, all jenen jedenfalls, die von nördlich des Mains herkamen, war kaum minder klar, daß Deutsch-Piemont nur Preußen sein konnte. Deshalb sprachen sie von »Preußens deutschem Beruf« und »Preußens deutscher Sendung« – und fügten in ihrer enttäuschten Liebe zuweilen trotzig hinzu: »die Preußen erfüllen oder sich wider Preußens Willen an Preußen erfüllen wird«. »Preußen«, hat Henry Kissinger gesagt, der unter anderem ja auch die Talente eines urteils- und formulierungsfrohen Historikers besitzt, »Preußen, das im 17. Jahrhundert eine Idee war, bevor es Realität wurde, vollbrachte im 19. Jahrhundert den noch frappierenderen Gewaltakt, eine im krassen Gegensatz zu seiner Realität stehende Idee zu werden.« »Preußen«, schrieb der zeitgenössische Publizist Heinrich Bernhard Oppenheim im Dezember 1861 lakonischer, »Preußen ist der glückliche Staat, der von den patriotischen Kräften Deutschlands vielfach umsonst bedient wird«. Und das nationalliberale Bremer Handelsblatt hatte genau ein Jahr zuvor gemeint: »Nach preußischer Führung ruft in Deutschland alles, was mit einem lebendigen Gefühl von den Nöten und Gefahren des Vaterlandes eine klare Vorstellung von dem Wege der Rettung verbindet«.

Wer zu dieser Zeit noch rief, mußte sich freilich wieder wie der Rufer in der Wüste vorkommen. Wieder! Denn einen Moment hatte es so ausgesehen, als bekäme zur rechten Stunde auch Preußen einen Victor-Emmanuel, der seinen Cavour schon fände. Das war im Herbst 1858 gewesen. Damals hatte Prinz Wilhelm für seinen vom Schlag gerührten und allmählich verdämmernden Bruder die Regentschaft übernommen. Zehn Jahre früher war er vor der Märzwut der Berliner bei Nacht und Nebel nach England geflüchtet: Scharfmacher, Kartätschenprinz! Eine Welle der Empörung war durchs Land gegangen, als er – kaum, daß sich die revolutionäre Erregung gelegt hatte – demonstrativ zurückgeholt wurde und die Stirn besaß, sich als konservativer Abgeordneter in der Berliner Nationalversammlung niederzulassen. Jetzt ging eine Welle der Erleichterung und Hoffnung durchs Land – nicht weniger breit und hoch als 1840 und genauso falsch begründet.

Der Prinz hatte zu aller Verblüffung die Reaktion nicht mitgemacht. Er hatte sich der liberal-konservativen »Wochenblattpartei« angeschlossen. Er entfernte die Camarilla vom Hof, entließ die Reaktionsminister und berief Rudolf von Auerswald, Patow und Schleinitz, die 1848 schon einmal in halbwegs liberalen Regierungen gesessen hatten. Er sagte, daß in Preußen die Religion künftig nicht mehr der Deckmantel politischer Bestrebungen sein werde; er sagte, daß Preußen überall das Recht schützen werde, fest und konsequent, klug und besonnen; er sagte, daß Preußen in Deutschland moralische Eroberungen machen müsse. Die Liberalen hörten es und sahen längst verdorrte Blütenträume wieder reifen. Eine »neue Ära« schien anzubrechen. Aber sie hatten nur gehört, was sie hören und so verstanden, wie sie es verstehen *wollten*. Prinzregent Wilhelm hatte auch anderes gesagt. Er hatte gesagt, daß sich die Regierung nicht fort und fort zu liberalen Ideen treiben lassen dürfte; er hatte gesagt, daß man sich vor überspannten Erwartungen hüten möge, denn »von einem Bruch mit der Vergangenheit soll nun und nimmermehr die Rede sein«; er hatte gesagt, daß die Wehrverfassung, an der die Liberalen so sehr hingen, geändert werden müsse. *Das* lag ihm wirklich am Herzen. Das war Programm, das übrige vor allem Rede. Was einer mit wohlgesetzten Worten so sagt, wenn er einen Thron besteigt. Nicht, daß Wilhelm es anders gemeint hätte. Er war ein gradliniger, nüchterner, aufrechter alter Mann, ohne Arg und Tücke. Er hatte gar nichts Praktisches damit gemeint. Der christlich-reaktionäre Romantizismus, den sein Bruder zur Staatsideologie erhoben hatte, war ihm allzeit unverständlich und am Ende unerträglich gewesen. Damit sollte Schluß sein. Deshalb die neuen Minister. Deshalb das Bekenntnis zur Verfassung, die Friedrich Wilhelm am liebsten wieder abgeschafft hätte. Deshalb Wille und Bereitschaft zu unabhängiger und entschiedener preußischer Politik in Deutschland. Deshalb aber noch lange nicht Liberalismus als Staatsdoktrin und einige Nation als Aufgabe und Ziel.

Die Enttäuschungen der Liberalen waren in ihren Erwartungen angelegt und um so tiefer und konfliktträchtiger, als ihre Erwartungen sie zunächst zu betonter Zurückhaltung und Behutsamkeit veranlaßt hatten. Im November 1858 wurde das Abgeordnetenhaus neu gewählt. Die Liberalen traten an, der Regierung eine Mehrheit zu gewinnen. Mehr noch, sie traten an, der Regierung eine Mehrheit zu gewinnen, an der sie ihr Behagen finden konnte. Wem immer der Ruf und Ruch anhing, mit demokratischen Ideen umzugehen, dem wurde gewöhnlich erfolgreich nahegelegt, sich der Kandidatur zu entschlagen: Schulze-Delitzsch und Rodbertus zum Beispiel. Der Prinzregent könnte andernfalls beleidigt sein. Andere – Waldeck, Unruh, Jacoby – verzichteten ausdrücklich einsichtsvoll, mit bewegend naiven, hoffnungsfrohen Worten, vorerst von selbst. Der Erfolg war überwältigend. Die Liberalen gewannen zwei Drittel aller Sitze. Die Konservativen wurden fast zerrieben.

Er nützte nur nichts, dieser Erfolg. Der Regent und seine Minister waren froh, die konservative Kammermehrheit loszusein. Handgreiflich dankbar waren sie nicht. Die politische Atmosphäre wurde ein wenig frischer. Man konnte wieder einen freien Gedanken denken und ein freies Wort hören lassen in Preußen. Das *war* schon etwas nach der geistigen Stickluft der Reaktion. Aber viel war es nicht und verbrauchte sich als Born liberalen Wohlseins auch gar schnell. Und mehr kam nicht nach. Keine Beseitigung der gutsherrlichen Polizei, kein Presseschutz, nicht die freiheitliche Erneuerung des Schulwesens, das so ganz und gar in den pietistisch vormodernen Sog der Reaktion geraten war, keine Ausweitung der lokalen Selbstverwaltung, Entschränkung der Vereins- und Versammlungsfreiheit nicht, nicht die Sicherung freier Wahlen, und parlamentarische Ministerverantwortlichkeit oder nationale Regungen schon gar nicht. Statt dessen kam das wunderlichverärgernde Verhalten zum italienischen Krieg, mit dem wahrlich keine moralischen Eroberungen in Deutschland zu machen waren, kam die brüske Abweisung des Nationalvereins, kam schließlich die Wehrvorlage.

Die »neue Ära« war zu Ende, ohne daß jemand so recht etwas von ihr gespürt hatte. Der Beginn der Regentschaft war der Umbruch der preußisch-deutschen Geschichte nicht gewesen, den alle Welt teils hoffnungsfroh, teils gramerfüllt in ihm vermutet hatte. Daß die Vorlage der odiösen Wehrnovelle einer sei, vermutete kein Mensch. Sie aber war einer. Wenn auch einer mit Zeitzünder, eigentlich kein Um*bruch*, sondern ein Um*bröckeln*. An der Wehrvorlage schieden sich die liberalen Geister. Die entschiedenen der geschiedenen Liberalen trieben die Sache zum Konflikt. Der Konflikt brachte Bismarck auf den Plan; Bismarck die nationalen Liberalen zu begründeter Verzweiflung und dann das deutsche Reich zustande.

Liberale Enttäuschungen und liberales Erwachen

Die Wehrvorlage war ein doppeldeutiges Ding. Sie sollte die Wehrpflicht in Preußen wieder allgemein machen und die Schlagkraft der Armee erhöhen. Dagegen hatte kein Liberaler irgend etwas einzuwenden. Und sie sollte die Landwehr halbwegs, ihren ursprünglichen Sinn vollends aus der Wehrverfassung schaffen und viel Geld kosten. Dagegen hatten manche Liberale sehr viel einzuwenden.

Im Februar 1860 kam sie vors Abgeordnetenhaus. Zwei Monate zuvor war der General von Roon, der sie im Auftrag und Geist des Prinzregenten erdacht hatte, zum Kriegsminister ernannt worden. Sein Vorgänger Bonin wurde entlassen, weil er den Reformplan bewußt verschleppt hatte. Er gefährde das Vertrauen in die Armee, ohne das Preußen auf Sand gebaut sei. Roon dagegen hatte geschrieben:»Das Heer, das ist jetzt unser Vaterland, denn hier allein sind die unreinen, gährenden Elemente, die alles in Frage stellen, noch nicht eingedrungen«. Wilhelm meinte es ernst. Bitterernst. Das merkten die vertrauensseligen Liberalen zu spät.

Er wollte dreierlei: 1. das stehende Heer um rund 50 Regimenter und 75 000 Mann vermehren und zu diesem Zweck neuerdings 65 000 statt 41 000 Rekruten im Jahr zur Fahne rufen; 2. die Landwehr ersten Aufgebots abschaffen, ihre drei jüngeren Jahrgänge zur Reserve, ihre drei älteren zum zweiten Aufgebot schlagen, das künftig keinen Waffendienst mehr leisten sollte; 3. 9,5 Millionen Taler jährlich, rd. sieben Prozent des bisherigen Etats, um das alles zu bezahlen.

Gut die Hälfte mehr Rekruten auszuheben war ganz im Sinne der Liberalen. Die preußische Bevölkerung war seit 1815 um knapp zwei Drittel gewachsen, die Zahl der jährlich Ausgehobenen aber gleich geblieben, und die Allgemeinheit der Wehrpflicht gänzlich zur Fiktion geworden. Aber kosten sollte es möglichst nichts. Auf keinen Fall soviel. Und mußte es ja auch nicht. Der alte Kriegsminister von Bonin hatte schon vor Jahren den einleuchtenden Vorschlag gemacht, mit der

Dienstzeit wieder von drei Jahren auf zwei Jahre herunterzugehen. Zwischen 1834 und 1856 war das bereits einmal geschehen, und viele Generale gaben gerne zu, daß zwei Jahre vollauf genug seien, den Rekruten ihr kriegerisches Handwerk beizubringen. Aber nicht genug, sagte der Prinzregent, um ihnen auch kriegerischen Geist und rechte Staatsgesinnung einzupflanzen. Da lag der Hund begraben. Das waren nicht Geist und Gesinnung, an denen wahre Liberale ihre Freude hatten. Das waren der Geist und die Gesinnung, denen der bürgerlich-volkstümliche Einfluß der Landwehr auf die Armee zuwider war, so schwächlich und eher symbolisch er immer sein mochte. Das zielte auf völlige Entbürgerlichung des »Soldatenstandes« und auf königliche Prätorianergarde, die jederzeit *gegen* die bürgerliche Gesellschaft gewendet werden konnte. Der jeglichen politischen Einflusses beraubte Leopold von Gerlach hat es nicht ohne Genugtuung gemerkt: »Der Prinzregent, welcher die Ära des Liberalismus begonnen, greift also jetzt das gründlichst liberale Institut der preußischen Monarchie an, um es zu töten ... Lassen sich die Liberalen diese Maßregel gefallen, so haben sie keine wahre Kraft.«

Die Liberalen waren scharfsinnig genug, es ebenfalls zu merken, besaßen aber tatsächlich nicht Kraft und Kompromißlosigkeit genug, daraus entschiedene Konsequenzen zu ziehen. Sie forderten, die Dienstzeit herabzusetzen und die Finger von der Organisation der Landwehr zu lassen. Der Prinzregent zog die Vorlage zurück. Die Armee sei seine und sonst niemands Sache. Die Abgeordneten hätten nicht über Dienstzeiten und Wehrorganisation, sondern einzig und allein über die Bewilligung von Staatsausgaben nachzudenken. Ob sie ihm nun zusätzliches Geld für die »Erhöhung der Streitbarkeit« der Armee zur Verfügung stellen oder verantworten wollten, daß Preußens Kriegsbereitschaft vollends zuschanden gehe? Das wollten sie natürlich nicht verantworten. Aber die dreijährige Dienstpflicht und die Beseitigung der Landwehr wollten sie auch nicht. Zum Glück stellte ein Wort zur rechten Zeit sich ein und beseitigte das Dilemma. Nicht wirklich, aber in den Köpfen der Liberalen, die noch immer nicht gelernt hatten, daß zwischen der Macht der Worte und der Macht des Machens Welten liegen. Das Wort hieß »einstweilig«. Der Kriegsminister wurde nicht ermächtigt, im nächsten Jahr 9 Millionen Taler auszugeben, um die preußische Kriegsbereitschaft schlechterdings aufrechtzuerhalten; der Kriegsminister wurde ermächtigt, im nächsten Jahr 9 Millionen Taler auszugeben, um die preußische Kriegsbereitschaft *einstweilig* aufrechtzuerhalten. Als ob ein autoritäres Regime ließe, was es nicht lassen will, wenn es fürchten muß, über's Jahr kein Geld mehr zu bekommen, um weiterzumachen. Ende Juni wurde das Geld einstweilig bewilligt, im Oktober damit angefangen, die Landwehr endgültig aufzulösen. Die zweijährige Dienstzeit war für Regent und Roon kein Thema mehr. Für die Liberalen, die auf sich und ihren Liberalismus hielten, schon noch. Und nun erst recht. An der Willkür der Regierung zerbrach die liberale Fraktion. In sehr unterschiedlich große Stücke zunächst. Die Masse der Abgeordneten blieb auf altem Kurs: die Regierung nur nicht drängen, nachgeben, um den Schein der Harmonie zu wahren. Selbstbetrut zum politischen Programm erhoben oder Verrat an hehrsten liberalen Idealen – gleichviel, gleich schlimm und für ein Dutzend aufrechter Männer gleich unerträglich. Im März 1861 machten sie ihren *eigenen* Verein auf.

Partei und Sozialmilieu: ein historisch-politischer Ausflug

Ja, ihren eigenen *Verein*. Ausdrücklich und wortwörtlich. Nicht nur eine eigene Fraktion, die von nichts als dem zuweilen täuschenden Gefühl gemeinsamen Wollens im Parlament zusammengehalten wurde, sondern einen politischen Verein mit einem Grundsatz- und Aktionsprogramm und einer Organisation auch außerhalb des Parlaments. Das war neu. Das war der Schritt zur modernen politischen Partei. Die hatte es bis dahin nicht gegeben. In Preußen nicht und nirgendwo in Deutschland. Obwohl das Wort seit Jahrzehnten allenthalben im Munde geführt worden war: »Kreuzzeitungspartei«, »Wochenblattpartei«, »Partei, Partei, wer sollte sie nicht nehmen, die noch die Mutter aller Siege war!« (Herwegh).

Vor 1848 aber waren damit kaum mehr als Gedankengebilde gemeint gewesen, geistige Vereinigungspunkte gleichsinniger philosophisch-politischer Ideen, keine handgreiflichen politischen Gruppen. Am wenigsten in Preußen. Handgreifliche politische Gruppen sind überall und immer erst entstanden, wenn es ein Parlament gab, das ihnen handgreiflichen Sinn verlieh. In Preußen gab es vor 1848 kein Parlament, sondern überständige Ständeversammlungen. Ab 1848 gab es dann ein Parlament, erst so, dann anders. Seitdem gab es auch erkennbare politische Gruppierungen. Moderne Parteien freilich immer noch nicht.

Die Wahlen zum Parlament waren reine Persönlichkeitswahlen. Landtagskandidaten bewarben sich aus eigenem Entschluß und nur im eigenen Namen um ein Mandat. Erst wenn die frischgewählte Versammlung zusammengetreten war, stellte sich spontan oder allmählich heraus, wer mit wem zusammenging. So entstanden Fraktionen: nicht auf dauerhafte Interessen und Programme, sondern auf häufig flüchtigen Gleichklang des Fühlens und Meinens gegründet; wechselhafte Gebilde, die sich nicht nach irgendwelchen politischen Überzeugungen, sondern nach einer integrierenden und dominierenden Persönlichkeit oder einfach nach dem Lokal benannten, darin sie sich berieten; ohne Organisation außerhalb des Parlaments und ohne regelmäßigen Kontakt zu ihren Wählern. Die Fraktionen waren *vor* den Parteien da und etwas ganz *anderes* als Parteien.

Außerdem waren vor den Parteien die konservativen »Coterien« da. Und die waren auch etwas ganz anderes als Parteien, obwohl sie Parteien genannt wurden. Das waren außerparlamentarische Verbindungen, die vor allem durch persönliche Bekanntschaften zusammengehalten wurden, durch eigens zu diesem Zweck ins Leben gerufene Zeitungen in die Öffentlichkeit wirkten und zwischen 1848 und 1862 zuweilen beherrschenden Einfluß auf die preußische Politik hatten, weil König oder Prinzregent auf sie hörten: die »Kreuzzeitungspartei« eben, und die »Wochenblattpartei«.

Die »Kreuzzeitungspartei« war als Kind des Schreckens und der Abscheu auf die Welt gekommen, als sich die Regierung Hansemann im Sommer 1848 vergeblich anschickte, endlich den Grundbesitz zu besteuern, und ungescheut und unverhohlen »Verein zur Wahrung der Interessen des Großgrundbesitzes« getauft worden. Nachdem die Gefahr sehr bald gebannt war, hatte sie zwar nicht aufgehört, sich als Wahrer massiver materieller Interessen der Junker zu verstehen. *Gewirkt* hatte sie nun aber vor allem als bigott-konservative Brüderschaft, deren höchst robustes Aktionszentrum im Umkreis des Königs viel reaktionäres Unheil gestiftet hat. *Soviel, daß es einer Gruppe liberal-melierter westelbischer Konservativer 1852 zuviel wurde. Sie trennte sich von den Kreuzblättlern, gründete das Preußische Wochenblatt, stritt eine Weile nicht völlig aussichtslos um Einfluß auf Friedrich Wilhelm IV., ging dann in die Opposition und wartete auf ihre Stunde. Die kam, als Wilhelm I. die Regentschaft übernahm. Statuten, Programme und institutionelle Mitgliedschaften hatten die konservativen Einflußgenossenschaften so wenig wie die Fraktionen.

Damit begann erst die Fortschrittspartei, zu der sich die liberalen Dissidenten vom März 1861 alsbald auswuchsen. Mit der Fortschrittspartei fing das dritte Stadium der Parteibildung in Preußen und Deutschland an. Nicht zufällig stand wieder ein politischer Konflikt am Übergang. In der Revolution hatten sich diffuse geistig-politische Strömungen zu lockeren Meinungs- und Einflußgemeinschaften konkretisiert, im Streit um Armee, Verfassung und Reichsgründung verdichteten und erweiterten sich die Meinungs- und Einflußgemeinschaften zu programmatisch festgelegten Organisationen. Planvoll gegliederte und straff geführte Mitglieder- oder gar Massenparteien waren das immer noch nicht. Die entstanden erst seit den 90er Jahren. Ihr Prototyp war die SPD. Bis dahin blieb die außerparlamentarische Organisation der Parteien schütter: im wesentlichen auf lokale Wahlkomitees beschränkt, die zwischen den Wahlen wenig parteipolitische Aktivitäten entfalteten und untereinander bestenfalls informelle Beziehungen pflegten. Vor mehr war im übrigen auch das preußische Vereinsgesetz, das überörtliche Verbindungen politischer Vereine bis 1908 kurzweg verbot. Die Kandidaten für das Parlament wurden nach wie vor nicht von irgendeiner Parteiversammlung nominiert, sie bewarben sich weiterhin aus eigenem Entschluß oder weil ein Wahlkomitee sie dazu ermunterte; manche ungehindert und erfolgreich gleich in mehreren Wahlkreisen. Freilich wurde neuerdings von ihnen erwartet, daß sie sich zu einem geschriebenen Programm bekannten, der Fraktion anschlossen, die zu dem Programm gehörte und den Wählern Rechenschaft über ihr Wirken im Parlament gaben.

Auf diese informelle Weise hat in den 60er Jahren ein System locker gefügter Parteien in Preußen unverkennbare Gestalt gewonnen und rund 65 Jahre behalten. Erst der aufhaltsame Aufstieg der NSDAP hat es zerstört. Das System bestand außer den Konservativen und den Liberalen aus einer katholischen Partei und den Sozialdemokraten. Vorläufer der katholischen Partei war eine katholische Fraktion, die sich 1852 aus katholischer Empörung über einige antikatholisch-reaktionäre Erlasse des protestantisch-konservativen Kultusministers Raumer im Abgeordnetenhaus gebildet und in dessen Mitte Platz gefunden hatte. Deshalb hieß sie seither Zentrum. Die sozialdemokratische Partei hatte keine fraktionellen Vorläufer. Die wuchs seit 1863 abseits des Parlaments aus zwei überörtlichen Vereinen hervor: aus dem sozialistischen, von vornherein politisch motivierten Allgemeinen Deutschen Arbeiterverein des Ferdinand Lassalle, und aus dem liberalen, eigentlich auf soziale Reform gestimmten Vereinstag der deutschen Arbeitervereine. 1868 haben August Bebel und Wilhelm Liebknecht den Vereinstag auf sozialistisch-marxschen Kurs gebracht, und 1875 haben sich beide in Eisenach zur SPD zusammengeschlossen.

Das Zentrum und die Sozialdemokraten haben bis zum Krieg als geschlossene Parteien durchgehalten. Die Konservativen und vor allem die Liberalen haben sich dagegen an gerade aktuellen, vordergründigen Problemen und Entscheidungen mehrfach gespalten. An der inspirierenden politisch-sozialen Gesinnung der Spaltprodukte hat das gewöhnlich nichts geändert. Für das Parteiensystem als Ausdruck der erstaunlich dauerhaften und geradlinigen politischen Grundorientierung der preußischen Bevölkerung seit 1865 war deshalb völlig belanglos, daß es meist zwei oder drei konservative und liberale Parteien gab.

Diese Grundorientierung war der institutionalisierte Reflex der politischen Konflikte um Einheit und Freiheit, Nation und Verfassung zwischen 1815 und 1867 und der wirtschaftlichen und sozialen Strukturzusammenhänge, die im Zuge der Industrialisierung herausgebildet worden sind. Deshalb war das preußisch-deutsche Parteiensystem nicht allein oder vorrangig mit Klasseninteressen zu begreifen. Gewiß und unbestritten: die politischen Parteien haben *auch* soziale Klasseninteressen verfochten. Die einen mehr, die anderen nicht so sehr. Sie sind aber vor allem politische Repräsentanten und Aktionsausschüsse bestimmter Denk- und Daseinsweisen gewesen, die häufig stärker von religiösen, kulturellen, regional-traditionellen und geistig-ideellen Formkräften und Leitbildern geprägt worden sind als von einer wirtschaftlich-sozialen Klassenlage.

Die Konservativen repräsentierten die Landwirtschaft in den protestantischen Agrarlandschaften östlich der Elbe, die Großgrundbesitzer und Bauern allemal, die unbemittelten Landarbeiter aber kaum minder. Selbst um die Jahrhundertwende ist den Sozialdemokraten eine ausgedehnte Landagitation noch zum ausgedehnten Mißerfolg geraten.

Die Liberalen repräsentierten das protestantische Bürgertum in den gewerblich verdichteten Regionen Brandenburgs und in den beiden westlichen Provinzen, das Zentrum die Katholiken allerorten und jeder Beschäftigung, die Sozialisten die gewerbliche, protestantische Arbeiterschaft.

Auf diese »sozialmoralischen Milieus« (Lepsius) sind die vier politischen Gruppierungen seit ihrer Verfestigung fixiert geblieben. Sie haben die politische Meinungs- und Willens*bildung* der preußischen Bevölkerung maßgeblich bestimmt, viel stärker als dramatische Entscheidungssituationen. Die haben das Wahlvolk nur mobilisiert, gleichsam politisch aufgeladen und zur Willens*äußerung* bei den Wahlen veranlaßt. An den Landtagswahlen der sechziger Jahre hat sich nur rund ein Drittel der Wahlberechtigten beteiligt, an den letzten vor dem Krieg 78 % ; an den ersten Reichstagswahlen in Preußen 51 %, an den letzten 85 %. Aus dieser nachhaltigen Politisierung haben vor allem die Sozialdemokraten Gewinn gezogen. Das sozio-kulturelle Arbeitermilieu, das sie repräsentierten, ist in der zweiten Hälfte des vorigen Jahrhunderts ja erst entstanden und seinen Angehörigen nur allmählich zum Bewußtsein gekommen. Die Lebensweise der vorindustriellen, pauperisierten Unterschichten war kein sozialmoralisches Milieu, sie war im wahrsten Sinn des Wortes »asozial«: außergesellschaftlich. Und dementsprechend apolitisch. Diese Menschen hatte niemand repräsentiert. Die wurden erst zur repräsentierfähigen *politischen* Gesinnungsgemeinschaft, als sie *sozialen* Halt und Zusammenhang gefunden hatten. Dann aber waren sie wie selbstverständlich das soziale Substrat *jener* politischen Bewegung, das keinem anderen Sozialmilieu verpflichtet war. Und wurden es um so mehr, als die Arbeiterbewegung viel stärker als die traditionellen politischen Gruppierungen ihr Sozialmilieu nicht nur repräsentiert, sondern durch zunehmend intensive Gewerkschafts- und Parteiarbeit kulturiert, gebildet und geformt hat.

Kurz, die Konservativen, die Liberalen und der politische Katholizismus haben ihr gutenteils vorindustriell und vormodern geprägtes, politisch bereits erwecktes Sozialmilieu nach der Ausbildung des Parteiensystems nur noch tiefer durchdringen und kräftiger aufrütteln können. Die Sozialdemokraten haben das ihre politisch überhaupt erst auf die Beine gebracht. Deshalb konnten die drei hergebrachten Parteigruppen – trotz dramatischer sozialer und regionaler Bevölkerungsverschiebungen und unbeschadet ihrer einigermaßen läßlichen, hier und da nachgerade dilettantischen Parteiorganisation – ihren Anteil an der aufs Doppelte gewachsenen Zahl der Wahl*berechtigten*-Stimmen bis zum Krieg immerhin oder nur halten. Es kommt auf die Perspektive an. Die Zunahme des Anteils der Wähler an den Wahlberechtigten ist ausschließlich den Sozialdemokraten zugute gekommen.

Was damals so »zugute kommen« hieß. *Genützt* im Kampf um politische Macht und gesetzgeberischen Einfluß hat es ihnen nichts. Um politische Macht ist im konstitutionellen Preußen schlechterdings nicht gekämpft worden. Die Macht hatte die Krone. Fertig. Wer sie in ihrem

Namen handhabte, war ein anderes Ding. Die Parteien jedenfalls nicht. Um gesetzgeberischen Einfluß *ist* gekämpft worden. Die Sozialdemokraten haben ernsthaft nur nicht mitmachen dürfen. Das unsägliche Dreiklassenwahlrecht und eine Wahlkreiseinteilung, die von 1849 bis 1918 nicht geändert worden ist, haben verläßlich dafür gesorgt, daß die staatstragenden Konservativen Wahl um Wahl einen dreimal größeren Anteil an Abgeordneten als an Wählerstimmen gewannen, die relative Stärke der sozialdemokratischen Fraktion aber ein Drittel ihres Wähleranteils nie erreichte.

Konflikt!

Diese Entwicklungen und Probleme konnte natürlich kein Mensch vorhersehen, als sich das Dutzend liberaler Dissidenten im Frühjahr 1861 zornerfüllt von der altliberalen »Fraktion Vincke« trennte, erst nach alter Sitte, aber mit weiterreichenden Absichten zum »Parlamentarischen Verein Ancker und Genossen«, den man spöttisch wohl das »Fraktiönchen Junglithauen« nannte, weil gleich eine ganze Reihe junger Ostpreußen zu ihm gehörte, und bald darauf, im Juni, nicht etwa zur preußischen, sondern zur Deutschen Fortschrittspartei zusammenschloß: Einheit und Freiheit. Nicht mehr sie allein freilich. Sie waren nur der Kern einer Gruppe entschieden liberaler Männer, die erstaunlich rasch wuchs. Es war, als hätten viele nur darauf gewartet, abseits der nachgiebig-anschmiegsamen Fraktion Vincke politisch tätig werden zu können. Alte, jedenfalls an praktisch-politischer Erfahrung alte, der erzwungenen politischen Abstinenz längst schmerzhaft überdrüssige 48er Demokraten fanden sich ein; nicht mehr so radikal, aber noch genauso feurig und mißreißend wie früher: Schulze-Delitzsch, Waldeck und Jacoby zum Beispiel. Allseits bekannte, bedeutende Männer, die sich Ruhm und Ansehen bisher nur in Kunst und Wissenschaft erworben hatten, warfen das Gewicht ihrer Persönlichkeit mit Schwung in die politische Waagschale des Liberalismus: der Historiker Theodor Mommsen, der Erfinder Werner von Siemens, der Mediziner Rudolf von Virchow.

In der Fortschrittspartei vermischten sich vorübergehend die beiden Grundströmungen der bürgerlichen Bewegung des 19. Jahrhunderts. Bei der nächsten Wahl stellte sich heraus, daß eine liberal-demokratische Vereinigung, die das dialektische Kunststück fertigbrachte, gleichermaßen aufrichtig und überzeugend Preußens Ehre, Machtstellung und deutsche Aufgabe zu beschwören und Preußens gegenwärtige Regierung herauszufordern, auf breiteste Zustimmung im preußischen Bürgertum rechnen konnte. Ein halbes Jahr nach ihrer Gründung gewann die Fortschrittspartei bei den Wahlen zum Abgeordnetenhaus im Dezember 1861 109 Mandate und wurde stärkste Fraktion. Da sie ebenso entschlossen war, sich allen weiteren finanziellen Zumutungen der Regierung zu verweigern, solange es sich nicht in liberalen und nationalpolitischen Zugeständnissen auszahlte, wie die Regierung entschlossen war, ihre Heeresreform ohne Rücksicht auf liberale Anmaßungen durchzusetzen, war die Szene für einen heftigen Konflikt zwischen dem konstitutionellen Parlament und der Krone mit dem Absolutheitsanspruch durch die Wahl gestellt worden. Er ist noch im Winter ausgebrochen und tiefgreifender und folgenreicher geraten, als irgendwer erwartet haben dürfte.

Die Regierung hat den Kampf im Gefühl ungebrochener Machtvollkommenheit eröffnet. Gleich nach Beginn der Sitzungsperiode stellte der Fortschrittsabgeordnete Hagen den fürsorglichen Antrag, den Staatshaushalt für das laufende Jahr und dann fort und fort tiefer zu staffeln, als bisher üblich gewesen sei. Andernfalls könnten der Kriegsminister und sein Herr womöglich der Versuchung erliegen, die unerwünschte Heeresreform mit Geld zu finanzieren, das eigentlich für andere Zwecke bewilligt worden sei. Die Regierung zeigte keinen Sinn für die Sorgen der Liberalen, und für ihre Ironie schon gar nicht. Sie machte vielmehr umgehend auch dem verbissenst-optimistischen Träumer unmißverständlich klar, daß die Rede von der neuen Ära eine schöne, aber falsche Rede gewesen war. Sie wartete gar nicht ab, ob der Antrag in der Kammer eine Mehrheit fände, sondern löste das Haus kurzerhand und grundlos auf. Alle altliberale Anbiederung war peinlich vergebens gewesen. Wilhelm I., der inzwischen feierlich, anachronistisch, antikonstitutionell und kostspielig in Königsberg zum König von Gottes Gnaden erhöht worden war und dabei auf die absolutistische Erbhuldigung der preußischen Stände erst nach langem Sträuben und mißmutig verzichtet hatte, er hatte nicht mehr Sinn für den Verfassungsstaat als sein Bruder. Woher denn auch? Die ausdrückliche und würdevolle Bestätigung der Verfassung, von der ihm Friedrich Wilhelm IV. übrigens dringend abgeraten hatte, war deshalb nicht gleich blanke Verlogenheit, aber auch nicht mehr als eine wohlmeinende Gebärde aus Unverständnis gewesen. Das Parlament als Widerspiel politischer Kräfte, die um Einfluß und positive Mitgestaltung rangen, zu verstehen, zu behandeln und gegebenenfalls zu nutzen, lag jenseits seines politischen Horizonts. Das Parlament ist auch ihm nicht Ort, sondern prinzipiell feindlicher, allenfalls faktisch zuweilen friedfertiger Gegenstand des politischen Kampfes gewesen. Deshalb war es ganz unvermeidlich, daß sich der konstitutionelle Streit um die Heeresreform bei einiger Entschiedenheit auf beiden Seiten zum staatsrechtlichen Streit um die Verfassung ausweitete. Für die Liberalen war es weiter noch ein Kampf des nun doch zu wirtschaftlicher Stärke und sozialem Selbstbewußtsein gelangten Bürgertums *gegen* Adelsherrschaft und *um* gebührende Teilhabe an der politischen Macht.

Die Regierung schloß für diesen Kampf die Front. Die liberal-konservativen Minister wurden entlassen und durch stramm-konservative ersetzt. Ein Ruck nach rechts, der nur reizte, dem liberalen Gegner aber nicht imponierte. Der kam nach der Neuwahl im Mai an Personal, Wille und Kampfesmut gestärkt ins Abgeordnetenhaus zurück. Die Fortschrittspartei hatte 32 Sitze dazugewonnen, das linke Zentrum, in dem Katholizismus und Liberalismus vor allem rheinisch-westfälischer Prägung eine vorübergehende Verbindung eingegangen waren, war ganz auf ihren Kurs eingeschwenkt. Zusammen besaßen sie 242 von 352 Sitzen. Der gar nicht sonderlich dramatische, weil von jedermann erwartete Zusammenprall stellte die preußische und deutsche Geschichte für einen Moment auf die Kippe.

Das Abgeordnetenhaus wollte dem vorgelegten Etat nur zustimmen, wenn im kommenden Jahr die zweijährige Dienstpflicht gesetzlich eingeführt werde, der König eher zugunsten seines Sohns abdanken, als auf die dreijährige Dienstzeit verzichten. Der Knoten war nicht nur geschürzt, er war so festgezurrt, daß er nicht mehr zu aller Wohlgefallen gelöst, nur noch auf Kosten einer Partei durchhauen werden konnte. Zwei oder drei Septemberwochen im Jahr 1862 sah es so aus, als sei das die konservativ-absolutistische Partei. Die entsagenden Gedanken des Königs waren ernst gemeint und der Kronprinz ein allbekannt liberal gesinnter Mann.

Bismarck tritt auf

Da betrat Bismarck den Vordergrund der Bühne. Genauer, da »betreten« den falschen Eindruck von Gelassenheit erwecken könnte: Bismarck drängte entschlossen hervor, als der Moment gekommen war, auf den er seit geraumer Zeit mit höchster Unruhe, wachsendem Mißbehagen und abnehmender Hoffnung in den Kulissen gewartet hatte.

Der König hat ihn nicht gerufen. Er schätzte Bismarck nicht. Er mißtraute ihm. Er teilte die Ansicht seines Bruders, dem Bismarck bereits 1848 als Minister angedient worden war. »Nur zu gebrauchen, wenn das Bajonett schrankenlos waltet«, hatte Friedrich Wilhelm IV. damals gesagt. Er fürchtete, daß »dieser Mann alles auf den Kopf stellen würde«, was Bismarck beiläufig dann ja auch wirklich tat.

Gleich am Beginn seiner Regentschaft hat er ihn deshalb hoch und weit befördert. Vom Bundestagsgesandten zum Botschafter in St. Petersburg. Ohnmächtig und einflußlos, zornbebend teils und teils lethargisch, immer aber mißbilligend, hat Bismarck von dort den liberalen Schein der neuen Ära und die zweideutig-unentschiedene preußische Haltung zum italienischen Krieg beobachtet. Im Frühjahr, gleich nachdem die Kammer aufgelöst worden war, war er dann nach Berlin gerufen worden. Schon hatte er aufatmend gedacht, daß es ohne ihn endlich doch nicht mehr gehe. Aber er war nur als Gesandter nach Paris weitergeleitet worden. Anfang September hielt es ihn dort nicht länger. Am 12. bat er seinen vorgesetzten Außenminister um einen Urlaub in Berlin, bei dem er gern auch über seine weitere dienstliche Verwendung reden wolle, und schlug vor, ihn angesichts der liberalen Unbotmäßigkeiten doch ins Ministerium aufzunehmen. Im Ton zurückhaltend, fast wie nebenher, in der Sache drängend und fordernd. Dies war *seine* Stunde, und er war entschlossen, sie nicht ungenutzt vorübergehen zu lassen. Womöglich käme sie nie wieder. Er war 47 Jahre alt und wurde, nachdem er in Frankfurt seine politische Lektion gelernt hatte, die da hieß: Preußen muß deutsche Vormacht und wieder Großmacht in Europa werden, auf Nebenschauplätzen verschlissen. Seine Talente lagen brach, seine überschüssige Willens- und Tatkraft erschöpfte sich in Nervenkrisen, die vom sicht- und spürbaren Mangel an Willens- und Tatkraft der Männer an der Macht nur noch verschlimmert wurden. Der letzte König hatte ihn nicht gewollt, dieser wollte ihn wieder nicht, und dem Kronprinzen galt er geradezu als Gegenprinzip zeit- und vernunftgemäßen politischen Denkens und Handelns. Er mußte befürchten, nie preußischer Minister zu werden, wenn er es jetzt in der Stunde der Not, Gefahr und Anfechtung nicht wurde, für die er wie geschaffen zu sein schien. Sicher nicht ohne jede persönliche Nebenabsicht hatte er Roon im Juli geschrieben, daß die Regierung den Konflikt – ohne ihn zu forcieren – auf die Spitze treiben lassen solle. Und dann: »dann ist meines Erachtens der Moment gekommen, ihr (der Kammer) durch meine Ernennung zu zeigen, daß man weit entfernt ist, den Kampf aufzugeben, sondern ihn mit frischen Kräften aufnimmt ...; besonders, wenn vorher etwas mit Redensarten von oktroyieren und staatsstreicheln gerasselt wird, so hilft mir meine alte Reputation von leichtfertiger Gewalttätigkeit, und man denkt, »nanu geht's los«.

Und nun war die Situation da, aber der Ruf kam nicht. Am 16. genehmigte Bernstorff zwar den Heimaturlaub. Von Ministerernennung aber war keine Rede, weil bei Wilhelm I. noch kein Denken daran war. Am Abend des 20. hat er das seinem Sohn noch einmal ausdrücklich versichert. Zwei Tage später aber hat Bismarck durch ebenso gefühlvolle wie martialische Versprechungen all seine altpreußischen Saiten in ihm zum Klingen gebracht und ihn zu sich bekehrt: er wolle nicht als konstitutioneller Minister, sondern als »Vasall, der seinen Lehnsherrn in Gefahr sieht« die Integrität der preußischen Monarchie herauspauken – dreijährige Dienstzeit, wenn es denn nicht anders ging, ohne verfassungsgemäß bewilligtes Budget. Völlig aufrichtig gemeint, getreulich gehalten und doch von listigster Verschlagenheit. Denn natürlich wußte Bismarck, daß er den kurzen Kampf gegen die liberale Opposition, der Wilhelm I. so ganz und gar den Atem benahm, überhaupt nicht verlieren konnte, dabei aber den König zumindest ebensosehr an *sich* und seine weiterreichenden Absichten binden würde, wie er sich jetzt an *ihn* und seine fixe Idee von der dreijährigen Dienstzeit band, die übrigens auch Bismarck für eine fixe Idee hielt.

Am 22. September fand das entscheidende Gespräch statt. Am 23. September wurde Bismarck zum allgemeinen Entsetzen preußischer Ministerpräsident. Drei Wochen später hatte die Opposition den Kampf verloren, obwohl sie das damals allenfalls geahnt, sicher noch nicht geglaubt hat. Am 13. Oktober schloß Bismarck die Session des Landtags, bevor ein ordnungsgemäßer Etat verabschiedet worden war. Danach regierte er bis 1867 *ohne* genehmigten Haushalt und deshalb *gegen* die Verfassung. Nicht gegen ihren Wortlaut. Nirgendwo stand geschrieben, was zu geschehen habe, wenn Regierung und Parlament über einen Etat nicht einig wurden. Wohl aber gegen ihren Sinn. Bismarck hat das gewußt und die *Lückentheorie*, mit der er heuchlerisch-entschuldigend hausieren ging, selbst nicht ernst genommen: der Gang der staatlichen Dinge könne vor einer Lücke in der Verfassung nicht stillestehen. Natürlich nicht, aber die Regierung konnte und mußte, wenn sie sich als konstitutionelle Regierung verstand, durch Nachgiebigkeit und Kompromiß vermeiden, daß sich die Lücke überhaupt auftat.

Die Regierung Bismarck freilich wollte und durfte vorerst keine konstitutionelle Regierung sein. Sie trat als Kampfkabinett an und benahm sich fortan auch so. Mit den verfassungswidrigen Staatsausgaben war es ja nicht getan. Das Abgeordnetenhaus wurde aufgelöst, wann immer Bismarck es beliebte. Im Frühjahr 1863 begann eine unnachsichtige Disziplinierung liberal gesinnter Beamter. Da über die Hälfte der Landtagsabgeordneten Beamte waren, zielte auch das unmittelbar auf die Kammeropposition. Nicht nur, daß jeder Beamten-Abgeordnete fortan die Kosten für einen Stellvertreter aufbringen mußte, mehr als zwei Dutzend wurden zur Disposition gestellt, strafversetzt und aus dem Amt gedrängt. Was Bismarck tat, tat er gründlich. Vom Sommer an konnten Zeitungen ohne besonderen Anlaß verboten werden, wenn der Zensurbehörde ihre Richtung nicht mehr paßte. Teplitz und Karlsbad erschienen am Horizont. Es war, als sei die preußische Innenpolitik 30 Jahre hinter die Gegenwart zurückgefallen.

Bismarck hat den Liberalen mit einer gewissen Lust die ganze Tiefe ihrer politischen Ohnmacht zum Bewußtsein gebracht. Das war bös und tat weh. Es war eine Niederlage, die erst verkraftet sein wollte. Aber es war keine zerstörende Niederlage. Sie *war* zu verkraften. Zerstörend ist sie erst später geworden. Schuld daran war – paradox und tragisch genug – daß an Bismarck nicht nur liberales Unvermögen peinlich offenkundig, sondern daß durch Bismarck auch ursprünglich liberales Sehnen und Streben unverhofft und anders als gewollt erfüllt wurde.

Freiheit und Einheit – wann immer seit 1806 preußische und deutsche Liberale, die es ernst meinten, zu politischer Aktion angetreten waren, waren sie unter dieser Parole angetreten. Und hatten geglaubt, daß eins das andere bedinge: daß Freiheit Voraussetzung deutscher Einheit und deutsche Einheit Garantie der Freiheit sei. Bismarck zeigte ihnen, daß das ein Irrtum war. Erst unterdrückte er unnachsichtig, was an freiheitlichen Regungen und Ansprüchen seit vier Jahren in Preußen sich hervorgewagt hatte, dann schaffte er die kleindeutsche Einheit. Den Liberalen nicht gerade zum Trotz und Schabernack, aber zu ihrer unlöslichen Verirrung. Sie haben sich auf zweierlei Weise aus ihr herausgewunden. Die einen haben um den Preis der Demoralisierung und Diskreditierung die alten Freiheitsforderungen fahrenlassen, um beim Ausbau der Einheit mittun zu dürfen; die anderen haben um den Preis der Handlungsunfähigkeit und Erstarrung die Mitarbeit verweigert. Beides ist dem Liberalismus in Preußen-Deutschland gleich schlecht bekommen. Er hat seine geistig-politische Trag- und Stoßkraft und seinen eigenständigen Gestaltungswillen eingebüßt.

Wirtschaft und Politik

».. . dann schaffte er die kleindeutsche Einheit«. Das sagt sich leicht und ist auch richtig. Aber so einfach, wie es da steht, doch wieder nicht. Zumindest erweckt es einen falschen Eindruck. Es erweckt den Eindruck, daß Bismarck den deutschen Nationalstaat gewollt und dank seiner Willensstärke, seinem skrupellosen diplomatischen Geschick und seinem militärischen Wagemut auch erreicht hat. Er hat ein machtvolles, unabhängiges, im Norden um einiges vergrößertes Preußen in einem Deutschland gewollt, in dem Österreich politisch nicht mehr dominierte. Dafür hat er seine Willensstärke, sein skrupelloses diplomatisches Geschick und seinen militärischen Wagemut aufgewendet. Gegen Bismarcks ursprünglichen Willen und schon gar gegen den Willen des Königs ist dabei das Deutsche Reich herausgekommen. Wahrlich nicht, weil die süd- und mitteldeutschen Staaten Preußens Stoß gegen Österreich und die Bundesverfassung begeistert unterstützt hätten und ob des Erfolgs freudig erregt an Preußens Seite ins Reich gedrängt wären. Nein, *dieses* Reich ist auch gegen *ihren* Willen zustandegekommen.

Warum es dann überhaupt zustandegekommen ist? Zunächst, weil Bismarck auf halbem Weg eingesehen hat, daß Österreichs politische Vormachtstellung im Deutschen Bund nicht zu beseitigen, mit der bloßen Sprengung des Bundes Preußens politische Vormachtstellung aber noch nicht gewonnen war. Die größeren süd- und mitteldeutschen Staaten neigten aus politisch-kultureller Tradition zu sehr zu Österreich hin. Deshalb hat er den Nationalstaatsgedanken in letzter Stunde aufgegriffen und sie gegen ihre Neigungen fest an Preußen gebunden, um sie dem österreichischen Einfluß zu entziehen. Freilich, mit dem Nationalstaatsgedanken allein wäre es schwerlich zu schaffen gewesen. Wirtschaftliche Nötigung tat das ihre dazu. Und nicht zu wenig. Wenn Preußen im bewußten Widerstand gegen die *politische* Dominanz Österreichs unterdessen nicht längst *wirtschaftliche* Vormacht in Deutschland geworden wäre, hätte Bismarck mit aller Wahrscheinlichkeit weniger erfolgreiches Spiel gehabt.

»Nicht durch Reden und Majoritätsbeschlüsse werden die großen Fragen der Zeit entschieden«, hatte er das Abgeordnetenhaus eine Woche nach seiner Ernennung zum Ministerpräsidenten angebellt, »sondern durch Eisen und Blut.« Da war leider vieles dran. Ohne die drei preußischen Hegemoniekriege gegen Dänemark, Österreich und Frankreich wäre das Deutsche Reich in absehbarer Zeit natürlich nicht entstanden. Allein durch sie aber eben auch nicht. Nicht durch Eisen und *Blut*, hat der englische Wirtschaftswissenschaftler John Maynard Keynes um 1920 Bismarcks berühmtes Aperçu denn auch persifliert, »sondern durch Eisen und *Kohle* ist das Deutsche Reich entstanden.« Und daran war noch mehr.

Die unterschiedlich rasche und umfassende industriewirtschaftliche Entwicklung im Deutschen Bund und die nachdrückliche Entschlossenheit, mit der Preußen wirtschaftliches und politisches Kapital daraus geschlagen hat, haben den kleindeutschen Nationalstaat vorgeformt. Als 1864 der erste der drei »Reichsgründungskriege« begann, sprach außer der liberalen Dialektik nichts mehr dafür, daß es in nächster Zeit überhaupt einen deutschen Nationalstaat geben werde; aber jedermann war klar, daß es – wenn es ihn wider alle Hoffnung dennoch geben sollte – nur ein Nationalstaat unter Preußens Führung sein konnte. Deshalb hat die Reichsgründung nicht erst 1864 oder 1862, sondern eigentlich schon 1831 angefangen.

Damals nämlich hatte Preußen Verhandlungen über einen handelspolitischen Zusammenschluß mit Bayern und Württemberg in Gang gebracht. Mühsame Verhandlungen waren das. Preußen und die beiden Südstaaten hingen grundsätzlich verschiedenen wirtschaftlichen Anschauungen an und verfolgten mit den Verhandlungen deshalb natürlich auch völlig verschiedene Absichten. Die preußische Wirtschaftsbürokratie hatte dem Land im Reformjahrzehnt nicht nur die Prinzipien der Gewerbefreiheit verschrieben, sondern ihm – als es mit der Liberalisierung im übrigen schon wieder vorbei war – 1818 auch weitgehende Handelsfreiheit verordnet. Sie hatte alle Binnenzölle und städtischen Akzisen mit einem Federstrich beseitigt und um das ganze Land *eine* Zollinie gezogen. An der wurden etwa 10% vom Wert der Waren fällig, die nach Preußen hineinwollten. Die preußische Wirtschaftsbürokratie verlangte jetzt, daß dieser Niedrigzolltarif auf das preußisch-bayerisch-württembergische Bündnis übernommen werde. Bayern und Württemberg aber meinten, ihrer schwach entwickelten Gewerbewirtschaft hinter höheren Zollmauern weiterhin wirksamen Schutz für flottes Wachstum und ersprießliches Gedeihen bieten zu sollen und waren dagegen. Es half ihnen nichts. Preußen beharrte auf seiner Forderung, und am Ende gaben sie im Gefühl, auf die Einigung mehr als Preußen angewiesen zu sein, widerwillig nach. Kurhessen war schon vorher mit Preußen einig geworden; Sachsen, das auf den Absatz seiner Gewerbeprodukte nach Nord- und Süddeutschland schlechterdings angewiesen war, weil es vom wirtschaftlich-rückständigen, hochschutzzöllnerischen Österreich wenig zu erwarten hatte, schloß sich dem Bündnis notgedrungen nachträglich an.

So trat am 1. Januar 1834 der Deutsche Zollverein ins Leben. Die meisten Zeitgenossen haben ihn überschwenglich und erwartungsvoll begrüßt, die meisten Historiker ihn später als wesentliche Triebkraft des industriellen Durchbruchs gefeiert. Der Überschwang und die Erwartungen waren verständlich und berechtigt, die historische Deutung aber etwas kurzschlüssig und übertrieben. Dank des Bahnbaus hätte es die industrielle Revolution auch ohne den Zollverein geschafft. Trotz Zollvereins hätte sie es ohne den Bahnbau *nicht* geschafft. Daß beides zusammenkam, hat sie allenfalls beschleunigt und ihre Wirkungen verstärkt. Berechnen und in Talern und Tonnen ausdrücken läßt sich das nicht. Aber das ist auch nicht gar so wichtig. Auf längere Sicht wichtiger war etwas anderes. Wie wenig oder wie stark der Zollverein die Industrialisierung Deutschlands auch immer angeregt und gefördert haben mag, in jedem Fall war er von Anfang an als institutioneller Rahmen und strukturbildende Einheit da. Er hat den Handels- und Kreditströmen, die der industrielle Durchbruch in Gang brachte, die Richtung gewiesen und neuartige wirtschaftliche Beziehungen zwischen den Vereinsmitgliedern nahegelegt und begünstigt. Sie wieder zu zerreißen, wäre schon bald sehr teuer gekommen. Nicht so sehr für Preußen mit seinem ausgedehnten Wirtschaftsraum und seinen ergiebigen produktiven Kräften. Wohl aber für die Mittel- und schon gar für die Klein- und Kleinstaaten, die rasch in den Zollverein hineindrängten. Preußen hat das gemerkt und ihren wirtschaftlichen *Vorteil* mehr und mehr gegen ihre politische Vor*liebe* für Österreich ausgespielt. Mit Nachdruck und vollem Erfolg erstmals 1852.

Inzwischen hatte sich in Österreich beträchtliche Unruhe über das kleindeutsche Wirtschaftsbündnis breitgemacht. Dergleichen Riß durch den Deutschen Bund mußte sich auf die Dauer ja politisch auswirken. Metternich mochte das unterschätzt haben. Schwarzenberg unterschätzte es nicht. Deshalb hielt er an seinem Vorschlag, um den Zollverein herum eine große mitteleuropäische Zollunion unter Österreichs Führung zu gruppieren, weiter fest, als der politische Mitteleuropa-Gedanke zugunsten der Wiederbelebung des Deutschen Bundes schon längst in Luft zergangen war.

Für den Anfang sollte der Zollverein Österreich aufnehmen und zur Hochschutzzollpolitik übergehen. Anfang 1850 ermunterte Schwarzenberg die Zollvereinsmitglieder, einzelnen darüber mit Österreich zu verhandeln. Schon die Form war ein bewußter Affront. Im Zollverein war es üblich, daß Preußen allein für alle über auswärtige Angelegenheiten verhandelte. Die süd- und mitteldeutschen Staaten zeigten sich bedenklich, aber nicht vollends abgeneigt. Preußens Schwergewicht im Verein lastete peinlich auf ihrem politischen Gemüt. Sie wären es nicht ungern losgeworden. Preußen war anderer Meinung. Er benutzte sein Schwergewicht, um es zu erhalten. 1851 forderte Manteuffel die Zollvereinsmitglieder auf, sofort Verhandlungen über die Verlängerung des Vereinsvertrages zu beginnen, der 1854 auslief. Am Zolltarif – dessen niedrige Sätze für Österreich ganz unannehmbar waren – gedächte Preußen dabei übrigens standhaft festzuhalten. Der historische Zufall hatte es glücklich so gefügt, daß der politische Nutzen, den die Freihandelspolitik Preußen eintrug, mit dem wirtschaftlichen Vorteil, den jene aus ihr zogen, die damals und lange noch die preußische Politik bestimmten, in schönstem Einklang war. Die adelig-ostelbischen Großgrundbesitzer waren begeisterte Verfechter eines europäischen Freihandelssystems. Es erleichterte ihnen die einträgliche Ausfuhr ihres überschüssigen Getreides nach England und Skandinavien und verhalf ihnen durch preiswerte Eiseneinfuhr zu billigem Ackergerät. Die Mittelstaaten merkten freilich vor allem die politische Absicht, waren verstimmt und kamen mit einer Gegenforderung: Preußen möge endlich seinen hinhaltenden Widerstand aufgeben und mit Österreich im Vereinsinteresse über Mitteleuropa reden. Preußen dachte nicht daran. Und nach Olmütz schon gar nicht. Es kündigte vielmehr kurzweg den Vereinsvertrag, drohte jedem handelspolitische Repressalien an, der sich Österreich gegenüber zu irgendwas verpflichtete und winkte – um auch ein bißchen guten Willen zu bekunden – mit geringfügigen Tarifzugeständnissen beim Neuabschluß. Als sich die widerspenstigen Sachsen, Bayern und Württemberger dergestalt unter Druck gesetzt, im April 1852 dann doch in Berlin zu Verhandlungen herbeiließen, ohne daß Preußen und Österreich bis dahin miteinander ins Gespräch gekommen wären, war die Sache eigentlich schon entschieden. Der österreichische Botschafter in Berlin brachte auf einen kurzen Nenner, was jedermann klar und auch für die Zukunft gültig blieb: »Die Mittelstaaten stehen in der Luft und sind gezwungen, so oft Preußen sie ernstlich anfaßt, sich wieder auf den Boden des Zollvereins zu stellen«.

Der Zollverein wurde mit seinen alten freihändlerischen Tarifen erneuert und Preußen wieder uneingeschränkt als seine Vormacht anerkannt. Überdies hatten inzwischen Preußens Werbungen um Hannover Erfolg gehabt. Hannovers wirtschaftliche Interessen lagen seit dem Ende der Personalunion mit England nicht mehr mit der englischen Mißgunst gegen ein wirtschaftlich geeintes und gestärktes Deutschland im Streit. Das Land war dem Zollverein schon 1851 beigetreten und hatte seine norddeutsche Orientierung bekräftigt. Preußen hatte sich auf wirtschaftlichem Felde rundherum für die politische Demütigung in Olmütz revanchiert. Und wer die Dinge recht verstand, der wußte, daß ihm dabei nicht nur ein wirtschaftlicher, sondern auch ein politischer Coup gelungen war. Österreichs Attacke auf den Zollverein und Preußens Führungsstellung war ja auch ausdrücklich politisch motiviert gewesen.

Den Ertrag des glücklichen Streichs gedachte Preußen nicht wieder zu vertun. Das Versprechen, bis 1860 mit Österreich über einen vollständigen Zollanschluß zu verhandeln, war von vornherein nur als Beruhigungsmittel für die verärgerten Drei gedacht gewesen und wurde denn auch systematisch und erfolgreich hintertrieben. Ganz im Gegenteil schickte Preußen sich anfangs der 60er Jahre an, Österreich wirtschaftlich vollends beiseite zu drängen und das Band um die Zollvereinsstaaten noch enger und fester zu schlingen.

1860 geriet Europa in freihändlerisches Fahrwasser. Es begann im Januar mit einem englisch-französischen Handelsvertrag. Kurz darauf lud Napoleon III. Preußen ein, für den Zollverein einen ähnlichen Vertrag auszuhandeln. Nach kurzem Zögern erkannte Preußen die Chance und akzeptierte. Die süddeutschen Staaten schrien: Gewalt! »Wer ein

Herz für die deutsche Arbeit, deutschen Wohlstand und deutsche Volkskräfte hat«, schrieb die Augsburger Allgemeine Zeitung, »mußte bis ins Innerste der Seele erschrecken, als er las, daß der französische Machthaber einen Handelsvertrag mit dem Zollverein in Anregung gebracht hat.«

Am 2. August 1862 wurden die preußischen und die französischen Unterhändler einig. Die Augsburgische Allgemeine Zeitung faßte die amtliche und die öffentliche Meinung in Süd- und Mitteldeutschland zusammen: da der Handelsvertrag mit Deutschland die uns vertragsmäßig gebührende Zolleinigung mit Österreich vereitelt ...: fort mit dem Löwenvertrag! Die Feststellung war richtig, die Forderung erwies sich als vergeblich. Tatsächlich stand im Artikel 31 des Vertrages, daß der Zollverein keinem Land niedrigere Zolltarife zugestehen dürfe, als er Frankreich zugestand. Das schloß jede Vorzugsbehandlung Österreichs aus. Zolleinigungsbemühungen verloren ihren Sinn. Genau das hatte Preußen gewollt. Die Regierungen Bayerns, Württembergs, Hessens und Hannovers weigerten sich deshalb, den Vertrag zu ratifizieren.

Sieben Wochen später wurde Bismarck preußischer Ministerpräsident. Er machte von Anfang an kein Hehl daraus, daß er den Vertrag unnachgiebig als Instrument seines politischen Hegemoniestrebens zu benutzen gedächte. Ungesäumt vereinbarte er mit Napoleon, daß die Übereinkunft als preußisch-französischer Handelsvertrag in Kraft treten solle, wenn sie im Zollverein durchfiel. Dazu reichte bereits *eine* Ablehnung aus, weil im Zollverein nicht das Mehrheitsprinzip, sondern das Prinzip völliger Übereinstimmung galt. Dann ließ er die widerspenstigen Fürsten und Minister wissen, daß der Verein über Annahme und Ablehnung des Vertrages seinetwegen zu Bruch gehen könne. Mochten sie getrost zusehen, wieweit sie wirtschaftlich mit Österreich kamen. Darauf konnten es die Mittelstaaten jetzt noch weniger ankommen lassen als zehn Jahre zuvor.

Inzwischen war die Industrialisierung mit voller Macht in Deutschland in Gang gekommen und hatte Sachsens und Hannovers, Hessens und Badens, Bayerns und Württembergs wirtschaftliche Wohlfahrt mehr denn je auf Preußen verwiesen; auf Preußen als Rohstoff- und Nahrungsmittellieferant, auf Preußens ergiebige Kapitalmärkte und auf Preußen als Ort aussichtsreicher Kapitalanlage, auf Preußens Verkehrsverbindungen und Transportkapazitäten und auf Preußen als ausgedehntes, aufnahmefähiges Absatzgebiet, auf Preußens Häfen und auf

Preußen als Schutz- und Konsularmacht im internationalen Handel. Preußen förderte 85 % der Steinkohle, erblies 90 % des Roheisens und erzeugte so gut wie alles Kupfer, Zinn und Blei im Zollverein.

Sachsen kam ohne preußisch-ostelbisches Getreide nicht aus, Baden und Württemberg nicht ohne Eisen und Kohle von Ruhr und Saar.

Bayern wollte seinen pfälzischen Wein weiterhin im Rheinland und seine oberfränkischen Baumwollwaren weiterhin in Berlin und Schlesien loswerden. Die württembergische Maschinenindustrie war gerade auf dem besten Wege, endlich mit den preußischen Bahngesellschaften ins umfängliche Geschäft zu kommen. Baden mochte Mannheims Stellung als zentralen Umschlaghafen nicht gefährden. Und allen miteinander wäre es höchst peinlich gewesen, wenn Preußen ihre Exportgüter nicht mehr willig und billig nach Hamburg und Bremen hätte gelangen lassen.

Preußische Großbanken halfen den Regierungen in Karlsruhe, Stuttgart und München seit geraumer Zeit immer mal wieder mit Staatsanleihen über die finanziellen Runden; rheinisch-westfälische Industrielle griffen maroden oder erweiterungswilligen Fabriketablissements in Baden und Württemberg zuweilen mit Anlagekapital unter die Arme.

Und miteinander waren die süd- und mitteldeutschen Staaten wirtschaftlich natürlich auch verwoben und verflochten. Wenn Sachsen sich widerstrebend eingestand, daß es den Bruch mit Preußen nicht wagen dürfe, vermehrten sich für Bayern die Gründe, auch im Zollverein zu bleiben. Da Baden wenig Neigung zu wirtschaftlichen Abenteuern zeigte, verflüchtigte sich auch Württembergs Mut und Entschlossenheit zusehends.

Und zu allem andern kam nun auch noch die Aussicht auf ein feindlich gesinntes norddeutsch-französisches Handelsbündnis, dem, durch Frankreich vermittelt, auch England angehörte. Das war alles zusammen zuviel. Bismarck hatte richtig kalkuliert. Die süddeutsche Verweigerung war nicht durchzuhalten. Obwohl sich Österreich werbend und drohend kräftig ins Zeug legte, gab einer nach dem andern den Widerstand mißgelaunt und einsichtsvoll auf. 1864 stimmten sie dem Handelsvertrag zu und 1865 wurde der Zollverein auf seiner Grundlage bis 1878 verlängert.

Spätestens da war jedermann klar, daß es demnächst einen Nationalstaat mit Preußens Wille und unter Preußens Führung, oder daß es demnächst keinen deutschen Nationalstaat geben werde. Und jedermann schien deshalb klar zu sein, daß es dann wohl keinen deutschen Nationalstaat geben werde. Was sonst aus Deutschland demnächst würde, war keiner Menschenseele klar. Daß es nicht blieb, wie es war, dafür bürgte das allbekannt rast- und skrupellose, der Bundes- wie der preußischen Verfassung feindliche Machtstreben des neuen preußischen Ministerpräsidenten. Im übrigen aber wurde aus dessen wunderlich-wandelbarem Tun und Trachten niemand mehr klug. Abgesehen davon, daß es immer im Verdacht war, hinterrücks, niederträchtig, verlogen und abscheulich zu sein.

Gegen Polen und Dänen

Und irgendwas davon war das meiste, was Bismarck damals tat, ja auch wirklich. Seine Polen-Politik war alles miteinander. Und vom preußisch-bismarckschen Staatsegoismus her gesehen, ein höchst gelungenes diplomatisches Kunststück noch dazu.

Im Januar 1863 empörten sich die Polen im Königreich gegen die russischen Garnisonen. Das war zunächst und vor allem ein russisches Problem. Die russische Regierung handhabe es einigermaßen läßlich. Schien ganz anders als 1831 gar nicht abgeneigt zu sein, den Polen mehr Freiheit, womöglich sogar staatliche Unabhängigkeit zugute kommen zu lassen, um sich so beim national-revolutionären Frankreich einzuschmeicheln. Solch freundliche Absichten machten die Sache zu Bismarcks Problem. Gleich zum doppelten. Denn die Aussicht auf einen unabhängigen polnischen Staat mit dem ganz natürlichen und drängenden Verlangen nach Westpreußen und Posen war schon peinigend genug; die Aussicht auf die französisch-russische Partnerschaft war ein Alptraum: im Osten die Russen, im Westen die Franzosen, über Preußen hinweg gegen Preußens Machtstreben herzlich und schlagkräftig miteinander verbunden und einig. Bismarck hat seine Probleme gelöst, indem er den Russen überzeugend einredete, daß sie drauf und dran seien, *ihr* Polenproblem ganz falsch zu lösen: mit Wohlwollen und Freiheit. Er wolle ihnen helfen, es richtig zu machen: mit Unterdrückung und Gewalt. Zwei Jahre zuvor hatte er die bösen Sätze geschrieben: »Wie die Dinge liegen, ist es schade um jeden Schlag, der vorbeifällt. Jeder Erfolg der polnischen Nationalbewegung ist eine Niederlage für Preußen, und wir können den Kampf gegen dies

Element nicht nach den Regeln der bürgerlichen Gerechtigkeit, sondern nur nach denen des Krieges führen«. »Haut doch die Polen, daß sie am Leben verzagen; ich habe alles Mitgefühl für ihre Lage, aber wir können, wenn wir bestehen wollen, nichts anderes tun, als sie auszurotten«. In diesem Geiste handelte er jetzt. Der leidenschaftliche Kampfesmut der aufständischen Polen und unmißverständliche Andeutungen, daß Preußen sich gezwungen fühlen könne, ein unabhängiges Polen kurzerhand zu okkupieren, haben ihm dabei geholfen. Gegen den zurückhaltenden Widerstand seines Ministerpräsidenten Gortschakoff wurde der Zar gegen Bismarcks Ansinnen weich und gegen die Polen hart. Am 8. Februar 1863 vereinbarten die beiden Regierungen, daß die Erhebung der Polen unnachsichtig niedergeschlagen werde. Wenn die Russen es allein nicht schafften, mit preußischer Hilfe. Zu diesem widerwärtigen Beruf war eigens der Generaladjudant Alvensleben nach Petersburg gereist. Deshalb hieß das unsägliche Abkommen »Alvenslebensche Konvention«. Militärische Folgen hat sie nicht gehabt. Die Russen sind ohne massive preußische Hilfe mit dem Aufstand fertiggeworden. Nicht einmal die gegenseitige Erlaubnis, flüchtige Polen über des anderen Grenzen hinweg zu verfolgen, ist von praktischem Belang gewesen. Moralisch ist Preußen ihretwegen freilich in Deutschland und Europa für's erste wieder einmal unten durch gewesen.

Das hat Bismarck weniger bekümmert als ihn der politische Erfolg gefreut hat. Ein unabhängig-begehrliches Polen lag wieder in weitem Felde, und die russisch-französische Freundschaft war dahin. So gründlich, daß Napoleon III. England und Österreich erfolgreich dazu ermunterte, die beiden Polenfeinde – wenn schon nicht militärisch herauszufordern – zumindest diplomatisch zu verdonnern. Vor allem aber Preußen. Bismarck hat selbst das noch einmal ausgenutzt. Kaum sechs Wochen, nachdem sie vereinbart worden war, hat er die Alvenslebensche Konvention wieder gekündigt. Das diplomatische Unwetter traf deshalb ausschließlich noch die Russen, die nun erst recht bei denen Anlehnung und Wärme suchten, die es auf sie gezogen hatten. *So gewann Bismarck Preußen Freunde.*

Und *so* brachte er selbst seinen prinzipiellen Gegner Österreich dazu, sein Spiel zu spielen. Es war knapp ein Jahr später. Wieder trug ein kleines Volk die Kosten. Diesmal die Dänen. Freilich nicht in Gestalt ihrer Unabhängigkeit und Freiheit wie die Polen, sondern nur in Gestalt von zwei Fünfteln ihres Staatsgebiets. Und selbst schuld waren sie zum guten Teil auch. Deshalb ist ein bißchen bewunderndes Vergnü-

Neuer Ruhm nach 50 Jahren: Sturm der Düppeler Schanzen am 18. 4. 1864

Moltke

gen an soviel wohldurchdachter, wendiger und zielgewisser, räuberischer Lügenbeutelei diesmal schon erlaubt.

Am 15. November 1863 starb unversehens Friedrich VII. von Dänemark und machte damit die vertragsbrüchige Verwirrung, die er im Frühjahr anzurichten begonnen hatte, vollkommen. Die hatte gleich mehrere Dimensionen. Nur drei Menschen, hat der englische Außenminister Palmerstone einmal gesagt, haben sie je und ganz verstanden: »Der eine war Prinz Albert: er ist verstorben. Der zweite war ein deutscher Professor: er ist verrückt geworden. Der dritte bin ich, und ich habe alles wieder vergessen.« Friedrich war nicht nur König von Dänemark, sondern auch Herzog von Schleswig und Herzog von Holstein. Holstein gehörte zum Deutschen Bund, Schleswig nicht. Die Holsteinischen Stände drängte es zur deutschen Nation, die Südschleswigschen Stände auch, die Stände in Nordschleswig aber wollten in die dänische Monarchie hinein. Sollten sie doch! Südschleswig dafür in den Deutschen Bund, und der Nationalitätenhader wäre ausgestanden gewesen. So einfach und vernünftig hatte sich es Palmerstone 1848 auch gedacht. Da hatten die Dänen gerade *ganz* Schleswig an sich zu bringen versucht, war Preußen erst im Namen des reaktionären Bundes, dann im Namen der revolutionären Nationalversammlung gen Jütland gezogen, um das zu verhindern und bei der Gelegenheit Schleswig und Holstein unter einem deutschen Fürsten als überwiegend dankbare Beute mitzubringen, hatten England und Rußland dagegen militärisch drohende Bedenken erhoben, war Preußen halbverrichteter Dinge vom nördlichen Kriegsschauplatz gewichen, hatten sich am Ende die europäischen Mächte in London daran gemacht, eine einvernehmlich-harmonische Antwort auf die verquere Schleswig-Holstein-Frage zu finden. Aber so einfach und vernünftig war die nicht ausgefallen. Denn es gab ein altes Landrecht, das alle miteinander – Nationalität hin und Nationalität her – hoch und unverbrüchlich schätzten: Schleswig und Holstein sollten sein »auf ewig ungeteilt«. Deshalb war der alte Zustand, will sagen, der alte Streit und die alte deutsch-dänische Begehrlichkeit beibehalten und 1852 im Londoner Protokoll unter den Schutz der europäischen Mächte gestellt worden.

Das war lange her, und die Dänen mochten sich im Frühjahr 1863 denken, daß England inzwischen andern Sinns geworden und Rußland mit den Polen genug zu tun hatte. Und überhaupt, versuchen konnte man es ja immer mal wieder. Am 30. März bestritt Friedrich VII. die Rechtsverbindlichkeit des Londoner Protokolls und gab kund, daß sein

Land demnächst eine neue Gesamtverfassung erhalten und Schleswig durch sie in Dänemark aufgehen werde. Preußen, Österreich und der Deutsche Bund protestierten. Da aber England stillhielt, ließ der Dänenkönig sich nicht beirren. Am 13. November wurde die neue Verfassung tatsächlich beschlossen. Zwei Tage später starb Friedrich VII., ohne zuvor für einen Sohn und Thronerben gesorgt zu haben. Die männliche Linie seines Hauses endete mit ihm. Das gab der Suppe, die er Dänemark, Deutschland und Europa eingebrockt hatte, zusätzliche Würze.

In Dänemark war weibliche Erbfolge gutes altes Recht. Da gab's kein Problem. In Schleswig und Holstein war sie kein gutes altes Recht. Dort war nach dem Recht eigentlich der deutsche Herzog von Augustenburg dran. Aber was in Europa Macht besaß, hatte Friedrich VII. im Londoner Protokoll zugesichert, daß sein dänischer Nachfolger unbehelligt auch Herzog von Schleswig und Holstein werden und alles miteinander eine staatliche Einheit bleiben solle. Da hätte es also auch keine Probleme gegeben. Wenn Friedrich und sein Nachfolger Christian der IX. von Glücksburg das Londoner Protokoll nicht so sichtbarlich zerrissen hätten.

Wenn den Dänenkönigen Schleswig-Holsteins alte, neu garantierte Sonderrechte nichts mehr galten, dann sollte auch ihr machtgeschützter weiblicher Erbfolgeanspruch nichts mehr gelten dürfen. Dann galt wieder Friedrich von Augustenburgs Recht, galten deutsche Ehre und deutscher Patriotismus. Günstiger waren die Bedingungen für eine nationaldeutsche Antwort auf die »schleswig-holsteinische Frage« nie gewesen. So dachte und sprach in seltener Einmütigkeit und schönem Einklang, wer immer seine Gedanken über öffentliche Dinge in Deutschland zu Gehör brachte: die nationalen Bewegungen jeder Spielart sowieso, aber auch die mittelmächtigen Regierungen und Fürstlichkeiten und der Bundestag. – Nur Bismarck nicht. Der dachte, daß die Bedingungen *auch* nie günstiger gewesen seien, Schleswig-Holstein an *Preußen* zu bringen. Aber das erfuhr niemand. Und was er sprach, klang so: Friedrich und Christian haben europäisches Vertragsrecht und schleswig-holsteinisches Landesrecht verletzt. Beides muß wiederhergestellt werden. Zur Not mit Gewalt. Nur möchten die Mittelstaaten und die nationale Bewegung mit ihrer deutsch-patriotischen Erregtheit sich und den Deutschen Bund bitte raushalten. Die Sache ginge sie nichts und wieder nichts, nur Österreich und Preußen etwas an. Die nämlich hätten die Londoner Protokolle unterschrieben. Und zu

Österreichs Außenminister Rechberg gewendet: er, Rechberg, wolle sich im Ernst doch wohl nicht dem Beschluß des Bundestages unterwerfen, Schleswig und Holstein für Deutschland zu okkupieren, dadurch europäischem Recht im Interesse nationalrevolutionärer Bestrebungen nun seinerseits Gewalt antun und womöglich und wahrscheinlich Frankreich, England und Rußland zum Krieg gegen Deutschland herausfordern.

Nein, das wollte Österreich nicht. Das konnte es sich schlechterdings nicht leisten. Der prekäre Zusammenhalt der Vielvölkermonarchie hing ja zum guten Teil an der prekären Integrität europäischer Verträge. Mit Preußen für Schleswig-Holsteins Sonderrechte, die ihm so gleichgültig waren wie nur was, in den Krieg ziehen wollte Österreich aber eigentlich auch nicht. Dann freilich wären die Preußen allein gezogen. Und das ging – wenn man in Deutschland weiter eine Rolle spielen wollte – dann doch wieder nicht. Deshalb mißachtete Österreich den Mehrheitsbeschluß seiner anti*preußischen* politischen Klientel im Deutschen Bund und verband sich mit Preußen zu kriegerischem anti*deutschen* Tun.

»Es ist noch nicht dagewesen«, triumphierte Bismarck, »daß die Wiener Politik in diesem Maße en gros et en detail von Berlin aus geleitet wurde«. Und auf längere Sicht für preußische Interessen. Das europäische Recht, das Bismarck im Munde führte, während die Truppen marschierten, war ihn ja gerade soviel wert, wie es nützte, Österreich zum rechtsbewußten Mitmarschieren zu bewegen und die anderen Mächte vom feindseligen Herbeimarschieren abzuhalten. Gewiß den kriegerischen Aufwand nicht. Der galt einem höheren Preis: Schleswig-Holstein als preußischer Provinz nach Möglichkeit; Schleswig-Holstein als selbständiges Fürstentum von Preußens Gnaden, nicht von nationalem Recht zumindest. Wie er zu gewinnen sei, stand freilich auch für Bismarck noch dahin, als preußische und österreichische Truppen am 1. Februar 1864 nach Schleswig vorrückten, weil Dänemark die ultimative Aufforderung, zur alten Ordnung zurückzukehren, in den Wind geschlagen hatte.

Weit kamen die 57000 Soldaten zunächst nicht. Der preußische Generalfeldmarschall Wrangel war immer schon eher ein brutales Original als ein begabter Feldherr gewesen. Nun war er auch noch 80 und senil geworden. Vor den Düppeler Schanzen ging es vorerst nicht weiter. Das hat die Österreicher nur darin bestärkt, daß es eigentlich ja auch gar nicht weiter, hinüber aufs dänische Alsen und nach Jütland, gehen müsse. Der Zweck des Krieges sei gewesen, Schleswig zum Pfand für die dänische Vertragstreue zu nehmen. Und Schleswig *habe* man trotz der dänischen Soldaten hinter den Düppeler Schanzen. Einen Monat hat Bismarck gebraucht, um Rechberg einzubläuen, daß preußisch-österreichische und dänische Truppen bei Düppel einander ewig gegenüberliegen könnten, ohne daß die dänische Regierung sich zum Einlenken bequemte. Dann machte Österreich nicht nur weiter mit, sondern ließ sich ohne Not auch darauf ein, dem Londoner Protokoll abzusagen. Eine neue europäische Konferenz sollte die Stellung der Herzogtümer im dänischen Gesamtstaat neu bestimmen. Fein ausgedacht. Der Bindung an die alten Verträge war Bismarck nun ledig, das Ehr- und Machtgefühl der Signatarstaaten England und Rußland gleichwohl geschont; und wenn sie sich wider Erwarten doch militärisch erregen sollten, hatte man Österreich auf Gedeih und Verderb an seiner Seite.

Es ist ähnlich fein weitergegangen. Militärisch nur ein bißchen mühsam. Am 6. März war die raffinierte Konvention geschlossen worden, am 18. April erst warfen preußische Truppen die Dänen verlustreich aus den Düppeler Schanzen. Als erste Demonstration preußischen Kampfesmuts und Schlachtenglücks nach 50 Jahren war das in diesem Augenblick aber besonders passend. Denn eine Woche später begann tatsächlich die vorgeschlagene europäische Konferenz. Sie dauerte geschlagene zwei Monate, brachte nichts zustande und war deshalb für Bismarck ein voller Erfolg. Die dänische Regierung beharrte derart obstinat auf der vertragsbrüchigen Verfassung, daß die Londoner Protokolle auch für alle anderen Mächte ihren Sinn und selbst die befreundeten Engländer die Lust an Christian verloren. Am 25. Juni gingen die Delegationen achselzuckend auseinander.

Als drei Tage später der konferenzweilige Waffenstillstand auslief, konnte Bismarck sicher sein, daß niemand mehr für Dänemark zu Felde ziehen würde. Die Dänen brauchten noch bis zum 20. Juli, ehe sie's recht glaubten und einsahen, daß sie allein gegen Preußen und Österreich auf verlorenem Posten stritten. Dann gaben sie auf und – ohne daß sich in Europa etwas rührte – Schleswig und Holstein an Preußen und Österreich ab.

Zwischenkriegsmachenschaften

Schleswig-Holstein war seit dem 25. Juli kein europäisches Problem mehr. Am 1. 8. wurde es dafür ein deutsches Problem in Bismarcks Regie. Genauer noch: es wurde der Probierstein und springende Punkt für Bismarcks Lösung von Preußens deutschem Problem. Das war bekanntlich eine kriegerische Lösung und Schleswig-Holstein wieder der Anlaß. Man könnte also meinen, Bismarcks Schleswig-Holstein-Politik habe von vornherein bewußt, planvoll und schließlich erfolgreich auf den Krieg von 1866 hingedrängt. Das wäre aber eine falsche Meinung. Bewußt und erfolgreich ist Bismarcks Politik in den nächsten zwei Jahren zweifellos gewesen. Planvoll war sie nicht. Planvoll war sie nie. Das war ja ihre überlegene Stärke: daß sie nicht planvoll sein mußte, weil sie voller Pläne war. Voller Ahnungen und Bilder, voll Phantasie und Perfidie, und voll kurzentschlossener Energie, ohne die alles miteinander nutz- und wirkungslos geblieben wäre. Seine Ziele behielt er fest und unverrückt im Auge, den Weg dorthin überließ er dem kontrollierten Lauf der Dinge. Wenn sie abzuirren drohten, griff er ein und versetzte die Gleise. Aber nicht, wie es ein alter Plan, sondern wie es die akute Lage gebot.

Mit seinem beneidenswerten Talent für stilvoll-stilisierende Sentenzen hat er der Nachwelt dafür auch gleich die erhabene Formel hinterlassen: »Man muß auf den Schritt Gottes in der Geschichte hören und nach dem Zipfel seines Mantels greifen, wenn er vorüberrauscht«.

Das Ziel hieß nach dem glänzenden Erfolg von 1864 mehr denn je: von Österreich und Bundesverfassung unbeschränkte Machtstellung in Deutschland. Aber nicht mal deren Form: gemeinsame gleichberechtigte Herrschaft über Deutschland, Teilung in Einflußsphären, längs des Mains vielleicht, Ausschluß Österreichs aus Deutschland, war klar vorausbedacht und festgelegt. Wie sie zu erlangen sei, war gänzlich unbestimmt. Die Form *konnte* nicht klar vorausbedacht sein, *weil* unbestimmt blieb, wie sie zu erlangen sei. Eins hing vom andern ab. Friedliches Übereinkommen mit Österreich wäre Bismarck sicherlich am liebsten gewesen. Er hatte keine Freude am Krieg. Aber er scheute ihn auch nicht. Wie nicht richtig ist, daß er den deutschen »Bruderkrieg« seit dem dänischen Frieden angestrebt, so ist nicht richtig, daß er zum Krieg als letztem Mittel gegriffen hat, nachdem alle wohlmeinend-friedlichen Ausgleichsversuche im Sand verlaufen waren. Bismarck hat in beiden Jahren Ausgleichs- und Kriegspolitik in einem getrieben.

Wobei von Ausgleichspolitik eigentlich gar nicht die Rede sein kann. Bismarck bot Österreich ja nichts, er forderte nur. Keine Ausgleichspolitik also, sondern eine Politik friedfertiger Verständigung über seine wandelbaren Ansprüche. Zu dergestalt friedfertiger Verständigung war er immer und noch im Frühjahr 1866 aufrichtig gestimmt. Zugleich aber war er von vornherein auf Krieg eingestellt und willens, Krieg zu führen, wenn die preußische Staatsraison nach seinem Bilde es gebot. Er hat den Krieg nicht mit Macht betrieben, aber er hat ihn als zuzeiten gewollte Möglichkeit sorgsam vorbereitet. Und jeder Schritt, ihn zu verhindern, hat ihm allezeit meilenfern gelegen.

Österreich hatte solcher Vielgewandtheit wenig entgegenzusetzen. Keinen ähnlich entschiedenen Willen, ähnliche diplomatische Raffinesse schon gar nicht und nicht einmal mehr rechte Freunde, seit es Schleswig-Holsteins deutsche Sache im Krieg »verraten« hatte und im Frieden noch einmal »verriet«. Österreichs deutsche Politik dümpelte vor sich hin, wurde von den Wellen, die Bismarcks diplomatischer Wind verursachte, zuweilen ziellos hin- und hergeworfen und trieb schließlich hilflos in den Krieg hinein. Österreich, hat Rußlands Kaiser Alexander treffend gesagt, »war (am Ende) zum Krieg resigniert«.

Daß sich die uneinige Gemeinsamkeit im dänischen Krieg als offene Zwietracht beim Handhaben der Beute fortsetzte, war bald offenbar geworden. Die beiden Sieger teilten sich in den Herzogtümern gleichberechtigt in Herrschaft und Verwaltung. Das ging nicht gut. Nach einem halben Jahr schon war Österreich den ewigen Hader leid und geneigt, das Land dem Augustenburger zu lassen. Bismarck dachte: nein und sagte: Ja, aber. Wenn Schleswig-Holstein wirtschaftlich, außenpolitisch und militärisch so eng an Preußen gebunden werde, daß es genauso gut gleich als preußische Provinz mit einem herzoglichen Statthalter von Berlin aus regiert werden konnte. Eben diesen unverkennbaren Gelüsten hatte Österreich ja aber gerade vorbeugen wollen. Deshalb blieb alles beim alten. Die gemeinsame Verwaltung und der Streit. Der nahm allenfalls zu und wurde bitterer.

Das ging so bis zum August 1865. Dann sah es einen Moment ganz danach aus, als fänden die beiden doch auf anständige Weise aus der verfahrenen Situation heraus. In Wirklichkeit war es der nächste Schritt zur preußischen Annexion.

Irgendwer war auf die Idee gekommen, Österreich und Preußen sollten sich nicht länger *in* Besitz und Herrschaft, sondern sich fortan Besitz und Herrschaft teilen. Beide fanden das keine ganz gute, aber auch keine ganz schlechte Idee und einigten sich darauf, daß Schleswig-Holstein staatsrechtlich weiterhin *ein* Territorium, Schleswig aber nun allein von Preußen, Holstein allein von Österreich verwaltet werde. Seine Marinestützpunkte und Befestigungen in Holstein sollten Preußen freilich weiterhin zur Verfügung stehen, und zwei Etappenstraßen nach Schleswig bekam es auch. Im übrigen sollten die gemeinsamen Rechte an beiden Herzogtümern nur ruhen, aber fortbestehen. Das war Bismarcks von niemandem sonst vorgesehener Stempel auf der Abmachung vom 14. August, die in Gastein getroffen, deshalb Gasteiner Konvention genannt und von der nationalen Bewegung wie den Mittelstaaten als Österreichs zweiter Verrat an Schleswig-Holstein und Deutschland gewertet wurde.

Das mit dem Verrat mag man auf sich beruhen lassen. In jedem Fall war es Österreichs zweite große Tölpelei in Sachen Schleswig-Holstein. Militärisch war es eingeklemmt, Schleswig war an Preußen preisgegeben und in Holstein tun und lassen, was ihm behagte, konnte es dank Bismarcks Vorbehalt in letzter Stunde trotzdem nicht. Das machte Bismarck ihm im Januar 1866 so rücksichtslos und drohend klar, daß der diplomatische Bruch nur noch um den Preis des letzten Rests österreichischen Ansehens und österreichischer Würde zu verhindern gewesen wäre. Den hat Graf Mensdorff nicht zahlen wollen und sich deshalb alle preußischen Invektiven schroff verbeten. Seitdem hat Bismarck an friedliche Verständigung in seinem Sinn nicht mehr geglaubt, seitdem war seine Politik voll und ganz auf Krieg in nächster Zeit eingestellt, seitdem hat er sich einem alten Grundsatz gemäß »nach einem Grund zum Kriege ..., der auch nach dem Kriege noch stichhaltig« sein würde, nach Bundesgenossen oder Garantien für wohlwollendes Stillhalten bei den europäischen Mächten umgesehen.

Englands brauchte er sich nicht zu versichern. England war daheim und in Nordamerika ausreichend beschäftigt und zeigte kein Interesse am deutschen Mächtedualismus. Rußlands Zurückhaltung mußte er sich versichern. Aber das war nach dem Polen-Pakt so problematisch nicht. Problematisch war, auch Frankreich ruhig- und fernzuhalten. Das ist Bismarck wider alles Erwarten kostenlos gelungen. Ein diplomatischer Geniestreich, der freilich vom genialischen Dilettantismus, den Napoleon für Politik hielt, sehr begünstigt worden ist. Auf Krieg in Deutschland war der Franzosenkaiser aufs äußerste erpicht. Das konnte – dachte er so vor sich hin – des dann gewiß umworbenen Frankreichs Machtstellung in Mitteleuropa nur stärken und – wenn man es recht begann – überdies etwas einbringen. Besonders recht begonnen schien es, wenn man sich vom mutmaßlichen Sieger für die erwünschte Neutralität ein ergiebiges Honorar ausbedingte und dem mutmaßlichen Verlierer mit sehr zurückhaltenden Kompensationswünschen die Lust zum Losschlagen erhielt und stärkte. Soweit, so raffiniert und einsehbar. Es kam nur noch darauf an, richtig vorauszusehen, wer siegen, wer verlieren würde. Napoleon hat falsch gesehen. Deshalb hat er Preußen Neutralität ohne jede territoriale Forderung zugesichert, Österreich dafür aber Venetien, den Verzicht auf bedeutsame Ausdehnung in Deutschland und die Zustimmung zu einer Neuordnung der staatlichen Verhältnisse in Süd- und Westdeutschland nach französischen Vorstellungen abverlangt. Dabei sollte übrigens Preußen das Rheinland verlieren.

Die Aussicht dürfte Bismarck nicht weiter bekümmert haben, weil er unterdessen auch bei der Suche nach Bundesgenossen fündig geworden war. Italien hatte mit Österreich ja noch die Rechnung »Venetien« offen und war ganz begierig darauf, mit Preußen in den Krieg zu ziehen, lieber gleich als später. Am 8. April schlossen beide ein Kriegsbündnis für Angriff und Verteidigung, das vorerst drei Monate gelten sollte und Preußen das Recht einräumte, allein den Zeitpunkt eines Angriffs zu bestimmen. Italien erhielt als Gegengabe die Zusicherung, daß man nicht wieder aufhören wolle, bevor ihm Venetien gewonnen sei.

Nur die Suche nach dem stichhaltigen Kriegsgrund ist Bismarck weniger glücklich und erfolgreich geraten. »Suche« ist in diesem Fall aber eigentlich gar nicht das richtige Wort. Es war ihm darum zu tun, den längst feststehenden Kriegsgrund populär zu verbrämen. »So zwingend und vor dem eigenen Forum gerechtfertigt auch die inneren Gründe einer ... Aggression sein möchten«, hat er wohl gesagt, »die öffentliche Meinung bedarf einer Rechtfertigung, um den scheinbaren Friedensstörer nicht zu verdammen. ... Unter den gegenwärtigen europäischen Verhältnissen läßt sich ein Krieg nicht durch die willkürliche Aggression einer Macht gegen die andere beginnen«.

Mit der öffentlichen Meinung hatte er es unterdes durch Lug und Trug und undeutsche Machenschaften allerdings so gründlich verdorben, daß ihm schlechterdings niemand mehr glaubte, als er plötzlich die deutsche Karte ausspielte. Einen Tag nach Abschluß des Italien-Vertrages beantragte er beim Bundestag, in allgemeiner, freier, gleicher Wahl ein deutsches Parlament wählen zu lassen, das über die Reform des Bundes beraten solle. Man kannte dergleichen von Bismarck. Schon zweimal war er der Nation damit gekommen, und beide Male, um einen österreichischen Bundesreformantrag abzuschmettern. Zuerst am 22. Januar, dann noch einmal mit besonderem Aplomb am 22. September 1863. Damals hatte Österreich zu einem Fürstentag nach Frankfurt geladen. In langer, nervenaufreibender Auseinandersetzung hat Bismarck seinem König untersagt, die »Geburtstagsfeier mit weißgekleideten Fürsten« zu besuchen und sich auf die geplante Debatte über ein österreichisches Bundesreformprojekt einzulassen. Nach dem sollte der Bundestag durch ein Parlament aus Delegierten der einzelstaatlichen Landtage und ein fünfköpfiges Fürstendirektorium ersetzt und ein periodisch einzuberufender Fürstenrat neu geschaffen werden. Preußens Gegenvorschlag war gewesen: preußisch-österreichischer Wechsel im Vorsitz des Bundestages und als parlamentarische Ergänzung, die dem Gedanken von deutscher Einheit ein bißchen Raum geben sollte, eine demokratisch gewählte Bundesversammlung. Er wurde jetzt, gut 2½ Jahre später, unversehens wiederholt. Und ganz gewiß war er zeitgemäßer und entwicklungsfähiger als Österreichs Plan. Aber ebenso gewiß mußten die Mittelstaaten und schon gar die nationalliberale Bewegung meinen, daß er für Bismarck eine Art »jolly joker« war, den er stets aus der Tasche zog, wenn er wegen vorhergehender oder beabsichtigter Widerwärtigkeiten in Deutschland Stimmung für sich machen wollte. Beim erstenmal hatte man sich noch in Hohn, Spott und spitzigen Bemerkungen über die wunderliche Diskrepanz zwischen Bismarcks gedanklicher Begeisterung für ein zukünftiges national-demokratisches und seinem praktischen Umgang mit dem gegenwärtigen preußisch-liberalen Parlament *er*gangen. Beim dritttenmal *über*ging man den Einwurf mit indigniertem Schweigen oder wies ihn mit entrüsteter Vehemenz zurück. Je nach Gemütslage.

Die Karte stach also nicht. Aber sie brauchte auch nicht zu stechen. Bismarck konnte die populäre Einfärbung des Kriegsgrundes entbehren, denn Preußen fing den Krieg nicht an. Das nahm ihm der Deutsche Bund ab. Bismarck hatte freilich nicht wenig Geschick darauf verwendet, ihn dahin zu bringen.

Am 1. Juni – die Armeen waren längst mobilisiert – gab Österreich die Entscheidung über die politische Zukunft Schleswig-Holsteins an den Bund ab. Das durfte es laut Wiener Friedensvertrag und Gasteiner Konvention nicht und kam Bismarck durchaus gelegen. Am 9. Juni besetzten preußische Truppen das holsteinische Itzehoe, um nachdrücklich auf Preußens Gasteiner Rechtsvorbehalte aufmerksam zu machen.

Nun ging es mit unaufhaltsamer Konsequenz Schlag auf Schlag. Zwei Tage darauf beantragte Österreich beim Bundestag, die nichtpreußischen Bundescorps gegen Preußen zu mobilisieren. Der Antrag wurde angenommen. Preußen erklärte den Bundesvertrag für gebrochen und erloschen. Der Bundestag beschloß erwartungsgemäß die Bundesexekution gegen Preußen. Das war eine ins Gewand des Bundesrechts gekleidete Kriegserklärung. Am 17. Juni besetzten preußische Truppen Hannover, am 18. Dresden, am 19. Kassel. Der erwünschte Kriegszustand war da, ohne daß Preußen den Krieg mutwillig vom Zaun hatte brechen müssen. Am 21. Juni marschierten etwas mehr als 300 000 preußische Soldaten nach Böhmen hinüber. Zwei Wochen später war Preußen Sieger und der politische Zustand Deutschlands von Grund auf über den Haufen geworfen. Für eine dauerhafte Neuordnung war freilich noch ein zweiter Krieg nötig.

Krieg und wieder Krieg

Der kurze, aber so überaus folgenreiche Krieg im Sommer 1866 hatte drei Schauplätze. Aber nur auf einem ist Entscheidendes geschehen. Das war in Böhmen. Dort ist die preußische mit der österreichischen Hauptarmee zusammengeprallt.

In drei riesige Heerhaufen aufgeteilt, war sie von Dresden, der Lausitz und den schlesischen Grenzgebirgen her den Österreichern, die von Mähren kamen, getrennt entgegenmarschiert, um sie vereint zu schlagen. Das hatte sich der Generalstabschef von Moltke ausgedacht. Es gelang nicht ganz und gar so, wie er sich es gedacht, aber dennoch über alle Maßen gut. Böhmen war keine Falle mehr für Preußens Truppen, seit es Eisenbahnen für den Soldaten- und Nachschubtransport gab. Am 3. Juli schlugen sie die von glücklosen Vorgefechten bereits einigermaßen demoralisierte österreichische Hauptarmee in der menschen- und verlustreichsten Schlacht des Jahrhunderts bei Königgrätz. Rund 450 000 Soldaten verkneulten sich ineinander. 55 000 kamen nicht lebend davon.

Damit war der Krieg nicht zu Ende, aber entschieden. Vorangegangene und folgende Siege zu Land und zu Wasser gegen die Italiener nützten den Österreichern nichts mehr. Die preußische Siegesarmee rückte allmählich, aber nachdrücklich auf Wien vor, und drei andere Divisionen räumten gleichsam ohne große Mühe den dritten Kriegs-schauplatz auf. Das war West- und Süddeutschland, und zu tun hatten sie es dort mit der rudimentären »Bundesarmee« und den Bayern, die allein stark zu sein glaubten und allein geschlagen wurden.

Das alles war seit dem 5. Juli freilich schon nur noch Hintergrundge-schehen. Zwei Tage nach dem preußischen Triumph nämlich war Na-poleon III. die Fehleinschätzung der österreichischen und der preußi-schen Schlagkraft peinlich aufs Gemüt gefallen. Da hatte er sich eilfer-tig und mit drohendem Unterton vermittelnd eingemengt und war mit Nachforderungen herausgerückt: zunächst vergleichsweise bescheiden mit dem Wunsch nach Rückgabe der Gebiete, die der erste Napoleon während seines 100tägigen Nachspiels auf den belgischen Schlachtfel-dern kriegerisch verspielt hatte, später zupackender mit dem Begehren nach der Pfalz und dem linksrheinischen Hessen. Über die Maßen dro-hend und zupackend freilich doch wieder nicht. Der unerwartete und überdies kaum faßbar rasche Sieg der Preußen hatte in Frankreich stär-kere Erschütterung und Verzagtheit hervorgerufen, als Bismarck an-fangs ahnen konnte. Die Interventionswinke und Kompensationswün-sche waren eher Pflichtübungen, die Napoleon und seine Minister fran-zösischer Macht und Würde schuldig waren, als kalkulierte Risiken, mit denen sie es unerbittlich oder gar martialisch ernst meinten, solan-ge Preußen seinen Sieg nicht allzu unerträglich für Frankreich auszu-schlachten versuchte. Der kranke Kaiser der Franzosen hatte nachgera-de Angst davor, daß es das tue und Frankreich, unzulänglich gerüstet, wie es war, einzuschreiten gezwungen sei. Bismarck und der Graf von der Goltz, der Preußen in Paris vertrat, haben das bald gemerkt und in ausgiebigen Verhandlungen fertiggebracht, ihre ursprünglichen Frie-densbedingungen als schonende Bescheidung preußischen Machtan-spruchs aus Rücksicht auf Frankreichs Interessen erscheinen zu lassen: Preußen darf Schleswig-Holstein, Hannover, Kurhessen, Hessen-Nas-sau und die freie Stadt Frankfurt annektieren, begnügt sich im übrigen aber mit der Führung eines Bundes im deutschen Norden bis zum Main; die Südstaaten kommen ohne territoriale Verluste weg und mö-gen, wenn sie wollen – sie haben dann nicht gewollt –, ihren eigenen Bund bilden; Österreich gibt Venetien an Italien ab, bleibt ansonsten ungeschoren, gehört aber nicht mehr zu Deutschland.

Am 22. Juli erklärte Napoleon sich mit alldem einverstanden. Am gleichen Tag gestand Bismarck den Österreichern umgehend die längst erbetene Waffenruhe zu, bevor die preußischen Truppen Wien erreicht hatten. Er hatte, was er wollte. »Was wir brauchen, ist Norddeutschland«, schrieb er am 1. August an seinen Sohn Bill, »und da wollen wir uns breitmachen«. Das hat er kräftig besorgt, weniger im deutschen als im preußischen Sinn. Der war auf die Gebiete südlich des Mains noch nicht gerichtet, »weil ich es, wenn die uns nötige Konsolidierung des Bundes gewonnen werden soll, für unmöglich halte, das süddeutschkatholisch-bayerische Element hineinzuziehen«. Das war schon am 9. Juli an von der Goltz gegangen, längst bevor Napoleon Preußen die Begrenzung seines Einflußbereichs auf Norddeutschland »abgerungen« hatte.

Am 26. Juli wurde auf der Grundlage des preußisch-französischen Arrangements in Nikolsburg vorläufig, am 23. August in Prag endgültig Friede zwischen Preußen und Österreich geschlossen. Preußens König ist am Ende unzufriedener mit dem Kriegsergebnis gewesen als Frankreichs Kaiser. Zu gern wäre Wilhelm I. als Sieger in Wien einmarschiert. Bismarck widerriet, um Österreich nicht nutzlos noch einmal zu demütigen. Selbstverständlich wollte Wilhelm auch nach alter Weise von jedem unterlegenen Staat ein Stückchen Land als Siegespreis. Bismarck verwehrte es ihm. Die vollständigen Annexionen im Norden, die kurzweg die alten Rechte einiger fürstlicher Häuser beiseitewischten, wollte der konservativ-legitimistische König dagegen nicht. Auf denen aber bestand Bismarck.

Das klingt alles sanfter als es zugegangen ist. Mit Widerraten, Verwehren und darauf Bestehen war es nicht getan. Weinkrämpfe, Rücktrittsdrohungen, Selbstmordvisionen haben auch dazugehört. Dann die Vermittlung des Kronprinzen. Wilhelm resignierte, wie er am Ende immer resigniert hat. Nicht überzeugt, aber mit der ahnungsvollen Einsicht, daß sein Kanzler es vielleicht doch besser getroffen habe und er es nur noch nicht recht verstand.

Daß Napoleon nach Nikolsburg noch einmal mit territorialen Ansprüchen kam, hat Bismarck kühler gelassen. Inzwischen hatte er das machtpolitische Mimikry des sprunghaft-nervenschwachen Imperators längst durchschaut und nahm es grad noch so ernst, wie nötig war, um Frankreich nicht herauszufordern und überdies als Vorwand, die süddeutschen Länder militärisch fest an Preußen zu binden. Napoleons verlangende Blicke lenkte er von der Pfalz und Hessen auf Luxemburg und Belgien, und Württemberg, Baden und Bayern nötigte er mit dem Verweis auf Frankreichs Begehrlichkeit, außer Frieden auch gleich geheime Schutz- und Trutzbündnisse mit Preußen zu schließen. Darin sicherte man einander zu, die gesamte Truppenmacht aller vier unter preußischem Oberbefehl zusammenzuwerfen und gemeinsam zurück- oder loszuschlagen, wenn irgendeiner irgendwie in einen Krieg gerate, und verging sich am Prager Friedensvertrag, bevor er unterschrieben worden war. Denn darin sollte stehen, daß der Südbund »international unabhängig« sei.

Die vier süddeutschen Staaten waren militärisch nun so fest an Norddeutschland geklammert wie wirtschaftlich. Die wirtschaftliche Bindung bekam 1867 überdies zwei politische Stützen eingezogen: ein demokratisch gewähltes Zollparlament und einen Zollbundesrat. Das war Bismarck für's erste eigentlich genug an deutscher Einheit. Und den Bayern und Württembergern eigentlich auch. Jedenfalls genug an deutscher Einheit unter Preußens Führung. Bei den ersten Wahlen zum Zollparlament entschieden sie sich mit großer Mehrheit *gegen* die nationalen und *für* partikularistische und großdeutsche Kandidaten. Das hat Bismarck allenfalls darin bestärkt, es beim dermaligen Stand der nationalen Dinge gute Weile sein Bewenden haben zu lassen. Preu- ßisch-Norddeutschland brauchte die politische Einheit mit Süddeutsch- land zu seinem Wohlergehen nicht. Sie versprach im Gegenteil nur Zank und Hader. »Daß die deutsche Einheit«, schrieb Bismarck am 26. Februar 1869 an den Gesandten in München, »durch gewaltsame Ereig- nisse gefördert werden würde, halte auch ich für wahrscheinlich. Aber eine ganz andere Frage ist der Beruf, eine gewaltsame Katastrophe her- beizuführen, und die Verantwortlichkeit für die Wahl des Zeitpunkts. Ein willkürliches, nur nach subjektiven Gründen bestimmtes Eingrei- fen in die Entwicklung der Geschichte hat immer nur das Abschlagen unreifer Früchte zur Folge gehabt; und daß die deutsche Einheit in die- sem Augenblicke keine reife Frucht ist, fällt meines Erachtens in die Augen ... Hinter der wortreichen Unruhe, mit der die Leute außerhalb der Geschäfte nach dem Stein der Weisen suchen, der sofort die deutsche Einheit herstellen könnte, verbirgt sich in der Regel eine flache und je- denfalls impotente Unbekanntschaft mit den Realitäten und ihren Wir- kungen ... Wir können die Uhren vorstellen, die Zeit geht aber deshalb nicht rascher, und die Fähigkeit zu warten, während die Verhältnisse sich entwickeln, ist eine Vorbedingung praktischer Politik«.

Bismarck hat warten wollen. Wie lange, war ihm egal. Seinetwegen ein Leben lang. Er vermißte den Nationalstaat von der Nordsee bis zu den Alpen nicht. Ein Staatsgebilde bis zum Main reichte ihm. Er hat zwischen 1866 und 1870 nichts getan, was die Einigung irgendwie gefördert hätte. Und das letzte, was ihm dieserhalb in den Sinn gekommen wäre, ist Krieg gewesen. Mit Frankreich nicht und mit niemandem. Mit Frankreich hätte er ihn ja schon 1867 billig, mit Gründen und als Nationalkrieg haben können. Im März 1867 nämlich machte Napoleon Anstalten, Bismarcks hintersinnigen Ermunterungen zu folgen und Luxemburg von den Niederlanden einzuhandeln. Weniger aus eigenem Antrieb, als zur Beruhigung der französischen Öffentlichkeit, in der man Preußens Sieg bei Königgrätz ohne Frankreichs Zustimmung persönlich genommen hatte, von »Rache für Sadowa« redete und endlich Kompensationen sehen wollte. Bismarck hätte dem unglückseligen Kaiser das Ländchen zwischen Maas und Mosel und den innerpolitischen Erfolg gern gegönnt. Er hatte ihn damals nicht reinlegen wollen. Hinterlist war nicht im Spiel gewesen. Wirklich nur Hintersinn. Er hatte ja eigentlich eingesehen, daß Frankreich ein Sedativ für seine nationale Erregung brauche. Es ging nur nicht, daß das ein deutsches Sedativ und Bismarck für die Rezeptur verantwortlich war. Luxemburg war zwar auch ein bißchen deutsch, weil es seit 1815 zum Deutschen Bund gehörte. Aber das war nur äußerlich. Der Landesherr mit den Vergaberechten war der König der Niederlande. Dem konnte Bismarck nicht reinreden und wollte es auch nicht. Nichts wollte er weniger. Er wollte, daß der französisch-niederländische Handel insgeheim unter Dach und Fach gebracht wurde und er dann die Entrüstung der Nation ohnmächtig teilen konnte. Das ahnte der Niederländer dummerweise nicht. Der war dem Verkauf sehr zugeneigt, weil er dringend Geld brauchte. Aber er hatte auch Angst. Er hatte Angst, daß Preußen über vollendete Tatsachen sich kriegerisch erregen könnte. Er *wollte*, daß Bismarck ihm hineinredete. Und da er es für alle Welt vernehmlich wollte, mußte Bismarck auch, und konnte nur in einem Sinn: deutsches Land unter Frankreichs Fahne – nie und nimmer! Denn so etwa tönte es lautstark und rauflustig aus allen nationalen Kehlen, ganz gleich, ob sie nord- und kleindeutsch oder süd- und großdeutsch waren. Bismarck aber räumte mit den norddeutsch-nationalen Liberalen, die ihn neuerdings unendlich liebgewonnen hatten, gerade sein großpreußisches Staatenhaus ein, während die alten konservativen Freunde sich zürnend abgewendet hatten, und er war zudem gar sehr darauf bedacht, sich Süddeutschland als schätzenswerter Nachbar zu erweisen. Er konnte gar nicht anders, er mußte deutsche Flagge zeigen und Napoleon Luxemburg verweigern. Freilich, *wie* er es tat, das zeigt, daß er eins dabei nach Kräften vermeiden wollte: den Nationalkrieg gegen Frankreich, der im Falle des wahrscheinlichen Erfolgs die Südstaaten fast unwiderstehlich ins »Deutsche Reich« gedrängt hätte. Es wäre ja ein Leichtes und überdies höchst populär gewesen, Frankreich so brüsk, so ehrenrührig und anmaßend zurechtzuweisen, daß Napoleon zur Kriegserklärung geradezu genötigt war. Moltke z. B. hat dergleichen sehr gewünscht. Bismarck aber hat seine ganze diplomatische Behutsamkeit aufgewendet, um Napoleon *nicht* zu nötigen, sondern ihm zu einer vor der französischen Nation vertretbaren Lösung zu verhelfen. Dafür hat er in Kauf genommen, sich vom Einssein mit der deutschen Nation wieder ein gut Stück zu entfernen. Den Abbruch der Verkaufsverhandlungen überließ er dem Oranier. Dessen Sache war er ja auch. Dabei beließ er es aber nicht, sondern brachte die Engländer dazu, im Mai eine Konferenz nach London zu berufen, auf der die Abweisung in Geschenkpapier gewickelt werden konnte. Schlechterdings deutsch sollte Luxemburg fortan auch nicht mehr sein. Es blieb zwar im Zollverein, war politisch aber unabhängig und neutral. Dafür bürgten die europäischen Großmächte gemeinsam, und Preußen gab sein altes Besatzungsrecht auf. Frankreichs Ehre war geschont und der Frieden erhalten.

Nein, Bismarck hat keinen Reichseinigungskrieg gewollt; 1867 nicht, 1869 nicht: da hat er Badens Wunsch, in den Norddeutschen Bund aufgenommen zu werden, besorgt darob zurückgewiesen, daß Frankreichs zunehmendes Revanchegelüst für Königgrätz es ruhig nicht ertragen würde; und 1870 immer noch nicht. 1870 hat er ihn dann freilich trotzdem beginnen lassen. Das ist so gemeint, wie es dasteht. Er hat ihn nicht mutwillig vom Zaun gebrochen und Napoleon auch nicht tückisch dazu verlockt. Aber der Krieg ist auch nicht unversehens über ihn gekommen. Kein Unfall, wie Sebastian Haffner wohl gesagt hat. Daß die spanische Erbfolgeangelegenheit, die er in der Absicht gefördert hatte, Frankreich zu ärgern, zu stören und zu schwächen, zum Kriegsgrund für Frankreich werden würde, das hat er nicht vorausgesehen. Das war ihm mißraten. Aber daß sie von einem bestimmten Punkt an ein Kriegsgrund war, hatte er selbstverständlich gesehen. Er wäre anders Bismarck nicht gewesen. Und selbstverständlich auch, daß er den Krieg genau wie 1867 hätte verhindern können. Anders als 1867 hat er das zuletzt aber nicht mehr gewollt. Zuletzt hat er Napoleon, der zum Krieg durchaus nicht fest entschlossen war, keine andere Wahl mehr gelassen. Da hatte er sich vom Lauf der jüngsten Dinge zu Moltkes Überzeugung bekehren lassen, daß der Krieg mit

Frankreich auf absehbare Dauer nicht zu verhindern sei und ihn aus dieser Einsicht lieber gleich als später gewollt. Er hat es selbst gesagt: »Ich gebe zu, daß ich, wenn ich nach Ems gegangen wäre, vielleicht den Krieg hätte vermeiden können«. Gewiß hätte er. Und dazu nicht einmal nach Ems gehen müssen.

Nur, mit dem Wunsch, das deutsche Reich zu gründen, hat er ihn auch da noch nicht in Szene gesetzt. Mag ihm auch frühzeitig klargewesen sein, daß der Krieg – ob er das wollte oder nicht – darauf hinauslief. Auf den Weg gebracht hat er den Krieg um Preußens Selbstbehauptung und die »gedeihliche Entwicklung und Sicherstellung der Verhältnisse« im Norddeutschen Bund. Und nach soviel vager Gewissensprüfung und Motivdeutung ist es höchste Zeit, die handfesten Ereignisse zu schildern.

In Spanien war im Herbst 1868 die lebens- und liebeslustige Königin Isabelle nach zwei einigermaßen chaotisch-aufständischen Jahrzehnten Herrschaft nach Paris ins Exil geschickt worden. Seitdem suchte man, genauer, suchte die Armeeführung eines neuen König. Als angenehmsten Kandidaten fand sie schließlich den Erbprinzen Leopold von Hohenzollern-Sigmaringen. Die süddeutsch-katholischen Zwergstaaten-Hohenzollern waren mit den norddeutsch-protestantischen Großmacht-Hohenzollern zwar herrscherhäuslich verbunden: Leopolds Vater Karl-Anton war sogar Wilhelms I. »Neuer-Ära«-Ministerpräsident gewesen. Sie waren mit ihnen aber weder verwandt noch verschwägert. Leopold war vielmehr mit Napoleon versippt. Denn seine Altvordern hatten einst in den Kreis fürstlicher Parvenus um den ersten Napoleon hineingeheiratet, als das jenseits aller Standesgemäßheit unter Süddeutschlands Landesherrn aussichtsreich und Mode war. Das war dem dritten Napoleon kein Trost. Dem pochte das verwandtschaftliche Herz nicht schneller, dem schwollen die Stirnadern, als er erfuhr, daß spanischer Thron und Hohenzollern in einem Atemzug genannt wurden. Bismarck sah es mit stiller Genugtuung. Nicht, daß er Leopolds Kandidatur anfangs irgend gefördert hätte. Die Spanier waren wirklich allein daraufgekommen. Aber er hatte gleich im Herbst 1868 gesagt, daß »eine für Napoleon angenehme Lösung« in Spanien schwerlich für Preußen nützlich sei. Und die Lösung Leopold war dem Franzosenkaiser ohne Bismarcks Zutun und vorheriges Ahnen offenbar so unangenehm wie nur eine. Deshalb nahm Bismarck sich ihrer, als die spanischen Generale dem Sigmaringer die Krone im Februar 1870 endlich amtlich offerierten, gegen die Bedenken des Hohenzollernhauses herzhaft und hintergründig an. Er wußte von nichts und lenkte alles. Der verfehlten Absicht nach aber nicht zum Konflikt mit Frankreich hin, sondern von ihm fort. Er hatte Napoleon anderthalbes Jahr früher ja Unangenehmes in Spanien auf den Hals gewünscht, damit der und seine weit streitbarere Regierung ihre Aufmerksamkeit und ihre Ängste teilen und zum Teil von Nord nach Süd richten sollten. Spanien müsse ein »wirksames Zugpflaster« zugunsten des Friedens, eine »offene Friedensfontanelle« werden und bleiben, hatte er damals gesagt. Inzwischen war die aggressiv-antipreußische »Revanche-für-Sadowa«-Stimmung in Frankreich nicht abgeflaut. Eher im Gegenteil. Und Napoleon saß längst nicht mehr so unerschütterlich auf seinem Kaiserthron, daß er ihr lächelnd widerstehen konnte. Gerade beredete er sich mit dem österreichischen Erzherzog Albrecht in Paris über gemeinsame Feldzugspläne. Dabei kam zwar vorhersehbarerweise nichts heraus, aber beunruhigend war es doch. Ein Hohenzoller im Rücken mochte die untergründige Kriegsbereitschaft der Franzosen wohl im Zaum zu halten geeignet sein. So dachte Bismarck. Und er dachte weiter, daß man ihrem Stolz das natürlich nicht ins Gesicht sagen dürfte und die offizielle Hohenzollern-Kandidatur deshalb nach Möglichkeit bis zur Wahl geheimhalten und die preußische Politik an der Affäre durchweg ganz unbeteiligt und desinteressiert erscheinen müsse. Gedacht war das beide Male richtig. Falsch aber war die Meinung, daß solch brisante Angelegenheit nicht vor der Zeit zutage käme, und trügerisch der Glaube, daß Frankreich auf Bismarcks Unschuldsmiene etwas gab.

Es war erstaunlich genug, daß es immerhin bis zum 3. Juli dauerte, ehe Frankreichs Außenminister Wind von den listig-friedenswilligen Machenschaften bekam. Bis zur Kriegserklärung dauerte es dann nur noch 16 Tage. Erst war die Sache Bismarck entglitten, nach dem 3. Juli entglitt sie Napoleon, und Bismarck bekam sie wieder in die Hand. Freilich gleichsam verkehrt herum: nicht mehr zur Friedenssicherung geschaffen, nur noch als Kriegsanlaß zu gebrauchen. So hat er sie denn gebraucht.

Kaum hatte Napoleon von Leopolds Kandidatur erfahren, da tat er, was er konnte, um es darüber *nicht* zum Krieg kommen zu lassen und Frankreichs nationalen Glanz doch aufzupolieren. Mit dem schönsten Erfolg. Die Spanier überlegten sich auf seine Einwände hin die Sache noch einmal, und der Sigmaringer bekam Kopfschmerzen von der Krone, bevor er sie aufhatte, und verzichtete am 12. Juli, ehe sie damit noch fertig waren. Mehr und besser noch für Frankreich: Wilhelm I. hatte dem Berliner Botschafter Benedetti eingestanden, daß Bismarck und er von der Kandidatur seit je wußten. Das war den Franzosen auch vorher klar gewesen. Aber jetzt hatten sie's amtlich und verwertbar. Es war nun weiter nicht mehr schwer, den preußischen König auch noch zu bewegen, sich seinen Wunsch zu erfüllen und dem Leopold am 10. Juli Thron- und Kronentsagung dringlich anzuraten, damit die europäische Politik wieder fest aufs Friedengeleis gelange.

Das war ein diplomatischer Erfolg sondergleichen. Der alte Adolph Thiers, der einst dem Bürgerkönig Louis Phillipe als Ministerpräsident gedient hatte, bald darauf erster Ministerpräsident der nachnapoleonischen Republik werden sollte und weder die Preußen noch Napoleon liebte, fand: »Wir gehen aus dem Konflikt mit einem Triumph heraus. Sadowa ist beinah wieder gutgemacht«. Und sein noch viel älterer Freund und Mitstreiter Guillaume Guizot knurrte widerstrebend: »Diese Leute haben ein unverschämtes Glück: das ist der schönste diplomatische Sieg, den ich mein Lebtag gesehen habe«. Napoleon und der dermalige Ministerpräsident dachten eigentlich auch so: »C'est la paix!« – das ist der Friede. Die den Frieden so nicht wollten, dachten anders. Denen reichte der Sieg nicht. Die wollten eine offene preußische Demütigung. Für die freilich reichte das »unverschämte Glück« nicht mehr. Am Ministerpräsidenten vorbei wies der Kaiser seinen Außenminister Gramont, und der Außenminister Gramont seinen Botschafter Benedetti am 12. Juli an, anderntags den preußischen König zu der albernen Erklärung aufzufordern, daß er niemals einem Hohenzollernprinzen erlauben werde, sich eine spanische Krone aufzusetzen. Benedetti tat, wie ihm geheißen, Wilhelm tat, wie ihm die Würde gebot, und Bismarck bog es zurecht, wie er es brauchen konnte. Am Abend traf eine Depesche aus Ems in Berlin ein, darin der König mißgestimmt berichtete, daß Benedetti »auf zuletzt sehr zudringliche Art« dies und jenes vom ihm erbeten und er es freundlich, aber ernst verweigert habe.

Erst schäumte Bismarck, dann redigierte er. Seit ihm am Vortag der Rücktritt Leopolds bekanntgeworden war, hatte er die Gelegenheit geradezu herbeigebarmt, es den Franzosen heimzuzahlen, seinetwegen um den Preis einer Kriegserklärung. Hier war die Gelegenheit. Wilhelm depeschierte ausführlich, wie er Benedetti am Morgen auf der Kurpromenade gesagt habe, daß er gar nicht recht verstehe, was er schon wieder wolle. Der Sigmaringer habe ihm ja noch nicht einmal persönlich geschrieben, daß er die spanische Krone abgelehnt habe.

Dergleichen gelange offenbar schneller nach Paris als zu ihm. Heute käme der Brief aber sicherlich. Dann könne man gegebenenfalls weitersehen und weiterreden. Der Brief sei dann tatsächlich gekommen und da dringestanden habe, was jeder, den es anging, schon wußte, habe er beschlossen, »den Grafen Benedetti nicht mehr zu empfangen, sondern ihm nur durch einen Adjutanten sagen zu lassen, daß seine Majestät jetzt vom Fürsten die Bestätigung der Nachricht erhalten, die Benedetti aus Paris schon gehabt, und dem Botschafter nichts weiter zu sagen habe«.

Bismarck machte hinter Benedettis Kurpromenaden-Forderung einen Punkt, strich die länglichen Auslassungen über aufdringlich-ernsthaft-umständliche Promenadengespräche und ließ nur noch einen weiteren Satz stehen. Und auch den nicht so, wie Wilhelm ihn geschrieben, geschweige gemeint hatte: »Seine Majestät der König hat es darauf abgelehnt, den französischen Botschafter nochmals zu empfangen, und demselben durch den Adjutanten vom Dienst sagen lassen, daß seine Majestät dem Botschafter nichts weiter mitzuteilen habe«. Das tönte, als habe Preußen für's erste die diplomatischen Beziehungen zu Frankreich abgebrochen.

So ging die Depesche sofort an alle Zeitungen und preußischen Gesandten. »Vorher klang es wie eine Chamade, jetzt wie eine Fanfare«, hat Moltke gesagt, der bei der Streicharbeit dabeigewesen ist. So war es gemeint, und so wirkte es: wie das rote Tuch auf den gallischen Stier (Bismarck). Als König Wilhelm sein Telegramm anderentags in der Zeitung las, rief er aus: »Das ist der Krieg«.

Die französische Regierung hätte die Kriegserklärung, für die Bismarck mit seinem Fanfarenstoß den Ton angegeben hatte, trotzdem gern weiterhin vermieden. Selbst der Außenminister Gramont, der bisher die martialischsten Sprüche hatte lautwerden lassen, empfand die Emser Depesche wie einen Schlag ins Gesicht, auf den er entfernt nicht vorbereitet gewesen war. Spontan und entschlossen haben Napoleon und seine Minister denn auch nicht reagiert. »Wir haben keinen richtigen Grund zum Krieg, trotzdem werden wir uns für ihn entscheiden müssen, um dem Willen des Landes zu gehorchen!« Das war ihre Stimmung, ausgedrückt mit Napoleons tränengetränkten Worten. Wenn Bismarck den Krieg neuerdings nicht nachdrücklich gewollt hätte – Zeit für eine Geste, die den unfein herausgewirtschafteten diplomatischen Erfolg nicht geschmälert und Frankreichs Regierung doch die Nötigung zum Krieg genommen hätte, Zeit dafür wäre gewesen. Am 19. Juli erst hat Frankreich dem Norddeutschen Bund zagend und zaudernd den Krieg erklärt.

Sechs Tage später ließ Bismarck einen vertraulichen französischen Vertragsentwurf vom August 1866 in die »Times« einrücken. Darin war für Frankreich unangenehm viel, unmißverständlich und schwer einsehbar davon die Rede, daß es sich für Preußens Aufstieg zur deutschen Großmacht gern mit belgischem Gebiet entschädigen würde. Der Erfolg war durchschlagend. England, mit dem zusammen das bürgerkönigliche Frankreich den belgischen Staat vor 40 Jahren bekanntlich aus der Taufe gehoben hatte, entzog dem kaiserlichen Frankreich den letzten Rest von Sympathie. Frankreich ging isoliert in den Krieg, Preußen immerhin gemeinsam mit den süddeutschen Staaten.

Freudig oder gar begeistert sind die ihm nach Frankreich freilich nicht gefolgt. Unwillig eher und widerstrebend; halb gezogen von ihren Schutz- und Trutzverträgen, geschoben halb vom Druck der befreiten und neu belebten nationaldeutschen Stimmung. Die hat den preußischen Hegemoniekrieg von Anfang an ins etwas groß geratene Gewand eines deutschen Nationalkriegs gesteckt. Ob Bismarck ihn von vornherein gern darin gesehen hat, ist eine Frage für sich. Und eine andere ist, wann und warum er sich entschlossen hat, daraus den Mantel für die deutsche Einheit zu schneidern und mit dem Etikett »Deutsches Reich und deutscher Kaiser« zu versehen. Er hat auf beide keine eindeutige und überzeugende Antwort gegeben. Womöglich war er sich seiner Gründe selbst nicht so ganz sicher. Womöglich ahnte er mehr, als ihm ganz klar und lieb war, daß Preußen die politische Vereinigung mit den Südstaaten um seiner Großmachtstellung willen länger kaum entbehren konnte. Und nach Sedan weniger noch als zuvor. Denn natürlich ist es ihm, als er im Herbst 1870 im preußischen Hauptquartier in Versailles den Norddeutschen Bund und die vier süddeutschen Staaten ja wahrlich nicht in *einem* raschen Zugriff zum Deutschen Reich vereinte, sondern nach und nach und mühsam zum Deutschen Reich zusammenstückte, natürlich ist es ihm da wieder nur ganz vordergründig um die deutsche Nation, im Kern aber um Preußens Macht und Größe gegangen. Und es liegt ja allzu nahe, daß ihm die nach Sedan nicht etwa gefestigter, sondern unsicherer und zweifelhafter erschienen ist als vorher, wenn sie auch fernerhin auf Norddeutschland beschränkt blieb.

Die Schlacht bei Sedan war mehr noch Wendepunkt als Höhepunkt des Krieges, und nicht nur des Krieges. Bis Sedan war das meiste nach

Wunsch gegangen. Der französische Plan, von Elsaß und Lothringen her in die Pfalz einzubrechen, war an eigenem organisatorischem Ungeschick und weit überlegener deutscher Truppenstärke kläglich gescheitert. Die drei deutschen Armeen drangen in der bewährten Absicht über Frankreichs Grenze vor, die französische Hauptmacht zu umfassen und umfassend zu vernichten. Das mißlang. Es gelang nur, sie Mitte August bei Vionville und Gravelotte zu schlagen und in Metz einzuschließen. Das war kein kleiner, mit 50000 Menschenleben übrigens hoch bezahlter Erfolg, aber ein »Königgrätz« war es nicht. Und auch Sedan wurde keines. Bei Sedan kapitulierte am 2. September die zweite französische Armee. Die war von Reims aufgebrochen, wollte die deutschen Truppen im Norden umgehen und Metz freifechten. Moltke hatte es erfahren, seine Heerhaufen, die schon auf dem Weg nach Paris waren, umdirigiert und die Entsatzarmee bei Sedan umzingeln lassen. Am 1. September wurde gekämpft, am 2. gaben die Franzosen auf.

Nun war eigentlich der Zeitpunkt gekommen, über Waffenstillstand und Frieden zu reden. Das dachte und sagte auch Bismarck. Und wenn er in Frankreich einen Gesprächspartner gefunden hätte, der ähnlich dachte und Maßgebliches zu sagen hatte, wäre der Krieg Anfang September wahrscheinlich wirklich abgebrochen worden. Er hat keinen gefunden. Napoleon dachte zwar ähnlich, aber zu sagen hatte er nichts mehr. Napoleon war zu Bismarcks gelindem Entsetzen: »Wenn es wahr ist, so ist der Friedensschluß in weite Ferne gerückt«, bei Sedan mit eingeschlossen worden. Und mit einem Kriegsgefangenen kann man keine Friedensverhandlungen führen. Bismarck hat trotzdem den Versuch gemacht. Aber Napoleon ist nicht darauf eingegangen. Und wenige Tage später ist er ja dann auch kein kriegsgefangener Kaiser mehr, sondern nur noch ein kriegsgefangener Bonaparte gewesen.

Am 4. September wurde in Paris die französische Republik ausgerufen. Deren erste Regierung nannte sich »Regierung der nationalen Verteidigung« und trat mit dem ausdrücklichen Willen an, »keinen Fußbreit unseres Gebiets, keinen Stein unserer Festungen (zu) opfern«. Der Krieg ging weiter. Und war nicht mehr der alte Krieg; war auf seiten Frankreichs nicht länger ein politisch kalkuliertes Unternehmen, sondern wurde ein improvisierter, von Zorn und Leidenschaft genährter Volkskrieg. Erfolgreich – soweit er noch erfolgreich sein konnte – war er außerdem. Paris wurde seit dem 19. September belagert, aber es hielt stand. An der Loire und an der Somme rieben sich die deutschen

Truppen nutzlos und demoralisierend an den französischen Freiwilligen-Bataillonen wund. Und die öffentlichen und offiziellen Sympathien in Europa, die Napoleon Frankreich verscherzt hatte, waren für die Republik auch wieder zu haben. Auf Preußens Kosten. Alles zusammen hat Bismarck zu Recht zutiefst beunruhigt. Deshalb war er weiterhin bestrebt, mit Anstand und Ertrag aus dem Krieg herauszukommen, solange er ihn als isolierte deutsch-französische Angelegenheit halbwegs unter Kontrolle hatte. Und um mit dem Ertrag in Zukunft bestehen zu können, hat er das Deutsche Reich gegründet. Bis zu Napoleons Sturz hatte er glauben können, daß Preußen mit Frankreich nach Krieg und Sieg auf längere Sicht im reinen sei. Nach der haßerfüllten Volkserhebung war er sicher, daß er das nicht weiter glauben durfte. Preußens Truppen hatten bei Sedan wahrscheinlich den Krieg, Deutschland hatte bei Sedan mit Sicherheit einen schwer berechenbaren Feind gewonnen. Gegen den schloß Bismarck militärisch-politisch die Reihen. Das war Anlaß und Zweck der Reichsgründung, nicht etwa spät erwachtes nationaldeutsches Streben.

Reichsgründung – das Wort nimmt ja überhaupt den Anstrich für die Sache. Die Sache war die staatsrechtlich-vertragliche Angliederung der vier süddeutschen Staaten an den Norddeutschen Bund. Im Oktober wurden deren Minister ins preußische Hauptquartier nach Versailles komplimentiert. Dort hat Bismarck *nach*einander mit ihnen über die Modalitäten des Anschlusses verhandelt, um sie *gegen*einander ausspielen zu können. Denn nur Hessen und Baden machten keine Schwierigkeiten, wohl aber Württemberg und Bayern. Die wollten bei aller Einsicht, daß ihnen wenig anderes übrigblieb, wenn zu ihrer wirtschaftlichen Abhängigkeit von Preußen und dem Druck der sedantaumeligen öffentlich-nationalen Meinung Bismarcks Entschlossenheit kam, beides für seine Zwecke auszunutzen, die wollten im Prinzip trotz alledem und alledem ja immer noch in kein preußisch-deutsches Reich hinein. Und wenn sie es dennoch mußten, wollten sie den Beitritt wenigstens honoriert bekommen. Das hat Bismarck nicht rundweg abgeschlagen. Der volkstümliche nationale Druck, mit dem er es auf Biegen und Brechen auch ohne Honorar hätte schaffen können, war ihm als vorübergehende Unterstützung und für Drohgebärden: wenn es mit den Fürsten von oben her nicht gehe, mache er die Einheit eben mit dem Volk von unten her, gewiß nicht unlieb. Aber irgendwelchen Einfluß auf die deutsche Einigung, den sie sich womöglich als Verdienst mit Anspruchsrechten auslegen konnte, wollte er der nationalen Bewegung die weitgehend ja immer noch auch eine liberale Bewegung war, natürlich nie und nimmer zugestehen. Ganz im Gegenteil: das nüchtern-spannungsreiche Bündnis mit den süddeutschen Regierungen war geradezu als Bündnis *gegen* fortgesetzte urwüchsig-unberechenbare nationale und liberale Eruptionen gedacht. Es brachte die nationale Bewegung ans Ziel. Nur, daß es nicht *ihr* Ziel war. Einen volkstümlich-demokratisch begründeten und ausstaffierten Nationalstaat hatte sie gewollt; ein obrigkeitsstaatliches Fürstenbündnis sollte sie bekommen. Und auch noch dankbar dafür sein müssen. Deshalb ist Bismarck feinfühlig und behutsam mit den süddeutschen Ministern umgesprungen – umgesprungen ist er natürlich mit ihnen –, und hat um die Höhe der bayrisch-württembergischen Beitrittsentschädigung ausgiebig mit sich feilschen lassen. Am Ende bestand sie aus einer Reihe von Reservatrechten, die das staatliche Selbstgefühl der Königreiche hoben, ohne irgendwelchen politischen Belang zu haben. Das merkten die Südstaaten freilich erst später.

Erst als die Fürsten und Minister handelseinig waren, bekam auch die nationale öffentliche Meinung ihre Morgengabe und die preußische Sache ihren nationaldeutschen Anstrich. Der auf Süddeutschland ausgedehnte Norddeutsche Bund bekam das ehrwürdige Etikett »Reich« angehängt und Wilhelm I. mußte deutscher Kaiser werden. Ja, mußte! Gewollt hat er nicht. Er wollte über seine ruhmbekränzte altpreußische Königskrone keinen traditionslosen neudeutschen Kaiserhut stülpen lassen. Er wollte, da alle Welt ganz deutschlandselig sei, »zu Preußen halten«. Aber Bismarck mochte auf die Symbolkraft des Titels, die so schön davon ablenkte, was für ein unfertiges Ding sein Nationalstaat war, nicht verzichten. Er nötigte König Ludwig von Bayern, der auch, obwohl aus anderen Gründen, gegen einen deutschen Hohenzollernkaiser war, mit Geld für seine Schlösser und guten Worten für sein krankhaftes Selbstgefühl dazu, Wilhelm die Krone anzubieten. Denn mit dem Tropfen demokratischen Öls, von dem Ludwig Uhland einst gesprochen hatte, sollte sie natürlich nicht beschmiert sein. Der norddeutsche Reichstag durfte am 18. Dezember aber eine Delegation nach Versailles schicken und Preußens König bitten, die Krone doch nicht auszuschlagen. Der Zufall und die historische Symbolik wollten es, daß Vormann der Abgesandten der Reichstagspräsident Eduard Simson war. Der war schon einmal Präsident eines deutschnationalen Parlaments gewesen und hatte in dieser Eigenschaft auch schon einmal in deutschen Kaiserfragen vor einem preußischen König gestanden. Das war 1849 gewesen. Damals freilich hatte er eine Kaiserkrone anzubieten gehabt. Bismarck hatte Preußens Demokraten an Bescheidenheit gewöhnt.

Bei der Kaiserproklamation im Spiegelsaal zu Versailles – als ob man dergleichen pomphaftes Brimborium nicht besser zu Hause abmachte – am 18. Januar 1871, auf den Tag genau 170 Jahre, nachdem Friedrich I. Preußen zum Königreich erhöht hatte, durften sie denn auch schon wieder nicht mehr dabei sein. Dabei blieben die Fürsten, Generale und Minister unter sich. Volk war nicht erwünscht. Nein, das war keine »Krone von Bäckers und Metzgers Gnaden aus Dreck und Letten gebakken«. Und trotzdem hat Wilhelm sie und ihren Erfinder bis zuletzt verwünscht. »Morgen ist der unglücklichste Tag meines Lebens. Da tragen wir das preußische Königtum zu Grabe«, hat er weinend gesagt, als Bismarck ihn am Vortag endlich hatte, wo er ihn brauchte.

Zehn Tage später ist dann auch der Krieg, den das französische Kaiserreich dem Norddeutschen Bund erklärt hatte, mit einem Waffenstillstand zwischen der französischen Republik und dem Deutschen Reich beendet worden. Am 10. Mai wurde in Frankfurt Frieden geschlossen. Frankreich mußte Elsaß-Lothringen abtreten, das Bismarck gleich nach Beginn des Krieges als Siegespreis ausersehen hatte. Nicht so sehr aus schierer Begehrlichkeit und schon gar nicht aus nationaldeutschem Antrieb, sondern aus nüchternen militärischen Erwägungen. Elsaß-Lothringen sollte nicht länger als Ausfallstor für französische Truppen nach Süddeutschland herhalten können. Es war seit Ludwigs XIV. Zeiten ja wirklich oft genug und mit beängstigenden Folgen zu diesem Zweck benutzt worden. Zuletzt im Sommer 1870. Der Absicht nach zumindest. Es sollte künftighin im Gegenteil als territorialer Schild gegen Frankreichs Revanchebegier für Deutschland gute Dienste tun; ein »Bollwerk ... gegen die Eruptionen (sein), die seit 200 Jahren diese leidenschaftlich-kriegerische Völkerschaften« gen Deutschland getrieben haben, wie Bismarck später wohl gesagt hat.

Das war kein schlechthin unvernünftiges und auch kein unverständliches Motiv. Kurzsichtig war die Annexion trotzdem. Aus zwei Gründen: einem außenpolitischen und einem innenpolitischen. Sie hat die Revanchebegier, gegen die sie schützen sollte, unwägbar vergrößert. Frankreich und Deutschland haben über Elsaß-Lothringen bis zum Ersten Weltkrieg nicht miteinander zur Ruhe kommen können. Und die Elsässer und Lothringer wollten in ihrer Mehrheit Franzosen bleiben und keine Deutschen werden. Schwergemacht worden ist es ihnen mit einer Vielzahl von Ausnahmegesetzen außerdem. So hat der National-staat das Nationalitätenproblem, das er mit den ostelbischen Polen und den schleswigschen Dänen gleichsam in der Erbmasse hatte, durch einen Geburtsfehler noch verschärft.

Bismarck in der Pose des Reichsgründers: Kaiserproklamation in Versailles am 18. Januar 1871 ...

... und des Friedensfürsten: Berliner Kongreß 1878

7. Kapitel:
Preußen im Kaiserreich

Aber das gehört zur Geschichte des deutschen Kaiserreichs, die nicht unsere Geschichte ist. Unsere Geschichte ist die Geschichte Preußens. Und die ist 1871 nicht zu Ende und seitdem auch nicht mit der Geschichte des Kaiserreichs identisch gewesen. Preußen ist durch die Reichsgründung ja nicht schlechterdings in Deutschland aufgegangen, sondern ein eigenständiger Staat geblieben. Mit eigenständigen politisch-administrativen Befugnissen, eigener, unveränderter Verfassung und einer ihm höchst eigentümlichen Wirtschafts- und Sozialstruktur. Und mit eigenen Staatsbürgern. Denn »Deutscher« war einer im Kaiserreich ja allenfalls dem Willen und Gemüte nach. Dem Paß und Recht nach blieb er Preuße, Bayer, Schwarzburg-Sondershausener oder was es der überkommenen Staatlichkeiten und Skurrilitäten in Reich und Nation da mehr gab.

Preußens Dasein oder Wegsein im Reich

Daß Preußen sein Gesicht, seinen Charakter und seine Beweglichkeit als politisch-soziale Einheit behalte, dafür hat Bismarck beim institutionellen Ausbau des mehr erlittenen als erstrebten Nationalstaats schon gesorgt. Mehr noch: er hat sich überdies dafür zu sorgen angestrengt, daß möglichst viel von Preußens Sein und Streben fernerhin Deutschlands Sein und Streben sei.

»Die Form«, so hat er 1869 wohl gesagt, »in welcher der König (von Preußen) die Herrschaft in Deutschland übt, hat mir niemals eine besondere Wichtigkeit gehabt; an die Tatsache, daß er sie übt, habe ich alle Kraft meines Strebens gesetzt, die mir Gott gegeben«.

Nun ja – »der König«: das muß man nicht gleich ganz und gar beim Wort nehmen. Der König hat bekanntlich einmal geseufzt, daß es wahrlich kein einfach Ding sei, unter Bismarck König und Kaiser zu sein. Aber gleichviel, ob nun durch Preußens König oder durch Preußens Bismarck, in preußischem Sinn und im preußischen Interesse jedenfalls sollte die Herrschaft in Deutschland geübt werden. Und so ist sie denn auch geübt worden. Solange Bismarck am Ruder war, konnte daran gar kein Zweifel sein.

Und danach? Danach kam die unselige »Weltpolitik«: die Schlachtflotte, der »Platz an der Sonne«, kamen die hektischen Aktivitäten und – fast schlimmer noch – die peinlichen Reden seiner kaiserlichen Majestät Wilhelms II.

Alles im Namen von Reich und Nation und nicht im Namen Preußens. Nur, deshalb auch so ganz und gar unpreußisch, ja, preußischen Traditionen und preußischen Interessen geradewegs zuwider, wie Sebastian Haffner nachdrücklich gemeint hat? Weil Bismarck einst gesagt hat, daß Deutschland, aber natürlich gemeint hat, daß *Preußen* ein saturierter Staat sei, und Bismarck die Interessen Preußens doch am besten kennen mußte. Das mochte wohl sein. Nun waren das die Interessen Preußens zu seiner Zeit und wie er sie prägte. Zeiten aber ändern sich. Und selten haben sie sich so rasch, so durchgreifend geändert, wie zwischen Reichsgründung und Erstem Weltkrieg. 1870 war Preußen trotz aller Industrialisierung noch immer ein Agrarstaat in einem delikat austarierten System vorrangig europäisch interessierter Mächte, deren zwei, England und Frankreich nämlich, überdies mehr oder weniger nachdrücklich und erfolgreich kolonialen Gedanken und Bestrebungen nachhingen und nachgingen. Es war ihnen neidlos gegönnt. Um die Jahrhundertwende schon und vollends 10 Jahre später war Preußen Industriemacht – nächst England die größte, vor England die dynamischste in Europa – und versetzt in eine Staatenwelt, deren Leitmotiv »Imperialismus« hieß und in der niemand irgend jemand irgend etwas gönnte. Und neidlos schon gar nicht. Beides wäre nicht anders gewesen, wenn Preußen neuerdings nicht unter nationaldeutscher Flagge gesegelt wäre. Wie sollte man denn glauben dürfen, daß es sich dennoch ganz anders als das Reich verhalten hätte: preußisch-traditionell, selbstgenügsam und rechtschaffen? Dieses Preußen, das nie hatte ertragen können, ein Stern zweiter Ordnung zu sein; das – solange es um Macht und Größe in Europa ging – stets und unverdrossen, auch auf Gefahr, eins draufzubekommen, den behelmten Kopf vorgestreckt und die vorlaute Stimme erhoben hatte: nichts da, ich will auch mittun! – dieses Preußen hätte nun, da den anderen Europa als Spielfeld ihres Macht-, Einfluß- und Gewinnstrebens nicht mehr reichte, sanftmütig und bescheiden abseits stehen sollen? Weil seiner Tradition Imperialismus nicht gemäß war! Die Vorstellung fällt schwer und wirkt befremdlich. Der Imperialismus jener bewegten 20 Jahre vor dem Ersten Weltkrieg war keinerlei staatlicher Tradition gemäß; konnte gar keiner staatlichen Tradition gemäß sein, weil er eine ganz neuzeitlich-eigentümliche Erscheinung war. Es war ja nicht etwa so, daß der Imperialismus wenig anderes als ausufernder Nationalismus war und den Nationalstaat deshalb zur Voraussetzung hatte. Der Nationalismus war nur seine grelle Hülle, populäre Schaumünze und enthusiasmierende Legitimation. In seinem Kern war der Imperialismus staatliche Machtentfaltung, teils aus wirtschaftlichem Interesse, teils um ihrer selbst willen. Und dergleichen war so unpreußisch nun wirklich nicht.

Kurzum, eins stimmt so wenig wie das andere. Das deutsche Reich nach Bismarck trieb Weltmachtpolitik nicht, weil es unter Preußens Fuchtel stand und trieb nicht Weltmachtpolitik, weil Preußen nichts mehr in ihm zu sagen hatte. Es trieb Weltmachtpolitik, weil Weltmachtpolitik damals in allen großen Industriestaaten an der Tagesordnung und das deutsche Reich ein großer Industriestaat war. Der aber wäre Preußen ohne Rest-Deutschland und wäre ein parlamentarisch regiertes Deutschland, das weniger unter Preußens Fuchtel gestanden hätte, ebenfalls gewesen. Preußen anzuschwärzen und Preußen weißzuwaschen – der historischen Wirklichkeit hilft beides nicht auf die Sprünge.

So wenig, wie das längliche Raisonnement die Frage beantwortet hat, ob Politik im Reich auch nach Bismarcks Abgang noch in preußischem Geist und Interesse betrieben worden sei. Und wohl gar nicht beantworten konnte. Geist und politische Interessen von Staaten sind wandelbar, flüssig und flüchtig und nehmen vorübergehende Gestalt nur in den Sätzen und Handlungen ihrer leitenden Frauen und Männer an. Nach 1871 ist in Sachen internationaler Politik aber nicht mehr in Preußens Namen gesprochen und gehandelt worden, weil es Preußen im Staatensystem schlechterdings nicht mehr gab. Darum läßt man preußischen Geist und preußische Interessen in diesem Zusammenhang am besten aus dem Spiel. Es liefe anders auf Beliebigkeit hinaus. Und wichtig sind sie allenfalls auch nur für deutungssüchtige Historiker. Für die Masse der Zeitgenossen war völlig belanglos, ob der deutsche Drang zum Platz an der afrikanischen und asiatischen Sonne preußischer Tradition geschuldet oder zuwider war. Sie dürften keinen Gedanken daran verschwendet haben. Für die Masse der Zeitgenossen war sogar belanglos, ob Deutschland überhaupt zu irgendwelchen Sonnen drängte. Drang oder Nichtdrang – es wirkte auf ihr Tun und Lassen, Erdulden und Befinden nicht. Wohl aber wirkte darauf, was im Inneren geschah und unterblieb. Ob Preußen in Fragen der Wirtschafts- und Sozialpolitik, der Rechts- und Verwaltungsordnung, des Militär- und Bildungswesens, des polizeilichen Machtgebrauchs und der Herrschaftsformen Deutschland den Stempel aufdrückte oder von Deutschland den Stempel aufgedrückt bekam: *das* zählte. Für die 60 % nationalstaatlicher Neu-Deutscher, die zuerst und vor allem Preußen waren und blieben, mehr und unvermittelter als für den Rest, weil ein ausgedehntes Maß politisch-sozialer Gestaltung Ländersache blieb. Aber auch, und nicht nur beiläufig für den Rest, weil vieles neuerdings für's ganze Reich entschieden wurde.

Und natürlich hat sich Preußen von Deutschland *nicht* den Stempel aufdrücken lassen. Hat Deutschland freilich auch nicht schlechthin borussifiziert. So einfach geht so was ja nicht, und warum hätte Preußen sollen? Es hat darauf gesehen, daß es seine Eigenart bewahrte, soweit das ging, und daß in Deutschland nichts geschah, was es nicht wollte. Preußen und Deutschland, hat Friedrich Meinecke sehr hübsch gesagt, »haben sich miteinander eingeschüttelt«. Man möchte hinzufügen: und dabei ist, was preußisch war, zumeist obenauf zu liegen gekommen. Dank Bismarcks ingeniöser Reichsverfassung, die wahrlich kein Dokument schöpferisch-entwicklungsfähiger Staatenbildung war. Und wie denn auch, da der Staatenbildner das Staatsgebilde, dem die Verfassung galt, so wenig gewollt hatte? Kein weitschauender, großzügiger, zukunftsgewisser Entwurf war das, sondern ein engherzig ausgeklügeltes, rückwärtsgewendetes Instrument des Widerstands und der Beharrung. Ein Damm gegen Parlamentseinfluß und Volksherrschaft und zur Sicherung preußischer Dominanz vor allem. So hat es weit über Bismarck hinaus fabelhaft-unerquickliche Dienste geleistet.

Preußens Vorherrschaft im Reich

Daß Volk und Parlament in der Verfassung zwar ehren- und rücksichtsvoll bedacht werden, im politischen Leben dann aber keine irgend merklich mitbestimmende Rolle spielen sollten, war von Anbeginn ausgemachte Sache gewesen. Bedacht werden mußten sie, weil Bismarck die nationalen Liberalen vorübergehend brauchte. Denn die Mehrheit seiner altpreußisch-konservativen Gesinnungsgenossen grollte ihm vorderhand. Die Junker wollten keinen deutschen Nationalstaat, wollten ihn sowenig wie ihr König und wollten ihn schon gar nicht, wenn dafür ein paar wohllegitimierte Fürstlichkeiten über die Klinge springen mußten. Sie machten bei seiner Gründung nicht mit. Darum mußten die Liberalen her. Natürlich hätte man die Verfassung für das neue Deutschland auch kurzweg dekretieren können, wie weiland König Friedrich-Wilhelm IV. eine Verfassung für das alte Preußen dekretiert hatte. Dafür war auch vorgesorgt. Falls die Liberalen auf gar zu anmaßenden Forderungen beharren würden, sollte Norddeutschland schnellfertig und ohne weiteres Hin und Her als Fürstenbündnis mit oktroyierter Verfassung ins Leben treten. So hatte es Bismarck am 19. Februar 1867 insgeheim mit den Bundesfürsten abgesprochen. Denen wäre das ohnedies und von vornherein am liebsten gewesen. Bismarck aber mochte das populäre Unterfutter ungern missen, wenn es billig zu haben war. Und im Moment *war* es billig zu haben. Nicht, daß die Liberalen all ihre hergebrachten Glaubenssätze, Wünsche, Ideale blindlings über Bord und sich der Macht, die sie zuvor bekämpft, nach dem unverhofften Erfolg anbiedernd-dienerisch zu Füßen geworfen hätten. Dergleichen pharisäerhafte Sprüche treffen's nie. Nein, nicht moralischer Zerfall und schiere Machtanbetung ließ sie zu Willen sein, wohl aber resignierende Einsicht in die auf Dauer angelegte Schwäche der eigenen Stellung und der unbändige Drang, am Nationalstaat mitzuformen, wenn man sie denn ließ. Werde er auch, wie er wolle: er konnte ja nur besser werden, wenn sie Hand anlegten, statt nutzlos, im Schutze unvermischter Ideale, abseits zu stehen. So mochten sie sich zum Gefallen und zur Rechtfertigung wohl denken. Und schlecht ließ sich die Sache ja auch gar nicht an. Immerhin war der Norddeutsche Reichstag, der die Verfassungsvorlage beraten und verabschieden sollte, nach dem lange geforderten allgemeinen, gleichen, freien und geheimen Wahlrecht gewählt worden. Und die kommenden Reichstage, das stand fest, sollten auch so gewählt werden. Was verschlug's, daß Bismarck ihnen das demokratische Wahlrecht mit dem hintersinnigen Gedanken dargereicht hatte, daß es dank der abhängig-beeinflußbaren ländlichen Wählermassen in Ostelbien auf längere Sicht wohl doch eher zu stattlich-stabilen konservativen als zu liberalen Mehrheiten führen möchte. Sie kannten den Gedanken nicht. Und wenn sie ihn gekannt hätten, hätten sie ihn nicht geglaubt. Falsch war er außerdem.

Freilich, das Wahlrecht blieb schließlich das Beste am Reichstag und in der ganzen Verfassung. Und deshalb war das Beste nicht sonderlich gut, weil nicht sonderlich nutz- und wirkungsvoll. Alle Bestrebungen der liberalen Abgeordneten, die es nutz- und wirkungsvoll hätten machen sollen, erschöpften sich an Bismarcks kategorischem Nein. Die wichtigste vor allem: die Ministerverantwortlichkeit – will sagen, das Recht des Parlaments, über Ernennung und Entlassung der Regierung zu befinden. Da hätte Preußens König ja ebenso gut gleich abdanken und die Macht in die Hände einer Volksvertretung legen können. Von nichts anderem war er mehr entfernt. Im Gegenteil: Bismarcks ganzes Sinnen und Trachten war ja doch darauf gerichtet, Preußens König die Macht nicht nur ungeschmälert zu erhalten, sondern sie ungeschmälert über den ganzen Bund zu erstrecken. Rechtes staatliches Eigenleben sollte dem Bund und später dann dem Reich nach Möglichkeit gar nicht eingeboren werden, und parlamentarisch-demokratisch geartetes Eigenleben nun ganz gewiß nicht. Deshalb bekam der demokratisch gewählte Reichstag um keinen Deut mehr Rechte und Kompetenzen eingeräumt als der preußische Dreiklassen-Landtag. Eher weniger. Denn das grundsätzliche Recht, die Staatsausgaben zu bewilligen oder zu verweigern, verglimmte gleichsam in der aufgenötigten Praxis, die Ausgaben für das Heer nicht Jahr um Jahr, sondern nur alle sieben Jahre auf weitere sieben Jahre zu gewähren. Der Heeresetat machte neun Zehntel des gesamten Reichsetats aus, seine parlamentarische Beratung neun Zehntel der parlamentarischen Kontrollmöglichkeiten.

Das war nach Wunsch gelungen. Das andere Recht des konstitutionellen Parlaments blieb dagegen unbeschnitten. Viel zu beschneiden war daran auch nicht. Der Reichstag wirkte bei der Gesetzgebung mit. Nicht etwa gleichberechtigt. Er mußte Gesetzvorlagen zustimmen, damit sie gültiges Recht werden konnten. Selbst Gesetze entwerfen durfte er nicht. Das heißt: entwerfen konnte er natürlich immerhin. Nur auch beraten durfte er nicht ohne weiteres darüber. Ja-Sagen und verhindern, das konnte die Volksvertretung, politisch gestalten, das konnte sie nicht. Davor war der Bundesrat. Der allein hatte nämlich das Recht zur Gesetzesinitiative.

Der Bundesrat war ja überhaupt vor dem meisten. Deshalb war er geschaffen worden. Nicht einmal vor allem dazu, dem Parlament die Rechte zu verkümmern. Das hätten Monarch und Regierung nach alter konstitutioneller Übung auch ohne ihn gekonnt. Dazu hätte es freilich eine Reichsregierung geben müssen. Eine Reichsregierung mit einer umfangreichen Reichsbeamtenschaft und zunehmendem Reichsegoismus. Die hätte bald nur noch Reich und keine Länder mehr gekannt. Zuviel Reich aber sollte nicht sein in Bismarcks Deutschland. *Davor* vor allem sollte der Bundesrat sein. Und deshalb auch *nicht Reichs*rat heißen.

Was und wer dies fabulöse Wesen um Himmels willen denn nun war? Alles war's im deutschen Reich – und nichts. Das ginge nicht zusammen?! Im Deutschland nach Bismarcks Bilde schon.

Der Bundesrat war das föderative Element im Institutionengefüge des Reichs. 58 Delegierte der 25 Länderregierungen saßen und delibrierten darin.

Der Bundesrat ersetzte die Reichsregierung.

Der Bundesrat war die letztentscheidende Instanz bei der Reichsgesetzgebung; Legislative und Exekutive in einem.

Und der Bundesrat war ein Ding von unsäglicher Bedeutungslosigkeit. Dazu war er von Anbeginn bestimmt, und nur weil er dazu bestimmt war, hatte Bismarck ihm all die ausgedehnten Kompetenzen aufgeladen. Doch nicht etwa, um die Bundesstaaten zur selbständig-maßgeblichen, gleichbefugten Gestaltung der deutschen Politik zu ermuntern und ermächtigen. Sondern um Preußens Vorherrschaft und Führung im deutschen Reich geschmackvoll zu drapieren.

Gewiß war der Bundesrat dem Namen nach »das föderative Element im Institutionengefüge des Reiches«. Der Sache nach war er der *Hort* der preußischen *Hegemonie*. Zwar stellte Preußen nur 17 der 58 Mitglieder. Aber es hat nie Schwierigkeiten gemacht, soviel Klein- und Kleinststaaten aus Nord- und Mitteldeutschland zu bewegen, mit Preußen zu stimmen, daß solide preußische Mehrheiten zustandekamen. Die fünf »Großen« im Bunde – Bayern, Sachsen, Württemberg, Baden und Hessen –, mit denen Preußen nicht nach Belieben umspringen konnte, hatten zusammen im Rat ja auch nur 20 Stimmen, die im übrigen selten unisono tönten. Mit Hilfe anderer *über*tönt haben sie Preußens Stimme nie.

Gewiß »ersetzte der Bundesrat« dem Namen nach »die Reichsregierung«. Der Sache nach *verklärte* er, daß *Deutschland vornehmlich von der preußischen Bürokratie verwaltet* wurde. Er selbst hatte ja keinen Verwaltungsapparat. Einen Vorsitzenden hatte er. Der hieß Reichskanzler, wurde vom preußischen König und deutschen Kaiser in unbeschränkter Machtvollkommenheit ernannt und war stets zugleich preußischer Außenminister und mit zwei ganz kurzen Unterbrechungen auch preußischer Ministerpräsident. Er besorgte die laufenden Geschäfte. Zunächst nur mit Hilfe eines nicht eben großen Reichskanzleramts. Als das dann auf die Länge doch nicht ging, wurden nach und nach Staatssekretäre mit eigenständigen Geschäftsbereichen ernannt. Damit die nun nicht der Gefahr erlagen, allzu ausufernden Reichspatriotismus zu entwickeln, wurden sie gewöhnlich alle miteinander über kurz oder lang auch zu preußischen Ministern ohne Portefeuille befördert und zu preußischen Bevollmächtigten zum Bundesrat bestimmt.

Ja, *befördert*! Denn was schon war Reichsstaatssekretär? Aber preußischer Minister! Als der Admiral und Reichsmarinesekretär von Tirpitz im Jahre 1898 unter Schmerzen des Kaisers liebstes Kind geboren hatte, die kaiserliche Flotte, und als Majestät vor Huld sich kaum zu lassen wußte, da hat sie Tirpitz zum königlich preußischen Minister erhöht.

Kurz, aber noch nicht notwendigerweise schlecht: die Reichsleitung war und wurde wenig mehr als ein »Reichsausschuß« der preußischen Regierung. Und machte den Bundesrat – dennoch oder deshalb, gleichviel! – zunehmend überflüssig.

Denn: gewiß war der Bundesrat dem Namen nach »die letztentscheidende Instanz bei der Reichsgesetzgebung«. Der Sache nach war freilich alles schon entschieden, wenn es als Vorlage der Reichsleitung auf den Tisch des Bundesrats kam, damit es debattiert und an den Reichstag weitergeleitet werde. Dabei war es gar nicht so, daß Preußen schlechterdings diktierte. Das tat es wohl auch, wenn ihm etwas als ganz besonders dringlich galt. Meist aber war es so, daß Preußen zuvor auf dem »kleinen informellen Dienstweg« die Staatsregierungen der größeren Länder, jede hübsch für sich, damit sie sich nur ja über eine gemeinsame antipreußische Linie nicht schlüssig werden konnten, bereits beredet und bedroht, belehrt und bekehrt hatte. Alsbald sind die Staatsminister aus dem Süden und aus Sachsen gar nicht mehr im Bundesrat erschienen. Der vorsitzende Reichskanzler pflegte ohnedies davon abzusehen. Es wäre für alle miteinander verlorene Zeit und Mühe gewesen.

Mit all dem ist fürs erste freilich *eines* nur gesagt: Preußen bestimmte nicht immer reibungslos, wohl aber durchschlagskräftig die Innenpolitik im Deutschen Reich. Mit all dem ist noch *nicht* gesagt, ob das dem Reich und seinem Volk zum Übel oder Wohl gereichte. Darüber überzeugend zu befinden, fällt auch schwer. Viel schwerer jedenfalls, als schnellfertige Verdikte über das »großpreußische Deutschland« zu kaiserlichen Zeiten, deren derzeit zwölf auf's Dutzend so überaus billig zu haben sind, aufdringlich glauben machen möchten. Man müßte dazu ja doch viel genauer wissen, als man weiß, was ein Reichstag, der zwar gestaltungsfähig und entscheidungsbefugt, aber gewiß von gleich tiefen parteipolitischen Gegensätzen, von gleich großer Unlust und Unfähigkeit zum einsichtig-verantwortungsvollen Kompromiß und deshalb von gleich schweren Problemen der Mehrheitsbildung gezeichnet gewesen wäre, hätte reformerisch-neuschaffend in Angriff nehmen und zu weitsichtig-harmonischen Lösungen führen können; was ein Bundesrat, der in Wirklichkeit gewesen wäre, was er nach seinem Anspruch sein sollte, dem Reich an wohltuend fortwirkenden Impulsen eingegeben; was eine Reichsregierung, die aus eigenem Vermögen hätte sein und schaffen dürfen, statt Lebensluft und Schaffenskraft nur aus der preußischen Ministerialbürokratie zu saugen, bewirkt, verhindert und gewandelt hätte. Man weiß es nicht, man wird es nie erfahren und muß sich mit dem Bemühen begnügen, das Gute und Bekömmliche, das im Reich durch Preußens Streben oder Dulden geschah, gegen das Ungute und Verderbliche aufzuwiegen, das seiner Herrschsucht, seinem Kampf- und Unterdrückungseifer, das altpreußischer Beharrung und neupreußischer Indolenz geschuldet war.

Das Unerquickliche liegt schwerer in der Waagschale, der Zeiger schlägt zum Bösen und Bedenklichen hin aus. Ein nachdrücklicher Hand zu verfolgungswütiger, preußisch inspirierter und exekutierter Unduldsamkeit durchzog die Politik im Reich: erst und vorübergehend im Namen der Kultur gegen die Katholiken, dann fort und fort im Namen des inneren Friedens gegen die Arbeiterbewegung, von Anfang bis Ende und ohne Unterlaß im Namen des Volks und der Nation gegen Polen, Dänen und Franzosen, die zuallerletzt dafür konnten, daß sie Preußen-Deutsche sein mußten. Ein kräftig-düsterer Zug engherzig-preußischen Staats- und widerwärtig darein vermengten junkerlichen Besitzegoismus' färbte und entstellte die Wirtschafts- und Sozialpolitik. Ein aufdringlich-ausgreifender Drang der preußischen Armee, zu Maß und Wert des bürgerlichen Denkens, Seins und Strebens und zum Springquell des staatlichen Selbstverständnisses und Entscheidens zu werden, verdarb Moral und Sitten und untergrub die Würde des politischen Geschäfts. Wohl möglich, daß mancherlei davon so grell und schroff, gar überhaupt nur in Erscheinung trat, weil Preußen außer Preußen neuerdings auch behauptungs- und beharrungswillige Vor- und Führungsmacht im deutschen Nationalstaat sein mußte. Wohl möglich. Darum aber nicht weniger Teil der *preußischen* Geschichte.

... gegen die Katholiken

Ob zum Beispiel der abgrundtief dumm-bösartige Kulturkampf auch in einem nicht-nationalstaatlichen Preußen gekämpft worden wäre, steht dahin. Fest steht, daß er im Nationalstaat von Preußen und von niemand sonst vom Zaun gebrochen, verbitternd geführt und – demütigend verloren worden ist. Wie *alle* verloren wurden, diese preußisch-innerdeutschen Kämpfe. Auch der Kampf gegen die völkischen Minderheiten, der von Anbeginn mit dem Kulturkampf inniglich verquickt war.

Denn so sehr es Bismarck erzürnt haben mag, daß die katholischen Kirchenbehörden in Preußen sich 1871 zu dem ernsthaften Begehren verstiegen, alle Theologieprofessoren, Religionslehrer und Militärgeistliche, die sich nicht zum jüngst ergangenen Unfehlbarkeitsdogma bekennen mochten, ihrer staatlichen Ämter zu entsetzen, – wichtig genug, um Anlaß für einen Kirchenkampf zu sein, war es denn doch nicht. Als Vorwand kam es aber gerade recht. Viel wichtiger nämlich war, daß ihm der katholische Klerus und die geistliche Schulaufsicht in den polnischen Gebieten Preußens mehr für die Pflege polnischer Tradition, Sprache und Kultur, als für die Pflege preußischen Staatsbewußtseins zu tun schienen. Der Schein trog sicher nicht. Es konnte ja gar nicht anders sein und war auch recht und wohlgetan. Bismarck aber schickte sich nun an, den unbedeutenden Zwist mit der klerikalen Bürokratie und den aggressiven Ärger seiner nationalliberalen Verlegenheits-Verbündeten über den enzyklikakundigen päpstlichen Eifer wider alles liberale Tun und Trachten dazu zu nutzen, das freundlich-lästige Treiben zu beenden. Zunächst wurde die katholische Abteilung im preußischen Kultusministerium und damit die amtliche Vertretung katholischer Interessen im preußischen Staat beseitigt, dann der stockkonservative, nachsichtig-ausgleichende Kultusminister Mühler durch den liberal-fortschrittlichen, kampffreudigen Adalbert Falk ersetzt, und dann ging's los. Und was an Bleibendem dabei herauskam, war im Prinzip und gutenteils so übel gar nicht. Im Gegenteil: die staatliche Schulaufsicht, die obligatorische Zivilehe und die Einrichtung von Standesämtern waren Dinge, die modern und überfällig waren. Nur wird das Gute, Zukunftweisende, wie oftmals noch, verdüstert von der Abscheulichkeit der Absichten, die ihm zugrundelagen, der Umstände, die ihm zum Sein verhalfen und der Begleiterscheinungen, die an ihm hafteten. Sie haben Verbitterung und Mißtrauen geschaffen, die im Kaiserreich nicht mehr verwunden worden sind.

Es begann mit dem preußischen Schulaufsichtsgesetz vom März 1872, das die althergebrachte geistliche Orts- und Kreisschulinspektion beseitigte, natürlich auch die staatskirchlich-evangelische. Darüber haben sich die kirchenfrommen Altkonservativen in Ostelbien aufs äußerste erbost. Da Bismarck mit denen vorderhand aber ohnedies auf dem Kriegsfuß stand, kam es darauf wenig an. Er hat es leichthin in Kauf genommen. Seinen schönsten und gemeinsten Ertrag versprach das Schulaufsichtsgesetz freilich erst im Verein mit der Verordnung aus dem Jahre 1873, daß in preußischen Volksschulen nur noch deutsch geredet werden dürfe. Da wußte schließlich jeder, der es wissen wollte, daß vor den Katholiken noch die Polen gemeint gewesen waren. Die Katholiken freilich auch und nicht nur nebenher. Sie merkten das rasch, gründlich und immer gründlicher. Wen Bismarck einmal angenommen hatte, den ließ er nicht so bald wieder aus. Nachdem er ihr die Schulaufsicht entwunden hatte, begab er sich daran, der katholischen Kirche, gerade umgekehrt, eine Staatskontrolle aufzuzwingen. Zu diesem Zweck mußte sogar die preußische Verfassung geändert werden. Sie wurde geändert. Und dann der Zugang zum geistlichen Amt von einem *preußischen* Examen in *deutscher* Kultur und dem Einspruchsrecht eines preußischen Oberpräsidenten verstellt. Dazu kam die Zivilehe und kamen an kirchenstatt die staatlichen Standesämter.

Nun konnte man das alles mit liberaler Hilfe ohne weiteres dekretieren. Damit es wirkte, mußte der katholische Klerus sich freilich darein schicken. Der dachte nicht daran. Der widerstand. Passiv zwar nur, und wie auch anders, aber mit der aufopfernd-entschiedenen Unterstützung der gesamten katholischen Bevölkerung und deshalb mit nachdrücklichem Erfolg. Nie zuvor und später nie ist jemand Bismarck *so* gewachsen gewesen wie der politisch und kirchlich organisierte Katholizismus. Im Frühjahr 1874 schon waren fragwürdige, aber rechtlich immerhin vertretbare Attacken auf Institutionen und hergebrachte Rechte zur stumpfen Waffe und Preußen als Gefechtsfeld zu eng geworden. Der Angriff wurde personifiziert, geriet jenseits der Grenzen der Rechtsstaatlichkeit und nach Bismarcks Wunsch und Wille über Preußen hinaus ins Reich. Im Mai 1874 machten Reichstag und Bundesrat einen preußischen Entwurf zum Gesetz, das ermöglichte, Geistliche gleichsam unter Ortsarrest zu stellen oder schlankweg auszuweisen. Preußen machte umgehend, kräftig und um so lieber von der Möglichkeit Gebrauch, als ein preußisches Gesetz den wackren Falck zugleich ermächtigt hatte, wegen bestrafter Unbotmäßigkeit verwaisten Bistümern Staatskommissare vorzusetzen. Zwei Jahre später waren die preußisch-katholischen Bischöfe ausnahmslos und ein Viertel der preußisch-katholischen Pfarrer verhaftet oder ausgewiesen und der katholischen Kirche die staatlichen Zuwendungen gesperrt worden. Klösterliche Orden hatten kein Daseinsrecht auf preußischem Boden mehr.

Und der »Erfolg« von all dem aufgeregt maß- und ziellosen Treiben? Null und nichtig! Das Kirchenvolk schloß die Reihen, hielt den drangsalierten, kujonierten Bischöfen und Pfarrern fest und treu die Stange und wurde politisch mobil. 1871 hatte das Zentrum 58 (= 15 %) Abgeordnete in den Reichstag gebracht, 1874 brachte es 91 (= 21 %) rein. Seitdem niemals mehr weniger, bald vielmehr über 100. Was Bismarck in seiner Verblendung glaubte, mit dem unseligen Kirchenkampf vernichten zu müssen, das hatte er so richtig erst zum Leben erweckt: den organisierten Katholizismus als politische Potenz. Soweit Parteien im preußisch-deutschen Konstitutionalismus Potenzen sein konnten.

Bismarck hat den Un- und Widersinn seines Tuns um 1875/76 eingesehen. »Der Mißgriff«, schrieb er später in ›Gedanken und Erinnerungen‹, »wurde mir klar an dem Bilde ehrlicher, aber ungeschickter preußischer Gendarmen, die mit Sporen und Schleppsäbel gewandten und leichtfüßigen Priestern durch Hinterthüren und Schlafzimmern nachsetzten«. Er war wohl auch am Ende seines Rats und überdies den unwahrhaftigen Pakt mit dem Liberalismus leid. Der politische Glaubenskrieg wurde stillgestellt. Und als bald darauf auch der neue Papst Miene machte, die Dinge einvernehmlich wieder ins Reine zu bringen, wurde die fatale Angelegenheit allmählich und ohne Aufhebens liquidiert: erst bekam die katholische Kirche ihre staatlichen Zuschüsse wieder, dann kehrten die davongejagten Bischöfe zurück und verschwand dafür das Kulturexamen, durften Ordensklöster wieder sein und entschlug sich der Staat der angemaßten Disziplinargewalt über Geistliche. Bismarck bekam zum Dank und Ansporn den päpstlichen Christusorden. Das war am 31. Dezember 1885 – und Bismarck eben damit fertig, rund 30000 Polen aus dem Land zu treiben.

... gegen die Polen

Das Kriegsbeil gegen die ethnischen und nationalen Minderheiten, in Sonderheit gegen die 2,5 Millionen Polen in Preußen, war mit dem Kriegsbeil gegen die Katholiken nicht auch begraben worden. Das war weiterhin zur Hand und in Gebrauch und wurde gerade zu einem neuen Streich geschärft.

Bis Mitte der 80er Jahre hatte die preußische Regierung es mit Hieben gegen den polnischen, dänischen und französischen Sprachgebrauch genug sein lassen. Und dennoch schon zuviel getan: denn es galt der Sprache ja nur vordergründig, im Kern galt es Kultur und nationaler Tradition, deren Dreh- und Angelpunkt die Sprache war.

Ab 1885 ließ sie es dann nicht mehr mit dergleichen vermittelten Angriffen auf die Existenz der Polen in Preußen sein Bewenden haben. Sie langte unmittelbar zu. Zunächst langte sie nach mehr als 30000 Wanderarbeitern ohne preußische Staatsangehörigkeit, die nach und nach, viele vor Jahrzehnten schon, ins ostelbische Land gerufen worden waren, damit sie billig, genügsam und gewinnfördernd wie sonst niemand, den Gutsherren die Getreideernte unter Dach und Fach brachten. Die hatten auf einmal zu verschwinden. Und zwar plötzlich, von jetzt auf gleich und daher unter Hinterlassung ihrer kümmerlichen Habe. Gesetzlos war das nicht, nur sittenlos und grausam. In der Amts- und Rechtssprache hieß es »Abschiebung lästiger Ausländer« und klang wie schierer Hohn; in der Wirklichkeit war es, als kämme Preußen sich Ungeziefer aus dem Pelz. Angewidert und rücksichtslos. Und genauso war es von Bismarck auch gedacht: »Wir wollen die fremden Polen los sein, weil wir an unseren eigenen genug haben«.

Und das war nur der Auftakt zu weiterem. Die üble Arbeit war noch nicht beendet, da erging 1886 ein Gesetz, das freundlich-friedvoll »Ansiedlungsgesetz« hieß und bösartig-kämpferisch darauf aus war, den polnischen Landadel in Westpreußen und in Posen von Staats wegen um sein Land zu bringen und deutsche Bauern darauf anzusetzen: den Boden zu »germanisieren«. Neben dem am Ende doch vergebens attakkierten Klerus war der ländliche Adel die zweite Säule nationalpolnischen Denkens und Strebens. Und auch die ist von Bismarcks Schlägen kaum erschüttert worden. »Um's Land bringen« hieß ja nicht gleich: kurzweg enteignen. So heruntergekommen war die Rechtsstaatlichkeit in Preußen denn doch noch nicht. Es hieß vielmehr, verschuldete Gutsbesitzer mit Steuermitteln billig auszukaufen. Geschriebenem Recht nach war das schwerlich anfechtbar und an sich auch noch nicht unmoralisch, wenn – ja, wenn der aufgekaufte Boden, parzelliert und melioriert, an die orts- oder bezirksansässige polnische Bauern- und Landarbeiterschaft ausgetan worden wäre. Daß Polen von der Landvergabe ausdrücklich ausgeschlossen und deutsche Siedler von fern hergeholt wurden, um im westpreußisch-posenschen Diebsgebiet das Deutschtum zu stärken – *das* machte die Sache erst zum Bubenstück.

Zu einem freilich, das mißlang. Mit den Polen ging es wie mit den Katholiken. Der Angriff verband sie zu wehrhafter Brüderlichkeit. Die Polen organisierten sich zu Schutz und Pflege ihrer Sprache, Kultur und Tradition und zur Festigung ihrer wirtschaftlichen Substanz. Genossenschaften entstanden, die zunächst dazu bestimmt waren, Polenland in Polenhand zu halten, bald aber gut bestückt zum Gegenangriff bliesen. Nach 1896 ist mehr deutsch-beackerter Boden in polnischen Besitz übergegangen, als polnischer in deutschen, obwohl die Ansiedlungskommissionen bis zum Krieg mit beiläufig einer Milliarde Mark alimentiert wurden.

Wo das Geld geblieben ist? Nicht wenig in den Taschen deutscher Junker, die auch ihr Teil zur »Germanisierung« Westpreußens und Posens beitragen wollten und ihre bankerotten Güter deshalb entsagungsvoll und einkömmlich zum Kaufe boten. So war die Sache eigentlich nicht gedacht gewesen. Sie wurde aber gleichwohl so gemacht: einmal, weil es den Gutsherren wohl bekam, zum anderen, weil die Ansiedlungskommissionen trotz Mangels an polnischem Landerwerb ja etwas tun mußten, das ihrem Namen ähnlich sah. Bis 1906 sind 30 Millionen Mark staatliches Kaufgeld auf polnische und 220 Millionen auf deutsche Konten überwiesen worden.

Angesichts so geballter Unbill und solchen Mißgeschicks mußte man sich 1908 endlich doch zum Verfassungsbruch verstehen und das Ansiedlungsgesetz zum Enteignungsgesetz erweitern. Gebrauch ist freilich kaum mehr davon gemacht worden. Vielleicht aus Unbehagen nicht, vielleicht auch aus der Einsicht nicht, daß es ohnehin nichts nützte und nur teuer war. Das »polnische Gemeinwesen im preußischen Staat«, das ohne die diskriminierende Politik gar nie erstanden wäre, war durch nichts mehr aus der Welt zu schaffen. Soviel Land *konnte* gar nicht enteignet werden. Die Polen hatten gewonnen, den Kampf um den Boden, den Kampf um die Sprache, und in beiden ein nationaldemokratisch-kulturpolnisches Selbstbewußtsein, von dem sich 30 Jahre früher niemand hätte träumen lassen. Auch dort im übrigen, wo es nie eine »polnische Frage« gegeben hatte. In Oberschlesien z. B., wo 1898 noch niemand, 1907 aber knapp ein Drittel der Berechtigten nationalpolnische Reichstagskandidaten wählte.

Die letzte antipolnische Repressalie, die heuchlerisch im würdigen Gewand eines Gesetzes daherkam, und die erste, die Preußen dem Reich aufnötigte, war denn auch mehr schon als den Polen dem Dritten zugedacht, den Bismarck zum »Feind des Reichs« erkoren hat und der weit über seine Zeit hinaus preußisch bekämpft worden ist. Gemeint sind das Reichsvereinsgesetz von 1908, in dem im übrigen viel Gutes stand, und sein repressiver § 12. Der nämlich gebot den Gebrauch der deutschen Sprache bei allen öffentlichen Versammlungen, es sei denn, im Kreis waren mehr als 60 % fremdsprachiger Bevölkerung angesessen. Die Ausnahme hatten die Sozialdemokraten und das Zentrum im Reichstag durchgesetzt. Und sie nahm dem Paragraphen für die nationalpolnische Bewegung die spitzigsten Stacheln.

Der Arbeiterbewegung dagegen lag er dennoch schwer auf dem Gemüt. Denn er machte ihr die Organisation der Polen, die unterdessen zuhauf in die westlichen Industriegebiete geströmt waren, redlich sauer. Besonders im Ruhrgebiet, wo zu jener Zeit jeder vierte Bergmann Pole war. Das war der preußischen Regierung gerade recht. Nicht, daß jeder vierte Ruhrkumpel Pole war, sondern daß die Agitation und Organisation der sozialdemokratischen Gewerkschaften hinfort an Sprachbarrieren stieß. Denn das schwächte ihre Schlag- und Verhandlungskraft. Und was die Arbeiterbewegung schwächte, war der preußischen Regierung allemal lieb und teuer. Sie hat wenig Mühen gescheut, nachdrücklich dazu beizutragen; und wie nirgendwo sonst mit Druck und Drohung das Reich zu diesem Zwecke in die Pflicht genommen.

... gegen die Arbeiterbewegung

Das begann im Mai 1878. Und es begann mit Schüssen. Die sollten den alten Kaiser treffen, gingen vorbei und waren keiner sozialdemokratischen Pistole anzulasten. Sie konnten denn auch nicht als Grund, wohl aber als willkommener Anlaß für ein Ausnahmegesetz gegen die Sozialdemokraten herhalten, deren revolutionären Worten und feindseligen »Umtrieben« Bismarcks Unduldsamkeit und Herrschsucht lange schon und zuweilen tatkräftig gram war. Schnell war er bei der Hand und – man kann es kaum anders sagen: – holterdipolter ging's weiter. Am 11. Mai wurde geschossen und sich entschlossen, am 13. der zuständige Staatssekretär instruiert, daß der Reichstag jetzt zu einer antisozialistisch-repressiven Kundgebung genötigt werden müsse, am 16. das preußische Staatsministerium herrisch ersucht, nicht weiter entschlußlos über Verschärfung allgemeiner Strafgesetze zu delibrieren, sondern entscheidungsfroh und plötzlich eine Vorlage für Bundesrat und Reichstag zusammenzustücken, die den Sozialisten sofort ihre Zeitungen, Vereine und Versammlungen verbot und ihre »Angriffe auf die sittliche und rechtliche Ordnung« für alle Zeit unter die Schwere des Gesetzes stellte. So geschah es noch am gleichen Tage. Danach brauchte die preußische Regierung genau drei weitere Tage, um das Stückwerk, sagte der königlich-preußische Staatsminister Hobrecht, »mit äußerster Eile durch den Bundesrat zu drängen«. Am 20. ging es – mißmutig und hoffnungsfroh vom Bundesrat bestätigt – dem Reichstag zu. Am 24. wurde es vom Reichstag in der Luft zerfetzt. Die Hoffnung der Bundesratsmehrheit, die sich zu opponieren nicht getraut hatte, hatte nicht getrogen. Nur, jede stille Freude war verfrüht.

Bismarck hatte die Ablehnung einkalkuliert. Neuzeitliche Bismarck-Scholasten, die ihrem negativen Helden jede weitsichtig-abwegige Perfidie zutrauen, behaupten gar, daß er es auf nichts anderes abgesehen hätte, weil er Weiterreichendes ins Werk zu setzen plante: Reichstagsauflösung, Demütigung und Zersetzung der Liberalen, konservative Reaktion. Daß er auf derlei sann und spann, ist gar nicht zweifelhaft. Warum er aber zuversichtlich meinen sollte, daß ihn die Ablehnung der Vorlage dabei voranbrächte, ist schwerlich einzusehen. Er hätte denn ahnen müssen, daß keine zehn Tage später neuerlich auf den greisen Kaiser geschossen wurde, treffsicher und von einem gutbürgerlichen Wirrkopf, der wirklich sozialistische Gedanken unvergoren von sich gab.

»Dann lösen wir den Reichstag auf!« Das ist Bismarck tatsächlich vor allem anderen lautstark eingefallen, als ihm die Schändlichkeit im Wald vor Friedrichsruh berichtet wurde. Auch bevor er sich erkundigt hatte, ob sein königlicher Herr noch sei und wie's – gegebenenfalls – ihm gehe. Das spricht nicht eben für humanes Mitempfinden, aber desgleichen nicht für wohlgeplante Tücke. Es spricht für Bismarcks allfällig rücksichtslose Wendigkeit und für sonst nichts.

Natürlich hatte er sich mit der Ablehnung im Reichstag nicht geschlagen geben mögen. Wann je hätte er das ohne Not gemocht. Und natürlich war ihm spornstreichs klar, daß die Schüsse ein weithin hallendes Argument gegen das Parlament sein konnten, das ihm verwehrt hatte, die rote Rotte wirksam zu bekämpfen.

»Dann lösen wir den Reichstag auf!« – Das war schnell gesagt, doch schneller *nicht* getan. Denn es mußte durch den Bundesrat getan werden, und südlich des Mains wollte man nicht recht. Vor allem Baden wollte ganz und gar nicht. Da ließ Bismarck durch die preußischen Gesandten vorbeugend wissen, daß der Kaiser – wenn anders es nicht ginge – natürlich auch den Kriegszustand ausrufen könne und wohl müsse, wo immer im Gebiet des Reichs die öffentliche Ordnung bedroht und zu hegen sei; und daß – wenn gewisse Staatsregierungen Preußen in wichtigen Reichsangelegenheiten im Stich ließen – die Reichsverfassung doch wohl »fehlgegriffen habe und der Revision bedürftig sei«. Man verstand und faßte preußischen Tritt. Am 11. Juni 1878 wurde der Reichstag ohne Gegenstimme aufgelöst. Bismarck hatte sein geringschätziges Behagen: »Wenn ich nicht staatsstreichere, setze ich nichts durch«.

Am 30. Juli wurde ein neuer Reichstag gewählt. Im Wahlkampf – hat der liberale Demokrat, Literat und Politiker Ludwig Bamberger gesagt, der 1866/71 all sein nationales Hoffen und Streben auf Bismarck und Preußen konzentriert hatte – im Wahlkampf »koalierte Bismarcks Herrschsucht mit der Selbstsucht aller gemeinen Triebe«. Der Reichstag sah am Ende dementsprechend aus. Es hat dann allerdings doch noch einige Mühen gemacht, die neue Vorlage »gegen die gemeingefährlichen Bestrebungen der Sozialdemokratie«, die im preußischen Innenministerium mit mehr Zeit und Sorgfalt ausgearbeitet worden war als die letzte, durchzupauken. Aber Bismarck hat sich ihrer gern und ernsthaft unterzogen. Im Oktober hatte er eine stattliche konservativ-nationalliberale Mehrheit beisammen. Sie verfügte am 18. mit Gesetzeskraft, daß fortan alle sozialdemokratischen Vereine, Versammlungen und Druckerzeugnisse verboten und alle sozialdemokratischen Agitationen strafbar seien; daß Gastwirte, Drucker und Buchhändler, die im Sinne des Gesetzes schuldig würden, ihres Gewerbes verlustig gingen; daß schließlich über Orte und Bezirke, denen besondere sozialistische Gefahren dreuten, der »kleine Belagerungszustand« verhängt werden konnte: dann war gleich jegliche Versammlung untersagt, durften Druckschriften gar nicht mehr öffentlich unters Volk gebracht und unliebsame Genossen kurzweg aufgegriffen und ausgewiesen werden. Und wurden auch.

Die Sozialdemokraten und ihre Gewerkschaften haben mit dem Ausnahmegesetz leben oder an ihm sterben müssen. Sie haben schlecht, mühsam, untergründig und gefährdet, aber sie *haben* mit ihm gelebt. Zwölf Jahre lang. Bis 1890. Dann hatten sie es *über*lebt. Als mit Bismarck auch das schändliche Gesetz verschwand, erstand die Arbeiterbewegung wie Phönix aus der Asche. Was sie nicht untergekriegt hatte, hatte auch sie stärker gemacht. Im nächsten Vierteljahrhundert ist sie zur größten, zukunftsträchtigsten und – vorerst unterhalb der Ebene politischer Entscheidungen – wirkungsmächtigsten politisch-sozialen Gestaltungs- und Ordnungskraft im Deutschen Reich geworden.

Nicht, daß sie fürderhin von Staats und Amts wegen unbehelligt geblieben wäre. Da man sie im großen nicht vernichten konnte, fing man es nun im kleinen an. Preußen immer vorneweg. Zweimal noch hat man es mit Keulenschlägen versucht. Beide gingen daneben. Im Dezember 1894 mißlang der preußisch inspirierte Versuch, die Strafe für »Aufreizung zum Klassenhaß« und »Verunglimpfung des Staats« drastisch zu verschärfen und Angriffe auf die christlichen Lehren und kirchliche Praxis erstmals unter Strafe zu stellen, weil sich selbst staatsfromme Liberale die alte königlich-preußische Freiheit nicht verkümmern lassen mochten, soviele Sottisen gegen die Religion zu Markte zu bringen, als sie wollten. Und knapp fünf Jahre später verweigerte der Reichstag die Zustimmung zum preußisch gestützten kaiserlichen Begehren, »Koalitionszwang« mit Zuchthaus zu bestrafen.

Dabei hat sich die preußische Regierung freilich nicht beruhigt. Mit polizeistaatlichen Mitteln und Hilfe einer willigen, durch peinliche Ausleseverfahren und soziale Geringschätzung gebeugten Richterschaft hat sie in den nächsten anderthalb Jahrzehnten einen Grabenkrieg um den Grundsatz und die Praxis des Koalitionsrechts mit der Arbeiterbewegung geführt, den keiner gewann und der alle verbitterte. Das Recht der Arbeiter, »sich zum Zwecke besserer Lohn- und Arbeitsbedingungen zu vereinen«, wurde nicht weiter beschränkt, aber es wurde auch nicht als schutzwürdiges Grundrecht anerkannt. Fast schon gleichviel: beiläufig 40 Jahre Kampf, Haß und Unterdrückung hatten eine Mentalität des Unverständnisses, der Verachtung, des Mißtrauens und der Unduldsamkeit zu zähem Leben erweckt, dessen wieder ledig zu werden, noch einmal 40 Jahre kaum ausgereicht haben.

Preußens soziale Politik im Reich

Preußens Schuld an alledem wiegt schwer und wird nicht aufgewogen durch fortdauernd Gutes, das es auch gestiftet hat. Aber *daß* es Gutes gestiftet hat, muß unverkannt und unvergessen sein. Und die preußische Sozialpolitik für Deutschland *war* etwas Gutes. Vor allem die Sozialversicherungspolitik. Wenn sie primär auch schlechte Gründe hatte und lange völlig unzureichend blieb. Es ist schon wahr, den vielgewandten preußischen Minister für Handel und Gewerbe Otto von Bismarck trieb Menschenliebe nicht zu edlem Tun, als er seinen König und Herrn im Jahre 1881 als kaiserliche Botschaft sagen ließ, daß Wir nicht länger säumen werden,»dem Vaterland neue und dauernde Bürgschaften seines inneren Friedens und den Hilfsbedürftigen größere Sicherheit und Ergiebigkeit des Beistands, auf den sie Anspruch haben« zu verschaffen. Ihn trieb die Furcht und Hintersinn. Die Furcht um den gesicherten und unveränderten Bestand des Staates, der Hintersinn, mit milden Gaben aus Regierungshöhen die Arbeiter für den Staat zu interessieren und von der Sozialdemokratie und den Gewerkschaften zu trennen. Das ist ihm nicht gelungen.

Der Staat hielt trotzdem stand. Und die Sozialversicherung, die eigentlich gar keine *Sozial-*, sondern – Bismarcks Plan und Hoffnung angemessen – eine *Arbeiter*versicherung war, wurde sein schönstes, vielfältig imitiertes Aushängeschild. Bismarck allerdings hatte bald Lust und Interesse daran verloren, die preußischen Minister und Räte aber weitermachen lassen. Das ist der Grundlegung der Sozialversicherung zwischen 1883 und 1889 womöglich gut bekommen.

Wenn es nämlich völlig nach Bismarcks Willen gegangen wäre, dann wäre die Sozialversicherung ganz und gar im trügerischen Gewand staatlicher *Wohlfahrt* und Fürsorge aus einer staatlich dirigierten *Reichsanstalt* dahergekommen, die je nach Wohlverhalten und *Belie-*

Der »junge herrliche Kaiser« und der alte Mann und Mahner: Wilhelm II. und Bismarck in Friedrichsruh 1888

Der Alte aus dem Sachsenwald: Bismarck zum Versöhnungsbesuch beim Kaiser in Berlin am 26. Januar 1894

Ein Mann – zu gut für dieses Reich: Kanzler Leo von Caprivi

ben zahlen konnte oder nicht. Da es nicht völlig nach Bismarcks Willen ging, mußten die Versicherten zum guten Teile *selber zahlen*, wovon sie im Notfall zehren sollten, durften sie die Mittel dafür zum guten Teile auch *selbst verwalten* und erwarben sie ein *Anspruchsrecht* auf Leistung. So ist es bis heute geblieben. Wie der Versicherungs*zwang* geblieben ist und Erwerbsunfähigkeit als Grund der Leistung.

Zu vieler Segen nicht geblieben sind der dreifach enge Ansatz und die Unzulänglichkeit der Unterstützung. Eng war der Ansatz, weil die Sozialversicherung im Kaiserreich nur drei Leistungstatbestände kannte: Krankheit nämlich, Invalidität und Alter, nicht Arbeitslosigkeit, nicht Kinderreichtum oder Wohnungselend; weil sie anfangs und lange noch nur für die Industriearbeiterschaft gedacht und eingerichtet war; weil sie sich schließlich nur um den Arbeiter in Person, nicht auch um seine Familie bekümmerte: kein Krankengeld für Frauen oder Kinder, keine Witwen- oder Waisenrente. Der Weg zur Volks- und Familienversicherung war noch zu gehen.

Vor allen Dingen aber war zu Leistungen voranzuschreiten, die das Kennwort »Sicherung« verdienten. Im Kaiserreich konnte einer vom Empfangenen nicht leben und nicht sterben. Die Krankenkassen gewährten, neben freier ärztlicher Behandlung, höchstens 12,– Mark pro Woche als Krankengeld. Höchstens, nicht gewöhnlich. Um 1910 bekamen zwei Drittel der Versicherten immer noch weniger als 8,50 Mark. Damals konnte eine Familie von vier Personen mit 25,– Mark pro Woche notdürftig überstehen. Krankheit ging vorüber, Invalidität und Alter nicht. Und die Rente half kaum, besser damit fertigzuwerden. Die Altersrente war bis 1910 auf 166,– Mark pro Jahr im Durchschnitt, auf 230,– Mark im Höchstfall angewachsen. Davon konnte niemand existieren. Vielen war das freilich auch nicht angesonnen. Es war ja kein eben leichtes Kunststück, Altersrentner im Kaiserreich zu werden. Dazu mußte einer 20 Jahre eingezahlt haben und arbeitsam 70 Jahre alt geworden sein. Das brachten die wenigsten fertig; im ganzen großen Deutschen Reich hatten es z. B. 1913 kaum mehr als 100 000 geschafft. 1,1 Millionen dagegen bezogen im Durchschnitt 187,–, im Höchstfall 450,– Mark Invalidenrente. Nicht, daß es soviel leichter gewesen wäre, an dergleichen zu gelangen. Es mußte einen vielmehr schwer getroffen haben; so schwer, daß er nicht einmal mehr den dritten Teil vom Einkommen eines Gesunden zu erwerben kräftig und beweglich war. Und trotzdem war es viel wahrscheinlicher. Denn Industriearbeit in kaiserlichen Zeiten war eine gefahrvoll-verzehrende Plackerei.

Daran änderte auch die betuliche Arbeiterschutzpolitik nichts, die gar zu schonsam auf die Unternehmer Rücksicht nahm. Doch *was* zum Besseren sie veränderte, war wieder Preußen zu verdanken, das sich auf dem Gebiet ja doch auch manches schuldig war. 1853, in der Zeit der tiefsten Reaktion, war es mit der gesetzlichen Beschränkung der Kinderarbeit in Europa weit vorangeeilt. Daß Kinder unter zwölf Jahren gar nicht, Kinder zwischen zwölf und vierzehn Jahren nur sechs Stunden am Tag und keinesfalls bei Nacht in Fabriken arbeiten durften, war damals andernorts noch unerhört. Zudem war den Fabrikherren die schamlose Sitte ein- für allemal verboten worden, ihre Arbeiter mit ungebräuchlichen Waren an Geldes Statt zu löhnen. Das war kein schlechter Anfang gewesen. Er hatte nur keine Tradition gemacht. Das war vor allem Bismarck anzulasten. Der nämlich hatte sich allen parlamentarischen und amtlichen Empfehlungen, der sozialen Misere, die die Industrie heraufbeschwor, mit Mitteln des Arbeiterschutzes und des Arbeitsrechts bessernd auf den Grund zu gehen, strikt und mit Erfolg verweigert. Darüber ist er schließlich auch gestürzt.

Das war 1890. Und ohne allen Zweifel wollte »unser junger (selbst)-herrlicher Kaiser« den alten Mann und Mahner ganz einfach los sein. Er hätte über kurz oder lang auch einen anderen Stolperstein gefunden. Daß vordergründig es der Arbeiterschutz war, schien dennoch ein Zeichen zu sein, das hoffen ließ. Auf längere Sicht vergebens. Nach Bismarck kam der General Caprivi. Und mit ihm kam der »neue Kurs«: die Polen-Repression wurde sistiert, das Sozialistengesetz nicht erneuert, der Handel liberalisiert, ein Steuergesetz in Preußen erlassen, das mehr Gleichheit und Gerechtigkeit, eine Landgemeindeordnung, die mehr Selbstverantwortung erstrebte, und eben der Sozialpolitik neue Impulse gegeben.

Freilich, man hatte seine Erfahrungen mit »Reformzeiten« und »neuen Ären« in Preußen. Und nicht nur heitere. Die Erfahrungen mit dem »neuen Kurs« fügten sich bruchlos ein. Caprivi war ein Mann – zu wohlmeinend, brav und biedersinnig für dies' Reich. Der konnte einen neuen Kurs nicht halten, weil er nicht einmal das Ruder je fest in seinen Händen hatte. Kaum zwei Jahre nach dem Amtsantritt ist es ihm gar ganz entglitten. Da hatte er – des fortgesetzten Haders mit den stramm preußisch-reaktionären Kollegen im Staatsministerium grämlich müde – wohl gemeint, seine Kräfte auf das Reichskanzleramt konzentrieren zu sollen und nicht gemerkt, daß ein Reichskanzler, der nicht auch preußischer Ministerpräsident war, gar keine Kräfte hatte.

Preußen geriet wieder ins alte Fahrwasser und zog das Reich hinter sich drein. Seit 1894 dann und stets bis 1917 auch wieder unterm gleichen Steuermann.

Der Tanz mit den Polen und den Sozialisten ging wieder los, die liberale Handelspolitik wurde revidiert. Der »neue Kurs« war ähnlich wie die »neue Ära« vor allem ein Mißverständnis gewesen; ein Mißverständnis freilich, das – anders als die »neue Ära« – trotz allem mancherlei, was blieb, bewirkte. Fortschritte beim Arbeiterschutz und im Arbeitsrecht zum Beispiel. Wenn es auch rasch und nachdrücklich gebremste Fortschritte waren, die entfernt nicht einlösten, was kaiserlich versprochen worden war.

Aber war denn überhaupt etwas versprochen worden? Gewiß, König Wilhelm II. von Preußen hatte seinen königlich-preußischen Minister für Handel und Gewerbe, der immer noch Otto von Bismarck hieß, im Februar 1890 durch offizielles Schreiben wissen lassen,»daß es eine der Aufgaben der Staatsgewalt ist, die Zeit, die Dauer und die Art der Arbeit so zu regeln, daß die Erhaltung der Gesundheit, die Gebote der Sittlichkeit, die wirtschaftlichen Bedürfnisse der Arbeiter und ihr Anspruch auf gesetzliche Gleichberechtigung gewahrt bleiben«. Der Minister war entschieden anderer Ansicht gewesen. Darüber war es nach königlichem Wunsch zu Streit und Bruch gekommen. Der Lotse war von Bord gegangen. Niemand hatte ihm eine Träne nachgeweint. Das kam erst später, als keiner mehr verkennen konnte, daß der junge forsche Kaiser drauf und dran war, den Staatskarren mit Rasanz in den weltpolitischen Graben zu steuern und jemand fehlte, der das Zeug hatte, ihm beherzt in die Zügel zu fallen. Zunächst war man nur froh und erleichtert, daß Bismarcks Zeit zu Ende war. Deutschland war des »genialen Kraftmeiers aus dem Sachsenwald« so müde, wie Preußen einst Friedrich II. müde gewesen war. Fast jedermann dachte wie Fontane: »Es ist ein Glück, daß wir ihn los sind, und viele, viele Fragen werden jetzt besser, ehrlicher, klarer behandelt werden als vorher«.

Überhaupt sind dem alten Weltweisen aus der Potsdamer Straße 134 c, der dem alten »Übermenschen und Schlauberger« aus Friedrichsruh in – das *ging* bei ihm – bewunderungsvoller Abneigung so herzlich zugetan war, die wohl trefflichsten und wahrhaftigsten Charakteristika zu Bismarck eingefallen: Staatengründer und Pferdestall-Steuerverweigerer, ein großes Genie, aber ein kleiner Mann voll kleinlichster Gehässigkeit und ohne Edelmut: dadurch daß er seine mehr und mehr zutage tretenden kleinlichen Eigenschaften mit einer gewissen Großartigkeit in Szene setzt, werden die kleinlichen Eigenschaften noch lange nicht groß; Staatsretter und sentimentaler Hochverräter, Mogelant und größter Prinzipienverächter, den es je gegeben, Heros und Heulhuber, der nie ein Wässerchen getrübt hat.

Alles richtig; nur die Schlußfolgerung war falsch gewesen. »Besser, ehrlicher, klarer« wurde durch seinen Abgang auf die Länge nichts. Dümmer, sprunghafter und verworrener wurde alles. Wilhelms herzerwärmendes Interesse an der Wohlfahrt und am Recht der bedrängten Industriearbeiterschaft z. B. war mit Bismarcks erzwungenem Rückzug mitgeschwunden. Tief und echt war es ja nicht gewesen. Freilich, gleich nach dem ersten sozialpolitischen Zusammenprall mit Bismarck, als außer ihm noch niemand an den Sturz des Kanzlers und Ministerpräsidenten dachte, hatte Wilhelm zu seiner Bedeckung und als ministeriale Stimme gegen Bismarck einen neuen Chef ins Ministerium für Handel und Gewerbe berufen. Das war der rheinische Oberpräsident Hans von Berlepsch gewesen. Und dessen Interesse an der Wohlfahrt und am Recht der bedrängten Industriearbeiterschaft *war* tief und echt. Ihm und Caprivi ist es zu danken, daß die kaiserlichen Worte nicht ganz als Schall und Rauch verwehten. In Zeit, Dauer und Art männlicher Fabrikarbeit von Staats wegen regelnd einzugreifen, das ist ihm nicht gelungen. Und mit der gesetzlichen Gleichberechtigung der Arbeiter hatte es seine liebe Not auch weiterhin. Aber immerhin wurde in den nächsten beiden Jahren Fabrikarbeit auch für die Zwölfjährigen, Arbeit bei Nacht auch für die Frauen und Jugendlichen verboten und für Frauen überdies ein Maximalarbeitstag von elf Stunden dekretiert. Die Fabrikherren waren fürderhin verpflichtet, Arbeitsordnungen aufzuschreiben und bekanntzumachen, in die ihnen immer noch niemand hineinzureden hatte, die sie aber auch nicht mehr nach Laune und Belieben brechen durften. Und sie mußten sich gefallen lassen, daß dann und wann und ohne daß sie es ahnten, staatliche Gewerbeinspektoren kamen, um sich davon zu überzeugen. Das beste am ganzen Gesetzpacken waren schließlich die Bestimmungen über die neuen Gewerbegerichte. Die besagten nämlich, daß Gewerbegerichte, die statt der Gemeindebehörden oder ordentlicher Gerichte Streitigkeiten im Arbeitsverhältnis schlichten und entscheiden sollten, unter amtlichem Vorsitz paritätisch aus Arbeitern und Arbeitgebern zusammengesetzt sein, keine Prozeßkosten einfordern und keine Rechtsanwälte zulassen sollten. Schade nur, daß es den Stadtbehörden vorerst überlassen blieb, die förderlichen Institute einzurichten oder nicht. Die meisten taten es nämlich nicht, ehe es ihnen 1901 befohlen wurde. Das alles miteinander war nicht viel. Und dennoch war es mehr als alles, wozu andere Industrienationen sich bisland und noch für gute Weile verstehen mochten. Die Unternehmer haben es laut beklagt und Deutschlands Konkurrenzunfähigkeit beschworen. Aber in Preußens Regierung war ohnedies seit 1892 die Lust an der Sozialreform im gleichen Maß gefallen, wie die Lust an der sozialen Repression erneut gestiegen war. Minister Berlepsch ging, Minister Brefeld kam. Das Beste, was dem preußischen Staatsministerium in Sachen Sozialpolitik seitdem noch nachgesagt werden konnte, war, daß es Anstöße aus dem Reichsamt des Innern nicht aufgefangen und unterdrückt hat.

Viele hat es nicht gegeben. Von einiger Tragweite überhaupt nur zwei. Beide 1908. Der eine war die Reform und »Verreichlichung« der zumeist über 50 Jahre alten einzelstaatlichen Vereinsgesetze, der andere eine Arbeitskammervorlage.

Die Arbeitskammervorlage blieb Vorlage, und ihr geschah recht damit. In ihrer preußischen Fassung jedenfalls. Baden, Württemberg und Hessen hatten anfangs örtliche Gremien vorgeschlagen, in denen nur Arbeiter sitzen und sich gedankenreich und tatkräftig ums Wohl ihrer Genossen sorgen sollten; so, wie die Kaufleute in den Handels-, die Handwerker in den Handwerkskammern sich ums Wohl ihrer Genossen sorgten. Das wären nützliche, staatlich anerkannte und geförderte Arbeiterinteressenvertretungen gewesen – und waren deshalb für Preußen ganz undenkbar. Preußen wollte allenfalls unnütze, paritätisch besetzte Einigungsämter. Unnütz, weil die in Gestalt der Gewerbegerichte ja längst da waren. Einmal mehr aber hatten andersmeinende Länder trotz besserer Einsichten ein Einsehen und Preußen vorerst seinen Willen. Diesmal am Ende aber keinen Erfolg. Der gesamte Reichstag mäkelte. Die Rechte, weil sie beim Entwurf trotz allem rot sah: das tat sie stets, wenn die Worte Arbeiter und Recht in irgendeiner Weise aufeinander bezogen waren; das Zentrum und die Linke, weil er ihr ein Hohn auf die Idee zu sein schien. Sie, die im Parlament die große Mehrheit waren, huben an zu amendieren, und amendierten so lange unverdrossen fort, bis die »verbündeten Regierungen« der Kummer packte, und sie den Entwurf noch vor der dritten Lesung aus dem Verkehr zogen.

Das Vereinsgesetz geriet besser. Das schaffte wenig eigentlich Neues, beseitigte aber vielfältige Rechtsunsicherheit, die zu polizeilicher

Willkür verlockt hatte, indem es klipp und klar feststellte, daß jeder im vereinsseligen Deutschland sich mit jedem – Frauen und Jugendliche erstmals eingeschlossen – zu jedem Zweck vereinen und versammeln konnte, sofern man nicht die Strafgesetze zu verletzen trachtete, einen polizeilich aktenkundigen Vorstand erwählte, dito Satzungen formulierte und – versammelt – in geschlossenen Räumen blieb. Andernfalls mußte die Polizei ihr Placet geben.

Freilich, so klipp und klar konnte gar nichts sein, daß die preußisch-deutsche Macht in kaiserlichen Zeiten nicht Wege und Mittel fand, wenn ihr ernsthaft daran gelegen war, dem Gesetz ein Schnippchen zu schlagen. Im Kampf gegen die Arbeiterbewegung, der vor dem Krieg noch einmal heftig aufbrach, war ihr mit bitterem Ernst daran gelegen. Und sie *hat* Wege und Mittel gefunden.

»Preußens« im Reich

Zu einem freilich hat sie sich nie verstanden, nachher nicht und vorher nicht: Soldaten gegen Demokraten helfen zu lassen. Nicht, daß der Gedanke gänzlich ferngelegen habe. Im Gegenteil: er lag sehr nahe. In Wort und Planung jedenfalls. Vor allem, wenn es sich um kaiserliche Worte handelte. Am 23. November 1891 zum Beispiel, als er seine sozialpolitischen Erlasse schon längst wieder vergessen hatte, wohnte Wilhelm II. der Vereidigung von Rekruten der Potsdamer Garderegimenter bei. Und wie gewöhnlich bei öffentlichen Auftritten, die er so über alle Maßen liebte, war nicht zu verhindern, daß seine Majestät zum Worte griff und – nachdem er etliches von »heiliger Stätte«, »Kaisertreue«, »Gottvertrauen« und »ruhmreicher vaterländischer Geschichte« hatte laut werden lassen – also endigte: »Es gibt für Euch nur einen Feind, und der ist Mein Feind. Bei den jetzigen sozialistischen Umtrieben kann es vorkommen, daß ich Euch befehle, Eure eignen Verwandten, Brüder, ja Eltern niederzuschießen – was ja Gott verhüten möge –, aber auch dann müßt Ihr Meine Befehle ohne Murren befolgen«.

Nun ja, Gott hat es verhütet. Und überhaupt: die dritte kaiserliche Majestät preußischer Provenienz redete viel unter seinen hochgestellten Schnurrbartspitzen hervor, zuviel und zuviel Unbedachtes, Unpassendes und Unverantwortliches. Je später, desto mehr. Seine besonneneren Räte und Minister hörten es macht- und fassungslos und sahen zu, daß sie ausbügelten und geraderückten, was auszubügeln und geradezurücken war. Deshalb darf man nicht alle Worte Wilhelms auf die Goldwaage der historischen Urteilsbildung legen. Wenn sie nicht Tatsachen schafften, bevor und ohne daß ihnen jemand wehren konnte, waren sie kaum je Anlaß oder Ausdruck praktischer Politik.

In mancherlei Beziehung zur preußisch-deutschen Wirklichkeit seiner Zeit standen sie natürlich trotzdem. Auch Wilhelms Kernsprüche vor Rekruten, die in schwungvollen Variationen immer mal wieder erschallten, hatten und behielten ihren realen Hintergrund. Oder besser noch: sie hatten mehrere ineinandergestaffelte Hintergründe.

Der nächste und krudeste war, daß die preußischen Truppenkommandeure aller Ränge gleich nach der Beseitigung des Sozialistengesetzes tatsächlich angewiesen worden waren, sich über Organisation, Führung und Agitatoren sozialistischer Verbindungen stets informiert zu halten und sich überdies das preußische Gesetz vom 4. Juni 1851 zu gegebenfallsigem Gebrauch gut einzuprägen, das die örtlichen Militärbefehlshaber dazu befugte, aus eigner Machtvollkommenheit den Belagerungszustand zu verhängen, die vollziehende Gewalt an sich zu raffen, die Grundrechte aufzuheben und alles, was die »öffentliche Sicherheit« bedrohte, vorläufig festzunehmen und mit Nachdruck zu verbieten. Sollte der Gebrauch von Truppen und Gewehren dabei nötig sein, »so erwarten seine Majestät der Kaiser, daß dieser Gebrauch ein dem Ernst der Lage entsprechender ist«. Die Anweisung ist mehrfach bekräftigt worden, zuletzt – kein halbes Jahr, nachdem das Reichsvereinsgesetz in Kraft getreten war – im Herbst 1908. Praktiziert wurde sie nie. Zum einen war die deutsche Arbeiterbewegung so rabiat und kampfentschlossen nicht, daß die Polizei die unschöne Arbeit nicht allein geschafft hätte. Zum anderen aber waren den Generalen derlei Ansinnen von Herzen zuwider. Nicht »eiserner Besen«, der im Staub und Schmutz abscheulicher sozialer Konflikte herumfuhr, »schirmende Wehr« vielmehr, den Widerwärtigkeiten des Alltags entrückt – das war ihr Verständnis von preußischer Armee. Mehr noch: die preußische Armee als Kern, Fluchtpunkt und Ordnungsprinzip von Reich und Volk, ihr Symbol, ihr Stolz, ihr Kraftquell; das, was die reichsdeutsche Welt im Innersten zusammenhält. Und es war dies kein Gedanke altadeliger Generale allein. Es war ein populärer, weit verbreiteter, neubürgerlicher Gedanke. Vor allem aber: es war ein gutenteils und schlechterdings ganz richtiger Gedanke. Man kann ihm kaum in trefflichere Worte kleiden, als sie Friedrich Meinecke einst gelungen sind, der Preußen wahrlich nicht am Zeuge flicken wollte: »Das Deutsche Reich ist geschaffen worden mit den Kräften der altpreußischen Militärmonarchie, und die Kräfte der liberalen und nationalen Bewegung sind wohl benutzt, aber nicht als schlechthin leitend anerkannt worden. Und das Deutsche Reich ist dann im großen und ganzen durch dieselben Mittel erhalten worden, durch die es gegründet worden ist. Immer ist der preußische Militärstaat mit allem, was daranhängt, mit seiner Begünstigung derjenigen sozialen Schichten, die den Kern des Offizierscorps stellen, der festeste Punkt in der inneren Politik geblieben«.

Ja, so war es. Was von Altpreußen im Reich fortlebte, das lebte vornehmlich und zäh, gehegt und gepflegt, in der Armee fort. Die Armee blieb der Hort gelebter preußischer Tradition, da ringsumher – in Wirtschaft und Gesellschaft – die Zeit mit ihren Zeichen über Altpreußen hinweggehen wollte. Paradox genug, nicht nur blieb sie ein Hort gelebter, sie wurde nachgerade ein lebensspendender Hort fort und fort sprießender preußischer Tradition.

Diese Armee, die im alten Preußen nie Begeisterung geweckt, die zuweilen und gerade in ihren ruhmbekränzten Tagen gehaßt und verflucht worden war, an der sich das liberale Bürgertum nach trügerischem Reformhoffen ein kleines halbes Jahrhundert wundgerieben hatte, diese Armee schwamm – so wie sie war und bleiben sollte – unversehens auf Wogen bürgerlicher Militärseligkeit und wurde zum Maß aller bürgerlichen Dinge. Heinrich Mann hat es im »Untertan«, Carl Zuckmayer im »Hauptmann von Köpenick« satirisch pointiert und zur Groteske konzentriert, schrecklich wahr und überzeugend abgeschildert.

Bildsame bürgerliche Jugend saß in Berlin andachtsvoll berauscht zu den Füßen des Sachsen Heinrich von Treitschke und hörte gläubig ihn die »göttliche Majestät des Krieges« feiern, die allgemeine Wehrpflicht als Fundament der Freiheit und die Erziehung zu blindem Gehorsam als beste Charakterschule preisen, die preußische Armee zur Triebkraft und Garantie politischen Fortschritts stilisieren. Für den neudeutsch-nationalen, volksfestlichen Feiertag mußte Jahr um Jahr am 2. September der fragwürdige Sieg bei Sedan herhalten, nicht etwa am 18. Januar die Kaiserproklamation – was zwar ebenso verfehlt gewesen wäre, der Welt aber immerhin das peinliche Gepränge martialischen Übermuts erspart hätte. Der königlich-preußische Reserveoffizier geriet zur meisterstrebten, weil sozial meistbegünstigten Charaktermaske reichsbürgerlicher Existenz. Das »Haupt-Idol, der Vitzliputzli der preußischen Cultur, ist der Leutnant, der Reserve-Offizier«, schrieb Theodor Fontane 1893 an Friedländer. »Da haben Sie den Salat«. Bald schon nach »Siebzicheinundsiebzich« war vergessen, daß er der mißgestalte Erbe des meuchlings aus der Welt geschafften Landwehroffiziers demokratisch-bürgerlichen Angedenkens war. Die Landwehr war erdacht gewesen, Armee und Nation in bürgerlichem Geiste miteinander zu versöhnen; das wunderliche Institut des Reserveoffiziers hingegen wurde zum sinnenfälligsten Ausdruck der Anverwandlung preußisch-militärischer Gesinnung und Gesittung durchs deutsche Bürgertum. Ihre Kehrseite war die Entrückung adelig-offizierlichen Gebarens, Denkens und Dünkels ins höherwertig Unantastbare.

Höchst ärgerlich, dumm, in seinen Erscheinungsformen zunehmend lächerlich und ob der ernsthaften Lächerlichkeit besonders fürchterlich, das alles: der Casino-Jargon an patriotischen Stammtischen und die unerträglich-ungebildeten Schnöseleien wilhelminischer Leutnants als grelle Etiketten ihrer Zeit. Schlimm und bedenklich. Aber nicht einmal das Bedenklichste an der Militarisierung des Reichs von Preußen her. Natürlich war die Garantie der Dauer preußisch-militärischer Dominanz auch noch auf anderem, festerem Grund gebaut. Es war 1867 und dann noch einmal 1870 ja gar keine Frage gewesen, daß das preußische System ungebrochen und unverwandelt auf das Reich übertragen werde: seine jüngst gewaltsam »reformierte« Heeresorganisation, seine taktische Gliederung, seine Rekrutierungs-, Ausbildungs- und Disziplinierungspraxis und seine vorrevolutionäre Militärgesetzgebung aus den Jahren 1843/45. Und daß es – wenn die Ehrfurcht vor dem jugendfrischen Kriegsruhm Preußens womöglich einmal wiche – nicht doch noch fraglich werden konnte, auch dafür war gesorgt. Denn Preußens Wort war sakrosankt in Heeresfragen, sofern es für die Fortdauer hergebrachter Einrichtungen erhoben wurde.

Die solcherart zusammengefaßte, preußisch eingefärbte und auf Ewigkeit gestellte Armee wurde unter das Oberkommando eines Bundesfeldherrn gestellt, der ein für allemal der König von Preußen war. Nichts war selbstverständlicher damals. Und es wäre auch nicht weiter belangvoll gewesen, wenn der Bundesfeldherr nicht gleichsam *neben* die Verfassung gesetzt worden wäre. In Kommandosachen war er völlig unbeschränkt. Nicht nur vom Reichstag – das sowieso und ohne Frage –, auch vom Bundesrat und vom preußischen Staatsministerium. 1883 wurden unter Bismarcks nachdrücklichem Zutun auch noch der Generalstab, der für die strategische Planung, und das Militärkabinett, das für Personalia zuständig war, vollständig vom preußischen Kriegsministerium abgelöst und unmittelbar dem Kaiser attachiert. Nun war die militärische der politischen Führung in Staat und Reich überhaupt nicht mehr ein-, geschweige denn untergeordnet, sie war rechtlich ebenbürtig und unabhängig und rangierte in der sozialen Wertschätzung weit darüber. Das erkannten ja selbst die Staatsmänner willig, überzeugt und sichtbar an. Warum sonst hätte Bismarck sich allenthalben als Kürassier-General verkleidet und Bethmann-Hollweg sich in die Uniform eines preußischen Majors geworfen, als er dem Reichstag erstmals als Kanzler gegenübertrat?

Das alles ist gemeint, wenn von der Armee als Staat im Staat die Rede geht. Solange Bismarck Preußen-Deutschland noch regierte und den Bundesfeldherrn dirigierte, mochte es hingehen. Unter Wilhelm II., der mit dem unbändigen Willen, selbst zu regieren und zu dirigieren, einen unsäglichen Widerwillen gegen konzentrierte Arbeit und die unstete Neigung verband, auf unverantwortliche Ratgeber aus seiner nächsten Umgebung zu hören, wurde es gemeingefährlich. Die deutsche Politik geriet unter den Einfluß preußisch-militärischen Denkens.

Der junge Mann mit dem übersteigerten Selbstgefühl aus übergroßer Unsicherheit war ja kaum richtig am Ruder gewesen, da hatte er das zahlreiche, hochdekorierte, einigermaßen auseinanderlaufende Kriegsvolk, das sich am Hofe eines tatenarmen, hochbesoldeten und huldbesonnten Lebens freute, um einiges vermehrt und zum »kaiserlichen Hauptquartier« geballt. Darin war er fortan geborgen. An dessen Weisheit glaubte er, hat sein schwärmerisch anhänglicher Freund, der Graf Philipp Eulenburg gesagt, als an »einen besonderen Extrakt der Essenz aller Vortrefflichkeit«. Das umgab ihn, wo er ging und stand und reiste, »wie eine dichte Wolke« (Gerhard Ritter), die ein ziviler Minister schwer und selten nur durchstieß. Die meisten sahen ihren königlichen Herrn denn auch nur das eine Mal im Jahr, da er alle miteinander bei der Kieler Flottenregatta empfing. Im übrigen verkehrte er über sein Zivilkabinett lustlos, desinteressiert und geringschätzig mit ihnen. Seine Flügeladjutanten und Militärattachés verstanden ohnedies alles besser. Denn sie verstanden es, wie er es verstand.

Das war bei innenpolitischen Dingen schon schlimm genug, aber erträglich, weil die am Ende doch von den Ministern und Räten entschieden und vom Parlament bestätigt werden mußten. In Sachen Außenpolitik war es nachgerade verhängnisvoll. Da gab es solcherart Korrektiv

S. M. – Es ist erreicht!

S. M. zu Pferd $\longrightarrow$

S. M. im Kreis der Söhne und Adjutanten

ja nicht. Da war durch eine der gefürchteten zungenfertigen Reden, in der seiner Majestät martialisch inspirierte Worte über alle diplomatischen Bedenklichkeiten hinwegpolterten wie Kegelkugeln über rohe Eier, in Minuten mehr zerschlagen, als monatelanges Verhandeln wieder leimen konnte. Und wenn es bei Reden wenigstens geblieben wäre! Dazu kamen die allfälligen Aktionen im Stile schneidiger Husarenritte. Es war fürchterlich!

Deutsche Außenpolitik, gewiß, nicht preußische. In Denkart und Methoden aber die Außenpolitik preußischer Junker-Offiziere, deren Ansichten über Diplomaten und Einsichten in internationale Beziehungen – wenn man noch einmal dem Philipp Eulenburg glauben darf – aus Wilhelms Munde etwa folgendermaßen widerhallten: »Der König von Preußen muß diesen Federfuchsern das Handwerk legen: Umstandskommissarien, die vergessen haben, was ein Befehl des Königs ist. Diese Leute der Konfusion und Verwirrung einfachster Dinge sind aus dem Sattel zu kommandieren. Ein einfacher militärischer Befehl, ein klares zweifelloses Wort bringt auch die sogenannten diplomatischen Schwierigkeiten ebenso in Ordnung wie eine Eskadron auf dem Bornstädter Felde bei Potsdam«.

Am Ende sah diese preußische Ordnung des europäischen Staatensystems so aus, daß Deutschland es mit aller Welt verdorben hatte und isoliert in einen Krieg hineinging, den es zwar nicht mutwillig vom Zaun gebrochen hat, an dem es aber wahrlich nicht unschuldig war.

So schlimm hätte es natürlich nicht ausgehen müssen. Aber gut ausgehen, wie immer es ging, konnte es eigentlich auch nicht. Es konnte nicht gutgehen, daß die Politik eines großen, modernen, dynamisch vorwärtsstrebenden Industriestaats nach drinnen und nach draußen fast ganz und gar von Männern bestimmt wurde, deren soziale Wurzeln, Wertvorstellungen, Wahrnehmungs- und Verhaltensweisen in Zeiten und Verhältnissen gründeten, die dahin waren und die keine Macht der Welt zurückbrachte: kein hitziger Kampf gegen das Neue, kein beharrliches Haften an den *Formen* des Alten, da der *Gehalt* denn schon entschwunden war.

In Deutschland hat sich Preußen *nicht* verloren. Aber verloren hat es allerdings nach der Reichsgründung – den wirtschaftlich-sozialen Untergrund und Rahmen nämlich, der Preußens Politik nach außen Kraft und Halt, im Inneren Maß und Ziel gegeben hatte. Das war freilich nicht dem Reich geschuldet und zu danken, das hat mit elementarer Wucht die Industrialisierung getan.

So recht und rundherum ist Preußen ja erst seit 1880 in ihren Strom und Sog geraten. Dann aber gleich ganz unaufhaltsam. Die Junker und der Staat, der zu ihrer Disposition stand, haben es nicht wahrhaben wollen und versucht, mit allen ihren Mitteln und zu ihrem Nutzen Wehre und Schleusen zu bauen. Die Mittel waren politisch-administrative Reaktion und soziale Repression. Deshalb ist *preußische Geschichte als innere Geschichte Preußens* zwischen 1871 und 1918 vor allem die Geschichte einer zunehmend unzuträglichen Spannung zwischen regem wirtschaftlich-sozialem Wandel und steifnackiger politisch-sozialer Beharrung. Deutschland hat darunter gelitten.

Wandel in Preußen

Die wirtschaftliche und soziale Struktur Preußens ist im Kaiserreich von drei durchgreifenden Entwicklungen nachhaltig erschüttert und gewandelt worden: von einer Bevölkerungsvermehrung, die in Preußens Geschichte vordem nicht ihresgleichen hatte; von ungeahntem *industrie*wirtschaftlichem Wachstum, dem viele Jahre eine – schien es – unüberwindbare Agrarkrise in häßlichem Kontrast zur Seite ging; von einem Menschenstrom schließlich, der in kurzer Frist Millionen und aber Millionen aus landwirtschaftlichem in gewerblichen Beruf, aus ländlichen in städtische Lebensformen und Lebensnöte, aus Selbständigkeit des Erwerbs in Lohnarbeit riß, stieß, spülte und drängte.

Preußens Bevölkerung ist zwischen 1871 und 1912 von 24,6 auf 41 Millionen Menschen um zwei Drittel angewachsen. In den 40 Jahren zuvor war nur eine Vermehrung um gut die Hälfte gelungen. Nun waren die Deutschen in ihrer Freude, endlich Deutsche geworden zu sein, nicht etwa um vieles zeugungsfroher geworden. Das nicht. Mit der Freude und dem Deutschsein war das ja doch zumindest eine ungewisse Sache. Die Zeugungstüchtigkeit aber nahm gewißlich ab. Im ersten Reichsjahrzehnt kamen noch jährlich 41 oder 42 Neugeborene zu 1000 Lebenden dazu, in den letzten Jahren vor dem Krieg waren es nur noch 31 oder 32. Freilich, zu Beginn waren auch noch 28 oder 29 von 1000 Jahr um Jahr gestorben. Am Ende starben noch 17 oder 18. Da war im Ergebnis wieder alles beim alten. Zwischendrin aber war die Sterblichkeit vorübergehend beträchtlich schneller gefallen. Und das hatte das Volk kräftig gemehrt. Der Rückgang der Sterblichkeit dank regelmäßiger, wenn auch nicht etwa reichlicher, geschweige reich*haltiger* Ernährung, besserer ärztlicher Versorgung, wirkungsvollerer Seuchenabwehr und neuer Impfstoffe, der Rückgang der Sterblichkeit also hatte es gemacht. 1910 feierten immerhin knapp 60 % der Preußen ihren 50. Geburtstag, wenn die meisten sich auch fragen mochten, was es da eigentlich zu feiern gab. 1875 waren noch 60 % vorher gestorben. Damals hatte ja fast ein Viertel aller Neugeborenen nicht einmal ein einzig Jahr, mehr als ein Drittel deren fünf nicht überlebt. Nach der Jahrhundertwende schafften es immerhin nur noch knapp 20 % nicht über das erste Jahr hinaus, ein Viertel über das fünfte nicht. »Immerhin« und »nur noch«? Preußen machte besser kein Rühmens drum. Nirgendwo in Mittel- und Nordeuropa starben nach 1900 mehr als 17 von 100 Säuglingen im ersten Lebensjahr, nicht selten starben nur 10 oder 12.

Ostwärts der Elbe, dort, wo Preußen noch so richtig Preußen war, starb sich's eh und je schneller. Der Westen konnte den Vergleich mit Resteuropa durchaus wagen, der Osten brachte die düsteren Farben ins Bild. Dort gab es ja 1912 immer noch nur einen Arzt für 2500 und ein Krankenhausbett für 300 Einwohner, im Westen immerhin einen Arzt für 2000, ein Bett im Krankenhaus für 200 Einwohner. Aber nicht, weil beim jährlichen Gebären und Sterben im Westen mehr übriggeblieben wären als im Osten, schoß die Bevölkerung im Westen soviel kräftiger ins Kraut. Es blieben gar nicht mehr übrig; denn es wurden auch weniger geboren. Und trotzdem hat sich die Bevölkerung in den westlichen Provinzen und in Berlin mit seiner Umgebung, das zumindest in Geist und Gebaren »westlich« war, zwischen Reichsgründung und Krieg verdoppelt. Die Bevölkerung in den östlichsten Provinzen ist dagegen nicht mal um ein Drittel angewachsen. So sah das in Zahlen aus:

Osten	Westen/Berlin	Nord/Mitte	Gesamt
1875 11,0 Mio = 43 %	9,4 = 36 %	5,3 = 21 %	25,7 Mio
1910 14,0 Mio = 35 %	18,4 = 46 %	7,8 = 19 %	40,2 Mio
+ 27 %	+96 %	+ 47 %	+ 56 %

Osten: Ostpreußen, Westpreußen, Pommern, Posen, Schlesien, Regierungsbezirk Frankfurt
Westen: Rheinland, Westfalen, Hessen-Nassau, Sigmaringen
Berlin: einschließlich Regierungsbezirk Potsdam
Nord/Mitte: Sachsen, Schleswig-Holstein, Hannover

Über Preußen war gleichsam eine Völkerwanderung hingegangen. Von Ost nach West und in den Kern der Monarchie. Gewiß waren vor 1871 auch nicht alle Preußen ihr Lebtag still daheimgeblieben. Die meisten aber schon. Als man im Reichsgründungsjahr die Bevölkerung zählte und befragte, gruppierte und klassifizierte, da kam heraus, daß gerade 1,2 Millionen, noch keine 5 %, in *der* Provinz nicht lebten, in der zu leben sie begonnen hatten. Und wer sich denn davongemacht und nicht die außerpreußisch-deutsche Weite jenseits des Atlantik gesucht hatte, der war nicht weit gezogen. Von ostwärts der Elbe ins Rheinland und nach Westfalen, gewiß noch keine 50 000.

Und 1907: 1907 wurden 5,9 Millionen Preußen nicht in ihren Geburts-Provinzen gezählt. Nicht mehr nur 5 % wie ehedem, nein, 15 % von allen Preußen neuerdings. Und wer sich unterdessen auf den Weg gemacht hatte, der *war* weit gezogen. Ostelbien hatte auf diese Weise in 35 Jahren gewiß nahezu 5 Millionen seiner Geburtsbevölkerung eingebüßt, mehr als 3½ Millionen ans andere Deutschland, gut eine Million an Amerika. Die halbe Million, die derweil von auswärts dazugekommen war, wog leicht dagegen. Der Westen und Berlin dagegen, die hatten zur gleichen Zeit wohl 3½ Millionen Menschen gewonnen, nur eine Million abgegeben und gut Bilanz gemacht.

Obwohl 3½ Millionen Preußen aus Ostelbien wegzogen, aber in Deutschland blieben und 3½ Millionen in Berlin/Potsdam, Rheinland und Westfalen eintrafen, war es nicht gleich so, daß die nun kurz- und durchweg von da nach dort gewandert wären. Im Prinzip aber schon. Gewiß sind mehr als zwei Drittel flüchtiger Ost- und Westpreußen, Pommern und Posener, Schlesier und Brandenburger an Rhein und Ruhr und Spree gelandet und gestrandet und haben die Städte aufgebläht, die ohnedies und ohne Unterlaß über sich hinauswuchsen.

	1875	1911
Landgemeinden (bis 2000 Einwohner)	17,0 Mio = 66 %	15,2 Mio = 38 %
Städte (2000–100 000 Einwohner)	7,0 Mio = 27 %	15,6 Mio = 39 %
Großstädte	1,7 Mio = 7 %	9,0 Mio = 23 %

Bei Beginn der kaiserlichen Zeiten hatten noch zwei Drittel aller Preußen auf dem platten Land und gerade 7 % in Großstädten, mehr als die

Hälfte davon in Berlin gewohnt. Als es gegen deren Ende ging, lebten annähernd zwei Drittel in Städten, gut zwei Fünftel gar in Großstädten. 1875 hatte es sechs preußische Großstädte gegeben, 1910 gab es 33.

In den großen Städten vor allem schien es ja zu geben, was die Hoffnung der Wanderer suchte: Arbeit und Erwerb und Freiheit. Ja, viele suchten Freiheit wohl vor allem. Gewiß all jene, die aus Alt-Preußens Gutsbezirken flohen, in denen es zwar längst keine Erbuntertänigkeit mehr gab, aber immer noch nichts anderes als Herren und Knechte, mochten sie auch Insten oder Tagelöhner heißen. Die Knechte wollten es länger nicht mehr leiden. Nicht die Plackerei und die in löcherigen Paternalismus gehüllte Knute, und die Aussicht nicht, daß ihre Nachfahren noch im fernsten Glied nach dem verhaßten Klang der Gutsglokke auf fremdem Boden zu scharwerken hätten. »In dem dumpfen, halbbewußten Drang in die Ferne liegt ein Moment eines primitiven Idealismus verborgen. Wer es nicht zu entziffern vermag, der kennt den Zauber der *Freiheit* nicht ... Manche von uns sind vorzeitig alt und allzu klug geworden und glauben, einer der urwüchsigsten Triebe der Menschenbrust sei mit den Schlagworten einer niedergehenden ... Anschauung zu Grabe getragen worden«. Das hat damals, 1895, Max Weber gesagt. Und poetischer konnte es ein Soziologe schwerlich sagen. Der Zauber der Freiheit! Gewiß doch war er für die meisten reines Gaukelwerk. Wenige nur haben den verhaßten Klang der Gutsglocke *nicht* mit dem ebenso verhaßten Gesirr der Fabriksirenen, die Bedrängnis des Landarbeiterdaseins *nicht* mit den Nöten des Industrieproletariats vertauscht. Als Sogkraft aber hielt er vor. Zumal er natürlich mit der – schon eher berechtigten – Erwartung höherer Einkommen eng verbunden war.

»Flucht aus der Landwirtschaft« hat man, was da geschah, dramatisch, doch zu Recht genannt. Und ein findig-fleißiger Statistiker hat 1932 sorgsam ausgerechnet, wie breit der Strom gewesen ist. Unglaublich breit. In Ostelbien haben zwischen 1880 und 1910 nahezu 4 Millionen mehr Menschen Ackerbau und Viehzucht den Rücken gekehrt, als sich ihnen neuerdings zugewendet haben. Links des für historisch-analytische Zwecke so überaus angenehmen Flusses gut 2½ Millionen weitere: 6,5 Millionen in ganz Preußen. Gut eine Million hatte auch gleich Preußen den Rücken gekehrt; über fünf Millionen waren Industrie und Handel, Handwerk und Dienstleistungen zugewachsen: vier Millionen im Rheinland, in Westfalen, Hessen-Nassau und Berlin/Potsdam, je 6 bis 700 000 nur im Osten und im Rest.

Wie sehr dies alles das wirtschaftlich-soziale Gefüge Preußens in kurzer Zeit verändert hat, das läßt sich denken, ohne daß man irgendwelche Zahlen kennt. Hier sind sie trotzdem:

	Landwirtschaft	Industrie	»tertiärer« Sektor	Inges.
1882				
Erwerbstätige ...ohne mithelf.	4,7 Mio = 47 %	3,6 Mio = 36 %	1,8 Mio = 17 %	10,1 Mio
Familienang.	3,9 Mio = 42 %	3,6 Mio = 39 %	1,8 Mio = 19 %	9,3 Mio
...mit Familien	11,9 Mio = 46 %	9,4 Mio = 36 %	4,7 Mio = 18 %	26 Mio
1907				
Erwerbtätige ...ohne mithelf.	5,9 Mio = 37 %	6,7 Mio = 21 %	3,3 Mio = 21 %	15,9 Mio
Familienang.	3,7 Mio = 27 %	6,6 Mio = 49 %	3,2 Mio = 24 %	13,5 Mio
...mit Familien	10,9 Mio = 31 %	16,2 Mio = 47 %	7,6 Mio = 22 %	34,7 Mio

»tertiärer Sektor« = Handel, Verkehr, öffentliche und private Dienstleistungen

Preußen war in einem Vierteljahrhundert vom deutlich überwiegenden Agrarstaat zum noch viel deutlicher überwiegenden Industrie- und Handelsstaat geworden. Wenn man der Erwerbstätigenstatistik raschen Glauben schenkt, wäre der Anteil der landwirtschaftlich Erwerbstätigen zwar nur von 47 auf 37 % gesunken. Man darf ihr aber keinen raschen Glauben schenken. In der Wirklichkeit war der Umschwung viel dramatischer. Seit die Landarbeiter in hellen Scharen davonliefen, mußten auf den Bauernhöfen und Gütern immer mehr Familienangehörige immer härter ran. Unter den 5,9 Millionen landwirtschaftlichen Erwerbstätigen, die in der Statistik für 1907 ausgewiesen sind, waren nicht weniger als 2,7 Millionen Frauen, meistens sicher Ehefrauen. Unter den 10 Millionen Erwerbstätigen in Industrie, Handwerk und »tertiärem« Sektor waren dagen nur 1,5 Millionen Frauen, meistens sicher *keine* Ehefrauen. Kurz, der Bevölkerungsanteil, der aus der Landwirtschaft sein Einkommen bezog, war am Vorabend des Krieges längst nicht mehr so groß wie der Anteil der Erwerbstätigen, die in der Landwirtschaft arbeiteten. Er machte nicht einmal mehr ein Drittel aus. Da die Produktivität landwirtschaftlicher Arbeit zusehens weiter hinter der Produktivität von Industriearbeit zurückblieb, war der Anteil, den die Landwirtschaft zum Volkseinkommen beisteuerte, mit Sicherheit *noch* niedriger. Wie hoch genau er war, das weiß kein Mensch. Wenn man ein Viertel schätzt, will man der Leistungskraft der preußischen Landwirtschaft eher wohl als übel. Wahrscheinlich war er kleiner. Jedenfalls gab es um 1910 ein ungeheures Einkommensgefälle zwischen den Agrar- und den Industrielandschaften im preußischen Staat. 1913 mochte das durchschnittliche Pro-Kopf-Einkommen bei 750,– Mark liegen: in den drei östlichsten Provinzen kam man mit 480,– Mark noch nicht einmal auf zwei Drittel davon, in Pommern und Schlesien mit 590,– Mark auf keine 80 %. In den drei westlichen Provinzen wurden immerhin 810,– Mark pro Kopf erwirtschaftet, zwei Drittel mehr als im Osten, in Berlin/Brandenburg gar 1060,– Mark. Und all das ist noch immer erst die halbe Wahrheit. Einkommensdurchschnittszahlen sagen im Vergleich ja allerlei, nur eins verschweigen sie: daß Volkseinkommen nicht gleichmäßig und durchschnittlich verteilt zu sein pflegen. In Preußen waren sie damals über die Maßen ungleich verteilt. Und besonders ungleich im Osten. Im ganzen Staat raffte 1913 das eine Prozent Glücklicher, das die höchsten preußischen Einkommen bezog, einen ebenso großen Einkommensanteil an sich, wie den unglücklichen 50 % mit den niedrigsten Einkommen gegönnt war: knapp 20 %. Die Einkommensschichtung, die solch haarsträubender Ungerechtigkeit entsprach, sah so aus:

Einkommen	Empfänger	Osten	Westen/Berlin
bis 900,– M	8,7 Mio = 54 %	66 %	40 %
900–1500,– M	4,4 Mio = 28 %	23 %	35 %
1500–3000,– M	2,1 Mio = 13 %	7 %	19 %
3000–9500,– M	0,7 Mio = 4 %	4 %	6 %
mehr als 9500,– M	0,1 Mio = 1 %		

Von weniger als 1500,– Mark im Jahr konnte eine Familie mit zwei Kindern nicht ohne Not und Elend leben.

Gewiß, es ging den Preußen gegen Ende der Reichsherrlichkeit besser als 20 oder 40 Jahre früher. Das Volkseinkommen war im Zuge der Industrialisierung zwischen 1870 und 1930 von ca. 8 auf ca. 30 Milliarden Mark beharrlich gestiegen und fast vervierfacht worden. Am Anfang waren pro Preuße nur 320,– Mark Einkommen zustandegebracht worden, am Schluß 750,– Mark. Nun war eine Mark am Ende nicht mehr, was sie zu Beginn gewesen war. Sie hatte ein Viertel ihres Werts verloren, und das Pro-Kopf-Einkommen war deshalb nicht um 135 %, sondern nur um 75 % gewachsen. Immerhin – und doch kein Grund zu reiner Freude und Genugtuung. Denn der Mehrzahl der Preußen ging es wegen der ungleichen Einkommensverteilung noch immer grimmig schlecht. Und da die Verteilung um 1870 oder 1850 nicht ebenmäßiger gewesen war, mag man sich gar nicht vorstellen, *wie* schlecht es den Preußen da gegangen war.

Freilich, *so* schlecht, wie es die Zahlen zu erzählen scheinen, ist es ihnen vor Kriegsbeginn denn doch nicht mehr gegangen. 82 % der Bevölkerung haben nicht ständig gedarbt. Das nicht. Es gab natürlich viel mehr Einkommensempfänger als Familien und Haushalte, fast doppelt soviel. Ein Großteil der sehr kleinen Einkommen wurde von Dienstboten, Gesinde und Untermietern verdient, die niemand außer sich davon unterhalten mußten. Das ging mit 750,– Mark ganz ordentlich. Zum andern steuerten in einem Drittel der Familienhaushalte mehrere Mitglieder zum Gesamteinkommen bei und brachten es auf diese Weise über 1500,– Mark. Womit allerdings für die große Zahl der Haushalte mit mehr als 4 Personen – es gab ihrer immerhin über vier von neun Millionen – noch nicht allzuviel gewonnen war.

All dieses wohl bedacht, kunstvoll berechnet und sorgsam abgewogen: noch in den letzten Vorkriegsjahren, als Preußen auf nie zuvor auch nur erahnten Höhen seiner materiellen Wohlfahrt war, lebte die gute Hälfte seiner Bevölkerung in ärgster Bedrängnis: hungrig nicht selten, frierend zuweilen, erbarmungswürdig behaust und schlecht bekleidet fast immer, müde gearbeitet, überanstrengt und erschöpft; ein anderes starkes Viertel kam anspruchslos und eingeschränkt, doch ohne Not zurecht; ein Fünftel lebte angenehm und jeder 50. in Freuden. An die wohl ist zu denken, wenn von der »guten, alten Zeit« die Rede geht.

Das waren vor allem Selbständige. Aber es waren nicht *alle* Selbständigen. Einer Vielzahl kleiner Bauern und kümmerlicher Handwerker und Händler, die das stolze Etikett »wirtschaftliche Selbständigkeit« mühsam über schwere Zeiten gerettet hatte, ging es ja nicht besser als der Lohnarbeiterschaft auf dem Land und in der Stadt. Preußens moderne Wirtschaft drängte auf große Betriebe hin und die kleinen an die Wand.

	1882	1907
Selbständige	2,9 Mio = 34 %	3,1 Mio = 23 %
Angestellte	0,2 Mio = 2 %	0,8 Mio = 6 %
Beamte/freie Berufe	0,2 Mio = 2 %	0,7 Mio = 5 %
Arbeiter	5,2 Mio = 62 %	8,6 Mio = 66 %
Landwirtschaft	2,5 Mio	2,3 Mio
Industrie	2,3 Mio	5,1 Mio
Handel/Verkehr	0,4 Mio	1,2 Mio

Selbständigkeit neu noch zu erlangen, war spätestens seit 1895 unmöglich geworden. Im Grunde wuchsen schon seit Beginn der kaiserlichen Zeiten nur noch zwei soziale Schichten in Preußen: die gewerbliche Arbeiterschaft und die Angestelltenschaft. Die Angestellten sind als soziale Schicht, die sehr bald sehr viel mehr von sich hermachte, als ihr zukam, in jenen Jahrzehnten überhaupt erst entstanden. Die gewerbliche Arbeiterschaft aber ist zur zahlreichsten sozial- und wirtschaftlich weitgehend einheitlich bestimmten Schicht im Staate angewachsen. Jeder Zweite, der bei *Kriegs*beginn in Preußen für Lohn, Gehalt und Pfründe werkte oder wirkte, war ihr zuzuzählen; bei *Reichs*beginn noch nicht einmal jeder Vierte.

Beharrung in Preußen

Und jene Schicht, die in und über Preußen immer noch bestimmte, hat bis zuletzt so zu tun versucht, als hätte sich all das nicht begeben. Und wurde dabei immer selbstischer, ruppiger, dünkelhafter und bornierter.

»Die Welt hat vom alten Adel gar nichts«, schrieb Theodor Fontane, der so lange Zeit von Herzen und Gemüt »der Mann der Jagow und Lochow, der Stechow und Bredow, der Quitzow und Rochow« gewesen war, am 1. Februar 1894 an Georg Friedlaender, »es gibt weniges, was so aussterbereif wäre, wie die Geburtsaristokratie; *wirkliche* Kräfte sind zum Herrschen berufen, Charakter, Wissen, Besitz, – Geburtsüberlegenheit ist eine Fiktion und wenn man sich die Pappenheimer ansieht, sogar eine komische Fiktion«. Und zehn Wochen später: »Ich habe nichts gegen das Alte, wenn man es innerhalb seiner Zeit läßt ...; der sogenannte altpreußische Beamte, ... der Kürassieroffizier, der mehrere Stunden Zeit brauchte, ehe er sich durch sein eigenes Körpergewicht in seine nassen ledernen Hosen hineinzwängte ..., der an seine Gottesgnadenschaft glaubende Junker – all diese Personen und Institutionen finde ich novellistisch und in einem »Zeitbilde« wundervoll ..., aber diese toten Seifensieder immer noch als tonangebende Kräfte bewundern zu sollen, während ihre Hinfälligkeit seit nun grade 100 Jahren, und mit jedem Jahre wachsend, bewiesen worden ist, das ist eine furchtbare Zumutung« ... »Zu solchem Greul entwickeln sich auch die Junker. Je mehr sie überflügelt werden, je mehr sie sich überzeugen müssen, daß die Welt anderen Potenzen gehört, desto unerträglicher werden sie in ihren Forderungen; ihre Vaterlandsliebe ist eine schändliche Phrase, sie haben davon weniger als Andere, sie kennen nur sich und ihren Vorteil ... Zerbrechen dieser aufgesteiften, falschen Adelsmacht muß nächste Aufgabe eines preußischen Königs sein, seines Nebenherpostens als deutscher Kaiser ganz zu geschweigen« (14. Mai 1894).

Mit jedem dieser Worte hatte der nächst und neben Bismarck vielleicht bedeutungsvollste, gewiß vor allen anderen liebenswerteste Preuße seiner Zeit so recht, wie es nur ging. Wenn er freilich an die abschließende Ermunterung ein Hoffen gebunden hatte, dann ward es bald und bitter enttäuscht. Natürlich lag dem König und Nebenher-Kaiser wenig ferner, als zu zerbrechen, was er wie alle seine Vorväter – der Vater allenfalls, von dem die preußische Geschichte ganz wenig nur zu künden weiß, mochte anders gedacht haben – noch immer für die Säulen seines Landes hielt, da sie doch nurmehr tönerne Füße waren. Deshalb mußten Preußen und seit neuerem auch Deutschland mit der rückwärtsgewandten Übellaunigkeit, der kleinlich-überheblichen Beschränkung, die nicht wissen wollte, daß hinterm Berge auch noch Menschen wohnen, und noch ganz andere, mit der rechtlich und politisch privilegierten Talentlosigkeit und der mißgünstigen Hab-, Rach- und Herrschsucht des überlebten Adelsvolkes leben. Und damit *hätte* sich womöglich auch einigermaßen gemächlich leben lassen, wenn sie nicht auch weiterhin mit ihrer Macht, ihren Lügen »als Supplement der Macht« (Nietzsche), ihrem Einfluß und deshalb ihren Entscheidungen hätten leben müssen. Zuweilen war es, als sei Preußen eigentlich nur noch ihnen zuliebe da. Sie saßen auf allen Ebenen an allen Hebeln, mit denen in Preußen etwas bewegt oder – zunehmend wichtiger – verhindert werden konnte, daß sich was bewegte. Und sie waren eifrig, mit Unterstützung ihres königlichen Herrn und deshalb sehr erfolgreich bestrebt, auch beharrlich daran sitzenzubleiben. In den Kreisen, Bezirken und Provinzen sowieso; trotz – in vieler Hinsicht auch gerade wegen – einer umfassenden Verwaltungsreform zwischen 1872 und 1891. Die patrimoniale Polizeigewalt der Rittergutsbesitzer fiel dabei zwar. Aber die Güter blieben selbständige Kommunal- und Polizeibezirke und lokale Herrschaftszentren, die Kreistage ständische Versammlungen, die Landräte unbestrittene, in ihren Machtvollkommenheiten allenfalls gestärkte Herren im Kreis. Doch auch im Staat wog das Wort der Junker mehr als jedes andere Wort. Denn anders als das Reich, anders als allmählich auch die süddeutschen Staaten bekam Preußen bis zum bitteren Ende kein demokratisches Wahlrecht. Es bekam ja nicht einmal neue Wahlkreise. Obwohl es die fluchtartige Völkerwanderung schließlich dahin brachte, daß in manchen westlich-industriell-städtischen Wahlkreisen zehnmal soviel Wahlberechtigte *einen* Abgeordneten erkoren, wie in manchen östlich-agrarisch-ländlichen Wahlkreisen. Da – beiläufig – sich auch das nationale Parlament in die altpreußische Wahlkreiseinteilung hatte schicken müssen, galt diese wunderliche Praxis übrigens auch für die Reichstagswahlen und brachte das Demokratische am Wahlrecht hinterrücks in peinliches Gedränge. Außerdem wirkte es sich auf die Zusammensetzung des Reichstages viel schandbarer aus als auf die Zusammensetzung des preußischen Abgeordnetenhauses. Denn die zehnmal mehr westlichen Wähler hatten zumeist ja die höheren Orts mißliebige Neigung, sich für einen Sozial- und Umsturzdemokraten vereinigt stark zu machen, während das Zehntel östlicher Wähler unschwer auf einen konservativen Gutsherrn-Kandidaten einzuschwören war. Notfalls wurden sie in handlichen Kolonnen gleich vom Felde weg ins Wahllokal geführt und – damit es nicht zu ärgerlichen Irrtümern kam – fürsorglich mit dem richtigen Wahlzettel wohlversehen. Die Gutsherren hatten bisher für ihre Leute gedacht und entschieden, und so wollten sie's auch weiter halten. Und schon gar in Sachen Politik. Volkes Stimme? Daß Elard von Oldenburg-Januschau, der eine Art Prototyp des knochig-knotigen Ostelbiers war und den Reichstag, dem er angehörte, zuweilen am liebsten von »einem Leutnant und zehn Mann« für alle Zeit hätte ausräumen lassen, daß Elard von Oldenburg-Januschau nicht lachte: »Vox populi, vox Rindvieh«.

So kam es, daß die Konservativen z. B. 1890 für gut 650000 preußische Stimmen 54 Abgeordnete ins Hohe Haus schicken durften, die Sozialdemokraten aber nur 14 für mehr als 750000 Stimmen. Über solch antidemokratisches Mißverhältnis brauchten sich die Sozialisten bei den Wahlen zum preußischen Abgeordnetenhaus nicht zu grämen. Wo weiterhin nach dem archaischen Dreiklassenwahlsystem gewählt wurde, hatten sie ohnedies keine Chance. Die linken Liberalen nach 1866 auch nicht mehr. Der Landtag hat sich im Kaiserreich klotzig-stockkonservativer Junker- und Beamtenmehrheiten erfreut. Weniger als ein Viertel Gutsbesitzer hat es nie im Haus gegeben, selten weniger als ein Drittel. Dazu kam ein Viertel bis ein Drittel Staats- und Justizbeamte, sowie abgedankte Offiziere. An beiden zusammen kam nichts und niemand vorbei. Und zusammen mit Gott für König und Vaterland sind sie je später, je öfter und enger gegangen.

Das lag zum einen natürlich daran, daß nicht wenige von den Beamten und Offizieren wie die meisten Gutsbesitzer von Haus, Geblüt und Boden waren. Die höheren Offiziers- und Beamtenhierarchien blieben dank einer prinzipiell gar nicht vorgesehenen, aber im stillen glänzend funktionierenden Kooptationspraxis ja weitgehend artistokratische Bruderschaften. 1910 waren von elf Mitgliedern des preußischen Staatsministeriums noch immer neun, von zwölf Oberpräsidenten elf, von 36 Regierungspräsidenten 25 und von 467 Landräten 271 adelig. Als Abgeordnete benahmen sie sich denn auch so. Sie waren Junker, und wollten auch was davon haben (Bismarck).

Alle Beamten waren freilich keine Junker, vor allem die Justiz- und die rangniederen Beamten nicht. Daß die sich trotzdem so benahmen, obwohl sie *nichts* davon hatten, dafür hat seit Beginn der 80er Jahre der Herr Robert von Puttkamer gesorgt.

Der war seit 1881 preußischer Innenminister, von einem Konservatismus naiv-orthodoxer Machart gezeichnet, und hielt – er hat es wörtlich so gesagt – Preußen für den »ganz besonderen Liebling des lieben Gottes«. Puttkamer und, so dachte der Minister Puttkamer, auch dem lieben Gott, waren die bürgerlichen Geheimräte, die sich in der kurzen Phase des liberalen Kompromisses zwischen 1866 und 1879 von Bismarcks verfassungskämpferischer Beamten-Repression halbwegs wieder erholt hatten, samt ihrem Geheimratsliberalismus von Anbeginn ein scharfer Dorn im Auge. Auf die Bürgerlichen war damals in der Staatsverwaltung natürlich nicht mehr zu verzichten. Um so mehr auf ihren Liberalismus. Davon die Ämter reinzufegen, ist sieben Jahre lang Robert v. Puttkamers lustvoll-unausgesetztes Bestreben gewesen.

Der Erfolg war glänzend und nachhaltig. 1911 waren von den 1858 höheren Verwaltungsbeamten in Preußen fast 700 adlig. Annähernd 900 stammten aus Beamten- und Offiziersfamilien. Ehemalige Korpsstudenten und Reserveoffiziere waren so gut wie alle. Sozialdemokrat, Freisinniger und Jude keiner, Katholiken kamen nur zufällig vor.

»Wer die Personalverhältnisse der preußischen Regierungskollegien in dem letzten Viertel des vorigen Jahrhunderts gekannt hat, weiß, daß liberale politische Anschauungen unter den Verwaltungsbeamten so gut wie gar nicht vertreten waren ... Die bürgerlichen Elemente wetteiferten mit ihren adligen Kollegen in der überzeugten Betätigung konservativer Gesinnung«. Das hat – 40 Jahre, nachdem das Werk getan war und gefruchtet hatte – voll Stolz der verehrungsvolle Sohn des säubernden Ministers geschrieben. Und es gibt keinen Grund, an seinem Wort zu zweifeln. Der bayrische Gesandte Graf v. Lerchenfeld hat es schon 1903 bestätigt. Es gibt freilich auch keinen Grund, am Wort des hochachtbaren Professors für Staatswissenschaften an der Friedrich-Wilhelm-Universität zu Berlin, Ludwig Bernhard, zu zweifeln, der »die Personalverhältnisse der preußischen Regierungskollegien« um die Jahrhundertwende ganz ausgezeichnet kannte, am Puttkamerschen Erfolg gewiß kein Jota rauben, aber dessen Preis auch nicht verschweigen wollte: Administratives Chaos infolge gesinnungsfester Inkompetenz zumindest in den Provinz-, Regierungs- und Kreisbehörden in Preußens Osten. Oder am Wort des preußischen Ministerialrats a. D. Octavio Freiherr v. Zedlitz und Neukirch vom Jahre 1902: »Die Mühle klappert noch wie früher, aber sie liefert nicht mehr entsprechendes Mehl«. »Der echte ›preußische Geist‹ gehört zu den schönsten Blüten des Deutschtums«, schrieb schließlich Max Weber 1917. Nun ja. Da er Scharnhorst, Gneisenau, Boyen, Moltke und die großen Reformbeamten als Kronzeugen zitierte, läßt sich darüber reden. Und er fuhr fort: »Aber es scheint zuweilen, als ob dieser alte preußische Geist heute im Beamtentum *anderer* Bundesstaaten stärker weiterlebe als in Berlin. Und der Mißbrauch dieses Worts durch die jetzige konservative Demagogie ist gar nichts als eine Schändung jener großen Gestalten«.

In der Tat, wenn Beamte nach 1890 noch an der Regierung mäkelten – und das kam öfter vor, als dem Ruf des preußischen Beamtentums zuträglich war – dann mäkelten sie an der Regierung, weil sie adlig-agrarische Interessen nicht nach Gebühr und Gebot gewahrt fanden. Die königlich-preußische Regierung war gewöhnlich mit starken Worten umgehend sehr empört darüber, sah aber nach ruhigem Sich-Besinnen den Grund des aufsässigen Tadelns allemal ein und nahm sichs entschuldigend und bessernd zu Herzen. Im August 1899 kam es gar zu einer Art Beamten-Rebellion. *Das* hatte Preußen nie erlebt. Es war ja auch so etwas wie eine preußische Undenkbarkeit.

Der Anlaß war ein Kanal. Der Kanal sollte den Rhein mit der Oder verbinden und eine durchgängige west-östliche Wasserstraße durch Deutschlands Mitte komplettieren. Deshalb hieß der Kanal Mittellandkanal. Die westliche Industrie, die Regierung und besonders enthusiastisch der König und Kaiser waren *für* den Kanal, weil er die Kosten für den Massentransport wesentlich zu senken geeignet war. Die ostelbischen Agrarier waren *gegen* den Kanal, weil er die Kosten für den Massentransport wesentlich zu senken geeignet war. Sie fürchteten, daß der mitteldeutsche Markt, in Sonderheit Berlin und Sachsen, für ihr Getreide dann verloren sei. Die Befürchtung war berechtigt. Denn ihr Getreide war teuer. Viel teurer als Korn aus Übersee, das in großen Mengen an den westlichen Küsten anlandete, zum Einfuhrzoll freilich nicht auch noch hohe Eisenbahntarife vertrug und deshalb über die Weser kaum hinwegkam. Die niedrigen Schiffahrtskosten *hätte* es vertragen. Aber sie waren ihm fürs erste nicht vergönnt. Das Gesetz, mit dem das preußische Abgeordnetenhaus nach Wunsch und Wille der Regierung dem Bau des Mittellandkanals zustimmen sollte, fiel nämlich durch, weil fast die ganze große konservative Fraktion, darunter 26 von 37 ostelbischen Provinzialbeamten-Abgeordneten,»nein« zu ihm sagte. Die Erregung der Regierung war groß und tatenträchtig. Es ginge nicht länger an, polterte Vizepräsident Miquel, daß die Provinzbeamten stets die Interessen ihrer Kreise dem allgemeinen Staatswohl vorzögen und ausschließlich den Bestrebungen der Agrarier dienten. Auch Majestät war aufs Äußerste erbost. So sehr ihn natürlich ärgerte, daß aus dem Kanal nichts werden sollte, für den er sich persönlich so sehr ins Zeug gelegt hatte, viel schlimer war der Ungehorsam der Grafen und Freiherrn, Landräte und Regierungspräsidenten gegen ihren königlichen Herrn. Die Beamten mußten es ausbaden. 20 Regierungspräsidenten und Landräte, ein Dutzend Adlige dabei, wurden kurzweg und schimpflich davongejagt. Auch *das* war in Preußen bis dahin unerhört und ungeschehen. Und rechtswidrig war es außerdem.

Nun war manches dem Recht entgegen im Preußen jener Zeit. *Dieser* Rechtsbruch freilich wurde geflissentlich und entschädigungsreich wieder gekittet. Nicht so sehr, weil er ein Rechtsbruch war. Vielmehr, weil der Betroffenen konservativ-adelige Brüder in Geist, Amt und Interessen es mit schmerzlichem Nachdruck von König und Regierung verlangten. Nicht Ausdruck unbestechlicher preußischer Gerechtigkeit ohne Ansehen der Person, Ausdruck einer kleinmütig eingesteckten politischen Niederlage der Krone und Reigerung war es, daß keine zwei Jahre später die meisten der Kanal-Rebellen, im Rang erhöht, wieder ins behördlich-preußische Arkanum aufgenommen waren. Drei hat der Lauf ihres amtlichen Lebens gar noch in den edelst-überständigen Hort preußischer Beharrung und junkerlicher Wirkungsmacht, ins Herrenhaus, geführt; einer ist preußischer Innenminister geworden.

Ja, es war weit gekommen mit den Junkern. Wie lange war es bloß her, daß ein preußischer König begründet hatte sagen können:»Ich ruiniere die Junkers ihre Autorität, ich komme zu meinem Zwecke«. Es stimmte längst nicht mehr. Eher schon und mehr als je stimmte der

ernste, auch nicht mehr ganz junge Scherzreim: Und der König absolut, wenn er uns den Willen tut. *Sie* kamen zu ihrem Zweck. Mit allen
Mitteln.

Es war ja etwas Merkwürdiges: Der grundbesitzende ostelbische
Alt-, Neu- und Gesinnungsadel stritt gegen den überwältigenden An-
drang moderner wirtschaftlicher und sozialer Kräfte und für den Bestand einer vormodernen Lebens- und Herrschaftsordnung in Staat
und Gesellschaft, stritt im Namen der Tradition, des allgemeinen Besten, Gottes und der Vornehmheit, und stritt mit den *modernsten* Waffen, die es im politisch-sozialen Kampfe gab, stritt nämlich rücksichtslos und ohne jede fromme Scheu als straff organisierter, ordinärer wirtschaftlicher Interessenverband. Der hieß »Bund der Landwirte« und
war 1893 ins unselig-kämpferische Dasein getreten, als der Reichskanzler »ohn' Ar und Halm« Caprivi boshaft sich an dem vergriffen hatte,
was den Grundbesitzern das Kostbarste am Staate war: an den bekömmlichen 50 Mark Einfuhrzoll pro Tonne Getreide. Nicht, daß ihnen der Zoll genommen worden wäre. Er wurde nur um 15 Mark her-
abgesetzt, damit Deutschlands Handelspartner als Gegenleistung deutsche Industriegüter ungehinderter ins Land ließen. Außen- und machtpolitische Zwecke hatte es überdies. Auch nicht, daß die kleine Einbuße
die Gutsherrn sonderlich geschädigt hätte. Gewiß, der Landwirtschaft
war es schon besser gegangen in Preußen. Seit beinahe 20 Jahren kam
nun schon billiges Überseegetreide nach Europa und machte Ostelbiens
kostspielig produziertem Korn den Absatz sauer. Die Preise waren nach
und nach um ein Viertel gesunken. Aber »wer von 100000 Mark bishe-
rigem Einkommen zeitweilig 20000 Mark verloren hat ..., selbst wer
statt 30000 heute nur 20000 oder 15000 ... einnimmt, ist noch kein
Mann, dessen Existenz vernichtet ist, der durch Staatsmittel anderer
erhalten werden muß, ... auch (nicht), wenn er sich als notleidender
Bauer verkleidet«. Recht hatte der preußische Staatsrat, Professor Gustav Schmoller, der dies 1895 schrieb. Aber die Junker hatten längst
klagen gelernt, ohne zu leiden. Zumal schlimmer als der Geldverlust
im Fall der Zollsenkung ja war, daß der Staat die Landwirtschaft zugunsten der Industrie »geopfert« hatte.

Und *wie* sie klagten. Mehr und anders noch: »Wir müssen aufhören
zu klagen, wir müssen schreien, daß es das ganze Land hört, wir müssen schreien, daß es bis an die Stufen des Thrones vernommen wird ...,
denn nur dadurch, daß wir rücksichtslose und ungeschminkte Interes-
senpolitik treiben, kann vielleicht die Existenz der heutigen Landwirte

... gerettet werden ... Ich schlage nichts mehr und nichts weniger vor, als daß wir unter die Sozialdemokraten gehen und ernstlich gegen die Regierung Front machen ... und sie unsere Macht fühlen ... lassen«. So stand es am 21. Dezember 1892 aus der Feder des Domänenpächters Ruprecht aus Ransern in der »Landwirtschaftlichen Tierzucht« zu lesen. Und also geschah's. Unter die Sozialdemokraten sind die Agrarier natürlich nicht gegangen. Die hätten sich auch bedankt. Aber geschrien haben sie. Fort und fort, selbstgerechter und durchdringender als sonstwer in Preußen-Deutschland. Und vernommen worden auf dem Thron und an seinen Stufen sind sie auch. Den braven Caprivi hat nicht zuletzt dies Geschrei alsbald aus dem Sessel geblasen. Später haben sie dann auch den 50 Mark-Zoll zurückbekommen und mancherlei Einträgliches dazu; sei es in Form direkter Prämien aus Staatsmitteln, sei es in Form indirekten staatlichen Schutzes und Schirms gegen unliebsame, weil effektivere Konkurrenz, sei es in Form massiver Steuerbegünstigungen, sei es durch fortgesetzte Verweigerung des Koalitionsrechts für und durch die Unterdrückung sozialdemokratischen Werbens um die Landarbeiter. Sei es, wie und was es wolle. Es war allemal gegen die soziale Gerechtigkeit, weil es die ohnedies Begünstigten mit »Liebesgaben« überhäufte, die sich auf die Taschen der Bedrückten und Erniedrigten stellten; und war überdies gegen die wirtschaftliche Vernunft, weil es den kostspieligen, international nicht mehr konkurrenzfähigen ostelbischen Getreide- und Kartoffelanbau auf Gutsland päppelte, statt die produktivere und angesichts veränderter Ernährungsgewohnheiten zukunftssichere Vieh- und Veredlungswirtschaft der mittelständischen Bauern zu fördern. Das sorgsam konservierte Mißverhältnis hat der deutschen Agrarwirtschaft jahrzehntelang noch angehangen und ist die deutsche Volkswirtschaft zunehmend teurer zu stehen gekommen.

Noch etwas anderes ist vom Wirken des Landbunds geblieben. Und das war schlimmer. Geblieben ist nämlich auch die Umwertung und Entwürdigung konservativen Denkens und konservativer Politik. Was trotz vielerlei Bedenklichkeiten stets gut und echt am altpreußischen Konservatismus gewesen ist, verlief sich seit 1890 in einem Ideengebräu, in dem wirtschaftlich-sozialer Antimodernismus und etwas so Modernes und nun wirklich ganz und gar Unpreußisches wie rassischvölkisch begründeter Nationalismus wunderlich sich mischten: Zivilisations- und Bildungsfeindlichkeit, abweisendes Mißtrauen gegen liberale Ordnung und soziale Politik, nationale Unduldsamkeit und kämp-

ferischer Antisemitismus. Nichts davon haben die junkerlichen Agrarier erfunden. Aber sie haben alles miteinander zum scheußlichen Syn-
drom geballt und unverzeihlich popularisiert. Das politisch-soziale
Denken und Verhalten des bürgerlichen Mittelstandes in Deutschland
ist ein halbes Jahrhundert lang davon durchdrungen geblieben.

Kriegsanbruch: Die Menge nach der Ansprache des Kaisers am 31. 7. 1914

Abermals Revolution in Berlin 1918/19

8. Kapitel
Demokratisches Preußen

»Seit nun fünfzig Jahren«, schrieb Max Weber im Sommer 1918, »haben die preußischen Konservativen politischen *Charakter* im Dienst großer staatspolitischer oder idealer Ziele ... *niemals* gezeigt. Man prüfte die Geschehnisse nach: *ausschließlich* dann, wenn es entweder an ihre Geldinteressen oder an ihr Amtspfründenmonopol und ihre Ämterpatronage oder (was damit identisch ist) an ihre Wahlrechtsprivilegien gehen sollte: – *dann* freilich arbeitete ihre landrätliche Wahlmaschine rücksichtslos auch *gegen* den König. Der ganze traurige Apparat »christlicher«, »monarchischer« und »nationaler« Phrasen trat und tritt dann in Aktion«.

Ja, »tritt«. Noch tobte zwar der Krieg, aber Preußen-Deutschland hatte ihn zu jener Zeit längst verloren und lag am Boden. Der politisch-soziale Zustand der Welt war in vier erschütternden Jahren von Grund auf umgekrempelt worden: das jahrhundertealte Reich der Osmanen – zuletzt nur noch sein eigener Schatten – war endgültig dahingegangen; das österreichisch-ungarische Kaiserreich war ihm zu folgen schon bestimmt; das Zarenreich war unter den Schlägen des revolutionären Proletariats kläglich zerborsten; das altehrwürdige europäische Staatensystem war an sich selbst verzweifelt und Amerikas kriegerischer Ausbruch aus selbstgewählter und geschätzter Isolation hatte das »europäische Zeitalter der Weltgeschichte« für alle Zeit beendet, – nur in Preußen sollte nach dem bornierten Sinn der Junker alles bleiben, wie es seit Bismarcks segensreichem Tun geworden und gewesen. Die kämpften für das Dreiklassenwahlrecht als Garantie ostelbischer Adelsherrschaft über Deutschland, als gäbe es nichts Wichtigeres auf der Welt. Und für sie gab es ja auch wirklich nichts Wichtigeres. Doch diesmal haben sie verloren.

Im Mai 1918, als sich die militärische Lage trügerisch zu festigen schien, lehnte die konservative Mehrheit des preußischen Abgeordnetenhauses noch einmal eine demokratische Wahlrechtsvorlage ab, die sie in der Not des November 1917 selbst mit eingebracht hatte. Erst fünf Monate später, im Angesicht der manifesten Niederlage, stimmte sie schließlich zu. Aber da hatte sie im Grunde schon nichts mehr anzunehmen oder abzulehnen. Es gab sie ja nur noch dem Scheine nach. Die Geschichte war bereits über sie hinweggegangen. Und über Reichspreußen gleich mit. Die unvollkommene Revolution der nächsten Monate hat gleichsam nur noch die Trümmer geräumt – und den Grund für ein *neues* Preußen freigelegt. Das aberwitzig-ernsthafte Ansinnen Wilhelms II., als deutscher Kaiser abzudanken, doch Preußens König immerhin zu bleiben, ward als das behandelt, das es war: als letzter Mißton unwissender und albernster Verblendung. Der König mußte gehen, kein neuer König durfte leben. Preußen wurde demokratische Republik.

Noch ist Preußen nicht verloren

Das war nicht von vornherein selbstverständlich gewesen. Daß Preußen, wenn es wieder wurde, demokratisch wurde, war natürlich selbstverständlich gewesen. Nicht selbstverständlich aber war gewesen, daß Preußen überhaupt wieder wurde. Die Erfahrungen mit der unzuträglichen Hauptrolle, in der es Deutschland ein halbes Jahrhundert lang an die Wand gespielt hatte, sprachen nachdrücklich dagegen. Aber es entstand trotzdem wieder. Und das war gut so. Nicht gut war – paradox genug und aus der Sicht von 1933 –, daß es keine Hauptrolle mehr zugewiesen bekam, in der es Deutschland fernerhin noch an die Wand spielen konnte. Richtig aus der Sicht von 1918/19 war es trotzdem. Damals war entfernt ja nicht zu ahnen, daß Preußen – als wollte es vor der Geschichte einiges wiedergutmachen – auf seine alten Tage zum festen Hort und Rückhalt demokratisch-parlamentarischen Meinens und Wollens in einem Deutschland wurde, das sich mit politischer Festigkeit, demokratischem Selbstverständnis und Parlamentsherrschaft im übrigen so verhängnisvoll schwer tat.

Am 19. Januar 1919 wählte die Reichsbevölkerung eine Verfassunggebende Nationalversammlung, eine Woche darauf die Bevölkerung Preußens eine Verfassunggebende Landesversammlung. Beide wählten nach dem demokratischen Wahlrecht: allgemein, gleich und geheim. Und beide wählten Parlamente, deren starke Mehrheiten sich unter sozialdemokratischer Führung zu Demokratie und Republik bekannten. Während die Nationalversammlung nun aber sofort und entschieden

zu tun begann, wofür sie geschaffen war, ging die preußische Landesversammlung die Verfassungsschöpferei nur zögernd an. Noch war
man sich ja nicht drüber klar, was aus Preußen werden sollte.

Zunächst einmal wurde es kleiner: an Land um ein Sechstel, an Leuten um ein Zehntel. Territorial mußte Preußen fast allein für Deutschland die Kriegszeche zahlen. Der Friedensvertrag, der dem Reich im Juni 1919 von den Siegermächten aufgenötigt wurde, nahm Preußen das
Gebiet um Eupen und Malmedy, Nordschleswig, den südöstlichen Zipfel Oberschlesiens mit den Zechen und Hütten, den größten Teil Westpreußens, Ostpreußen nordöstlich der Memel und fast ganz Posen.
Ostpreußen war wie ehemals vor 1772 wieder vom Stammland abge-
trennt. Wobei noch offen war, ob dieses Stammland nur das Reich oder
weiterhin auch Preußen sein sollte.

Wenn es nach der Mehrheit im Parlament jenes damaligen Preußen
im Wartezustand und nach dem geistigen Urheber der Reichsverfassung, dem demokratischen Professor Hugo Preuß, gegangen wäre, hätte es *nicht* auch Preußen sein sollen. Beide wollten einen deutschen
Einheitsstaat ohne Länderparlamente und -regierungen, ohne politische Grenzen, die weiterhin entlang dynastischer Zufälligkeiten gezogen waren, ohne partikularistische Eitelkeiten und Machtbefugnisse,
die gegen das Reich gerichtet werden konnten. Man hatte genug und
übergenug davon. Die übrigen Länder sollten Selbstverwaltungsbezir-
ke ohne Staatscharakter, Preußen »in seine Bestandteile aufgelöst«
werden.

Es ist am Ende nicht nach der preußischen Parlamentmehrheit und
Hugo Preuß gegangen. Den Mittelstaaten war der Preis einer Auflösung Preußens für die Dreingabe ihrer staatlichen Souveränität zu
niedrig. Sie bestanden darauf, daß Deutschland auch fernerhin ein
Bundesstaat bekannter, nur angepaßter Machart sei. Und ihr Verlangen war auf Macht gestützt. Die Entscheidungen der Nationalversammlung mußten ein sogenanntes Staatenhaus passieren, ehe sie
rechtskräftig werden konnten. Im Staatenhaus saßen die Delegierten
der neugewählten Länderparlamente und opponierten. Des Professor
Preuß' paragraphgewordene Idee vom Einheitsstaat war von Anbeginn
ein flüchtig' Luftgebilde. Und Preußen blieb – von Süddeutschland gerettet – als Staat erhalten; obwohl *sein* Übergangsparlament das unge-
wollte Glück selbst vier Monate *nach* Verkündung der föderativen
Reichsverfassung noch nicht fassen mochte und die preußische Regierung mit großer Mehrheit neuerlich ermunterte, »die Reichsregierung

zu veranlassen, mit den Regierungen aller deutschen Länder über die Errichtung des deutschen Einheitsstaats in Verhandlungen einzutreten«. Ein knappes Jahr später erst, am 30. November 1920, verstand es sich dazu, eine gesamtpreußische Verfassung zu verabschieden.

So war Preußen trotz aller Verkleinerung weiterhin der weitaus größte Staat im deutschen Vaterland, das auch ohne Kaiser den Namen »Reich« nicht missen mochte. Aber Hegemonialmacht war es nicht mehr. Das war für alle Zeit vorbei. Preußen war nicht nur kleiner, es war auch schwächer geworden. Preußen war – im altpreußischen Jargon zu reden – ins Glied zurückgetreten. Zwar hatte es neuerdings 26 von 66 Stimmen im Reichsrat, statt 17 von 58, wie einst im Bundesrat. Aber erstens gehörten 13 davon nicht der Zentralregierung, sondern den Provinzen und konnten durchaus *gegen* die Zentrale in die Waagschale geworfen werden. Was öfter als tunlich auch geschah. Zweitens ließen sich die Kleinen im Lande nicht mehr nach Belieben geräuschlos zähneknirschend in Preußens Fahrwasser ziehen. Und drittens hätte das nichts genützt, weil der Reichsrat etwas ganz anderes war als der Bundesrat: nicht Regierungsersatz und entscheidende Instanz der Gesetzgebung in einem, sondern mit exekutiven Befugnissen gar nicht mehr versehen und bei der Gesetzgebung nur noch zu aufschiebender Kontrolle berufen. Denn das Reich hatte ja nun eine eigene Regierung und eine eigene umfaßliche Bürokratie, die beide mit der preußischen Staatsregierung und -verwaltung nichts mehr gemein hatten. Und das Reich hatte einen Reichstag, dem die Regierung verantwortlich war, der Gesetze einbringen und verabschieden durfte und den Einspruch des Reichsrats mit Zwei-Drittel-Mehrheit abweisen konnte. Daß das Reich auch einen Reichspräsidenten mit ausgedehnten Kompetenzen hatte, der wider den Geist, aber getreu dem Buchstaben der Verfassung all den wohlmeinenden demokratischen Grundsätzen und Verfahrensweisen den Boden entziehen konnte, das wurde erst ein Dutzend Jahre später für die preußische Geschichte schmerzlich bedeutsam. Von vornherein war schmerzlich, daß nicht nur Preußens Macht und Einfluß im Reich zum großen Teil dahingeschwunden war, sondern daß auch die ergiebigsten Steuerquellen nicht mehr für Preußen sprudeln durften. 1919 gelang dem Reichsfinanzminister Matthias Erzberger, was selbst Bismarck nicht gelungen war: er erneuerte das deutsche Steuersystem vom Grunde her, entzog den Ländern kurzweg die Steuerhoheit und -verwaltung und übernahm alle wesentlichen Steuern auf das Reich. Auch die Einkommensteuer, mit deren Erträgen Preußen im Kaiserreich so sorglos aus dem Vollen hatte schöpfen können. Bisher hatte das Reich alljährlich bei den Ländern, will sagen: bei Preußen um milde Steuergaben anstehen müssen, weil das eigene karge Aufkommen selten reichte. Neuerdings bekamen die Länder zugeteilt und wurden knapp gehalten. Freilich, da bis 1930 *alle* Staatskassen bevorzugt und mit Lust auf leichthin gewährtem Pump lebten, war das so schmerzlich denn doch wieder nicht.

Seit dem 30. November 1920 war Preußen eine ordnungsgemäß verfaßte demokratisch-parlamentarische Republik. Nicht ganz 140 Monate sind ihm in dieser ungewohnten Gestalt an Dasein noch beschieden gewesen. Dann – am 20. Juli 1932 – haben zwei preußisch-adelige Generale mit unsäglichem politischen Unverstand und atemberaubender Leichtfertigkeit geschafft, was weder Krieg noch Revolution noch Preußen-Überdruß zuvor gelungen war: Preußen seiner eigenständigen politischen Kraft und Handlungsfähigkeit zu berauben. Zu einem Zeitpunkt überdies, als es beides in Deutschlands Interesse so nötig hatte, wie nur je seit 1871. Ein Ende, so dumm und schmählich, wie es Preußen denn doch nicht verdient hatte; Preußen an sich nicht und das neue Preußen schon gar nicht.

Glanzvoll sind Preußens karg bemessenen demokratischen Jahre nicht gewesen. Aber Glanz war auch so ungefähr das letzte, was Preußen damals brauchte. Für Glanz, dem Elend niemals fern gelegen hatte, genauer noch: für Glanz, der Elend – und nicht zu knapp – zum Grund und zur Voraussetzung gehabt hatte, für Glanz in Preußens Geschichte war im verstrichenen Vierteljahrtausend wahrlich überreich gesorgt worden. Brav und bieder, ernsthaft und aufrecht, hinlänglich gefestigt und geradlinig war dies freistaatliche Preußen. Und besseres konnte damals von ihm gar nicht erwartet und gesagt werden.

Von Anfang bis Ende haben in Preußen jene drei Parteien die Politik bestimmt, die es mit Demokratie und Republik in Deutschland wirklich ernst meinten und »ja« zu Reichs- und preußischer Verfassung sagten: die Sozialdemokraten, das Zentrum und die Demokraten. Und den Ton haben – gedämpft und schonend – durchweg die Sozialdemokraten angegeben. Das Reich hat zwischen Februar 1919 und Januar 1933 21 Regierungskabinette und ein Dutzend Kanzler verschlissen, Preußen ist mit sieben Kabinetten und vier Ministerpräsidenten ausgekommen, von denen zwei eher zufällig ins Amt geraten und insgesamt nicht länger als acht Monate darin geblieben sind. Der »eigentliche« Ministerpräsident, stand beide Male gleichsam nur in Warteposition. Der »eigentliche« Ministerpräsident stand beide Male gleichsam nur in Warteposition. Der »eigentliche« Ministerpräsident, das war Otto Braun – gelernter Drucker und

Redakteur, geborener politischer Streiter und – Herrscher, in der Wolle gefärbter Sozialdemokrat und – Preuße. In Königsberg zur Welt gekommen und zu Bewußtsein gelangt, und bis ans Lebensende fern der Heimat tief und fest in Ostpreußen verwurzelt. Ein Mann von urwüchsiger Selbstgewißheit, schlichter, sachkenntnisreicher Denkart, entschlossener Durchsetzungsfähigkeit und pragmatischer Kompromißbereitschaft. Nicht frei von autoritärer Attitüde, gänzlich frei von selbstzufriedener Eitelkeit und hohlem Machtgehabe. Otto Braun ist Preußens republikanischer Ministerpräsident gewesen: von März 1920 bis zum bitteren Ende und im Grunde auch dann, als von Ende April bis Anfang November 1921 Adam Stegerwald, von Mitte Februar bis Anfang April 1925 Wilhelm Marx *seines* Amtes walteten. So eindrücklich ist er es gewesen, daß er zum Ende hin wohl gar bewunderungsvoll und voller Unglimpf der »rote Zar von Preußen« genannt worden ist. Der französische Außenminister Briand hielt »Säule der deutschen Demokratie« für treffender und geschmackvoller. Braun vor jedem anderen, und nach ihm noch die sozialdemokratischen Innenminister Severing und Grzesinski haben Preußens politischem Wesen und Gebaren in Weimarer Zeiten Prägung und Farbe gegeben. Freilich, sozialistisch ist die Prägung, rot die Farbe nicht gewesen.

Demokratisierung und Hegemoniegelüste

Preußen hat wie das Reich eine durchgreifende Neuordnung des politischen Systems, es hat sowenig wie das Reich eine soziale Umwälzung erlebt, die das unterste zuoberst gekehrt hätte. Die Verwaltungsorganisation wurde unverändert aus der Monarchie übernommen. Eine Ausweitung der kommunalen Selbstverwaltung fand nicht statt. Preußen wurde zum »demokratisch organisierten Obrigkeitsstaat« (Theodor Eschenburg). Die Besitz- und Vermögensverhältnisse, auch die private wirtschaftliche Verfügungsmacht, blieben unberührt und wohlgesichert. Über die Sozialisierung des Bergbaus und der Hütten an Rhein und Ruhr wurde solange debattiert und raisonniert, bis sich das Thema erschöpft hatte. Dann ließ man die Dinge, wie sie waren. Mancher hätte im Eifer und Zorn mit revolutionärem Schwung gern die Gutsherrn alle miteinander zum Teufel geschickt und ihr Land an Tagelöhner, Insten, Bauern ausgetan. Die Besonneneren haben gemeint, daß es fürs erste wichtiger sei, dem beackerten Grund und Boden möglichst viel fürs hungrige Volk abzugewinnen, als ihn neu zu verteilen, und daß beides nicht zusammengehe. Und weil bei den Besonneneren die Verantwortung und Entscheidung lag, die Last der Verantwortung und Entscheidung sie besonnen, womöglich auch ein bißchen kleinmütig machte, deshalb haben die Gutsherrn als Gutsherrn, die Rittergüter ungeschmälert als Rittergüter, haben gar die Gutsbezirke als kommunale Einheiten mit politischen Rechten überlebt. Bis 1927 hat es noch gedauert, ehe zumindest dies Relikt überwundener Zeiten aus der ostelbisch-preußischen Welt geschafft worden ist.

Da hat es die adligen Gutsherren doppelt verdrossen, weil die Gutsbezirke unterdessen zum letzten Hort politisch-administrativer Herrschaft der agrarisch-konservativen Herrschaften in Preußen geworden waren. Denn so sehr sie Besitz und soziale Stellung geschont hatten, mit einem hatten die sozialdemokratischen Verwalter Preußens gründlich Schluß gemacht: mit der aristokratischen Beamtenbruderschaft in den Provinzen, Bezirken und Kreisen. Auch das nicht umgehend und rücksichtslos, zögernd und bedenklich vielmehr, im Endergebnis aber doch wohltuend rigoros. *Das* war die eigentliche Demokratisierung Preußens. Anders wäre Preußen neuerdings zwar nach demokratischen *Prinzipien* regiert worden, demokratische *Praxis* an Ort und Stelle wäre ihm aber weiter fremd geblieben. Für das politisch-soziale Alltagsleben war gewiß nicht belanglos, wer die Abgeordneten und Minister waren und was sie dachten und erstrebten. Allemal wichtiger war, was die Regierungspräsidenten und Landräte wollten und taten. Und die wollten der Republik zumeist nicht wohl und taten deshalb oft nicht gut. Das hätten sich die demokratischen Staatslenker eigentlich denken können. Gesagt worden ist es ihnen außerdem. Dennoch sind anfangs nur die meisten Oberpräsidenten ausgewechselt worden, die monarchischen Bezirks- und Kreisvorstände in ihrer großen Mehrzahl aber erst einmal im Amt geblieben. Man glaubte sie zu brauchen. »Mit diesem Beamtenkörper«, hat Otto Braun später geschrieben, »mußte die neue Regierung vorerst arbeiten, wenn die Staatsmaschine nicht ins Stocken geraten und die Erfüllung der vordringlichsten Aufgaben, Versorgung des Volkes mit Lebensmitteln, Ingangsetzung und Umstellung der Wirtschaft und tunlichst reibungslose Demobilisierung des Millionenheers, nicht gefährdet werden sollte«.

Vielleicht darf es nicht allzusehr erstaunen, daß der Mythos von der unersetzlich-reibungslosen Wirkungsmacht der preußischen Bürokratie ausgerechnet bei denen am lebendigsten noch war, gegen die sie sich das letzte halbe Jahrhundert am tätigsten zur Geltung gebracht hatte. Ab Frühjahr 1920 half freilich der Mythos des preußischen Beamtenstandes gegen die Illoyalität der preußischen Beamten nicht mehr.

Im März wagten der ostpreußische Generallandschaftsdirektor Kapp und der Kommandierende General von Lüttwitz den Aufstand gegen die Republik. Mit Truppenmacht, Waffengewalt, Proklamation einer neuen Regierung und allem, was dazu gehört. Die Reichsregierung floh. Und trotzdem war es ein Schlag ins Wasser, der wenige Tage nur die Oberfläche kräuselte. Die Gewerkschaften bliesen zum Generalstreik, die Ministerialbürokratie weigerte sich, Anordnungen der angemaßten Herren zu befolgen. Bevor noch eine Woche um war, war der reaktionäre Spuk vorbei. Nun flohen Kapp und Lüttwitz und die rechtmäßigen Minister kehrten wieder. Viele Dutzend politische Provinzbeamte hatten in eilfertiger Freude falsch gerechnet, als sie Kapp ihre guten Dienste offerierten. Sie mußten endlich gehen, fast hundert bis zum Jahresende.

Von da an sind die Ämter aus allzuoft gegebenem Anlaß immer mal wieder durchmustert worden. Ausgiebig und folgenreich vor allem schon im nächsten Jahr nach dem Mord an Walther Rathenau. Im Herbst 1926 waren schließlich alle Oberpräsidenten, fast alle Regierungs- und Polizeipräsidenten und mehr als die Hälfte aller Landräte in der Republik ins Amt gekommen. Der Adel war nicht ganz verschwunden, sein Anteil aber von zwei Drittel auf ein Viertel abgesunken. Dafür waren jetzt annähernd zwei Drittel mit dem Parteibuch einer der Regierungsparteien ausgestattet. Mit solchem Personal ließ sich demokratische Politik auch dort durchsetzen, wo sie wirksam werden sollte.

Andererseits konnte es freilich passieren, daß Beamte, die in Preußen gemaßregelt worden waren, im Reich über kurz oder lang wieder zu Amt und Würden gelangten. Und noch zu ganz anderen, als sie gehabt hatten. Der Königsberger Landrat Walther von Keudell zum Beispiel, der sich in den Tagen des Kapp-Putsches geweigert hatte, Aufrufe der rechtmäßigen Regierung zu veröffentlichen, wurde am 29. Januar 1927 Reichsinnenminister – und hatte nichts Eiligeres zu tun, als den letzten Sozialdemokraten zu feuern, der noch ein hohes Amt im Ministerium versah. Und den demokratischen Leiter seiner Verfassungsabteilung, Arnold Brecht, gleich mit. Braun ernannte Brecht umgehend zum preußischen Ministerialdirektor und Bevollmächtigten zum Reichsrat und setzte dafür einen Volksparteiler an die Luft.

So widrig ging es damals zu zwischen Preußen und dem Reich? Ja, so widrig ging es zu und so kleinlich. Weil es so widrig zuging, ging es so kleinlich zu. Denn die Kleinlichkeit stand für mehr. Das Verhältnis zwischen Preußen und dem Reich war längst nicht mehr zum Besten. Und es wurde immer schlechter. Womöglich mußte das so sein. Gewiß, Preußens Stellung im Reich war schwach geworden, wenn man sie mit der Stellung zu kaiserlichen Zeiten verglich. Aber *so* schwach konnte die Stellung eines Landes, dessen Grenzen drei Fünftel des Gebiets und Volks umschlossen, im Bundesstaate gar nicht werden, daß es sich *kein* hervorragendes Mitspracherecht in Reichsdingen angemaßt hätte. Natürlich wollte Preußen nachdrücklich, daß sein Wort weiterhin mehr Gewicht habe, als das Wort von Schaumburg-Lippe und Mecklenburg-Strelitz, mehr auch als das Wort von Sachsen oder Bayern, und Gewicht in *allen* Angelegenheiten, nicht nur bei der bundesstaatlichen Gesetzgebung. Das wäre selbst dann der Herrschafts-Harmonie nicht förderlich gewesen, wenn Preußen und das Reich wenigstens im großen ganzen in die gleiche Richtung gestrebt wären. Es wurde zum Anlaß aufreizender Zerwürfnisse, da sie je später je weiter auseinanderstrebten. Während Preußen fortgesetzt hart am demokratischen Wind segelte, driftete das Reich allmählich in republikfeindliches Fahrwasser. Erstmals 1925, dann wieder von jenem 29. Januar 1927 an, stellten gemeinsam mit dem Zentrum die beiden Rechtsparteien die Reichsregierung, die einst die republikanisch-demokratische Verfassung schroff abgelehnt hatten. Die anfängliche Übung, daß Reichsminister an den Sitzungen der preußischen, preußische Minister an den Sitzungen der Reichsregierung teilnahmen, wurde vollends aufgegeben. Reibungslos funktioniert hatte sie nie. Jetzt aber trat an die Stelle mühsamer Versuche in streitbarer Partnerschaft feindseliger Grabenkrieg. Beide Seiten begannen eingehend und hörbar auf grundsätzliche Bereinigung zu sinnen. Das gemeinsame Stichwort hieß »Reichsreform«. Mit ihm hörte die Gemeinsamkeit freilich gleich wieder auf. Das Reich nämlich begriff darunter die weitere Schwächung, womöglich Auflösung des »linken Kolosses«, Preußen nichts weniger als die Rückkehr zur Hegemonie. Freilich nicht zur Hegemonie um ihrer selbst willen, sondern zur Hegemonie als Durchgangsstation zum Einheitsstaat. Das machte die Sache für den nichtpreußischen Rest in Deutschland nicht besser. Im Gegenteil. Wenn Otto Braun im Februar 1927 und dann noch mehrfach sagte: »Preußen ... muß unversehrt erhalten bleiben, denn es wird und muß schließlich doch den Kern des zu schaffenden Einheitsstaats bilden«, dann verstanden Bayern, Sachsen, Württemberg und das Reich: Deutschland wird und muß in Preußen aufgehen. So war es auch gemeint. Und Braun ließ es nicht beim Meinen. Er strengte sich an, dem »Werden« und »Müssen« nachzuhelfen. Sein Hebel war das Geld.

Seit Erzberger 1920 die deutsche Steuerverfassung reformiert hatte, gab es eine Bestimmung im Finanzausgleichsgesetz, die Preußen schon seit je verdrießlich stimmte. Die reichen Länder mußten den armen finanziell unter die Arme greifen. Die preußische Regierung tat, was sie konnte, um das zu ändern. Vorrangig nicht, weil ihr der Geldverlust auf der Seele lag. Das tat er zwar. Überhaupt lag ihr auf der Seele, daß sich die Reichsregierung als Obersäckelmeister gerierte. Aber dagegen half nun nichts mehr. Nein, beim Streit um die Zuschußpflicht kam es Preußen nicht so sehr auf den eigenen Haushalt, wie auf die Haushalte der Bedürftigen an. Denen sollte, war sein unumwundener Gedanke, die so kostspielige wie überflüssige Eigenstaatlichkeit über Kraft und Mittel gehen. »Ich halte daher nach wie vor an meinem Standpunkt fest, daß man den Kleinstaaten durch ein möglichst geringes Entgegenkommen zum Bewußtsein bringen muß, daß sie keine Existenzberechtigung haben«. Sie waren zum Anschluß an Preußen herzlich eingeladen. Und tatsächlich: Lippe, Schaumburg-Lippe, Anhalt und Mecklenburg-Strelitz verhandelten bereits mit Preußen, in Hessen, Thüringen und Sachsen gar lag der Gedanke nicht fern, Waldeck schließlich kroch Ende 1928 tatsächlich beim großen Nachbarn unter.

Damals mochte es für eine kurze Weile wohl so scheinen, als könne Preußen das Reich durch Druck und Drang von Norden her tatsächlich preußisch-demokratisch renovieren. Mitte des Jahres waren die Sozialdemokraten noch einmal in eine Reichsregierung eingetreten und stellten gar den Kanzler. Innenminister wurde Severing. Die Beziehungen zwischen Preußen und dem Reich sind deshalb nicht gleich von eitel Einverständnis bestimmt gewesen. Zumal die auf konservativem Grund liberal melierte Deutsche Volkspartei im Reich weiter mit den Kurs bestimmte. Aber entspannt hat sich die Lage natürlich schon. Vor allem mit Severing ließ sich arbeiten. Die antipreußischen Reichsreformideen verschwanden vorerst von der Tagesordnung, die Beseitigung des Länderlastenausgleichs erschien und blieb darauf. Vom Reich nun selbst betrieben. Und mit endlichem Erfolg. Prinzipiell blieb die Zuschußpflicht zwar bestehen. Die Höhe der Zuschüsse wurde aber gegen Nichts gesenkt. Das war am 20. März 1930. Mehr hatte Preußen nicht gewollt. Es hätte allen Grund zu aussichtsreicher Genugtuung gehabt, wenn genau eine Woche darauf die große Reichskoalition unter dem Sozialdemokraten Hermann Müller nicht am bösen Willen der Volkspartei, an der politischen Dummheit der Gewerkschaften und der unselbständigen Leichtfertigkeit der sozialdemokratischen Reichstagsfraktion zu Bruch gegangen wäre. Die SPD-Fraktion des preußischen Abgeordnetenhauses verurteilte das Verhalten ihrer Reichs-Kollegen in öffentlicher Resolution. Braun schimpfte über den Parteivorstand wie ein Rohrspatz. Dergleichen war ganz unerhört in der Partei, die lange Zeit zum guten Teil von ihrer Solidarität gelebt hatte. Es war, als hätte man geahnt, zu welchem Ende der Bruch der Anfang, und wer zuerst von ihm betroffen war. Die Chance auf demokratische Reichsreform von Preußen her, sie war dahin. Preußen hatte noch zwei Jahre und vier Monate in staatlicher Eigenständigkeit zu leben. Es war ein Leben zum Tode.

Dem Ende entgegen

Neuer Reichskanzler wurde Heinrich Brüning. Heinrich Brüning war seit neuerem Vorsitzender der Zentrumsfraktion im Reichstag und ein ehrenwerter Mann. Ein arbeitsamer, steifleinener Katholik und Junggeselle, im Weltkrieg einst Soldat und brav, rechtsgewirkt, mit monarchischer Gesinnung und republikanischer Loyalität. Mehr hat ihn nicht zum Kanzler vorbestimmt. Aber es hat Kanzler in jener glücklosen Republik gegeben, die weniger dazu bestimmt hat. Brüning ist auch gar kein schlechter Reichskanzler gewesen. Ein demokratisch-parlamentarischer Kanzler war er freilich nicht. Denn was ihn Ende März 1930 am *wenigsten* zum Kanzler vorbestimmte, war irgendeine Aussicht auf irgendeine Reichstagsmehrheit. Er hat sich in seinen 26 Monaten Regierungszeit nie eine verschafft. Nicht einmal versucht hat er es. Das war fatal, aber ganz im Sinne jener beiden, die ihn so unversehens so wundersam erhöht hatten, im Sinne Hindenburgs und Schleichers.

Am 30. März 1930 wurde die Regierungsgewalt in Deutschland vorrangig ja nicht von der siebzehnten an die achtzehnte republikanische Regierung und schon gar nicht von einer Mehr- oder Minderheitenkoalition an die nächste weitergereicht, nein, am 30. März 1930 wurde die Regierungsgewalt in Deutschland vorrangig vom Reichstag an den

Proklamation eines republikanischen Ersatzkaisers: Hindenburg

»Das alte Preußen reicht dem jungen Deutschland die Hand« – Hindenburg zwischen Reichsstatthalter Hitler und Ministerpräsident Göring

Hindenburg schreitet die Front der Reichswehr ab

SA marschiert durch das Brandenburger Tor

Anmarsch der Hitlerjugend in Potsdam

Reichspräsidenten und seine unverantwortlichen Ratgeber ausgeliefert. Oder andersherum und ebenso richtig: unverantwortliche Ratgeber, in Sonderheit die Reichswehrführung und ein Häufchen ostelbisch-adliger Agrarier – Hindenburgs »alte Freunde« – okkupierten sie namens und auf Wunsch des Präsidenten-Feldmarschalls im eigenen Interesse. Damit hatten Preußens ärgste Widersacher zunehmend fester sie in Händen. Manchmal stolpert die Geschichte halt über sich selbst.

Daß die Agrarier dem »roten« Preußen nicht wohlwollten, aus Prinzip nicht, und seit Braun 1920 erfolglos ein Drittel ihres Landbesitzes hatte enteignen und mit Bauern besiedeln wollen, seit sie in den Landratsämtern, Regierungs- und Polizeipräsidien nicht mehr gutbesoldete Obstruktion treiben durften, seit sie schließlich auch noch um die Gutsbezirke gebracht worden waren, seit alldem erst recht nicht! – daß also die Agrarier des »roten« Preußen geborene Feinde waren, das läßt sich unschwer denken. Für die Reichswehrführung hätte das nicht gleichermaßen gelten müssen, wenn – ja, wenn es in elf Jahren gelungen wäre, eine zumindest im Kern republikanische Armee der Republik zu schaffen. So wie es in Preußen gelungen war, eine im Kern republikanische Polizei zu schaffen. Es ist im Ernst nicht einmal angestrebt worden. Die alten Offiziere hatten im Herbst 1918 den neuen Herren hintersinnig die Hand dazu geboten, Deutschland mit ihnen im Verein vor Bolschewismus, Chaos, Untergang zu retten. Die Sozialdemokraten hatten eingeschlagen. Seitdem war die demokratische Republik mit einer Armee geschlagen, die Demokratie, Parteien und Parlament für überflüssig-lästigen Unfug hielt und sich der Republik von Ferne nicht verpflichtet fühlte.

Die Reichsregierungen sind zuweilen trotzdem, zuweilen gerade deshalb – nachsichtig und nachgiebig allemal – nicht schlecht mit ihr zu Rande gekommen. Braun hingegen ist rasch mit den Generalen aneinandergeraten und hat sich fort und fort heftig an ihnen gerieben. Anlaß bot vor allem und immer wieder die sogenannte »Schwarze Reichswehr«. Das waren geheime, republikfeindliche, paramilitärische Verbände insbesondere in den Grenzgebieten, die nun einmal preußische Gebiete waren. Ihre Existenz verletzte nicht nur den Versailler Vertrag, sondern zog auch die innere Sicherheit und Ordnung Preußens in einige Mitleidenschaft. Mehrfach von 1920 an hat die preußische Regierung deshalb geheime Waffenlager ausheben, illegale Wehrvereinigungen auflösen und diskrete Verbindungen zwischen »schwarzer« und ordentlicher Reichswehr mit öffentlichem Knall zum Platzen bringen lassen. Dann und wann gelobte die Reichswehr, wie ein Staat im Staat mit eigenständiger Verhandlungsfähigkeit, vertraglich ferneres Wohlverhalten – und hielt sich nie daran. Spätestens seit 1923 lagen Preußen und die Reichswehr einander in einer Art Heckenschützengefecht gegenüber. Gelegentliche Ausfälle der einen oder anderen Seite belebten die Szene und erhitzten die Gemüter. Die letzte preußische Attacke vor dem Griff der Reichswehrführung nach mehr Macht im Reich hatte überdies den Reichspräsidenten gegen Preußen auf den Plan gerufen.

Bis dahin, ging die Rede, seien Hindenburg und Otto Braun beinah miteinander befreundet gewesen. Ganz so war es nicht. Aber miteinander »gekonnt« hatten es die beiden. Vertraut und geachtet hatten sie einander, über alles Trennende hinweg, der arrivierte ostpreußische Junker und der arrivierte ostpreußische Buchdrucker. Jeder dem anderen zugehört und aufrichtig versucht, ihn zu verstehen, auch das hatten sie. Und waren gemeinsam auf die Jagd gezogen. Und nun, im Oktober 1929, verbot Braun die rheinisch-westfälischen Landesverbände des »Stahlhelm«, dessen Ehrenmitgliedschaft sich Hindenburg erfreute. Und hat er auch dreimal recht daran getan, der Alte hat es ihm sehr verargt.

Der »Stahlhelm« hieß mit vollem Namen »Bund der Frontsoldaten«, zählte nach Zehntausenden und war ein unerquicklich-militantes Zwitterding: politische Partei aus Überzeugung nicht, aus Unvermögen und weil es verboten war, aber auch so recht nicht militärischer Verband. Nein, Gründe, sich vom Stahlhelm abzuwenden, war Braun vom Präsidenten kürzlich erst bedeutet worden, die gäb' es für ihn nicht. Der Bund bekämpfe zwar den Parlamentarismus und die Republik, aber mit legalen Mitteln. *Das* war ein Argument.

Im Herbst 1929 veranstaltete dieser ehrenwerte Verein im demilitarisierten Rheinland eine ausgedehnte »Sportveranstaltung«, die so penetrant einem Kriegsspiel glich, daß Braun und Grzesinski der Kragen platzte. Am liebsten hätten sie den *ganzen* reaktionären Bund auf einen Streich verboten; und NSDAP und KPD gleich mit. Aber dazu wäre die Zustimmung der Reichsregierung nötig gewesen. Und die war nicht zu haben, weil Hermann Müller es für wichtiger hielt, den alten Feldherrn halbwegs bei Laune zu halten, als der demokratischen Republik ihre bösartigsten Feinde vom Hals zu schaffen. So blieb es beim Verbot der beiden Stahlhelm-Landesverbände, und der ganze präsidiale Groll entlud sich über Braun und Preußen.

Ein nachhaltiger Groll war das, der von Schleicher und den »alten Freunden« zukünftig nach Belieben zu neuem Leben erweckt werden konnte, wenn es galt, Preußens Tun und Wollen herabzuwürdigen und abzuwürgen. Daran sind in den nächsten gut zwei Jahren alle preußisch-Braunschen Pläne und Vorschläge zum Schutz der Republik vor mörderischem Aberwitz taten- und hoffnungslos zerschellt. Dabei kamen sie einer Unterwerfung Preußens unter das Reich zusehens näher. An Reichsreform über den Weg der preußischen Hegemonie war ja seit Brünings Amtsantritt kein Denken mehr. Gleich in den ersten Tagen hatte der neue Kanzler klargestellt, daß er »an Preußens Annexionspolitik keinen Gefallen« finde und »Bestrebungen, durch finanzpolitische Maßnahmen ... Druck auf die kleinen Länder auszuüben« mit allen Mitteln bekämpfen werde. Überhaupt sei Reichsreform fürs erste kein Thema für ihn.

Fürs erste nicht. Auf längere Sicht freilich schon. Fürs erste legte er all seine unzureichenden Kräfte darein, die Reparationen loszuwerden und die politisch-militärische Gleichberechtigung Deutschlands wiederzugewinnen. Dann aber sollten Preußen und das Reich auf rechtem Grund geeint und Deutschland wieder Monarchie werden. Für jedermann enthüllt hat Brüning diesen Gedanken aus heiliger Einfalt, der jede stille Größe mangelte, später erst in seinen Memoiren. Sein Streben hat er damals schon bestimmt. Deshalb versetzten ihn preußische Vorschläge, die eine politisch-administrative Verschlingung Preußens mit dem Reich ohne Hegemonie-Anspruch im Sinn hatten, allemal in zustimmungsgeneigte Unruhe. Die Reichswehrführung und die »alten Freunde« versetzten sie auch in Unruhe. Statt irgendeine Neigung, auf sie einzugehen, weckten sie bei ihnen freilich alle verfügbaren Kräfte des Widerstands. Und die waren am Ende immer stärker.

Mit dem ersten umfassenden Entwurf wurde Preußen im August 1931 vorstellig. Damals war der widerwärtige Stahlhelm eben dabei, durch einen Volksentscheid vorzeitige Neuwahlen in Preußen zu erzwingen, die der »linken« Herrschaft das Lebenslicht vorzeitig ausblasen sollten. Der Versuch scheiterte. Aber die unselig-widersprüchliche Verbrüderung, die zuletzt um seinetwillen zustande gekommen war: Stahlhelm, völkisch Konservative, Nazis und Kommunisten, hatte Braun zutiefst erschreckt. Wie lange war das »Bollwerk Preußen« noch zu halten, wie lange noch die Republik? Wenn überhaupt noch etwas half, half die Vereinigung der Kräfte. So mochte er wohl denken und schlug der Reichsregierung deshalb vor: das Reich möge umgehend die preußische Polizei, Justizverwaltung und Gemeindeaufsicht, dazu die Finanzverwaltung aller nord- und mitteldeutschen Länder durch Notverordnung an sich ziehen, der Reichspräsident im selben Zuge den preußischen Ministerpräsidenten zum Vizekanzler und die preußischen Innen- und Justizminister zu Innen- und Justizministern des Reichs ernennen. Brüning war von der Idee,»die Reichsreform so auf kaltem Wege zu erledigen, sehr bestochen« (der Ministerialrat im Kanzleramt und Gewährsmann Schleichers Planck an seinen Mentor). Aufgegriffen hat er sie nicht. Denn Schleicher und der Chef der Heeresleitung Kurt von Hammerstein fanden ausdrücklich nichts an der Idee, jedenfalls nichts Gutes. Hindenburg schließlich sah nur Hintersinn und Tücke und lehnte sie schroff ab. Zum einen, das hatte er seinem Kanzler »in sehr despektierlichen Äußerungen« (Brüning) schon ein Jahr zuvor gesagt, als nach den Nazi-Erfolgswahlen im September 1930 schon einmal zur Debatte gestanden hatte, Braun zum Vizekanzler zu machen, zum einen kam ihm »ein Vorschlag von Braun ... immer verdächtig vor«. Zum anderen hatte Preußens Regierung ihn und die »alten Freunde« im verflossenen Jahr in ihrer Herzen tiefstem Grunde zusätzlich vergrämt.

Es war um Geld gegangen. Um viel Geld aus der Staatskasse für ostelbische Rittergüter. Deren laut und drohend beklagte »Notlage« war seit Anbeginn der Republik notorisch. Ihre Unproduktivität und Verschuldung auch. Die stützende Rücksichtnahme, die ihnen das Reich nach alter Weise angedeihen ließ, war jüngeren Datums. Erst hatte der agrarische Konservatismus wieder Reputation und einen »alten Freund« als Reichspräsident gewinnen müssen. Das war 1925 geschafft. Seither gingen Schutzzölle, Steuerbegünstigungen, Zinssenkungen und billige Kredite wie milder Frühlingsregen auf Ostdeutschlands Junker nieder. Nicht nur trügerisch mit »Schutz der Landwirtschaft« begründet, sonder auch und wirkungsvoller noch mit »wirtschaftlicher Kräftigung des Ostens gegen Polens Druck auf Deutschlands Grenzen« legitimiert. Beides ärgerte Braun gewaltig. Gegen »Schutz der Landwirtschaft« und »Kräftigung des Ostens« hatte der schwärmerische Ostpreuße natürlich entfernt nichts zu erinnern. Aber daß die widersinnige Päppelung halbbankrotter Adelsgüter dergestalt verklärt wurde, ging ihm mindestens ebenso gegen den Strich wie die Tatsache, daß halbbankrotte Adelsgüter gepäppelt wurden. »Osthilfe« – ja! Aber zum Schutz des Bauerntums und zum Zwecke der Besiedlung unwirtschaftlichen Herrenlandes. Das war Brauns Programm.

Im Sommer 1930 verschaffte er sich Mittel und Wege, es auch zu praktizieren. Damals rang er der Reichsregierung das Zugeständnis ab, daß Preußen fernerhin gleichberechtigt an der Leitung und Abwicklung der Osthilfe beteiligt werde. Es ist ihm schlecht bekommen. Ein gutes Jahr lang ist es Preußen immerhin gelungen, den Schwung des Reichs beim »Entschulden« abgewirtschafteter Rittergüter ein wenig zu bremsen. Mehr nicht. Wenn man den Junkern glaubte, war es alles Übel dieser Welt. Zu einem Wort verdichtet: Agrarbolschewismus! Der Gutsherr Hindenburg *hat* ihnen natürlich geglaubt. Und Brüning *mußte* ihnen glauben. Seit Frühjahr 1931 sann er darauf, Preußen im Interesse großzügigerer und schnellerer Verfahrensweisen aus der Osthilfe wieder herauszubekommen. Im Herbst war ihm Erfolg beschieden. Preußen war am Ende seiner finanziellen Kraft. Mitbestimmung ohne Mitbezahlung aber ging – wenn das Reich es anders wollte – nicht zusammen. Braun resignierte. Am 2. November gab er bekannt, daß Preußen sich von der Osthilfe zurückziehe.

Preußen hatte eine Bataille verloren. Und wer beobachtet hatte, wie und gegen wen es sie verloren hatte, der mochte ahnen, daß es die Schlacht nicht mehr gewinnen konnte. Otto Braun, krank, elend, noch keine sechzig Jahre alt und ganz am Ende seiner Kraft, wußte es mit Sicherheit. Tags drauf legte er dem Reichskanzler gleichsam die Kapitulationserklärung vor; in der unversiegten Hoffnung, wenigstens die Republik zu retten und dem deutschen Volke zu ersparen, »durch ein faschistisches Jammertal hindurchwaten« zu müssen. Er bat Brüning, das Amt des preußischen Ministerpräsidenten mit dem Kanzleramt in seiner Person zu vereinen. Vizekanzler Dietrich sollte preußischer Finanzminister werden. Der Kanzler gewönne mehr Unabhängigkeit von der Reichswehrführung und dem Reichspräsidenten und könne seine sacht wankende Stellung neuerlich festigen. Und Preußen müsse nach der nächsten Wahl im Frühjahr 1932 nicht mit derzeit absehbarer Sicherheit zum Aufmarschfeld der unduldsamen Rechten werden. Brüning war abermals beeindruckt, und diesmal gar drängenden Willens, das Ding zu wagen. Aber sein Wille wog leicht. Viel leichter als der Wille Hindenburgs und Schleichers. Und die wollten nichts weniger, als einen Reichskanzler mit gefestigter Stellung und größerer Unabhängigkeit. Deshalb blieb abermals alles beim alten. Brauns Selbstverleugnung war umsonst gewesen. Die bittere Chance, der sie den Weg bereiten wollte, – vergeben und vertan. Und Preußens Untergang besiegelt.

Finis borussiae!

Der ist dann freilich ganz anders zuwege gebracht worden, als damals irgendwer vermutet hat.

Die Parteien der Weimarer Koalition haben die Preußen-Wahlen am 24. April 1932 tatsächlich verloren. Mit Aplomb und doch nicht so vernichtend, wie zu befürchten stand. Der Sieg der Rechten war nicht groß genug, um sie ohne Weiteres aus dem Regierungssattel zu heben. Um so weniger als Nationalsozialisten und Nationalkonservative unterdessen heillos miteinander zerstritten waren. Hugenberg traute Hitler nicht mehr über den Weg. Mit dem Zentrum aber, das sich – von Brüning nachdrücklich ermuntert – als Partner andiente, mochten es die Nazis nicht versuchen. Das kann man ihnen nachempfinden. So sehr es sie zu Macht und Herrschaft drängte, – mit einer der vielgeschmähten »System«parteien vielgeschmähtes Koalitionsgekungel treiben, das durfte sie der enthusiasmierten Wählermasse nicht zumuten, die von der NSDAP vor allem eines doch erwartete: daß sie anders war und handelte als die übrigen Parteien. Ganz gleich wie, nur anders: jung und frisch und fremd, selbstgewiß und zukunftssicher. Und gerade jetzt durfte man es ihr nicht zumuten, da mit ihrer Unterstützung besseres in Aussicht stand. Während in Preußen noch jedermann unschlüssig war, wer mit wem paktieren könne und solle, und die Regierung Braun vorerst widerwillig im Amt bleiben mußte, hatte General Schleicher kurzgeschlossen mit Hitler einen politischen Pakt eigener Art geschlossen: Schleicher stürzt Brüning, Hitler toleriert Schleicher, Schleicher löst den Reichstag auf, Hitler gewinnt die Wahl, Schleicher und Hitler beherrschen Deutschland und die Deutschen. Der eigentliche Pakt ging natürlich nur bis: Schleicher löst den Reichstag auf. Schleicher vermochte zwar viel in Deutschland damals, aber jemanden Wahlen gewinnen lassen, das vermochte er denn doch nicht. »Hitler gewinnt die Wahl« und folgendes war aber die stillschweigende Konsequenz, die aus dem Anfang zu ziehen war. Über den mutmaßlichen Wahlsieg der Nazis stimmte beider spitzbübisches Planen auch noch ganz und gar überein. Übers Weitere freilich dachten sie verschieden. Schleicher dachte, daß er die Reichswehr als *Träger*, Hitler »das Volk« als populären *Tragboden* der Macht in die unheilige Allianz einbrächte. Für ihn war deshalb keine Frage, wer die Macht handhaben würde. Hitler dachte, daß er die Mehrheit des Wahlvolks als *Springquell*, Schleicher die Reichswehr als willfährige *Stütze* der Macht herbeischaffte. Für ihn war deshalb auch keine Frage, wer die Macht handhaben würde. Notwendigerweise haben beide falsch gedacht. Deshalb konnte aus dem Bündnis am Ende nichts werden.

Preußen aber hat schon der vergebliche Versuch das Leben gekostet. Denn der Pakt wurde durchaus eingelöst. Brüning mußte am 29. Mai, der Reichstag am 4. Juni gehen. Zwischendurch kam von Papen und mit ihm kam, von Schleicher wohlsortiert, ein halbes Dutzend weiterer Nobelmänner. Einer von ihnen war der Freiherr Wilhelm von Gayl. Der wurde Reichsinnenminister und erinnerte sich später folgendermaßen ans vorrangige Ziel, zu dem die Papenheimer angetreten: »Die junge, immer weitere Kreise erfassende Bewegung Adolf Hitlers mußte, um die in ihr lebendigen nationalen Kräfte dem Wiederaufbau des Volkes nutzbar zu machen, von den ihr unter Brüning und Severing angelegten Fesseln befreit und zum erfolgreichen Kampf gegen den internationalen Kommunismus gestützt werden. Zweitens war, um die Bahn für die Aufgabe freizumachen und dabei das Reich gegen die schwarz-rote Preußenregierung durchzusetzen, der Gegensatz Reich/ Preußen durch Beseitigung der Preußenregierung ein für allemal aus der Welt zu schaffen«.

Das war deutlich. Auch wenn die Begründung nicht ganz richtig war. Die Regierung Brüning hatte wahrlich nicht mit Preußens Regierung gemeinsam Netze ausgeworfen, darin die Nazis sich verfangen sollten. Im Gegenteil: sie war Preußens Regierung bei solchem Tun allemal verhindernd in den Arm gefallen. Am 11. Dezember 1931 waren Braun und Grzesinski entschlossen gewesen, den damals noch nicht eingedeutschten Hitler mitten heraus aus einer internationalen Pressekonferenz im Berliner Hotel »Kaiserhof« – gleich gegenüber der Reichskanzlei – festnehmen und als lästigen Ausländer abschieben zu lassen. Nie wäre solch Vorgehen berechtigter gewesen. Brüning hatte die notwendige Zustimmung verweigert.

Am 4. März 1932 hatte Braun dem Kanzler ein 200-seitiges Konvolut von Mobilmachungsplänen, Geheimbefehlen und subversiven Mitteilungen der Nazis geschickt, das geradezu nach Parteiverbot schrie. Zur weiteren Veranlassung! Brüning hatte veranlaßt, daß der Schrei erstickt, das Material vernichtet werde. Severing hatte für neues gesorgt. Am 17. März waren alle NSDAP-Geschäftsstellen in Preußen durchsucht worden. Sie quollen über von Waffen und anderen Beweisen, daß sich die Nazis systematisch auf Putsch und Bürgerkrieg vorbereiteten. Diesmal gingen die Zeichen für Umsturz und Verrat ans

Reichsinnenministerium. Und Innenminister Groener hatte nichts Dringenderes zu tun, als sich in aller Form und Öffentlichkeit nachdrücklich und verärgert von Preußens unliebenswürdiger Nazi-Hatz zu distanzieren.

Die SA hat er kaum vier Wochen später dann freilich doch verbieten lassen. Das mochten Gayls »Fesseln« sein. Nur hatte an *denen* Preußen gerade *nicht* geknüppert. Die *Politische* Bewegung hatte mit dem Verbot ja auch gar nicht in Bande geschlagen werden sollen. Nur die Privatarmee an Hitlers langem Arm, die dem *Wehr*minister Groener natürlich schmerzhaft auf die Nerven fiel. Er hat sich in die Fesseln schließlich selbst verwickelt und ist am Ende über sie gestolpert. Erst er, dann Brüning. Doch der wäre ohnedies gefallen, weil Schleicher es so wollte. Schleicher wurde neuer Wehrminister und hat sich Papen zum Kanzler gewählt.

Und natürlich gehörte in den überklugen politischen Kuhhandel, den er zuvor mit Hitler geschlossen hatte, daß die SA nach gebührender Schamfrist wieder zugelassen werde. So geschah's am 14. Juni, ohne daß die »schwarz-rote Preußenregierung« es hindern konnte oder auch nur ernsthaft hindern wollte. *Der* Grund, sie zu beseitigen, war weggefallen. Der *Drang*, sie zu beseitigen, war geblieben. Und was ein rechter Drang ist, der macht, wenn es um Gründe geht, erfinderisch und drängt zur Not auch ohne Gründe.

Erst weigerte sich die Reichsregierung, Zuschüsse zum preußischen Staatshaushalt weiterhin zu leisten, die Brüning im März vertraglich zugesichert hatte. Die preußische Regierung war *so* bösartig sparsam, daß sie trotzdem zahlungsfähig blieb. So war ihr nicht beizukommen.

Dann wurde das Gerücht versprüht, daß im preußischen Innenministerium an einer SPD-KPD-Einheitsfront gegen das rechte Reich gebastelt werde. Tatsächlich hatte Staatssekretär Abegg zwei prominente Kommunisten empfangen und dazu ermuntert, statt gegen Preußens demokratische Regierung mit ihr gegen Hitlers höllische Horden zu kämpfen. Nur gehörte Abegg nicht der SPD, sondern der demokratischen Staatspartei an, hatte er seinen Minister vorher wohlweislich nicht gefragt und waren die Kommunisten gegen sein Begehren taub geblieben. Was verschlug's? Am 11. Juli beschloß die Reichsregierung, Preußen über kurzem zu annektieren. Zwei Tage später unterschrieb Hindenburg vorsorglich eine Notverordnung, die Preußens Regierung bündig ab- und den Reichskanzler als Reichskommissar an ihre Stelle setzte. Dadurch wurde der Gewaltakt nicht weniger verfassungswidrig, nur von einem Schein des Rechts verklärt. Gleich ins Werk gesetzt wurde er freilich nicht. Der Platz für das Datum blieb auf der Verordnung vorerst leer. Mochten wahrhaftige *Gründe* auch längst Hekuba geworden sein, einen vordergründigen *Anlaß* brauchte man doch immerhin. Der bot sich am 17. Juli in häßlichster Gestalt. An diesem Sonntag tobte im preußischen Altona bei Hamburg eine Straßenschlacht zwischen SA und Rotfrontkämpferbund. 17 Tote und über 100 Schwerverletzte fielen ihr zum Opfer. *Das* war's: Preußens Polizei war sichtbarlich nicht länger fähig, Preußens Ordnung zu bewahren. Tags darauf wurden Innenminister Severing und für den kranken Braun der amtierende Ministerpräsident Hirtsiefer vom Zentrum für Mittwoch, den 20. Juli 1932, zum Reichskanzler Papen zitiert. Sie gingen als Minister hin und als Minister a. D. wieder fort; geziehen der finanziellen Schlamperei, der Konspiration mit den Kommunisten und der Unfähigkeit, für Preußens innere Sicherheit zu bürgen. Nur wenige Minuten hat sie der schimpfliche Empfang gekostet. Otto Braun brauchte sich nicht einmal persönlich zu bemühen. Er bekam es schriftlich in sein Heim in Zehlenburg: »Nachdem der Herr Reichspräsident mich durch die Verordnung vom 20. Juli 1932 (Reichsgesetzblatt I S. 377) zum Reichskommissar für das Land Preußen bestellt hat, enthebe ich Sie Ihres Amtes als Preußischer Ministerpräsident. v. Papen«.

Epilog

Das war Preußens Ende. Mit dem berühmten Gesetz Nr. 46 des Alliierten Kontrollrats vom 25. Februar 1947: »Der Staat Preußen, der seit jeher Träger des Militarismus und der Reaktion in Deutschland gewesen ist, hat in Wirklichkeit zu bestehen aufgehört ... Der Staat Preußen, seine Zentralregierung und alle nachgeordneten Behörden werden hiermit aufgelöst«, ist ein längst Verblichener nur abermals exekutiert worden.

Preußen ist nicht am Machtgebot der Sieger stolz zerschellt, es ist im politischen Sumpf von Weimars letzten Monaten aufrecht zwar und kläglich doch versackt. Nicht die Hohen Kommissare Generalleutnant Clay, Generalleutnant Robertson, Armeegeneral Koenig und Marschall Sokolowsky, – der Marschall Hindenburg, der Generalleutnant Schleicher und der Kanzler-Kommissar Papen haben Preußens Lebenslicht erstickt.

Preußen, das im 18. Jahrhundert der Militärmacht eines ganzen Kontinents die Stirn geboten und standgehalten, im 19. aus eigener Machtvollkommenheit ein Reich erzwungen hatte, Preußen geriet beim frivolen Machtspiel eines dilettantisch politisierenden preußischen Offiziers sang- und klang- und macht- und wehrlos unter die Räder. Denn an machtvolle Wehr war allenfalls zu denken. Zu praktizieren war sie nicht.

Mit Preußens republikanischer Polizei gegen das Reich? Mit welchem Argument denn? Mit dem Argument, daß Schleichers Schlag Staatsstreich und Rechtsbruch war! Wie denn, da Hindenburg ihn angeordnet hatte und Hindenburg seit Jahren schon die Quelle allen Rechts in Deutschland war. Und mit welcher Aussicht auf Erfolg, wenn auf der anderen Seite die Reichswehr stand? Und nicht nur stand, sondern auch marschierte und schoß. Wahrlich, kein preußischer Minister hatte das Recht, auf Kosten seiner Polizeibeamten tapfer zu sein (Friedrich Stampfer).

Die Arbeiterschaft für ein (sozial)demokratisches Preußen zum Generalstreik aufrufen? Ach, als ob der politische Generalstreik eine scharfe Waffe wäre, wenn mehr als drei von sieben Millionen Industriearbeitern ohne Arbeit sind.

Nein, Macht war Preußen nicht zu Hand. Doch auf sein Recht hat es gepocht. Und Recht ward ihm zuteil. Doch *was* für Recht! Preußen verklagte die Reichsregierung beim Leipziger Reichsgericht wegen Verfassungsbruch. Der Prozeß vorm Staatsgerichtshof begann am 10. Oktober 1932. Das Reich wurde passenderweise vom Ministerialdirektor Gottheiner vertreten, dessen Mangel an Verfassungstreue Preußens Regierung einst veranlaßt hatte, auf seine weiteren landrätlichen Dienste zu verzichten. Am 25. Oktober erging der höchstrichterliche Spruch: Die preußische Regierung hätte ihres Amtes nicht enthoben werden dürfen und galt – wenn Recht noch gelten sollte – als wieder installiert. Aber staatliche Macht durfte sie nicht wieder ausüben, da sie nichts mit ihr anzufangen wisse. Das Reichskommissariat war legitimiert, blieb bestehen und wies der preußischen Regierung *einen* Dienstraum im preußischen Wohlfahrtsministerium an, der durch Pappwände in drei Zimmer zerlegt wurde. Preußen hatte vom Reichsgericht den Status eines staatsrechtlichen Undings zugeteilt bekommen. Preußen war ein rechtmäßig besetztes Land mit einer rechtmäßigen Regierung, die Leipziger Straße 3, Zimmer 104 a–c firmierte. Preußen war eine seelenlose staatliche Hülle und ein Hohn geworden.

So hat es in der Tat bis 1945 noch ein langwieriges Leben nach dem Tode geführt. Dabei wäre Preußen zu gönnen gewesen, daß es – wenn es denn aus eigener Kraft schon nicht mehr leben sollte – gleich ganz dahin gewesen wäre. Dann hätten wenigstens die Nazis sich leichenschänderisch nicht abermals an ihm vergehen können. Es blieb ihm nicht erspart.

Am 30. Januar 1933 war es dem Preußen-Attentäter Papen nach mühselig-eifrigem Beginnen endlich doch gelungen, Hitler den Durchschlupf zur Macht zu öffnen. Noch keine Woche später brachte er den Reichspräsidenten *auch* dazu, den halbherzig-zwiespältigen Entscheid des Reichsgerichts rechtsbrüchig-notverordnend in eine runde Sache zu verwandeln. Die Regierung Braun wurde ein zweites Mal davongejagt. Das Reichskommissariat übernahm – neuerlich unter Papens nomineller Führung – zur ausschließlichen Macht auch wieder alle Rechtsbefugnisse im Staat. Seine ersten beiden Taten, eine so abgefeimt wie die andere, waren: den Landtag aufzulösen und Hermann Göring zum Innen- und Polizeiminister zu berufen. So wurde Preußen zum nationalsozialistischen Probierfeld rücksichtsloser Gewaltanwendung von Staats wegen. Die Gestapo und die ersten Konzentrationslager entstanden unter Görings Ägide. Das Bekenntnis, mit dem der »Mordwanst«

sich ins Amt einführte: »Meine Maßnahmen werden nicht angekränkelt sein durch irgendwelche juristischen Bedenken. Hier habe ich keine Gerechtigkeit zu üben, hier habe ich nur zu vernichten und auszurotten, weiter nichts!« – es ist so unvergessen, wie der Appell an die 50 000 SA-Männer, mit denen er umgehend die preußische Polizei demoralisierend und brutalisierend durchsetzte: Polizeibeamte, die im Kampf gegen staatsfeindliche Organisationen von der Schußwaffe Gebrauch machen, werden ohne Rücksicht auf die Folgen gedeckt; falsche Rücksichtnahme wird bestraft.

Derlei markige Worte, denen bitterböse Taten folgten, empfahlen im Nazi-Staat zu Höherem. Göring hat Höheres erreicht. Er ist Preußens letzter Ministerpräsident geworden. Am 7. April wurden alle deutschen Länder Reichsstatthaltern unterstellt. Preußen keinem geringerem als dem Reichskanzler, der das nun überflüssige Reichskommissariat auflöste und seinen treuesten Paladin: »Ich habe kein Gewissen! Mein Gewissen heißt Adolf Hitler!« als Ministerpräsidenten einsetzte. Er ist es, da Ansätze zur territorial-administrativen Neugliederung des Reichs im Sand verliefen, bis zum schrecklichen Ende geblieben. Funktionslos bald, weil alle Macht und Herrlichkeit nur noch vom Reich her strahlte, aber stets repräsentativ. Ein »parfümierter Nero« auf dem Stuhl Hardenbergs, Bismarcks und Brauns.

Was könnte einsichtiger vor Augen führen, daß es Preußen nicht mehr gab. Von Hardenberg zu Bismarck, von Bismarck zu Braun historische Brücken zu schlagen, fällt schwer, unmöglich ist es nicht. Zu Göring ebnen die Gedanken keinen Weg.

Preußen hat an Deutschland mancherlei verschuldet – die nationalsozialistische Gewaltherrschaft *nicht*. Womit noch nicht gesagt ist, daß es weniger belastet sei als andere. Das sicher nicht.

Wenn Bernt Engelmann feststellt, daß Hitler »von der tiefsten Wurzel her antipreußisch« war; auszählt, daß nur 17 der 500 ranghöchsten Nazis Preußen waren, während es proportional zum Anteil der preußischen an der Reichsbevölkerung doch 328 hätten sein müssen; genüßlich ausbreitet, daß viel zu viele Bayern unter den 500 und wer sie waren; wenn er ernsthaft vernünftelt, daß hinter dem abgeschmackten Witzwort: »Hitler ist Österreichs Rache für Königgrätz«, Tieferes stecke und bei alldem tut, als sage er Bedeutsames zum Verhältnis zwischen Preußen und dem Nationalsozialismus, dann treibt er – wie so oft in seinem Preußenbuch mit dem läßlichen Titel – groben geistigen Unfug.

Natürlich war Hitler »von der tiefsten Wurzel her antipreußisch«. Wie denn nicht, da er »von der tiefsten Wurzel her« anti-alles war, das Charakter, Tradition und Würde hatte. Er war natürlich auch »von der tiefsten Wurzel her« antiösterreichisch. So simpel ist dergleichen nun wirklich nicht. Mit vordergründiger Weißwäscherei, die zulasten anderer geht, tut man Preußen keinen Gefallen. Man könnte nur zu bequem eine Gegenrechnung aufmachen: als die Nazis auf dem Höhepunkt ihrer Wahlerfolge waren, am 31. Juli 1932, da wählten in Ostelbien 40%, in Bayern 31% die NSDAP. Na und? Ist Preußen deshalb mehr an Hitler schuld als Bayern? Doch wohl nicht.

Schuldvorwurf und Freispruch – sie können, wenn denn überhaupt, nur mit Preußens *Geschichte* begründet werden; nicht mit Wählerstimmen, mit der Zahl preußischer Nazi-Bonzen nicht und schon gar nicht mit einem vage bestimmten Preußen*tum* oder einem zweifelhaften Preußen*mythos*. Zur Debatte kann ernsthaft ja nicht stehen, ob der Nazi-Ungeist eine Ausgeburt des »Preußen-Geistes«, der Nazi-Terror eine faule Frucht altpreußischen Gebarens war. Natürlich nichts davon. Es kann nur zur Debatte stehen, ob der deutsche Faschismus die notwendige, ob er überhaupt eine Konsequenz von Preußens Rolle in Deutschlands Geschichte gewesen ist. Auch davon nichts? Nein, auch davon nichts! Soweit die Ermöglichung der Hitler-Barbarei in Deutschlands Geschichte gründet, gründet sie natürlich auch in Preußens Geschichte, in Preußens Geschichte vor allem, weil Preußen Deutschland seit Mitte des 19. Jahrhunderts Maß und Form gegeben hat. Das ist Preußens Verantwortung. Die nimmt ihm keiner ab. Zum Schuldspruch reicht sie *nicht*. Man mag darüber streiten dürfen, wie *schwer* die unumstrittenen historischen Gründe des Nationalsozialismus, die Preußen anzulasten sind, ins Gewicht fallen. Daß sie Deutschland mit durchschlagskräftiger Zielstrebigkeit von langer Hand und unweigerlich ins nationalsozialistische Inferno hineingetrieben hätten – darüber kann Streit nicht sein.

Und trotzdem: freuen wir uns, daß Preußen nur noch eine streitbare Geschichte und keine Gegenwart mehr hat.

Finis borussiae!

Volker Hentschel

So kam Hitler

Schicksalsjahre 1932–1933

Eine Bild/Text-Reportage
180 Seiten mit 200 Abbildungen, celloph. Einband

Diese zeitgeschichtliche Reportage schildert den Aufstieg
eines Deklassierten zur unumschränkten Macht
im Deutschen Reich. Sie beschreibt und illustriert
mit einer Fülle zeitgenössischer Fotos,
mit Augenzeugenberichten und Textdokumenten,
wie und warum die Weimarer Republik
Adolf Hitler zum Opfer fiel –
und gebracht wurde.

Andreas Hillgruber

Die gescheiterte Großmacht

Eine Skizze
des Deutschen Reiches
1871–1945

120 Seiten, Paperback

Mit dieser Skizze
der Geschichte der gescheiterten Großmacht
Deutsches Reich von der nationalen Einigung 1871
bis zur nationalen und
europäischen Katastrophe von 1945
gibt der Kölner Historiker Andreas Hillgruber
wichtige Anstöße zu Korrekturen
des gegenwärtig dominierenden Geschichtsbildes

Droste Verlag Düsseldorf